Evolution of a Trader – Fundamentalanalyse & Positionstrading

Thomas N. Bulkowski

Thomas N.
Bulkowski

2

EVOLUTION OF A TRADER

FUNDAMENTALANALYSE & POSITIONSTRADING –
Systematisch zum Erfolg mit Chartmustern

Börsenbuch verlag

Die Originalausgabe erschien unter dem Titel
Fundamental Analysis and Position Trading: Evolution of a Trader
ISBN 978-1-118-46420-5

Übersetzung: Börsenmedien AG, Sabine Runge
Gestaltung Cover: Johanna Wack
Gestaltung, Satz und Herstellung: Anna Lena Schramm
Lektorat: Elke Sabat
Druck: GGP Media GmbH, Pößneck

ISBN 978-3-68932-077-5

Bibliografische Information der Deutschen Nationalbibliothek:
Die Deutsche Nationalbibliothek verzeichnet diese Publikation in der Deutschen Nationalbibliografie; detaillierte bibliografische Daten sind im Internet über <http://dnb.d-nb.de> abrufbar.

BÖRSEN MEDIEN
AKTIENGESELLSCHAFT

Postfach 1449 • 95305 Kulmbach
Tel: +49 9221 9051-0 • Fax: +49 9221 9051-4444
E-Mail: info@plassen-buchverlage.de
www.plassen.de
www.facebook.com/plassenverlag
www.instagram.com/plassen_buchverlage

INHALT

VORWORT

Sind Sie wie John?

Er hat früh im Leben gelernt, Geld für schlechte Zeiten zu sparen. Anstatt es auf die Bank zu bringen, investierte er es in den Aktienmarkt. Mitte 1999 kaufte er Cisco Systems zu einem Kurs von 35 und sah zu, wie die Aktie in weniger als einem Jahr auf 82 stieg. „Ich bin auf der Suche nach meinem ersten 10-Bagger", sagte er und behielt die Aktie.

Als 2001 die Tech-Blase platzte, platzte auch die Cisco-Blase und der Kurs fiel wieder auf 35 zurück. John stand wieder bei null, nachdem sich der Kurs zuvor mehr als verdoppelt hatte.

„Der Kurs wird sich erholen", sagte er. „Das ist eine 200-Dollar-Aktie. Du wirst schon sehen."

Die Aktie fiel innerhalb *eines* Monats von 35 auf 30, dann auf 20 und erreichte schließlich ein Tief von 15. Als sie 10 erreichte, verkaufte er sie mit einem Verlust von 70 Prozent.

„Ich hätte sie auf dem Höchststand verkaufen sollen. Buy-and-Hold funktioniert nicht." Aber es funktionierte doch. Cisco hatte sich mehr als verdoppelt, aber er hielt zu lange daran fest.

Als Nächstes versuchte er sich im Positionstrading, um den Ausstieg besser zu timen, und entschied sich für Eastman Chemical. Er kaufte die Aktie 2003 bei 14 Dollar, nur wenige Cent vom Tiefpunkt des Bärenmarktes entfernt, und hielt sie bis zum Anstieg auf 21 Dollar, bevor er sie verkaufte. Er erzielte in einem Jahr 50 Prozent Gewinn. War er zufrieden?

„Ich habe zu früh verkauft." Die Aktie stieg weiter und erreichte 2005 einen Kurs von 30. Er mochte es nicht, wenn die Gewinne nach dem Verkauf weiter stiegen, und wollte von Schwankungen in beide Richtungen profitieren.

Er wechselte 2005 zum Swing-Trading und versuchte es mit seinem alten Favoriten: Cisco. Die Aktie sprang im Laufe des nächsten Jahres von 17 auf 20, dann auf 17 und schließlich auf 22, aber er kaufte immer zu spät und stieg zu früh aus. Er verdiente Geld, aber nicht genug.

Er nahm sich Urlaub von seinem Hauptberuf und beobachtete, wie Applied Materials ihm auf dem Computerbildschirm zuwinkte und ihn zum Day-Trading einlud. Also tat er es. In nur 15 Minuten verdiente er 400 Dollar. „Wenn ich ein Jahr lang jeden Tag 400 Dollar verdienen kann, dann macht das" – er griff nach seinem Taschenrechner und tippte auf die Tasten – „146.000 Dollar! Nein, das stimmt nicht. Wie viele Handelstage gibt es in einem Jahr?"

Er rechnete noch einmal nach und stellte fest, dass er 100.000 Dollar im Jahr verdienen könnte, wenn er jeden Handelstag nur 40 Cent pro Aktie von 1.000 Aktien abknabbern würde. „Wow. Ich bin dabei."

Nachdem er 5.000 Dollar für einen Trading-Kurs und noch mehr für Hardware, Software und Datenfeeds bezahlt hatte, wagte er den Sprung und begann, hauptberuflich Day-Trading zu betreiben.

Es dauerte ein Jahr, bis seine Ersparnisse aufgebraucht waren. Weitere drei Monate später war auch sein Notfallfonds aufgebraucht. Er zog wieder zu seinen Eltern, während er nach einem richtigen Job suchte.

Jetzt spart er wieder und investiert sein Geld im Markt. „Nachdem ich das Manuskript für dieses Buch gelesen hatte", sagte er, „habe ich einen Trading-Stil gefunden, der für mich funktioniert. Ich bin ein

Swinger – ein Swing-Trader. Und ich verdiene auch Geld." Er verwaltet nicht nur sein eigenes Geld, sondern auch das seiner Eltern und Geschwister, verschafft ihnen ein zusätzliches Einkommen und baut ein finanzielles Polster für ihren Ruhestand auf.

Evolution eines Traders

John steht stellvertretend für eine ganze Gruppe von Tradern, die auf der Suche nach einem Trading-Stil sind, den sie ihr Eigen nennen können. Er musste viele erfolglose Trades hinnehmen, bevor er einen Trading-Stil fand, der für ihn funktionierte. Ich habe die Reihe „Evolution of a Trader" geschrieben, um Menschen wie John zu helfen.

„Evolution of a Trader" zeichnet meinen Weg vom Buy-and-Hold-Investor zum Positionstrader, zum Swing-Trader und zum Day-Trader nach, während ich nach Stilen suchte, die bei sich verändernden Märkten am besten funktionierten. Diese Reihe hat jedoch keinen autobiografischen Charakter. Vielmehr handelt es sich um eine Erkundung dessen, was funktioniert hat, was funktionieren sollte, aber nicht funktioniert, und was in Zukunft funktionieren könnte.

Diese Serie analysiert die vier Trading-Stile und liefert Erkenntnisse, Trading-Tipps, Set-ups und Taktiken, um jeden Stil zu einem profitablen Unterfangen zu machen. Ich habe die Recherchearbeit für Sie übernommen, damit Sie das nicht tun müssen. Ich zeige Ihnen, was nötig ist, damit jeder Stil funktioniert.

Inhaltsübersicht

Die drei Bücher der Reihe „Evolution of a Trader" bieten zahlreiche Tipps, Trading-Ideen und Set-ups, die auf persönlichen Erfahrungen und denen anderer basieren.

Leicht verständliche Tests werden verwendet, um Trading-Weisheiten zu bestätigen und Ideen und Set-ups zu veranschaulichen, und dennoch sind die Bücher unterhaltsam zu lesen und sprechen mit ihrem ansprechenden Stil auch Anfänger an.

Jeder Abschnitt enthält Stichpunkte, die die Bedeutung der Ergebnisse zusammenfassen. Eine Checkliste am Ende jedes Kapitels bietet eine übersichtliche Zusammenfassung des Inhalts und Verweise auf weitere Informationen.

Am Ende jedes Buches finden Sie eine Themen-Checkliste und Referenzen.

„Trading Basics"

Das erste Buch der Reihe beginnt mit den Grundlagen und schafft eine solide Basis an Begriffen und Techniken. Auch wenn Sie die Grundlagen des Marktes verstehen, werden Sie von diesem Buch etwas lernen.

Woher ich das weiß? Machen Sie diesen Test. Wenn Sie die Antworten raten müssen, dann sollten Sie dieses Buch kaufen. Wenn Sie einige davon falsch beantworten, dann stellen Sie sich vor, was Ihnen entgeht. Die Antworten finden Sie am Ende des Tests.

Aus Kapitel 2:
Money-Management

1. Richtig oder falsch: Das Traden mit einer konstanten Positionsgröße kann katastrophale Folgen haben.

2. Richtig oder falsch: Eine Marktorder zur Stornierung eines Kaufs kann abgelehnt werden, wenn sie innerhalb von zwei Minuten nach Eröffnung der Nasdaq erfolgt.

3. Richtig oder falsch: Dollar-Cost-Averaging performt unterdurchschnittlich.

Aus Kapitel 3:
Funktionieren Stopps?

1. Richtig oder falsch: Fibonacci-Retracements bieten als Wendepunkt keinen Vorteil gegenüber anderen Zahlen.

2. Richtig oder falsch: Ein Chandelier-Stop hängt am Höchstkurs.

3. Richtig oder falsch: Stopps schmälern den Gewinn mehr, als dass sie das Risiko begrenzen.

Aus Kapitel 4:
Unterstützung und Widerstand

1. Richtig oder falsch: Spitzen mit unterdurchschnittlichem Volumen zeigen mehr Widerstand.

2. Richtig oder falsch: Die Unterstützung wird mit der Zeit stärker.

3. Richtig oder falsch: Die Mitte einer hohen Kerze zeigt nicht wahrscheinlicher Unterstützung oder Widerstand als jeder andere Teil.

Aus Kapitel 5:
45 Tipps, die jeder Trader kennen sollte

1. Richtig oder falsch: Fibonacci-Erweiterungen sind nicht genauer als andere Tools, um zu bestimmen, wo sich der Kurs umkehren könnte.

2a. Richtig oder falsch: Nur bullishe Divergenzen (im RSI-Indikator) funktionieren und nur in einem Bullenmarkt.

2b. Richtig oder falsch: Bullishe Divergenzen (im RSI-Indikator) schlagen den Markt häufiger nicht, als dass sie funktionieren.

3. Richtig oder falsch: Der Kurs fällt schneller, als er steigt.

Aus Kapitel 6:
Fehler finden und beheben

1. Richtig oder falsch: Der Branchentrend ist wichtiger als der Markttrend.

2. Richtig oder falsch: Eine Position zu lange zu halten ist schlimmer, als zu früh zu verkaufen.

3. Richtig oder falsch: Sell in May and go away.

Jede Aussage ist richtig.

„Fundamentalanalyse & Positionstrading“

Dieses Buch erklärt und beschreibt die Testergebnisse verschiedener fundamentaler Faktoren wie Buchwert, Kurs-Gewinn-Verhältnis und so weiter, um zu sehen, wie wichtig sie für die Aktienauswahl und -performance sind.

Das Kapitel „Zusammenfassung der Fundamentalanalyse“ enthält Tabellen mit fundamentalen Faktoren basierend auf Haltedauern von einem, drei und fünf Jahren, aus denen hervorgeht, welcher Faktor für die jeweiligen erwarteten Haltedauern am wichtigsten ist. Die Tabellen bieten eine praktische Referenz für Buy-and-Hold-Anleger oder für andere Trading-Stile, die ein Kernportfolio von Aktien auf der Grundlage einer Fundamentalanalyse besitzen möchten.

Kapitel wie „Wie Sie Ihr Geld verdoppeln“, „10-Bagger finden“ und „10-Bagger handeln“ setzen die Fundamentaldaten in die Praxis um. Das Kapitel „Verkaufen bei Buy-and-Hold“ hilft bei der Lösung des Problems, wann langfristige Bestände verkauft werden sollten.

Positionstrading

Der zweite Teil dieses Buches befasst sich mit dem Positionstrading. Er führt das Market-Timing ein, um das Risiko des Kaufs und Haltens einer Aktie über Jahre hinweg zu beseitigen.

Haben Sie schon einmal den Ausdruck „Handeln Sie mit dem Trend" gehört? Wie oft folgt eine Aktie dem Markt nach oben oder unten? Die Antwort darauf finden Sie in Kapitel 19 unter dem Titel „Welchen Einfluss hat der Markt auf Aktien?".

Dieser Teil des Buches befasst sich damit, wie Chartmuster beim Positionstrading helfen können. Er enthüllt die zehn wichtigsten Faktoren, die Chartmuster funktionieren lassen, und fasst sie dann in einem Bewertungssystem zusammen. Dieses System kann Ihnen helfen, ein profitablerer Positionstrader zu werden, wenn Sie Chartmuster verwenden.

Sechs tatsächliche Trades werden diskutiert, um zu zeigen, wie Positionstrading funktioniert und wann nicht. Betrachten Sie sie als Wegweiser, die Sie warnen, wenn die Straße holprig ist und wenn die Marktpolizei patrouilliert.

„Swing- & Day-Trading"

Das letzte Buch der Reihe befasst sich mit Swing- und Day-Trading. Der erste Teil des Buches beleuchtet Swing-Trading-Techniken, erklärt, wie man Chartmuster für Swing-Trading, Swing-Verkäufe, Ereignismuster (Aktienemissionen, Dutch-Auction-Tender-Angebote, Gewinnveröffentlichungen, Ratingänderungen und so weiter) und andere Trading-Set-ups nutzt.

Es zerlegt ein neues Tool namens Chartmuster-Indikator. Der Indikator ist kein Timing-Tool, sondern ein Stimmungsindikator, der sich hervorragend zur Vorhersage wichtiger Marktwenden eignet.

Day-Trading

Day-Trading behandelt die Grundlagen, darunter die Einrichtung eines Heimbüros, die Kosten des Day-Tradings, Chartmuster für Day-Trading und den Ausbruch aus der Eröffnungsspanne. Es werden die wichtigsten Umkehrzeitpunkte des Tages und die Tageszeit, zu der die Höchst- und Tiefststände des Tages am wahrscheinlichsten sind, untersucht – wertvolle Informationen für Day-Trader.

Ein ganzes Kapitel befasst sich mit der Eröffnungskurslücke und warum es am besten ist, diese Lücke zu schließen. Ein weiteres Kapitel befasst sich mit dem Ausbruch aus der Eröffnungsspanne und hinterfragt, ob dies funktioniert.

Zehn Horrorgeschichten von echten Tradern runden die Reihe ab. Sie wurden aufgenommen, um Ihnen bleibende Albträume zu bescheren.

Zielgruppe

Die drei Bücher dieser Reihe wurden für Menschen geschrieben, die mit den inneren Abläufen des Aktienmarktes nicht vertraut sind – sie werden jedoch auch bei Profis für Gänsehaut sorgen.

Die diskutierten Ideen werden durch Forschungsergebnisse untermauert, aber auf leicht verständliche und unterhaltsame Weise präsentiert. Sie werden feststellen, dass die Bücher ebenso unterhaltsam wie informativ sind und voller Tipps und Ideen zum Geldverdienen stecken. Nutzen Sie die hier vorgestellten Ideen, um Ihren Trading-Stil zu verfeinern und Ihren Erfolg zu steigern.

Ob Sie nun ein Neuling sind, der noch nie Aktien gekauft hat, dies aber gern tun würde, oder ein professioneller Money-Manager, der täglich tradet – diese Bücher sind eine unverzichtbare Ergänzung für das Bücherregal jedes Marktenthusiasten.

DANKSAGUNG

So viele Menschen sind daran beteiligt, ein Manuskript zum Leben zu erwecken, und ich spiele dabei nur eine kleine Rolle. Ich danke allen Mitarbeitern von John Wiley & Sons für ihre Hilfe, insbesondere Evan Burton und Meg Freeborn. Sie haben die Unebenheiten geglättet und die Trilogie präsentabel, ja sogar modisch gemacht.

1

EINFÜHRUNG IN BUY-AND-HOLD

Ich begann, mich mit den Märkten zu beschäftigen, indem ich Unternehmen anhand ihrer Jahresberichte recherchierte. Ich studierte die Zahlen und überprüfte die Kennzahlen, um sicherzustellen, dass das Unternehmen nicht so schnell in Konkurs gehen würde.

In dieser Zeit lernte ich auch Bardividenden und Aktiendividenden zu schätzen. Sie füllten meinen Geldbeutel und erhöhten langsam mein Vermögen, eine Aktie nach der anderen. Während des Bullenmarktes der 1980er-Jahre hatte ich eine Gewinn-Verlust-Quote von 63 Prozent und erzielte durchschnittlich 39 Prozent pro Trade. Das gelang mir, ohne zu wissen, was ich tat.

Ich kaufte zum Beispiel eine Aktie namens Sparton Corp. Das war eine wunderbare Aktie, die, solange ich sie besaß, nie an Wert gewann, aber eine enorme Dividende zahlte. Das heißt, bis sie aufhörte, sie zu zahlen! Ich kaufte die Aktie dreimal und verlor 23 Prozent, 39 Prozent und 53 Prozent meines Geldes.

Ich begann, der Methode, eine Aktie für immer zu halten, zu misstrauen (nun ja, 3,6 Jahre war meine durchschnittliche Haltedauer für

Aktien, die ich in den 1980er-Jahren gekauft hatte). Ich war es leid, zu erleben, wie sich Aktien wie ASA Holdings (von Delta übernommen), die ich Ende der 1990er-Jahre viermal zu einem Durchschnittskurs von 23,36 gekauft hatte, auf über 51 verdoppelten und dann auf 34 fielen, bevor ich sie verkaufte.

Trotzdem mag ich es immer noch, zu investieren, was ein Synonym für Buy-and-Hold ist. Man kann mit wenig Aufwand viel Geld verdienen. Das Schwierigste dabei ist, die täglichen Achterbahnfahrten des Marktes zu ignorieren.

Wie ich in „Trading Basics", Kapitel 2, unter „Haltedauer: Meine Trades" erwähnt habe, liegt meine beste Haltedauer zwischen drei und vier Jahren. Recherchieren Sie ein Unternehmen, kaufen Sie die Aktie und halten Sie sie, bis sie ihr volles Potenzial ausgeschöpft hat. Dann verkaufen Sie sie.

Was ist Buy-and-Hold?

Sie wissen wahrscheinlich, was Buy-and-Hold bedeutet, aber lassen Sie mich Ihnen erklären, wie ich es definiere. Wenn ich eine Aktie mit der Absicht kaufe, sie über Jahre hinweg zu halten, dann ist das eine Buy-and-Hold-Position. Ich rechne mit Rückschlägen, wie zum Beispiel einem oder zwei Quartalen mit schwachen Gewinnen, aber ich konzentriere mich auf das langfristige Wachstumspotenzial.

Trotz des Namens interpretiere ich es nicht als Buy-and-Hold *für immer*. „Buy-and-Wait" ist eine bessere Beschreibung. Ich gehe davon aus, dass ich keine Aktie jemals so lange halten werde wie die von Michaels Stores. Einige dieser Aktien habe ich 1990 gekauft und 2006 verkauft, als das Unternehmen privatisiert wurde. Jetzt sagt mir meine innere Stimme – nennen wir sie die Stimme der Erfahrung –, dass ich mein Geld verdoppelt habe und Gewinne mitnehmen sollte, bevor ein Dead-Cat-Bounce-Muster 70 Prozent davon in einer einzigen Sitzung zunichtemacht.

Oft spricht diese Stimme erst, nachdem die Aktie zu viel von ihrem Höchststand eingebüßt hat, wie im Fall von Interface (IFSIA), wo ich 25 Prozent unter dem Höchststand verkauft habe, oder Steelcase, bei der es 26 Prozent waren. Tatsächlich dachte ich, wir würden im Juli 2010 in einen Bärenmarkt abrutschen, und verkaufte mehr als die Hälfte meines Portfolios, um mich in Bargeld zu flüchten.

Ich habe mich geirrt.

Der Markt erreichte seinen Tiefpunkt und stieg dann auf neue Höchststände. Aufgrund des letzten Bärenmarktes von 2007 bis 2009 reagiere ich empfindlicher auf Kursschwankungen, insbesondere wenn ich gute Gewinne erzielt habe.

Ich begann, mich auf Buy-and-Hold-Positionen zu konzentrieren, weil ich es schwieriger fand, mit kurzfristigem Trading Geld zu verdienen. Das war 2007, nur wenige Monate vor Beginn des Bärenmarktes. Ein großer Fehler. Glücklicherweise dauerte es nur neun Monate nach Ende des Bärenmarktes, bis ich meine Verluste wieder wettgemacht hatte.

Das wirft eine wichtige Frage auf: Wer sollte Buy-and-Hold anwenden?

Wer sollte Buy-and-Hold anwenden?

In „Trading Basics", Kapitel 2, „Ein besserer Weg? Portfoliozusammensetzung", erläutere ich meine Gedanken zur Diversifizierung. Bauen Sie ein Kernportfolio aus Aktien der Buy-and-Hold-Kategorie auf und ergänzen Sie es mit anderen Trading-Stilen, die Ihren Bedürfnissen entsprechen, wie zum Beispiel Swing-Trades oder Positionstrades. Diversifizieren Sie Ihre Bestände nicht nur nach Branchen, sondern auch nach Trading-Stilen. Auf diese Weise verfügen Sie über Positionen, die Ihnen zu größerem Wohlstand verhelfen können, wenn der Markt Swing-Trading gegenüber anderen Stilen bevorzugt.

Diese Empfehlung gilt auch für Day-Trader. Ich habe gehört, dass Day-Trader nach einigen Jahren des Tradings dazu neigen, auszubrennen (mir kommen vier Jahre in den Sinn, aber ich weiß nicht, ob das stimmt). Der ständige Leistungsdruck, gepaart mit Bewegungsmangel und der Unfähigkeit, Stress abzubauen, sorgt für eine Überlastung des Nervensystems. Wenn Sie über Buy-and-Hold-Positionen verfügen, in die Sie überschüssige Barmittel investieren können, schaffen Sie sich ein Polster für den Fall, dass der Druck des Day-Tradings zu groß wird. Swing- und Positionstrading können dem Day-Trader eine entspanntere Zeit verschaffen, in der er sich erholen kann, während er gleichzeitig das Gefühl hat, im Spiel zu sein.

Unabhängig von Ihrem Trading-Stil sollten Sie erwägen, Ihr Portfolio um langfristig gehaltene Positionen zu ergänzen. Dabei handelt es sich nicht um Positionen, die man einmal kauft und dann vergisst, aber sie erfordern auch keine ständige Aufmerksamkeit. Denken Sie an langfristiges Wachstum.

Meine Zahlen: Hintergrund und Begriffe

Auf den folgenden Seiten verwende ich fast 1.000 Aktien aus dem Zeitraum von 1992 bis 2007. Nicht alle Aktien decken den gesamten Zeitraum ab, und Dividenden wurden nicht berücksichtigt, sofern nicht anders angegeben. Der Testzeitraum umfasst den Bärenmarkt von 2000 bis 2002.

Ich beziehe mich auf die Jahre 0 bis 5. Das Jahr 0 bezeichnet das erste Jahr, in dem Fundamentaldaten und Kurse für eine bestimmte Aktie verfügbar waren. Es dient als Basisjahr, mit dem andere Jahre verglichen werden. Das Jahr 5 ist das letzte Jahr. Für die Jahre 0 bis 5 wird der Schlusskurs am Jahresende verwendet.

Da ich Daten aus 16 Jahren verwende, aber nur ein 5-Jahres-Fenster präsentiere, nutzt die Analyse Daten wie einen gleitenden Durchschnitt. Ich verwende die Fundamentaldaten aus dem neuen Jahr und lasse das alte Jahr weg. Jahr 1 wird zu Jahr 0, Jahr 2 wird zu Jahr 1 und so weiter in einer Reihe von sich überlappenden Jahren, während das 5-Jahres-Fenster von 1992 bis 2007 verschoben wird.

Auf diese Weise besteht bei jedem Jahr 0 die Möglichkeit, zu sehen, wie sich der Kurs in den nächsten fünf Jahren entwickelt.

Ich bin mir sicher, dass das alles nicht viel Sinn ergibt und Sie sich vielleicht fragen: „Wen interessiert das schon?", aber das ist in Ordnung. Wenn ich anfange, über Tests zu sprechen, wird es klar werden und Sie werden meine Denkweise verstehen.

Wie geht es jetzt weiter?

Während die Technische Analyse Ihnen sagt, was kurzfristig passieren wird, gibt Ihnen die Fundamentalanalyse Aufschluss darüber, was Sie langfristig erwarten können. Beide sind nützliche Instrumente, um Geld zu verdienen, aber ein kurzer Überblick über wichtige Fundamentaldaten ist hilfreich, wenn Sie Unternehmen auswählen, deren Aktien Sie kaufen und halten möchten. Diese Kapitel folgen als Nächstes.

Selbst wenn Sie ein Day-Trader sind, lohnt es sich, einige der in den folgenden Kapiteln behandelten Erkenntnisse zu verinnerlichen. Sie können Ihnen bei der Auswahl von Aktien für das Trading helfen. Und sie können zu neuen Untersuchungsansätzen anregen, die Sie auf den Weg zu größerem Reichtum bringen könnten.

2

AKTIENAUSWAHL

In diesem Kapitel geht es um die Auswahl von Aktien für Anleger unter Verwendung von Methoden, die sich als hilfreich erwiesen haben. In den folgenden Kapiteln finden Sie weitere Tipps, damit Sie eine Auswahl treffen können, die für Ihre Situation ideal ist.

Als ich Ende 2006 meine Website (*http://thepatternsite.com*) erstellt habe, erhielt ich E-Mails von Leuten, die mich fragten, wie ich Aktien für den Handel oder die Investition auswählte. Ich dachte zurück an die 1980er-Jahre, als ich in der öffentlich zugänglichen Bibliothek mithilfe von Value Line nach Aktien suchte, um meine Watchlist zu füllen. Ich nahm meine Auswahl mit nach Hause und tippte dann jeden Tag die Kursinformationen aus dem *Wall Street Journal* in meinen Computer ein. Das war einfach, bis die Liste auf 500 Aktien angewachsen war, aber normalerweise dauerte es weniger als eine Stunde, meine Datenbank manuell zu aktualisieren.

Einige alte Hasen behaupten, dass man ein besseres Gefühl für die Aktie bekommt, wenn man die Kursinformationen manuell eingibt. Meine Antwort darauf lautet:

Unsinn. Bei 500 Aktien ist es mir unmöglich, sie alle auseinanderzuhalten. So schlau bin ich nicht.

Wie auch immer, hier sind die Value-Line-Kriterien, die ich verwendet habe und die auch heute noch gelten.

- Die Aktie muss einen Herzschlag haben. Das bedeutet, dass in zwei der letzten fünf Jahre das Jahreshoch mindestens doppelt so hoch sein muss wie das Jahrestief.

- Wenn die Aktie zu teuer war, habe ich sie verworfen. Die bevorzugte Kursspanne liegt zwischen 10 und 20 Dollar. Tatsächlich zeigt eine von mir durchgeführte Studie (siehe http://thepatternsite.com/prices.html), dass Chartmuster bei Aktien mit einem Kurs zwischen 0 und 10 Dollar besser abschneiden als bei Aktien mit anderen Kursspannen, aber das wusste ich damals noch nicht.

- Die Aktie muss ein Kurs-Gewinn-Verhältnis aufweisen, das heißt, ich habe alle Aktien mit „NMF“ (not meaningful; nicht aussagekräftig) im KGV-Feld verworfen.

- Ich habe Aktien mit hohem Kurssteigerungspotenzial über drei bis fünf Jahre ausgewählt. Dreistellige Prozentsätze sind verlockend, aber unrealistisch. Ich stürzte mich trotzdem darauf.

- Ich habe mindestens fünf Aktien pro Branche ausgewählt, sodass ich meine Anforderungen lockern musste, um einige davon aufzunehmen. Wenn ich viele Aktien aus einer Branche habe, bekomme ich ein besseres Gefühl dafür, wie sie sich als Gruppe entwickeln.

- Ich habe die Liste der Insiderkäufe und -verkäufe überprüft. Ich wollte sehen, dass viele Insider kaufen und nur wenige verkaufen. Darauf werde ich später in diesem Kapitel noch näher eingehen.

- Zu den fundamentalen Faktoren gehörten ein niedriges KGV, steigende Umsätze, positive Ergebnisse in den letzten Jahren, eine geringe Verschuldung und so weiter. In den Kapiteln dieses Buches erfahren Sie, was am besten funktioniert.

Was kommt nach großen Kursbewegungen?

Den ersten Punkt der Liste – der Jahreshöchstkurs muss doppelt so hoch sein wie der Jahrestiefstkurs – habe ich als Kursverdopplung interpretiert, aber es hätte auch eine Halbierung sein können.

Ich beschloss, einige Untersuchungen durchzuführen, um festzustellen, ob eine Verdopplung oder Halbierung des Kurses zu einer besseren Performance im folgenden Jahr führte. Für den Test verwendete ich 567 Aktien aus den Jahren 1990 bis 2008. Nicht alle Aktien deckten den gesamten Zeitraum ab. Für jede Aktie und jedes Jahr während des Testzeitraums ermittelte ich das Jahrestief, das Jahreshoch und die Kursbewegung von Schlusskurs zu Schlusskurs im folgenden Jahr. Ich habe die Ergebnisse nach Jahren in zwei Kategorien sortiert (Aktien, deren Kurs sich mehr als verdoppelt hat, gegenüber Aktien, deren Kurs sich nicht verdoppelt hat), was 19 jährliche Performance-Wettbewerbe ergab.

Der mediane Anstieg ein Jahr *nach* einer Verdopplung der Aktie übertraf in 53 Prozent der Fälle den medianen Anstieg der Aktien, die sich nicht verdoppelt hatten. Gähn. Addiert man die medianen Gewinne oder Verluste dieser 19 Wettbewerbe, ergibt sich ein Gewinn von 385 Prozent gegenüber 165 Prozent für die Jahresperformance von Aktien, die sich verdoppelt haben (oder besser), gegenüber denen, die sich nicht verdoppelt haben. Ersetzt man den *medianen* durch den *durchschnittlichen* Gewinn, ergibt sich ein Wert von 916 Prozent gegenüber 273 Prozent. Mit anderen Worten: Aktien, die sich gut entwickeln, entwickeln sich auch weiterhin gut.

- Aktien, deren Kurs sich verdoppelt, outperformen im folgenden Jahr in 53 Prozent der Fälle.

Hier ist die spannende Nachricht: Aktien, die um 50 Prozent oder mehr fallen, tendieren dazu, im folgenden Jahr wieder zu steigen. Sie gewinnen 13 von 19 Performance-Wettbewerben, also in 68 Prozent der Fälle. Der kumulative mediane Anstieg dieser 19 jährlichen Wettbewerbe beträgt 253 Prozent für Aktien, die um die Hälfte (oder mehr) gefallen sind, verglichen mit einem Gewinn von 152 Prozent im folgenden Jahr für Aktien, die nicht um mindestens 50 Prozent gefallen sind. Ersetzt man den Median durch den Durchschnitt, ergibt sich ein kumulativer Gewinn von 588 Prozent gegenüber 293 Prozent. Mit anderen Worten: Aktien, die um die Hälfte fallen, erholen sich im folgenden Jahr nicht nur, sondern tun dies auch mit Begeisterung.

- Aktien, die um 50 Prozent oder mehr fallen, outperformen im folgenden Jahr in 68 Prozent der Fälle.

Ich möchte Sie jedoch auf einen Punkt hinsichtlich meiner Studien hinweisen. Sie sind nicht von akademischer Qualität, da ich Aktien von Unternehmen, die in Konkurs gegangen sind oder durch Fusionen verschwunden sind, nicht berücksichtigt habe. Meiner Erfahrung nach stimmen die Schlussfolgerungen der Studien jedoch mit denen aus der akademischen Welt überein. Darauf werden wir später in diesem Buch noch eingehen.

Entscheiden Sie sich bei der Auswahl von Aktien für eine Watchlist für solche, die in der Vergangenheit große Kursbewegungen nach oben oder unten verzeichnet haben. Vergleichen Sie das Jahrestief mit dem Jahreshoch und achten Sie auf ein Verhältnis von mindestens 2 zu 1.

Wenn Aktien aus einem Bärenmarkt herauskommen, kaufen Sie Aktien, die am stärksten gefallen sind. Diese tendieren dazu, sich weiter zu erholen.

Mythos: Aktien, die in einem Bärenmarkt am wenigsten fallen, steigen dann am stärksten

Eines der Dinge, auf die ich stolz bin, ist, dass ich meine Aussagen belegen kann. Wie oft haben Sie schon gehört, dass Aktien, die in einem Bärenmarkt am wenigsten fallen, nach Ende des Bärenmarktes tendenziell am stärksten steigen? Ein Finanzberater hat mir das erst vor zwei Wochen gesagt. Diese Annahme ist falsch. Hier ist der Beweis.

Ich habe 472 Aktien aus meiner Datenbank, die bis zum Bärenmarkt 2000 zurückreicht, verwendet und sie während des Bärenmarktes 2007 sowie ein Jahr danach verfolgt, um ihre Performance bis 2010 zu beobachten. Ich habe festgestellt, dass Aktien, die am stärksten gefallen sind, sich am stärksten erholt haben. Aktien, die am wenigsten gefallen sind, haben sich zwar erholt, aber bei Weitem nicht so stark. **Tabelle 2.1** zeigt die Ergebnisse.

Markt	Mediane Erholung 1 Jahr später	Durchschnittliche Erholung 1 Jahr später
Bärenmarkt 24.3.2000 bis 10.10.2002		
Über dem medianen Rückgang von 49 %	107 %	158 %
Unter dem Median	29 %	45 %
Bärenmarkt 11.10.2007 bis 6.3.2009		
Über dem medianen Rückgang von 57 %	145 %	223 %
Unter dem Median	61 %	69 %

Tab. 2.1 Kurserholung nach einem Bärenmarkt.

Beispielsweise betrug der mediane Rückgang aller 472 Aktien im Test während des Bärenmarktes von 2000 bis 2002 49 Prozent. Die Aktien, die um mehr als 49 Prozent gefallen waren, erholten sich ein Jahr später im Median um 107 Prozent (oder um durchschnittlich 158 Prozent, wenn Ihnen das lieber ist). Diejenigen, die während des Bärenmarktes weniger als 49 Prozent verloren hatten, erholten sich ein Jahr nach

Ende des Bärenmarktes nur um 29 Prozent (Median) beziehungsweise 45 Prozent (Durchschnitt).

Der Bärenmarkt von 2007 bis 2009 folgt dem gleichen Trend: Aktien, die im Median mehr als 57 Prozent verloren hatten, erholten sich stärker als solche mit geringeren Verlusten während des Bärenmarktes.

Dies stimmt mit einer Erkenntnis überein, die in Fosbacks Buch (The Institute for Econometric Research, 1976) erwähnt wird. Er schreibt: „An den Tiefpunkten großer Bärenmärkte erholen sich beispielsweise relativ schwache Aktien tendenziell schneller, während Aktien, die im vorangegangenen Bärenmarkt nicht stark gefallen sind, oft schwerfällige Titel sind, die in keinem Markt herausragende Gewinne erzielen."

- Aktien, die in einem Bärenmarkt am stärksten fallen, erholen sich ein Jahr nach Ende des Bärenmarktes stärker. Aktien, die am wenigsten fallen, schneiden schlechter ab.

Aktienauswahl auf einfache Weise

Eine mir bekannte Finanzberaterin sieht sich im Fernsehen nach Aktientipps um. Wenn in den Nachrichten von einem spannenden Durchbruch in der Arzneimittelforschung berichtet wird, setzt sie sich an ihren Computer und recherchiert das Unternehmen für eine mögliche Investition. Als es 2010 auf einer Bohrinsel von BP zu einer Explosion kam, durch die Öl in den Golf von Mexiko gelangte, kaufte sie die Aktie nahe dem Tiefststand in der Hoffnung auf eine Erholung.

Einige dieser Aktien sind echtes Gold, andere sind Katzengold. Insgesamt ist die Finanzberaterin jedoch erfolgreich. Eine ihrer Lieblingsmethoden ist es, *Yahoo! Finance* zu beobachten, um zu sehen, welche Aktien große Bewegungen machen. Wenn es sich um Biotech-Unternehmen handelt, recherchiert sie diese und wartet, bis sie wieder auf den Boden der Tatsachen zurückkehren. Dann schlägt sie zu. So erhält sie ihre vielversprechendsten Hinweise.

Bei eher gewöhnlichen Aktien sucht sie in der Fußgängerzone nach Waren oder Dienstleistungen, die ihr gefallen, und besucht Geschäfte mit überfüllten Parkplätzen.

Lassen Sie mich ein persönliches Beispiel nennen. Gegen Ende des Bärenmarktes von 2007 bis 2009 las ich in den Leserbriefen der lokalen Zeitung immer wieder, wie sehr die Kunden Steinmart liebten. Die Menschen in der Stadt wollten mehr Geschäfte wie dieses. Ende März 2009 begann ich mit meinen Recherchen zu dieser Aktie für eine mögliche Investition. Am 19. März wurden die Ergebnisse bekannt gegeben, woraufhin die Aktie in die Höhe schoss und sich dann seitwärts bewegte – ein Ereignismuster, das ich als „Earnings Flag“ (Gewinnflagge) bezeichne. In meinem Trading-Notizbuch steht, dass ich am 31. März kaufen wollte, was einem Kurs von fast 2,82 entsprochen hätte, dem Eröffnungskurs des nächsten Tages.

Etwas mehr als fünf Monate später erreichte die Aktie ihren Höchststand bei 13,75. Leider habe ich das alles nur von der Seitenlinie aus beobachtet, weil ich die Aktie nie gekauft habe.

Die Moral dieser Anekdote ist, dass man Aktien kaufen sollte, die man kennt und mag. Einzelhändler zu finden ist einfach, da man dort einkauft. Man kann überprüfen, wie voll der Parkplatz ist und wie voll die Einkaufswagen sind. Besuchen Sie ein paar Filialen. Sind die Geschäfte sauber? Sehen die Kunden glücklich aus?

Mit dieser Methode habe ich Michaels Stores gefunden, die Aktie mit der besten Performance, die ich je besessen habe. Ich hatte gerade mein Haus gekauft und hatte kahle Fensterbänke. Ich schaute bei Michaels MJ Designs vorbei und kaufte mehrere Körbe mit künstlichen Pflanzen. Ich besuchte den Laden oft, um weitere Dekoartikel zu kaufen.

Als ich mich über das Unternehmen informierte, stellte ich fest, dass Michaels und Michaels MJ Designs verschiedene Unternehmen waren. Früher gehörten sie zum selben Unternehmen, hatten sich aber getrennt und die Welt untereinander aufgeteilt. Das erste Kapitel in „Trading Basics“ beschreibt, was mit meiner Investition passiert ist.

Wenn Ihnen ein Unternehmen gefällt, warum kaufen Sie dann nicht einen Teil davon? Das passiert, wenn Sie Aktionär werden.

- Wählen Sie Aktien von Unternehmen, die Sie kennen und mögen. Beliebte Einzelhändler sind leicht zu erkennen. Sie haben volle Parkplätze und Kunden, die Einkaufswagen voller Waren zu ihren Autos tragen.

Zwei Tipps für die Aktienauswahl

Die folgenden Tipps können Ihnen bei der Suche nach Aktien zum Kauf hilfreich sein.

1. Achten Sie auf niedrige Gewinne oder Gewinnwarnungen bei anderen Aktien derselben Branche. Wenn beispielsweise Lowes Companies vor Home Depot niedrige Gewinne meldet, ist die Wahrscheinlichkeit groß, dass auch Home Depot in Mitleidenschaft gezogen wird und die Aktie einen Einbruch erleidet.

2. Achten Sie auf Rating-Upgrades oder -Downgrades anderer Aktien der Branche. Wenn viele Unternehmen derselben Branche Probleme haben, ist jetzt wahrscheinlich nicht der richtige Zeitpunkt zum Kauf, es sei denn, Sie sehen in Ihrer Kristallkugel eine Verbesserung. Gehen Sie auf Nummer sicher und warten Sie, bis die Aktien Anzeichen dafür zeigen, dass sie auf gute Nachrichten reagieren und von schlechten Nachrichten unbeeindruckt sind.

Beide Punkte geben Aufschluss darüber, ob der Strudel, der Ihre Aktie umgibt, sie weiter nach unten ziehen wird. Auch wenn Ihre Aktie möglicherweise bessere Ergebnisse als erwartet gemeldet hat, wird sie wahrscheinlich in Mitleidenschaft gezogen, wenn die anderen Aktien sinken.

Kaufen Sie gefallene Engel

Eine weitere einfache Möglichkeit, Aktien auszuwählen, ist die Berücksichtigung von Fallen Angels (gefallene Engel). Gabriel Wisdom („Wisdom on Value Investing“, John Wiley & Sons, 2009) verwendet eine grundlegende Philosophie, um angeschlagene Aktien auszuwählen, die als gefallene Engel bezeichnet werden. „Der Begriff entstand vor vielen Jahren an der Wall Street“, schreibt er, „und beschreibt eine Aktie oder Anleihe, die gefallen ist, aber wieder steigen sollte.“

Das Buch enthält zahlreiche Tipps zum Thema Aktienmarktinvestitionen. Wisdom unterteilt die Kaufentscheidung in zwei Kriterien: Unternehmensqualität und angemessener Kurs. Das Qualitätskriterium konzentriert sich auf gängige Kennzahlen für Unternehmen, wie beispielsweise Umsatz- und Gewinnwachstumsraten von mindestens 10 Prozent bei geringer Verschuldung. Den angemessenen Kurs zu zahlen bedeutet, Kennzahlen wie die Gewinnrendite und das Kurs-Umsatz-Verhältnis zu untersuchen, um den Wert eines Unternehmens zu ermitteln.

Wisdom schätzt auch Unternehmen, die aus einem Mutterkonzern ausgegliedert wurden, als Investitionsmöglichkeit. Nach meiner Erfahrung sind sie ebenfalls wertvolle Investitionen. Stellen Sie sich vor, Sie sind Vizepräsident in einem Unternehmen und dieses beschließt, seinen Produktionsbereich unter Ihrer Leitung auszugliedern. Das ist Ihre Chance zu beweisen, dass Sie wissen, was nötig ist, um ein Unternehmen zu einem Kraftpaket aufzubauen.

Das Unternehmen, das den Geschäftsbereich ausgliedert, möchte, dass das neue Unternehmen erfolgreich ist, und wird es daher mit soliden Finanzen, einem gesunden Geschäftsplan und einer starken Führungsriege ausstatten.

- Wählen Sie Qualitätsaktien aus, deren Kurs gefallen ist, die aber solide Aussichten haben.

- Ausgliederungen können eine gute Gelegenheit sein, ein etabliertes Unternehmen mit einem erfolgsorientierten Management zu kaufen.

Welche Chartmuster treten vor Fusionen und Übernahmen auf?

Auf der Suche nach Aktien, die ich kaufen könnte, fragte ich mich, ob es Chartmuster gibt, die Aktien, für die Übernahmeangebote vorliegen, gemeinsam haben. Insider wissen natürlich von bevorstehenden Übernahmen oder Fusionen, und vielleicht handeln einige von ihnen mit diesen Informationen (auch wenn dies illegal ist, kann es dennoch vorkommen). Vielleicht erzählen sie es einem Freund, der mit diesen Informationen handelt, oder vielleicht vermutet ein Analyst zu Recht, dass ein Unternehmen unterbewertet und reif für einen Kauf ist. Was auch immer der Grund sein mag, vielleicht erscheinen die Spuren, die das „Smart Money" hinterlässt, in den Aktiencharts als erkennbare Muster. Das ist ein interessanter Gedanke, der es wert ist, weiterverfolgt zu werden.

Ich habe auf meinem Computer einen Archivordner, in dem ich Wertpapiere speichere, die ich nicht mehr verfolge. Wenn eine Übernahme oder Fusion stattfindet, verschiebe ich die Daten in diesen Ordner. Dort habe ich nach Chartmustern bei Fusionen und Übernahmen gesucht. Ich habe 111 davon gefunden.

Was habe ich entdeckt? Ich habe Muster gefunden, die im Zusammenhang mit dem Fusions-/Übernahmeangebot auftreten (ich werde es im Folgenden einfach als Fusion bezeichnen). **Abbildung 2.1** zeigt ein Beispiel auf dem Wochenchart. Am 6. November 2006 gab das Unternehmen bekannt, dass es nach strategischen Alternativen sucht – oft ein Codewort für die Suche nach einem Fusionspartner. Die Aktie stieg aufgrund dieser Nachricht sprunghaft an (Punkt A). Am 18. Dezember gab das Unternehmen bekannt, dass eine Tochtergesellschaft der Carlyle Group das Unternehmen übernehmen würde. Die Aktie stieg erneut sprunghaft an (B).

Abb. 2.1 Building Materials Corporation of America kauft ElkCorp.

Anstatt mit Carlyle zu fusionieren, lehnte das Unternehmen zunächst ein Angebot von 40 Dollar von Building Materials Corporation of America ab, nahm dann aber ein höheres Angebot von 43,50 Dollar an.

Ich erhielt eine E-Mail von einer Person, die schrieb: „Ich habe ein neues Chartmuster entdeckt!“ Ihre Begeisterung erinnerte mich an einen Ölbohrer, der die Auffangwanne seines Autos austauscht und dabei ruft: „Ich habe Öl gefunden!"

Die E-Mail bezog sich auf eine Kursentwicklung ähnlich der in der Nähe von C. Während man auf den Abschluss einer Fusion wartet, tendiert eine Aktie dazu, sich horizontal zu bewegen. Ich habe die Nachrichten überprüft und tatsächlich hatte das Unternehmen eine Fusion angekündigt. Der schnelle Anstieg, gefolgt von einer horizontalen Bewegung, war kein neues Muster, sondern eine typische Reaktion auf Fusionsnachrichten.

Überbezahlt?

Wenn das Unternehmen bereit ist, sich für 43,50 Dollar zu verkaufen, warum sollte dann jemand mehr für die Aktie bezahlen? Manchmal steigt eine Aktie über den Fusionskurs, wenn die Aktionäre glauben, dass das Angebot erhöht wird, oder wenn sie das Gefühl haben, dass das Angebot nicht den beizulegenden Zeitwert widerspiegelt. Ich nehme normalerweise das Geld und verkaufe die Aktie nach der Ankündigung der Fusion. Manchmal scheitert die Fusion und die Aktie fällt wieder auf den Stand vor der Ankündigung der Fusion zurück. Das sollte man im Hinterkopf behalten.

Zurück zu Abbildung 2.1: Eines der Chartmuster, das wiederholt auftrat, war ein Doppelboden. Das von mir im Chart hervorgehobene Muster ist ein Adam-&-Adam-Doppelboden, der aufgrund der Form der beiden Böden so genannt wird. Adam hat eine lange und schmale Konfiguration, oft ein oder zwei Tage breit. Im Gegensatz dazu ist ein Eva-Boden breiter und erscheint runder. Wenn Eva Kursspitzen aufweist, sind diese zahlreicher als die ein oder zwei, die Adam hat. Die Performance unterscheidet sich geringfügig zwischen den verschiedenen Kombinationen von Adam- und Eva-Böden.

Tabelle 2.2 zeigt die Namen von Chartmustern und wie oft sie vor der Ankündigung einer Fusion auftreten. Das häufigste Muster ist gar keines, es ist gemischt mit Mustern, die so selten auftreten, dass ich sie in der Kategorie „Keines“ zusammengefasst habe.

An zweiter Stelle steht ein Doppelboden, den ich bereits erläutert habe. Danach folgt ein hässlicher Doppelboden. Dabei handelt es sich um einen Doppelboden, bei dem der zweite Boden mehr als 5 Prozent höher ist als der erste, wodurch er hässlich aussieht.

Erwarten Sie nicht, dass Aktien mit Doppelböden in 31 Prozent der Fälle zu Fusionsankündigungen führen. Die Tabelle funktioniert nicht so.

Kurz vor einer Fusionsankündigung tendiert der Kurs in der Regel nach oben. Tatsächlich ist dies in 63 Prozent der Fälle so. Ich habe einen einfachen gleitenden 50-Tage-Durchschnitt verwendet, um den Trend zu messen.

Abbildung 2.1 zeigt eine Ausnahme, bei der die Aktie fällt und einen Doppelboden bildet. Nach der Veröffentlichung der Ankündigung steigt der Kurs oft sprunghaft an, bleibt aber in der Regel leicht unter dem Fusionskurs. Danach bleibt die Aktie in einer horizontalen Trading-Spanne, es sei denn, Nachrichtenereignisse treiben die Aktie in die eine oder andere Richtung.

Chartmuster	Häufigkeit vor der Fusion
Keines (Sonstige)	50 %
Doppelboden	31 %
Hässlicher Doppelboden	14 %
Kopf-Schulter-Boden	5 %

Tab. 2.2 Chartmuster, die vor Fusionen auftreten.

- Das vor einer Fusionsankündigung am häufigsten anzutreffende Chartmuster ist ein Doppelboden.
- In 63 Prozent der Fälle steigen die Aktienkurse vor der Ankündigung einer Fusion oder Übernahme.

Was machen Insider?

Wer könnte besser wissen, wie es um ein Unternehmen steht, als die Menschen, die es leiten? Diese Menschen werden Insider genannt. Auch wenn Insider das Unternehmen kennen – können sie dieses Wissen in den rechtzeitigen Kauf und Verkauf von Aktien ihres Unternehmens umsetzen? Die Antwort auf diese Frage beschäftigt Wissenschaftler seit Langem, scheint aber „Ja" zu lauten, auch wenn die Auseinandersetzungen darüber noch andauern.

Eine Abhandlung der Tweedy, Browne Company LLC (2009) zitierte fünf Studien, die die Performance von Aktien untersuchten, die von mehreren Insidern (Führungskräften, Direktoren oder Großaktionären) gekauft und nur von wenigen oder gar keinen verkauft wurden. Die annualisierten Renditen dieser Aktien übertrafen den Marktindex um das 2- bis 4-Fache.

Viele zitieren Donald T. Rogoffs Dissertation (Michigan State University, 1964), wenn sie sich mit Insidergeschäften befassen. Rogoff untersuchte die Insidergeschäfte von 45 Unternehmen, bei denen innerhalb eines Monats drei oder mehr Insider Aktien kauften und keiner verkaufte. Die Kursgewinne der Aktien in den folgenden sechs Monaten übertrafen den Marktgewinn um 9,5 Prozent.

Gary S. Glass (Ohio State University, 1966) verwendete acht Wertpapiere, die in 14 monatlichen Wettbewerben innerhalb eines Monats die meisten Insiderkäufe gegenüber -verkäufen verzeichneten. Er stellte fest, dass die Performance dieser Aktien sieben Monate später den Markt um durchschnittlich 10 Prozent übertraf.

Betrachten wir ein Beispiel, wie ich Insiderkäufe nutze, um zu entscheiden, ob ich in eine Aktie investieren soll.

Abbildung 2.2 zeigt die Aktie von Caché Inc. (CACH). Anfang Januar 2010 erhielten vier Insider 5.000 Aktien. Einige Tage später kaufte der Direktor Andrew Saul fast 21.000 Aktien. Mitte März kaufte er

35.000 Aktien und tat dies erneut in einer Reihe von Transaktionen, die sich auf weitere 35.000 Aktien beliefen.

Zunächst dachte ich, dass er aufgrund des wahrgenommenen Werts kaufte, aber es störte mich, dass keine anderen Insider ebenfalls kauften. Dann dachte ich, dass er seinen durchschnittlichen Kaufkurs senken wollte (Averaging Down), aber eine weitere Überprüfung ergab, dass er ihn tatsächlich erhöhte (Averaging Up). Er kaufte im Januar 2009 über eine Million Aktien (den größten Teil seiner Position) zu einem Kurs von fast 2 Dollar pro Aktie. Es störte mich auch, dass seine Käufe offenbar nach einem Zeitplan alle zwei Monate erfolgten: Januar, März, Mai. Schließlich kaufte er nicht gerade dann, wenn die Aktie günstig war.

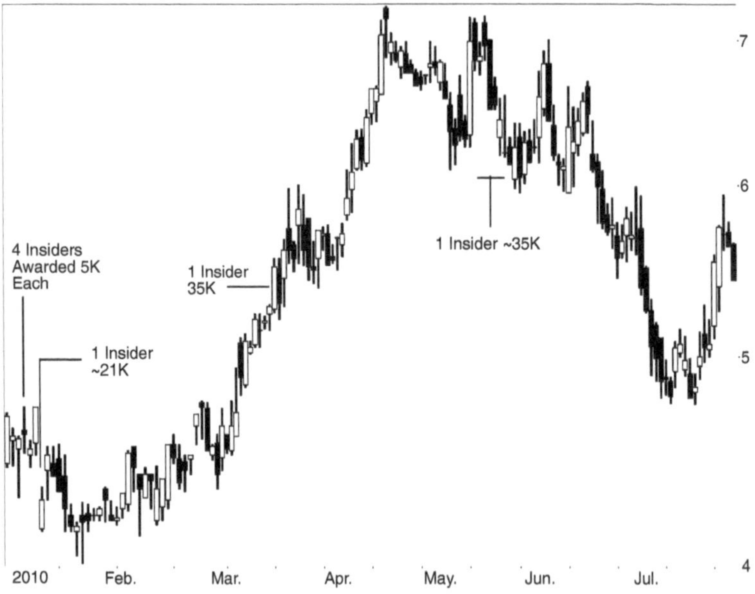

Abb. 2.2 Insiderkäufe deuten auf eine Akkumulation hin - oder etwa nicht?

Obwohl die Aktie nahe dem Tiefpunkt (Unterstützung) eines aufwärtsgerichteten Kanals gehandelt wurde (nicht in der Abbildung dargestellt, aber am besten auf der wöchentlichen Skala zu sehen, beginnend mit dem Höchststand im Mai 2009 und dem Tiefpunkt im Juli 2009), erwartete ich einen schwachen Gesamtmarkt. Diese Schwäche würde die Aktie wahrscheinlich unter die untere Kanallinie drücken, daher entschied ich mich dafür, abzuwarten.

Wenn ich Insidergeschäfte nutze, möchte ich sehen, dass viele verschiedene Insider kaufen und wenig oder gar nicht verkaufen. Ich spreche hier nicht von zehn Direktoren, die jeweils 300 Aktien kaufen. Ich spreche davon, dass sie einen Sattelzug vorfahren und ihn mit Aktien füllen. Ich möchte, dass sie auch eine bedeutende Menge besitzen. Wenn die Aktie fällt, möchte ich, dass ihre Geldbörsen genauso bluten wie meine.

- Achten Sie darauf, dass viele verschiedene Insider bei niedrigen Kursen große Mengen an Aktien kaufen und nur wenige verkaufen – kleine Verkaufsmengen sind jedoch in Ordnung. Finden die Käufe regelmäßig statt, als ob sie nach einem Zeitplan erfolgen würden? Wenn ja, ist das nicht so gut, als wenn Insider Wertpapiere zu einem niedrigen Kurs kaufen.

Kapitel-Checkliste

Basierend auf den Erkenntnissen in diesem Kapitel finden Sie hier einige Tipps, die Sie beim Kauf von Aktien beachten sollten.

- ☐ In der Einleitung zu diesem Kapitel finden Sie die Kriterien, nach denen ich Aktien auswähle.

- ☐ Aktien, deren Kurs sich verdoppelt, outperformen im folgenden Jahr in 53 Prozent der Fälle. Siehe Abschnitt „Was kommt nach großen Kursbewegungen?“.

- ☐ Aktien, die um 50 Prozent oder mehr fallen, outperformen im folgenden Jahr in 68 Prozent der Fälle. Siehe Abschnitt „Was kommt nach großen Kursbewegungen?“.

- ☐ Aktien, die in einem Bärenmarkt am stärksten fallen, erholen sich ein Jahr nach Ende des Bärenmarktes stärker. Aktien, die am wenigsten fallen, schneiden schlechter ab. Siehe Tabelle 2.1.

- ☐ Wählen Sie Aktien von Unternehmen, die Sie kennen und mögen. Siehe Abschnitt „Aktienauswahl auf einfache Weise“.

- ☐ Achten Sie auf niedrige Gewinne oder Gewinnwarnungen bei anderen Aktien derselben Branche. Siehe Abschnitt „Zwei Tipps für die Aktienauswahl“.

- ☐ Achten Sie auf Rating-Upgrades oder -Downgrades anderer Aktien der Branche. Siehe Abschnitt „Zwei Tipps für die Aktienauswahl“.

- ☐ Wählen Sie Qualitätsaktien aus, deren Kurs gefallen ist, die aber solide Aussichten haben. Siehe Abschnitt „Kaufen Sie gefallene Engel“.

- ☐ Ausgliederungen können eine gute Gelegenheit sein, ein etabliertes Unternehmen mit einem erfolgsorientierten Management zu kaufen. Siehe Abschnitt „Kaufen Sie gefallene Engel“.

- ☐ Das vor einer Fusionsankündigung am häufigsten anzutreffende Chartmuster ist ein Doppelboden. Siehe Tabelle 2.2.

- ☐ In 63 Prozent der Fälle steigen die Aktienkurse vor der Ankündigung einer Fusion oder Übernahme. Siehe Abschnitt „Überbezahlt?“.

☐ Achten Sie darauf, dass viele verschiedene Insider bei niedrigen Kursen große Mengen an Aktien kaufen und nur wenige verkaufen – kleine Verkaufsmengen sind jedoch in Ordnung. Finden die Käufe regelmäßig statt, als ob sie nach einem Zeitplan erfolgen würden? Wenn ja, ist das nicht so gut, als wenn Insider Wertpapiere zu einem niedrigen Kurs kaufen. Siehe Abschnitt „Was machen Insider?“.

3

BUCHWERT

Der Weg zu einem kleinen Vermögen an der Börse beginnt mit einem großen! Das ist natürlich ein Scherz, aber ich glaube, dass man auf dem Markt nur dann eine Million Dollar verdienen kann, wenn man einen Dollar nach dem anderen verdient, beginnend mit der Auswahl der richtigen Aktien. Die grundlegenden Faktoren, die ich in den folgenden Kapiteln bespreche, bilden eine solide Grundlage für Ihre Aktienauswahl. Wählen Sie Aktien nach ihrem Wert aus, und dann zeige ich Ihnen, wie Sie mithilfe der Technischen Analyse den richtigen Zeitpunkt für den Ein- und Ausstieg bestimmen können.

Das wird mit einigen Anstrengungen verbunden sein. Ich werde Ihnen einige Begriffe vorstellen, die es wie das Erlernen einer neuen Sprache klingen lassen. Überwinden Sie Ihre Angst und Sie werden feststellen, dass die Anstrengung nur von kurzer Dauer ist, wie das Abziehen eines Pflasters. Einer dieser Momente kommt in wenigen Absätzen.

Laut der statistischen Zusammenfassung in Kapitel 12 ist der Buchwert einer der wichtigsten Faktoren für Aktien, die an Wert gewinnen. Er belegt drei der fünf Spitzenplätze bei der Performance über ein und drei Jahre und zwei der fünf Spitzenplätze bei einer Haltedauer von fünf Jahren. Wenn Sie an der Börse Geld verdienen möchten, ist es eine gute Wahl, Ihre Aktienauswahl auf den Buchwert zu stützen.

Als ich vor über 30 Jahren mit dem Investieren begann, war der Buchwert einer der fundamentalen Faktoren, auf die ich achtete. Ich ging davon aus, dass ich, wenn das Unternehmen unter seinem Buchwert gehandelt wurde, selbst im Falle einer Insolvenz einen Teil meines Geldes zurückbekommen würde. Das ist nicht immer der Fall, da Buchwert und Marktwert nicht identisch sind. Ich werde das später erklären.

Definition des Buchwerts

Wie definiert man den Buchwert? Leider hängt die Antwort davon ab, wen man fragt. Ich habe drei Quellen überprüft, und alle drei haben unterschiedliche Definitionen. Da ich Daten von Value Line verwende, lassen Sie uns deren Definition verwenden (Value Line Publishing, 2007). Der Buchwert ist „das Nettovermögen (einschließlich immaterieller Vermögenswerte) abzüglich Vorzugsaktien zum Liquidations- oder Rückkaufwert, geteilt durch die Anzahl der im Umlauf befindlichen Stammaktien“.

Zu den immateriellen Vermögenswerten gehören Goodwill (der Betrag, den ein Unternehmen für Vermögenswerte zu viel bezahlt hat), Patente, Marken, nicht amortisierte Disagios und abgegrenzte Aufwendungen. Von den von mir überprüften Quellen ist Value Line die einzige, die immaterielle Vermögenswerte in den Buchwert einbezieht.

Wenn der Buchwert den Wert eines Unternehmens nach seiner Liquidation und der Rückzahlung aller Schulden darstellt, dann muss ich davon ausgehen, dass alle Patente und Marken, die das Unternehmen besitzt, einen gewissen Wert haben. Daher gefällt mir die Definition von Value Line. Die Einbeziehung immaterieller Vermögenswerte wirft jedoch ein Problem auf: ihre Bewertung.

- Der Buchwert ist das Nettovermögen abzüglich Vorzugsaktien, geteilt durch die Anzahl der im Umlauf befindlichen Stammaktien.

Vermögenswerte richtig bewerten

Wie viel ist ein Patent wert? Was ist der Wert einer Marke? Der Buchwert kann fast alles sein, was ein Buchhalter will, weshalb einige (aber vielleicht nur wenige, da der Buchwert beliebt ist) diese Methode beim Value-Investing weniger wichtig nehmen. Historisch gesehen hatte der Buchwert jedoch eine herausragende Bedeutung, als die Bewertung von Vermögenswerten den Marktwert bestimmte und skrupellose Akteure sogenannte „Watered Stock" („wassergeschwängerte Aktien") an die Öffentlichkeit verkauften. Watered Stock bezieht sich auf die Ausgabe von Aktien, deren Wert erheblich über dem Wert der Vermögenswerte liegt, die sie repräsentieren. Der Begriff soll von der Praxis stammen, Rinder mit großen Mengen Salz zu füttern und sie dann Wasser trinken zu lassen. Durch das Wasser nehmen sie an Gewicht zu, was ihren Wert erhöht, wenn sie auf die Waage kommen.

- Der Buchwert kann unzuverlässig sein, wenn der Wert immaterieller Vermögenswerte überhöht ist.

Probieren Sie dieses Experiment aus: Wiegen Sie sich kurz vor dem Schlafengehen und erneut am Morgen. Wahrscheinlich wiegen Sie am Morgen weniger. Was machen Sie nachts außer schlafen?

Investieren anhand des Buchwerts

Investieren anhand des Buchwerts ist ähnlich wie der Kauf eines Gebrauchtwagens. Stellen Sie sich vor, Sie besuchen einen Autohändler und sehen einen Sportwagen, der Ihre Aufmerksamkeit erregt. Auf der Windschutzscheibe steht „Kauf mich" geschrieben, und er lockt Sie mit seinen windschnittigen Linien, engen Kurven und Rennstreifen. Wahrscheinlich treten Sie nur zum Spaß gegen die Reifen, weil Sie gehört haben, dass man das so macht.

Der Verkäufer öffnet die Motorhaube und Sie beugen sich vor, um sich Dinge anzusehen, von denen Sie keine Ahnung haben, wie sie funktionieren. Sie knurren, zeigen auf irgendetwas und stellen Fragen zum Ölwechsel, zum Kraftstoffverbrauch und zur Höchstgeschwindigkeit, bevor sich der Gummi von den Felgen löst. Natürlich machen Sie eine Probefahrt, überprüfen die Anzeigen und alles andere, was Ihnen einfällt. Zurück im Autohaus stellen Sie die wichtige Frage: „Wie viel kostet es?"

„Da wir es stark abgeschrieben haben, können wir es Ihnen für nur 5.000 Dollar überlassen. Der Marktwert liegt bei zehn. Kaufen Sie es lieber jetzt, bevor es jemand anderes tut. Heute Morgen haben sich bereits 30 Leute dafür interessiert." Sie werfen einen Blick auf Ihre Uhr und stellen fest, dass der Laden erst seit einer Stunde geöffnet hat, also wissen Sie, dass das eine Lüge ist.

In der Bibliothek recherchieren Sie den Wert des Autos und stellen fest, dass der Händler recht hatte. Der beizulegende Zeitwert beträgt 10.000 Dollar. Warum wird es für die Hälfte verkauft? Dann erinnern Sie sich an Tausende von Autos, die von Überschwemmungen betroffen waren, von ihren Versicherungsgesellschaften als Totalschaden eingestuft und dann illegal weiterverkauft wurden. Dies könnte eines davon sein. Oder es könnte in ein Dutzend Unfälle verwickelt gewesen sein. Vielleicht hat der Händler vergessen, etwas Wichtiges zu erwähnen. „Wollen Sie auch einen Motor? Das kostet weitere fünf Riesen!"

Mit anderen Worten: Der Wert des Autos ist subjektiv, genau wie der Buchwert. Wie viel ist eine Fabrik wert, die Pferdepeitschen und Mikrochips herstellt? Ist ein Haufen Krempel im Lager eine Million Dollar oder einen Dollar wert? Die Antwort auf beide Fragen lautet: Es ist so viel wert, wie jemand bereit ist zu zahlen.

Der Buchwert ist oft weit vom Marktwert entfernt, also verwechseln Sie die beiden nicht, wie ich es vor über 30 Jahren getan habe. Der Preis von Sachanlagen wird in den Büchern mit den Anschaffungskosten erfasst und im Laufe der Jahre durch Abschreibungen reduziert oder nach Verbesserungen erhöht.

- Der Buchwert ist nicht mit dem Marktwert identisch.

Wann ist der Buchwert wichtig?

Manchmal ist der Wert der in den Büchern erfassten Vermögenswerte veraltet, und man weiß erst, wie viel etwas wirklich wert ist, wenn man versucht, es zu verkaufen. Jeder potenzielle Käufer kann einen Vermögenswert unterschiedlich bewerten. Sie können dies selbst testen, indem Sie einen Flohmarkt veranstalten oder eine Auktion besuchen. Jemand könnte denken, er habe einen Picasso gefunden und ein hohes Gebot dafür abgeben, aber Sie kennen die Wahrheit: Sie haben gesehen, wie Ihre Großmutter das Bild letzten Frühling in ihrer Garage gemalt hat.

Der Buchwert ist unter drei Bedingungen wichtig.

1. Sie gehen davon aus, dass das Unternehmen insolvent wird. Er gibt Ihnen eine Schätzung des Unternehmenswerts, nachdem alle Rechnungen bezahlt sind.

2. Wenn das Unternehmen mit einem anderen fusionieren würde, könnte der Buchwert zur Preisbestimmung des Unternehmens herangezogen werden.

3. Bei einem Übernahmeangebot könnten andere, die den Wert verborgener Vermögenswerte erkennen, mehr für das Unternehmen bieten.

- Der Buchwert ist wichtig, wenn das Unternehmen insolvent wird, mit einem anderen fusioniert oder wegen seiner verborgenen Vermögenswerte aufgekauft wird.

Der Wert verborgener Vermögenswerte

Verborgene Vermögenswerte sind ein Grund für die Beliebtheit des Buchwerts. Unternehmen im Bereich der natürlichen Ressourcen (Öl, Gas, Metalle, Holz und so weiter) können über Vermögenswerte verfügen, die nur einen Bruchteil ihres tatsächlichen Wertes ausmachen. Wenn Sie diese Schätze entdecken, können Sie ein Vermögen verdienen, vorausgesetzt (ja, es gibt einen Haken), dass auch andere diesen Wert erkennen. Wenn Gerüchte über eine mögliche Übernahme aufkommen, könnte die Aktie in die Höhe schnellen. Wie bei Omas Picasso: Wenn mehrere Bieter das Gemälde kaufen wollen, steigt der Preis.

Kehren wir zu unserem Sportwagenbeispiel zurück, dem knallroten Modell, das wir beim Händler gesehen haben. Was wäre, wenn der Grund für den Verkauf des Autos darin liegt, dass niemand es kaufen will und der Händler versucht, seinen Bestand abzubauen? Er setzt den Preis so fest, dass er das Auto verkaufen kann. 5.000 Dollar für ein Auto zu bezahlen, das doppelt so viel wert ist, ist ein Schnäppchen. Sie können es Ihrem reichen Schwager zum vollen Preis verkaufen und mit einem Lächeln im Gesicht und einem prall gefüllten Portemonnaie davongehen.

Unternehmen zu finden, die unter ihrem Buchwert gehandelt werden, und in sie zu investieren, ist besser als die Alternative, aber das werde ich später in diesem Kapitel mit Zahlen belegen. Wenn alle anderen Faktoren gleich bleiben, wäre es dann besser, ein Unternehmen mit einem niedrigen Kurs-Buchwert-Verhältnis oder eines mit einem hohen zu kaufen?

Ein hoher Kurs im Verhältnis zum Buchwert bedeutet, dass Sie mehr bezahlen, als das Unternehmen wert ist. Das machen Leute beim Momentum-Trading ständig, wenn sie hoch kaufen und noch höher verkaufen. Ich habe damit viel Geld verdient.

Man kann es auch so betrachten: Ein Unternehmen, das zum oder über dem Buchwert gehandelt wird, hat ein begrenztes Aufwärtspotenzial, wenn alles gut läuft, aber ein enormes Abwärtspotenzial, wenn etwas schiefgeht. Ein Unternehmen, das unter dem Buchwert gehandelt wird, hat ein enormes Aufwärtspotenzial, wenn sich das Blatt wendet. Was ist die bessere Konstellation?

- Ein Unternehmen, das über dem Buchwert gehandelt wird, hat ein begrenztes Aufwärtspotenzial, wenn alles gut läuft, aber ein enormes Abwärtspotenzial, wenn etwas schiefgeht. Ein Unternehmen, das unter dem Buchwert gehandelt wird, hat ein großes Potenzial, wenn sich das Blatt wendet.

Grenzen des Buchwerts

Der Buchwert hat laut den von mir überprüften Quellen seine Grenzen. Peter Lynch und John Rothchild (Penguin Books, 1990) schreiben: „Penn Central hatte einen Buchwert von mehr als 60 Dollar pro Aktie, als es in Konkurs ging!“ Hier sind einige Einschränkungen.

- Das Kurs-Buchwert-Verhältnis eignet sich hervorragend für vermögensreiche oder kapitalintensive Unternehmen.

- Wenn Sie immaterielle Vermögenswerte (Goodwill, Patente, Marken, Markenzeichen und anderes geistiges Eigentum) außer Acht lassen, schadet dies Dienstleistungsunternehmen mit wenigen materiellen Vermögenswerten.

- Unternehmen mit hohen Schulden in Verbindung mit überbewerteten oder schwer veräußerbaren Vermögenswerten können eine Gefahr für Ihr Vermögen darstellen. Wenn diese Vermögenswerte zu einem Bruchteil ihres Wertes liquidiert werden, wird ein hoher Buchwert von einem Berg von Schulden verschlungen.

- Unternehmen, die jahrelange Verluste oder einen massiven Verlust verzeichnen, können einen negativen Buchwert haben. Die AMR Corporation ist ein Beispiel dafür. Der Gewinn pro Aktie war ab 2001 negativ und blieb dies bis 2006. Die Verantwortlichen des Unternehmens konnten das Ruder nicht rechtzeitig herumreißen, und der Buchwert folgte dem Gewinn, indem er 2004 negativ wurde und bis 2007 im Minus blieb.

- Aktienrückkäufe können den Buchwert senken, indem sie das Kapital in der Bilanz reduzieren. Weight Watchers ist ein Beispiel dafür. Das Unternehmen kaufte eine beträchtliche Anzahl von Aktien (19 Prozent) zurück, wodurch der Buchwert von –0,70 im Jahr 2006 auf –11,67 ein Jahr später sank.

- Unternehmen, die mit Barreserven spielen, können den Buchwert verändern. Der Buchwert sinkt beispielsweise, wenn das Unternehmen Barmittel aus der Bilanz in Rückstellungen für die Finanzierung von Pensionsplänen überführt.

Ist das überhaupt von Bedeutung? Ich denke, es ist so, als würde man Lasagne mit Hüttenkäse statt Ricotta zubereiten. Wenn man während des Kochens genug Wein trinkt, spielt es keine Rolle, wie die Lasagne schmeckt.

Ich verwende die Zahlen von Value Line für den Buchwert mit Bedacht und mache mir keine Gedanken über die Details. Wie wir sehen werden, kann ein niedriger Buchwert zu einigen schmackhaften Ergebnissen führen, selbst wenn man die Einschränkungen ignoriert.

Rückkäufe senken den Buchwert

Im letzten Abschnitt habe ich erwähnt, dass Aktienrückkäufe den Buchwert senken können. Schauen wir uns das anhand eines Beispiels genauer an. Angenommen, IBM hat Vermögenswerte in Höhe von 500 Milliarden Dollar und Verbindlichkeiten in Höhe von 250 Milliarden Dollar. Der Einfachheit halber nehmen wir an, dass der Buchwert die Differenz zwischen beiden Beträgen ist, also 250 Milliarden Dollar (wir lassen immaterielle Vermögenswerte, Vorzugsaktien und alles andere außer Acht), und dass das Unternehmen plant, die Aktien aus dem Verkehr zu ziehen (sie nie wieder auszugeben). Wenn das Unternehmen eine Milliarde Aktien im Umlauf hat, beträgt der Buchwert pro Aktie 250 Dollar.

Angenommen, die Aktie wird zu 500 Dollar gehandelt und das Unternehmen kauft 20 Prozent der im Umlauf befindlichen Aktien zurück, was 100 Milliarden Dollar kostet und aus Barmitteln finanziert wird. Die Vermögenswerte sinken um 100 Milliarden Dollar auf 400 Milliarden Dollar. Der neue Buchwert würde 400 Milliarden Dollar (Vermögenswerte) – 250 Milliarden Dollar (Verbindlichkeiten) oder 150 Milliarden Dollar betragen. Der Rückkauf hat den Buchwert geschmälert.

Dies ist ein vereinfachtes Beispiel, da das Unternehmen das Rückkaufprogramm durch die Ausgabe von Schuldtiteln oder das Halten der Aktien als eigene Aktien finanzieren kann. Würde das Unternehmen zudem die Aktien unter dem Buchwert zurückkaufen, würde der Buchwert pro Aktie steigen.

- Aktienrückkäufe können den Buchwert verändern.

Historische Forschung

Bevor ich zu meinen Statistiken komme, lassen Sie uns einen Blick auf die Ergebnisse anderer Forscher aus mehreren wichtigen Studien werfen.

De Bondt und Thaler (American Finance Association, 1987) stuften alle zwischen 1965 und 1984 an der NYSE und AMEX notierten Unternehmen (mit Ausnahme derjenigen im S&P 40 Financial Index) nach ihrem Kurs (Marktwert) im Verhältnis zum Buchwert ein. Sie teilten die Ergebnisse in fünf Gruppen ein, vom niedrigsten durchschnittlichen Kurs-Buchwert-Verhältnis (0,361) bis zum höchsten (3,417), und stellten fest, dass die kumulierte durchschnittliche Rendite im Vergleich zum Index vier Jahre nach der Bildung des Portfolios bei den Wertpapieren mit dem niedrigsten Kurs-Buchwert-Verhältnis 40,7 Prozent und bei denen mit dem höchsten Kurs-Buchwert-Verhältnis –1,3 Prozent betrug.

- Unternehmen mit niedrigem Buchwert erzielten höhere Renditen.

Lakonishok, Shleifer und Vishny (American Finance Association, 1994) untersuchten Aktien mit Daten von April 1963 bis April 1990. Unter Verwendung eines Buy-and-Hold-Ansatzes über fünf Jahre zeigten sie, dass die durchschnittliche jährliche Rendite zwischen 9,3 Prozent für Aktien mit hohem Kurs-Buchwert-Verhältnis und 19,8 Prozent für Aktien mit niedrigem Kurs-Buchwert-Verhältnis lag.

Die Autoren berechneten die Renditen im Zeitverlauf von 1968 bis 1989 in einer Reihe von jährlichen Wettbewerben und stellten fest, dass Aktien mit niedrigem Kurs-Buchwert-Verhältnis in 16 von 22 Jahren, also in 73 Prozent der Fälle, eine bessere Performance erzielten als Aktien mit hohem Kurs-Buchwert-Verhältnis. Bei einer Haltedauer von drei Jahren gewannen Aktien mit niedrigem Kurs-Buchwert-Verhältnis 18 von 20 Wettbewerben, also in 90 Prozent der Fälle. Bei einer Haltedauer von fünf Jahren gewannen Aktien mit niedrigem Kurs-Buchwert-Verhältnis alle 18 Wettbewerbe.

- Aktien mit niedrigem Kurs-Buchwert-Verhältnis gewannen 73 Prozent der Wettbewerbe, wenn sie drei Jahre lang gehalten wurden, und alle Wettbewerbe, wenn sie fünf Jahre lang gehalten wurden.

Zeigt ein niedriges Kurs-Buchwert-Verhältnis in den besten und schlechtesten Zeiten höhere Renditen? Die Autoren testeten dies anhand der 25 Monate mit der schlechtesten Performance von April 1968 bis April 1989 und stellten fest, dass Aktien mit einem niedrigen Kurs-Buchwert-Verhältnis diejenigen mit einem hohen Kurs-Buchwert-Verhältnis übertrafen. Unter Ausschluss dieser 25 Monate führten sie einen weiteren Test durch, bei dem der Markt während 88 Monaten rückläufig war, und stellten erneut fest, dass Aktien mit niedrigem Kurs-Buchwert-Verhältnis höhere Renditen erzielten.

- Aktien mit niedrigem Kurs-Buchwert-Verhältnis outperformen in guten wie in schlechten Zeiten.

Zwei weitere Tests mit den 25 Monaten mit der besten Performance und 122 Monaten außerhalb der 25 besten Monate ergaben das gleiche Ergebnis: Aktien mit niedrigem Kurs-Buchwert-Verhältnis schnitten besser ab als Aktien mit höheren Verhältnissen. Die Autoren kamen zu dem Schluss, dass die Verwendung eines Ansatzes mit niedrigem Kurs-Buchwert-Verhältnis nicht zu einem höheren Abwärtsrisiko führte.

- Die Verwendung eines Ansatzes mit niedrigem Kurs-Buchwert-Verhältnis führt nicht zu einem höheren Abwärtsrisiko.

Im Jahr 2009 überarbeitete die Tweedy, Browne Company LLC ihre Abhandlung und verwendete Informationen zu 7.000 börsennotierten

Unternehmen, einschließlich solcher, die bankrottgegangen oder durch Fusionen verschwunden waren, und filterte diese nach den folgenden Kriterien:

- Mindestmarktkapitalisierung 1 Million Dollar
- Aktien, deren Kurs zwischen 1970 und 1981 am 30. April jeweils nicht mehr als 140 Prozent des Buchwerts betrug

Durch die Filterung wurden 1.820 Aktien ausgeschlossen. Die Forscher fanden heraus, dass eine Investition von einer Million Dollar in Aktien, die zwischen 1970 und 1982 jeweils am 30. April zu weniger als 30 Prozent des Buchwerts gehandelt wurden, auf 23.298.000 Dollar angewachsen wäre. Eine Million Dollar, die im gleichen Zeitraum in den S&P 500 investiert worden wäre, hätte sich nur auf 2.662.000 Dollar erhöht.

Abgesehen davon, mir einen Anteil abzugeben, wissen Sie nun auch, was Sie mit diesen Millionen anfangen können.

Kurs-Buchwert-Verhältnis: Eine gute Messgröße

Können wir einige der Forschungsergebnisse mit einer anderen Datenquelle und anderen Methoden bestätigen? Ja, und in diesem Abschnitt werden die Statistiken untersucht, um zu sehen, wie sich Buchwert und Aktienkurs verhalten.

Ein Buchwert von 5 Dollar ist wichtiger, wenn die Aktie bei 1 Dollar notiert, als wenn sie zu 50 Dollar gehandelt wird. Um einen fairen Vergleich zwischen Unternehmen und Aktien anzustellen, dividieren Sie den Aktienkurs durch den Buchwert. Eine Aktie, die zu 20 Dollar mit einem Buchwert von 5 Dollar gehandelt wird, hätte ein Kurs-Buchwert-Verhältnis von 20 ÷ 5 oder 4. Der Großteil der Ausführungen in den folgenden Abschnitten befasst sich mit dem Verhältnis von Kurs zu Buchwert.

Für Anleger kann ein niedriges Kurs-Buchwert-Verhältnis mehrere Dinge bedeuten.

1. Die Vermögenswerte sind überbewertet. Der Aktienkurs könnte einbrechen, wenn die Vermögenswerte wieder ihrem beizulegenden Zeitwert entsprechen.

2. Schlechte Rendite auf die Vermögenswerte. Eine neue Geschäftsführung könnte das Unternehmen umstrukturieren oder einen Teil der Vermögenswerte verkaufen, wodurch der Wert für die Aktionäre wieder freigesetzt würde. Eine Verbesserung der Geschäftsbedingungen könnte bereits ausreichen, um das Unternehmen wieder auf Kurs zu bringen und den Aktienkurs in die Höhe schnellen zu lassen.

3. Das Unternehmen ist unterbewertet. Verborgene Vermögenswerte, wie Immobilien, die zu Anschaffungskosten in den Büchern stehen, obwohl sich ihr Wert durch die Inflation erheblich vervielfacht hat, können den Wert eines Unternehmens steigern, aber nur, wenn der Markt diese Vermögenswerte entdeckt. Das kann Jahre dauern.

4. Niedriger Kurs. Es kann sein, dass ein rückläufiger Aktienmarkt fast *alle* Unternehmen so stark abgewertet hat, dass sie aufgrund ihres niedrigen Kurs-Buchwert-Verhältnisses so attraktiv erscheinen wie Geld, das auf der Straße liegt.

Schneiden Aktien mit hohem oder niedrigem Kurs-Buchwert-Verhältnis im Laufe der Zeit besser ab? Die Antwort lautet: Ein niedriges Kurs-Buchwert-Verhältnis schlägt ein hohes. **Tabelle 3.1** zeigt die Ergebnisse.

Bedingung	Jahr 1	Jahr 2	Jahr 3	Jahr 4	Jahr 5	10.000 $ investiert
Über dem medianen KBV von 2,11	9%	8%	8%	8%	9%	14.947$
Unter dem Median	14%	14%	14%	13%	13%	18.924$

Tab. 3.1 Durchschnittliche Kursveränderung im Zeitverlauf, sortiert nach dem medianen Kurs-Buchwert-Verhältnis.

Aus dem Buchwert und dem Aktienkurs am letzten Handelstag des Jahres 0 ergibt sich das Kurs-Buchwert-Verhältnis. Das mediane Kurs-Buchwert-Verhältnis im Jahr 0 lag bei 2,11. Ich habe jede Aktie danach bewertet, ob sie über oder unter dem medianen Kurs-Buchwert-Verhältnis lag, und dann anhand der Kursveränderungen zum Jahresende gemessen, wie gut sie sich in den folgenden fünf Jahren entwickelt hat.

Beispielsweise betrug der durchschnittliche Anstieg ein Jahr, nachdem Aktien ein Kurs-Buchwert-Verhältnis über dem Median hatten, 9 Prozent. Diejenigen mit Verhältnissen unter dem Median verzeichneten einen durchschnittlichen Anstieg von 14 Prozent. Ein anderes Beispiel: Auf der rechten Seite der Tabelle zeigen Aktien mit einem Kurs-Buchwert-Verhältnis über dem Median durchschnittliche Gewinne von 9 Prozent. Im Vergleich dazu betrugen die Gewinne für Aktien mit einem Kurs-Buchwert-Verhältnis unter dem Median 13 Prozent.

In allen Wettbewerben schnitten Aktien mit einem Kurs-Buchwert-Verhältnis unter dem Median besser ab als Aktien mit einem Verhältnis über dem Median. Bei einer Haltedauer von fünf Jahren wäre ein Betrag von 10.000 Dollar, der in Aktien mit einem Kurs-Buchwert-Verhältnis unter dem Median investiert wurde, auf 18.924 Dollar gestiegen.

- Suchen Sie nach Aktien, die unter dem medianen Kurs-Buchwert-Verhältnis von 2,11 gehandelt werden.

Small Caps: Die beste Wahl

Es gibt viele Möglichkeiten, das Kurs-Buchwert-Verhältnis zu zerlegen, und hier ist eine weitere: nach Marktkapitalisierung. Wenn Sie den Aktienkurs mit der Anzahl der im Umlauf befindlichen Aktien multiplizieren, erhalten Sie die Marktkapitalisierung. Ich definiere Small-Cap-Aktien als solche mit einer Marktkapitalisierung von weniger als einer Milliarde Dollar. Large-Cap-Aktien sind solche mit einer Marktkapitalisierung von mehr als fünf Milliarden Dollar, und Mid Caps sind alle Aktien zwischen diesen beiden Werten.

Verhalten sich Aktien unterschiedlich, wenn sie nach Marktkapitalisierung sortiert werden? Ja, und **Tabelle 3.2** zeigt, was ich herausgefunden habe.

Bedingung	Jahr 1	Jahr 2	Jahr 3	Jahr 4	Jahr 5	10.000 $ investiert
Small Cap, über dem Median von 1,70	16%	13%	11%	9%	13%	17.955$
Unter dem Median	22%	18%	16%	15%	13%	21.856$
Mid Cap, über dem Median von 2,25	9%	9%	8%	9%	9%	15.134$
Unter dem Median	11%	11%	11%	11%	13%	17.049$
Large Cap, über dem Median von 3,21	2%	3%	5%	4%	2%	11.782$
Unter dem Median	12%	11%	12%	14%	13%	18.150$

Tab. 3.2 Medianes Kurs-Buchwert-Verhältnis nach Marktkapitalisierung.

Die Tabelle verwendet unterschiedliche Medianwerte, die für jede Marktkapitalisierung berechnet wurden. Die Prozentwerte sind Veränderungen gegenüber dem Vorjahr, aber die Spalte „10.000 $ investiert" bezieht sich auf eine Haltedauer von fünf Jahren.

Small-Cap-Aktien mit einem Kurs-Buchwert-Verhältnis über dem Median von 1,70 verzeichneten ein Jahr später durchschnittliche

Kursgewinne von 16 Prozent. Im Vergleich dazu betrug der durchschnittliche Anstieg für Aktien unterhalb des Medians 22 Prozent.

Mid-Cap-Aktien mit einem Kurs-Buchwert-Verhältnis über dem Median von 2,25 legten im Durchschnitt um 9 Prozent zu, während Aktien unter dem Median einen Anstieg von 11 Prozent verzeichneten.

In 14 von 15 Wettbewerben (93 Prozent) wurden höhere Gewinne erzielt, wenn die Aktie ein unter dem Median liegendes Kurs-Buchwert-Verhältnis aufwies (unabhängig von der Marktkapitalisierung).

Sehen Sie sich nun die Tabelle noch einmal an. Fällt Ihnen etwas Besonderes auf? In den meisten Fällen schnitten Small-Cap-Aktien besser ab als Mid- und Large-Cap-Aktien. Nach einem Jahr Haltedauer erzielten Small Caps beispielsweise durchschnittliche Gewinne von mindestens 16 Prozent, während Mid Caps maximal 11 Prozent und Large Caps maximal 12 Prozent erzielten. Von 20 Wettbewerben gewinnen Small-Cap-Aktien in 65 Prozent der Fälle (das heißt beim Vergleich des kleineren der beiden Small-Cap-Werte pro Jahr mit jedem der vier Mid- und Large-Cap-Werte).

Eine Investition von 10.000 Dollar in Small-Cap-Aktien mit einem unter dem Median liegenden Kurs-Buchwert-Verhältnis stieg nach fünf Jahren auf 21.856 Dollar, verglichen mit 17.955 Dollar für Small Caps mit einem über dem Median liegenden Kurs-Buchwert-Verhältnis.

Wenn Sie Aktien für Buy-and-Hold auswählen, entscheiden Sie sich für Small-Cap-Aktien, also solche mit einer Marktkapitalisierung von weniger als einer Milliarde Dollar. Seien Sie vorsichtig, wenn Sie sich auf die Einschätzung der Marktkapitalisierung durch Dienstleister verlassen. Einige definieren Small, Mid und Large Caps mit anderen Werten als einer Milliarde und fünf Milliarden Dollar.

Die Erkenntnis, dass Small-Cap-Aktien besser abschneiden als Mid- und Large-Cap-Aktien, ist nicht neu. Ein Artikel von Fama und French (Juni 1992) zeigt eine Tabelle mit Buchwerten für börsennotierte Aktien (Kurs), sortiert nach Marktkapitalisierung, unter Verwendung von Daten von Juli 1963 bis Dezember 1990.

Wenn wir die Ergebnisse um das Kurs-Buchwert-Verhältnis bereinigen, stellen wir fest, dass Small-Cap-Aktien mit einem niedrigen Kurs-Buchwert-Verhältnis eine durchschnittliche monatliche Rendite von 1,92 Prozent oder eine jährliche Rendite von 23,0 Prozent erzielen. Large-Cap-Aktien mit hohem Kurs-Buchwert-Verhältnis weisen eine durchschnittliche monatliche Rendite von 0,70 Prozent beziehungsweise 8,4 Prozent pro Jahr auf. Je größer die Marktkapitalisierung, desto schlechter die Ergebnisse, und je höher das Kurs-Buchwert-Verhältnis, desto schlechter die Ergebnisse. Die Autoren unterteilten die Marktkapitalisierung in 10 Kategorien, und innerhalb jeder Kategorie erzielten Aktien mit dem niedrigsten Kurs-Buchwert-Verhältnis die besten Renditen.

- Small-Cap-Aktien mit niedrigem Kurs-Buchwert-Verhältnis outperformen. Erwägen Sie daher den Kauf von Aktien mit einer Marktkapitalisierung von unter einer Milliarde Dollar.

Niedrige Aktienkurse sind entscheidend!

Tabelle 3.3 zeigt die Ergebnisse von Aktien, sortiert nach Aktienkurs und Kurs-Buchwert-Verhältnis. Ich wollte wissen, ob Aktien mit niedrigem Kurs besser abschneiden als Aktien mit mittlerem oder hohem Kurs, gemessen am Kurs-Buchwert-Verhältnis.

In dieser Tabelle werden *nicht splitbereinigte* Aktienkurse verwendet, um die Grenze zwischen niedrigen, mittleren und hohen Kursen zu bestimmen. Warum? Weil eine Aktie, die heute einen hohen Kurs aufweist, aufgrund von Aktiensplits in einigen Jahren günstig erscheinen kann. Beispielsweise würde eine Aktie mit einem Kurs von 40 Dollar (hoch) nach einem Aktiensplit im Verhältnis 2:1 (20 Dollar) als mittelpreisig und nach einem weiteren Aktiensplit im Verhältnis 2:1 (10 Dollar) als niedrigpreisig gelten. Die für die betrachteten Jahre verwendeten Aktien hatten keine Aktiensplits.

Aktien mit niedrigem Kurs lagen unter 15,80 Dollar, Aktien mit hohem Kurs über 28,20 Dollar und Aktien mit mittlerem Kurs lagen dazwischen. Diese Grenzen wurden festgelegt, indem die Stichproben in Drittel unterteilt und die entsprechenden Schlusskurse des Jahres 0 verwendet wurden. Die in der Analyse verwendeten medianen Kurs-Buchwert-Verhältnisse änderten sich ebenfalls, da weniger Aktien keine Splits hatten.

Bedingung	Jahr 1	Jahr 2	Jahr 3	Jahr 4	Jahr 5	10.000 $ investiert
Hoher Kurs (> 28,20 $), über dem Median von 2,75	5 %	7 %	8 %	7 %	4 %	13.502 $
Unter dem Median	6 %	7 %	8 %	8 %	11 %	14.681 $
Mittlerer Kurs, über dem Median von 1,96	7 %	7 %	7 %	8 %	11 %	14.753 $
Unter dem Median	10 %	10 %	10 %	10 %	10 %	16.178 $
Niedriger Kurs (< 15,80 $), über dem Median von 1,40	20 %	16 %	15 %	9 %	11 %	19.345 $
Unter dem Median	28 %	18 %	13 %	17 %	14 %	22.651 $

Tab. 3.3 Performance von Aktien unter Verwendung des Kurs-Buchwert-Verhältnisses, sortiert nach Kurs.

Ein Blick auf die Tabelle zeigt, dass Aktien mit niedrigem Kurs in fast allen Kategorien besser abschnitten als alle anderen. Bei der Auswahl von Aktien für eine langfristige Anlage sollten Sie sich für Aktien mit niedrigem Kurs unterhalb des medianen Kurs-Buchwert-Verhältnisses entscheiden. Dies wird deutlich, wenn man sich ansieht, wie sich 10.000 Dollar, die fünf Jahre lang in Aktien mit niedrigem Kurs investiert wurden, auf 22.651 Dollar erhöhten, verglichen mit 14.681 Dollar für Aktien mit hohem Kurs.

Was passiert mit der Performance, wenn wir das Kurs-Buchwert-Verhältnis berücksichtigen? Von 15 Wettbewerben wurden 11 von denen gewonnen, die unter dem medianen Kurs-Buchwert-Verhältnis lagen, zwei von denen, die darüber lagen, und zwei endeten unentschieden.

Sehen Sie sich die prozentuale Veränderung in Tabelle 3.3 an. Aktien mit niedrigem Kurs schnitten deutlich besser ab als solche mit hohem. Beispielsweise erzielten Aktien mit niedrigem Kurs und einem Kurs-Buchwert-Verhältnis unter dem Median im ersten Jahr eine Rendite von 28 Prozent, verglichen mit 10 Prozent für Aktien mit mittlerem Kurs und 6 Prozent für Aktien mit hohem Kurs.

Wie oft schneiden Aktien mit niedrigem Kurs besser ab als solche mit höherem? Antwort: in 59 Prozent der Fälle. Ich habe dies gemessen, indem ich die Aktienkurse im Jahr 0 verglichen und festgestellt habe, dass die mediane prozentuale Rendite ein Jahr später 7,7 Prozent betrug. Dann habe ich nach Aktien mit niedrigem Kurs (unter 15,80 Dollar) gesucht, die diese Gewinne übertrafen, und festgestellt, dass dies in 59 Prozent der Fälle der Fall war.

Aktien, die zu einem niedrigen Kurs (unter 15,80 Dollar) mit einem unter dem Median liegenden Kurs-Buchwert-Verhältnis (unter 1,98, dem medianen Kurs-Buchwert-Verhältnis aller nicht splitbereinigten Aktien) gehandelt wurden, erzielten in 61 Prozent der Fälle eine über dem Median von 7,7 Prozent liegende Performance.

- Wählen Sie Aktien mit einem Kurs unter etwa 16,00 Dollar, um die besten Ergebnisse zu erzielen.

Buchwert und Eigenkapitalrendite

Einige Quellen warnen davor, dass eine Anlage allein auf Basis des Buchwerts genauso gefährlich sein kann wie Nachtfahrten ohne Scheinwerfer. In einer Anmerkung wurde darauf hingewiesen, dass überbewertete Wachstumsaktien in der Regel eine niedrige Eigenkapitalrendite (ROE) und ein hohes Kurs-Buchwert-Verhältnis aufweisen. Beide sollten parallel steigen, hieß es.

Ich habe beschlossen, dies zu testen, und habe das Kurs-Buchwert-Verhältnis (steigend oder fallend) mit der Eigenkapitalrendite (steigend oder fallend) kombiniert. Die Ergebnisse sind in **Tabelle 3.4** dargestellt.

Kurs-Buchwert-Verhältnis	ROE	Jahr 1	Jahr 2	Jahr 3	Jahr 4	Jahr 5	10.000 $ investiert
Fallend	Fallend	6%	8%	10%	15%	11%	15.982$
Fallend	Steigend	13%	8%	10%	14%	10%	16.803$
Steigend	Fallend	9%	8%	14%	13%	13%	17.131$
Steigend	Steigend	10%	10%	10%	14%	10%	16.715$
Fallend, Small Caps	Steigend	19%	11%	7%	23%	15%	20.108$
Fallend, Small Caps mit einem Kurs unter 15,80$	Steigend	41%	10%	7%	25%	17%	24.080$

Tab. 3.4 Jährliche Rendite auf das Kurs-Buchwert-Verhältnis und Eigenkapitalrendite.

Wenn sowohl das Kurs-Buchwert-Verhältnis als auch die Eigenkapitalrendite von einem Jahr zum nächsten sinken, dann legte die Aktie im folgenden Jahr durchschnittlich um 6 Prozent zu. Dies ist die schlechteste der vier Kombinationen. Aktien mit der besten Kombination, einem fallenden Kurs-Buchwert-Verhältnis und einer steigenden Eigenkapitalrendite, erzielten durchschnittlich 13 Prozent Gewinn.

Die Kombination aus steigendem Kurs-Buchwert-Verhältnis (was bedeutet, dass entweder der Aktienkurs steigt oder der Buchwert sinkt) und fallender Eigenkapitalrendite (eine geringere Rendite für die Aktionäre) ergibt nach fünfjähriger Haltedauer die beste Rendite: 17.131 Dollar. Dies ist wahrscheinlich das Ergebnis eines sprunghaft angestiegenen Aktienkurses – genau die Kombination, vor der in der Anmerkung gewarnt wurde.

Für die Performance im kommenden Jahr würde ich empfehlen, Aktien auf der Grundlage der zweitplatzierten Kombination (fallendes Kurs-Buchwert-Verhältnis/steigende Eigenkapitalrendite) zu suchen. Der Gewinn im ersten Jahr beträgt durchschnittlich 13 Prozent.

Vermeiden Sie Aktien mit einem fallenden Kurs-Buchwert-Verhältnis und fallender Eigenkapitalrendite. Diese Kombination führte nach fünf Jahren zur schlechtesten Performance: 15.982 Dollar.

Wenn Sie die Suche auf Small-Cap-Aktien mit fallendem Kurs-Buchwert-Verhältnis und steigender Eigenkapitalrendite eingrenzen, steigt der Gewinn im ersten Jahr auf 19 Prozent. Nach fünf Jahren haben Sie Ihr Geld mehr als verdoppelt, auf 20.108 Dollar.

Wenn wir den Aktienkurs zusammen mit Small Caps, fallendem Kurs-Buchwert-Verhältnis und steigender Eigenkapitalrendite berücksichtigen, stellen wir fest, dass der Gewinn im ersten Jahr auf 41 Prozent steigt und 10.000 Dollar, die investiert und fünf Jahre lang gehalten werden, auf 24.080 Dollar anwachsen. Da ich den Aktienkurs verwende, bin ich zu nicht splitbereinigten Kursdaten übergegangen, wobei ich den in Tabelle 3.3 genannten Wert von 15,80 Dollar zugrunde gelegt habe. Durch die verschiedenen Kombinationen reduziert sich die Suche nach der perfekten Anlage auf 37 Aktien, was jedoch auch auf eine Kurvenanpassung hindeuten könnte.

Kurvenanpassung bedeutet, die Ergebnisse so zu gestalten, dass eine optimale Performance erzielt wird. Das ist nicht immer schlecht, aber die zukünftige Performance könnte weit hinter den Erwartungen zurückbleiben.

- Aktien mit einem fallenden Kurs-Buchwert-Verhältnis und einer steigenden Eigenkapitalrendite (ROE) erzielen ein Jahr später die beste Performance. Vermeiden Sie Aktien, bei denen sowohl das Kurs-Buchwert-Verhältnis als auch die Eigenkapitalrendite fallen.

Was ist das beste Kurs-Buchwert-Verhältnis?

Wenn Sie bei der Suche nach Aktien eine Bandbreite für das Kurs-Buchwert-Verhältnis auswählen müssten, welche wäre das? **Tabelle 3.5** zeigt eine Bandbreite von Kurs-Buchwert-Verhältnissen (linke Spalte), gefolgt vom durchschnittlichen prozentualen Gewinn, den

Aktien innerhalb der jeweiligen Bandbreite in einem Jahr (Ende Jahr 0 bis Ende Jahr 1) erzielt haben, und der Anzahl der Stichproben.

KBV-Bandbreite	Gewinn	Stichproben
≤0	16%	127
0-0,5	36%	202
0,5-1,0	20%	1.073
1,0-1,5	14%	1.883
1,5-2,0	13%	1.751
2,0-2,5	10%	1.291
2,5-3,0	12%	970
3,0-3,5	10%	712
3,5-4,0	13%	514
>4,0	6%	2.199

Tab. 3.5 1-Jahres-Gewinn mit dem besten Kurs-Buchwert-Verhältnis.

Beispielsweise erzielten 127 Aktien mit einem Kurs-Buchwert-Verhältnis von 0 oder weniger als 0 einen durchschnittlichen prozentualen Gewinn von 16 Prozent. Diejenigen mit einem Kurs-Buchwert-Verhältnis über 0, aber unter 0,5 hatten den höchsten durchschnittlichen prozentualen Gewinn von 36 Prozent mit 202 Stichproben.

Für die beste Performance im kommenden Jahr sollten Sie Aktien mit einem Kurs-Buchwert-Verhältnis von 1,0 oder weniger auswählen. Wenn Sie die Aktienauswahl auf Unternehmen mit einem Kurs-Buchwert-Verhältnis von unter 1,0 im Jahr 0 beschränken, erzielen Sie im ersten Jahr einen Gewinn von 21 Prozent. Eine Investition von 10.000 Dollar wächst nach fünf Jahren auf 21.661 Dollar an – mehr als eine Verdopplung.

- Aktien mit einem Kurs-Buchwert-Verhältnis unter 1,0 entwickeln sich in der Regel gut.

Kombinationen und Performance

Wenn ich die Kombination aus Aktien mit einem Kurs unter 15,80 Dollar, fallendem Kurs-Buchwert-Verhältnis sowie steigender Eigenkapitalrendite nehme und das Kurs-Buchwert-Verhältnis auf unter 1,0 begrenze, erhalte ich die in **Tabelle 3.6** aufgeführten Performance-Ergebnisse. Nur 21 Aktien erfüllten diese Kriterien, was bedeutet, dass es eine überschaubare Anzahl ist, die Sie manuell durchgehen können, um die besten Aktien für Ihr Portfolio zu finden.

In der unteren Zeile habe ich eine Small-Cap-Anforderung hinzugefügt. Dies reduziert die Anzahl der Aktien und beeinträchtigt die Performance, was ich verwirrend finde, da Small Caps eigentlich outperformen sollten.

Ich möchte Sie darauf hinweisen, dass die Ergebnisse aus In-Sample-Tests mit Aktien aus den Jahren 1992 bis 2007 stammen. Das bedeutet, dass Ihre Ergebnisse variieren können und zusätzliche Tests erforderlich sind, um zu beweisen, dass die beschriebene Kombination auch unter anderen Marktbedingungen und mit anderen Aktien gut funktioniert.

Kombination	Jahr 1	Jahr 2	Jahr 3	Jahr 4	Jahr 5	Aktien	10.000 $ investiert
Kurs unter 15,80$ Fallendes Kurs-Buchwert-Verhältnis Steigende Eigenkapitalrendite Buchwert unter 1,0	50%	24%	11%	30%	35%	21%	36.321$
Wie oben, aber auch Small Caps	40%	27%	6%	33%	36%	15%	34.282$

Tab. 3.6 Kombinationen von Faktoren und Performance.

Die geringe Stichprobengröße bedeutet auch, dass die Zahlen wahrscheinlich unzuverlässig sind. Erwarten Sie nicht, dass eine Aktie, die

die in der Tabelle aufgeführten Kriterien erfüllt, nach dem Kauf eine Rendite von 40 oder 50 Prozent pro Jahr erzielt.

Trading-Strategie: Den Dow schlagen

Michael O'Higgins und John Downes (HarperCollins, 1992) haben gemeinsam ein Buch verfasst, in dem sie darauf hinweisen, dass man mit dem Kauf der 10 Dow-Aktien mit den niedrigsten Kurs-Buchwert-Verhältnissen eine bessere Performance erzielt als der gesamte Dow Jones Industrial Average. Ihre Tabelle umfasst die Jahre von 1973 bis Mitte 1991.

Ich habe die Dow-Aktien vom 23. März 2009 herangezogen und die historischen Kursdaten dieser Index-Komponenten überprüft. Meine Daten für drei Dow-Aktien (Citibank, Kraft und JPMorgan Chase) reichten nicht bis 1992 zurück, und seit 1992 gab es viele Komponentenwechsel, die ich ignoriert habe.

Tabelle 3.7 zeigt meine Ergebnisse. Ich habe die Dow-Aktien im Jahr 1992 bewertet und die 10 niedrigsten und höchsten nach ihrem Kurs-Buchwert-Verhältnis ermittelt. Dann habe ich die Kursänderung jeder Aktie und des Dow vom Schlusskurs am letzten Handelstag 1992 bis zum letzten Schlusskurs 1993 gemessen. Ich stellte fest, dass der Dow ohne Dividenden um 13,7 Prozent gestiegen war. Die Aktien mit den höchsten Kurs-Buchwert-Verhältnissen fielen 1993 um 5,9 Prozent, während die 10 Dow-Aktien mit den niedrigsten Kurs-Buchwert-Verhältnissen einen Gewinn von 14,5 Prozent erzielten.

In den 16 Jahren, die in Tabelle 3.7 erfasst sind, schlugen die 10 Aktien mit den niedrigsten Kurs-Buchwert-Verhältnissen die 10 Aktien mit den höchsten Werten neun Mal, also in 56 Prozent der Fälle. Die 10 Aktien mit den niedrigsten Kurs-Buchwert-Verhältnissen schlugen jedoch in 81 Prozent der Fälle den gesamten Dow-Durchschnitt.

Jahr	10 Aktien mit höchstem KBV	Alle Dow-Aktien	10 Aktien mit niedrigstem KBV
1993	-5,9%	13,7%	14,5%
1994	3,3%	2,1%	8,8%
1995	37,9%	33,5%	43,2%
1996	35,3%	26,0%	34,5%
1997	31,7%	22,6%	30,3%
1998	46,8%	16,1%	17,0%
1999	21,5%	25,2%	27,7%
2000*	-14,9%	-6,2%	2,6%
2001*	0,9%	-7,1%	-1,0%
2002*	-14,9%	-16,8%	-14,1%
2003	13,7%	25,3%	31,0%
2004	1,7%	3,1%	7,9%
2005	-2,7%	-0,6%	-2,8%
2006	13,5%	16,3%	30,2%
2007	9,8%	6,4%	-6,6%
2008*	-31,6%	-33,8%	-41,6%

* Bärenmarktjahre

Tab. 3.7 Die 10 Aktien mit dem höchsten und niedrigsten Kurs-Buchwert-Verhältnis im Dow Industrials.

Bei genauerer Betrachtung der Bärenmärkte von 2000 bis 2002 und 2008 stellen wir fest, dass die Dow-Aktien mit dem niedrigsten Kurs-Buchwert-Verhältnis in der Hälfte der Fälle die 10 Aktien mit dem höchsten Verhältnis und in 75 Prozent der Fälle den gesamten Dow übertrafen.

Ein Portfolio im Wert von 10.000 Dollar, das von 1993 bis 2008 zu gleichen Teilen in die 10 Dow-Aktien mit dem niedrigsten Kurs-Buchwert-Verhältnis investiert wurde, würde einen Wert von 39.718

Dollar erreichen. Weitere 10.000 Dollar, die im gleichen Zeitraum in alle Dow-Aktien investiert wurden, würden einen Wert von 26.586 Dollar erreichen. Dividenden, Provisionen, Slippage und weitere Gebühren wurden nicht berücksichtigt.

- Der jährliche Kauf der 10 Dow-Aktien mit dem niedrigsten Kurs-Buchwert-Verhältnis bleibt eine erfolgreiche Strategie.

Die 8-Aktien-Strategie

Nehmen wir an, Sie möchten Ihr Geld nicht auf 10 Aktien des Dow Jones Industrial Average aufteilen. Was wäre die optimale Anzahl von Aktien, um maximale Gewinne zu erzielen? Angenommen, Sie haben 10.000 Dollar gleichmäßig auf die Dow-Aktien mit den niedrigsten Kurs-Buchwert-Verhältnissen verteilt, Ihr Portfolio jährlich neu ausbalanciert und 20 Dollar für Gesamtprovisionen ausgegeben (10 Dollar für den Kauf und 10 Dollar für den Verkauf), dann zeigt **Abbildung 3.1** das Ergebnis.

Wenn Sie beispielsweise 10.000 Dollar für eine Dow-Aktie mit dem niedrigsten Kurs-Buchwert-Verhältnis ausgegeben hätten, hätten Sie nach 16 Jahren, nach Abzug der Provisionen und nach jährlicher Umschichtung in die Aktie mit dem niedrigsten Kurs-Buchwert-Verhältnis, 1.810 Dollar übrig gehabt. Igitt. Ein Großteil dieses Rückgangs war darauf zurückzuführen, dass General Motors 2008 kurz vor der Insolvenz stand. Die Ergebnisse schreien nach Diversifizierung.

Das Halten von zwei Aktien bringt 18.237 Dollar ein, was eine enorme Verbesserung darstellt, aber immer noch blass ist im Vergleich zu den 46.688 Dollar Gewinn, die durch das Halten von 13 Aktien erzielt werden. Die zweitbeste Option und meine persönliche Wahl ist die Auswahl von acht Aktien mit dem niedrigsten Kurs-Buchwert-

Verhältnis jedes Jahr. Das würde 45.737 Dollar einbringen. Sie erzielen Diversifizierung und eine Performance, die nahe an der Spitzenperformance der Dow-Komponenten Anfang 2009 liegt, halten aber dennoch eine überschaubare Anzahl von Wertpapieren. Da die Analyse Teilaktien und 20 Dollar Gesamtprovisionen für die Dow-Komponenten zuließ, sollten Sie dies selbst testen.

Die 8-Aktien-Strategie führte auch zum höchsten Portfoliowert über die 16 Jahre, nämlich 93.406 Dollar zum Jahresende 2007, und übertraf damit den Wert des 13-Aktien-Portfolios von 71.436 Dollar. Als der Bärenmarkt 2008 begann (der eigentlich schon Ende 2007 einsetzte), war dies ein schwerer Schlag für alle Aktien, auch für diejenigen mit niedrigem Kurs-Buchwert-Verhältnis. Das Portfolio mit acht Aktien verlor die Hälfte seines Wertes.

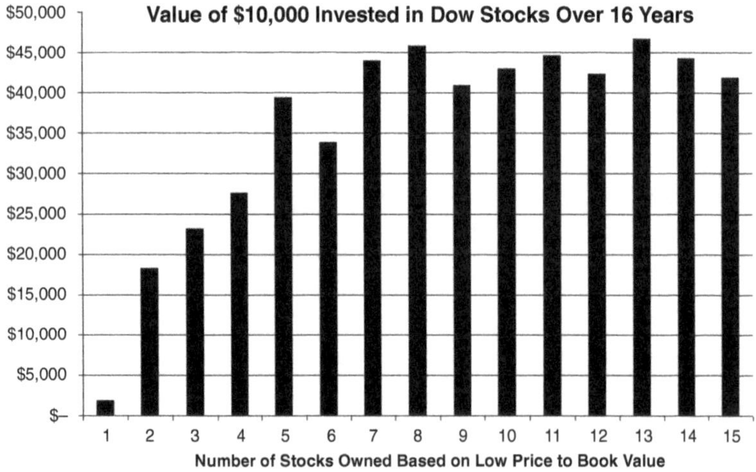

Abb. 3.1 Investition in Dow-Aktien mit dem niedrigsten Kurs-Buchwert-Verhältnis im Vergleich zur durchschnittlichen Rendite über 16 Jahre.

Das Portfolio mit acht Aktien schlägt die gesamten 30 Dow-Aktien in 69 Prozent der Fälle (in jährlichen Wettbewerben) und endet mit einem um 72 Prozent höheren Saldo von 45.737 Dollar gegenüber 26.566 Dollar.

- Um die Performance der Dow-Industrial-Aktien zu übertreffen, kaufen Sie jedes Jahr 8 Dow-Aktien mit dem niedrigsten Kurs-Buchwert-Verhältnis.

Haltedauer für beste Ergebnisse

Da Sie wissen, dass der Kauf von Aktien mit niedrigem Kurs-Buchwert-Verhältnis im Laufe der Zeit zu höheren Gewinnen führt, wie lange sollten Sie eine Aktie halten?

Darauf gibt es mehrere Antworten. Erstens: Halten Sie die Aktie, bis das Kurs-Buchwert-Verhältnis auf den Median von 2,11 (siehe Tabelle 3.1) oder den von Ihnen gewählten Buchwert gestiegen ist.

Zweitens: Verkaufen Sie, wenn die Aktie nicht anders (oder höher) bewertet ist als der Rest der Branche. Diese Option ist am sinnvollsten. Warum? Weil die Branche in einem schwachen Markt möglicherweise eine Glückssträhne hat und ein Verkauf zum Marktmedian bedeuten könnte, dass Sie zusätzliche Gewinne verschenken, wenn die Branche einen höheren Median hat.

Eine weitere Antwort finden Sie in **Tabelle 3.8.**

Ich habe die Kursänderung von Jahr 0 zu Jahr 1 für alle Aktien berechnet, deren Kurs-Buchwert-Verhältnis im Jahr 0 unter dem Median von 2,11 lag, und festgestellt, dass der durchschnittliche Anstieg 15,7 Prozent betrug. Im folgenden Jahr habe ich das Kurs-Buchwert-Verhältnis von Jahr 1 verwendet und die Kursänderung von Jahr 1 zu Jahr 2 betrachtet, die sich auf 16,0 Prozent belief. Der Rest der Tabelle zeigt weitere Ergebnisse.

Die größten Gewinne wurden nach einer Haltedauer von zwei Jahren erzielt.

In einem weiteren Test habe ich anhand einer Häufigkeitsverteilung ermittelt, wann die beste und wann die schlechteste Performance der fünf Jahre erzielt wurde. Die entsprechenden Gesamtzahlen sind in Tabelle 3.8 aufgeführt.

Beispielsweise war die prozentuale Veränderung im ersten Jahr 894 Mal die höchste der fünf Jahre und 788 Mal die schlechteste. Es wurden nur Aktien mit einer Performance über fünf Jahre berücksichtigt.

Gewinne pro Jahr	Durchschnittlicher Anstieg	Bestes Jahr	Schlechtestes Jahr	Bestes / schlechtestes Verhältnis
1	15,7 %	894	788	53,2 %
2	16,0 %	846	800	51,4 %
3	14,1 %	804	706	53,2 %
4	14,0 %	691	700	49,7 %
5	13,0 %	642	883	42,1 %

Tab. 3.8 Haltedauer für Aktien mit niedrigem Kurs-Buchwert-Verhältnis.

Basierend auf den Ergebnissen betrug die beste Haltedauer ein bis drei Jahre, da sie den höchsten Prozentsatz des besten Jahres im Verhältnis zur Summe des besten und schlechtesten Jahres aufwiesen. Das schlechteste Haltedauerverhältnis betrug fünf Jahre, da der durchschnittliche Anstieg in diesem Zeitraum 13,0 Prozent betrug.

Dieser Zeitraum ist etwas kürzer als der, den ich für meine eigenen Trades in „Trading Basics", Kapitel 2 (siehe Abschnitt „Haltedauer: Meine Trades"), ermittelt habe, wo ich bei einer Haltedauer von drei bis vier Jahren 36 Prozent erzielte, aber auch bei einer Haltedauer von zwei bis drei Jahren 28 Prozent (was nahe dran liegt).

- Halten Sie Aktien mit niedrigem Kurs-Buchwert-Verhältnis ein bis drei Jahre lang.

Kapitel-Checkliste

Vielleicht haben Sie es satt, über den Buchwert zu lesen, weil wir bis zum Erdkern vorgedrungen sind, um Antworten zu finden. Der Buchwert ist aber einer der Eckpfeiler des Value-Investing, daher hat sich die Reise gelohnt.

Historische Untersuchungen zeigen, dass Aktien outperformen, wenn sie ein niedriges Kurs-Buchwert-Verhältnis aufweisen. Meine Tests ergaben ähnliche Ergebnisse.

Aus den Forschungsergebnissen lassen sich folgende Schlussfolgerungen ziehen (aus „Kombinationen und Performance“):

- Wählen Sie Aktien mit einem Kurs unter 16 Dollar.
- Suchen Sie nach einem Kurs-Buchwert-Verhältnis unter 1,0.
- Finden Sie Aktien, deren Kurs-Buchwert-Verhältnis in diesem Jahr niedriger ist als im letzten Jahr.
- Wählen Sie Small-Cap-Aktien (optional).
- Die Eigenkapitalrendite sollte steigen.

Im nächsten Kapitel betrachten wir die Investitionsausgaben und werden feststellen, dass sich die Aktienperformance verbessert, wenn diese sinken. Wer hätte das gedacht? Zuvor finden Sie hier eine Liste wichtiger Tipps, die Sie bei der Verwendung des Buchwerts beachten sollten.

☐ Der Buchwert ist das Nettovermögen abzüglich Vorzugsaktien, geteilt durch die Anzahl der im Umlauf befindlichen Stammaktien. Siehe Abschnitt „Definition des Buchwerts“.

- ☐ Der Buchwert kann unzuverlässig sein, wenn der Wert immaterieller Vermögenswerte überhöht ist. Siehe Abschnitt „Vermögenswerte richtig bewerten“.

- ☐ Der Buchwert ist nicht mit dem Marktwert identisch. Siehe Abschnitt „Investieren anhand des Buchwerts“.

- ☐ Der Buchwert ist wichtig, wenn das Unternehmen insolvent wird, mit einem anderen fusioniert oder wegen seiner verborgenen Vermögenswerte aufgekauft wird. Siehe Abschnitt „Wann ist der Buchwert wichtig?“.

- ☐ Ein Unternehmen, das über dem Buchwert gehandelt wird, hat ein begrenztes Aufwärtspotenzial, wenn alles gut läuft, aber ein enormes Abwärtspotenzial, wenn etwas schiefgeht. Ein Unternehmen, das unter dem Buchwert gehandelt wird, hat ein großes Potenzial, wenn sich das Blatt wendet. Siehe „Der Wert verborgener Vermögenswerte“.

- ☐ Eine Liste der Probleme, die mit der Verwendung des Buchwerts verbunden sind, finden Sie im Abschnitt „Grenzen des Buchwerts“.

- ☐ Aktienrückkäufe können den Buchwert verändern. Siehe Abschnitt „Rückkäufe senken den Buchwert“.

- ☐ Unternehmen mit niedrigem Buchwert erzielten höhere Renditen. Siehe Abschnitt „Historische Forschung“.

- ☐ Aktien mit niedrigem Kurs-Buchwert-Verhältnis gewannen 73 Prozent der Wettbewerbe, wenn sie drei Jahre lang gehalten wurden, und alle Wettbewerbe, wenn sie fünf Jahre lang gehalten wurden. Siehe Abschnitt „Historische Forschung“.

- ☐ Aktien mit niedrigem Kurs-Buchwert-Verhältnis outperformen in guten wie in schlechten Zeiten. Siehe Abschnitt „Historische Forschung".

- ☐ Die Verwendung eines Ansatzes mit niedrigem Kurs-Buchwert-Verhältnis führt nicht zu einem höheren Abwärtsrisiko. Siehe Abschnitt „Historische Forschung".

- ☐ Suchen Sie nach Aktien, die unter dem medianen Kurs-Buchwert-Verhältnis von 2,11 gehandelt werden. Siehe Tabelle 3.1.

- ☐ Small-Cap-Aktien mit niedrigem Kurs-Buchwert-Verhältnis outperformen. Erwägen Sie daher den Kauf von Aktien mit einer Marktkapitalisierung von unter einer Milliarde Dollar. Siehe Tabelle 3.2.

- ☐ Wählen Sie Aktien mit einem Kurs unter etwa 16,00 Dollar, um die besten Ergebnisse zu erzielen. Siehe Tabelle 3.3.

- ☐ Aktien mit einem fallenden Kurs-Buchwert-Verhältnis und einer steigenden Eigenkapitalrendite (ROE) erzielen ein Jahr später die beste Performance. Vermeiden Sie Aktien, bei denen sowohl das Kurs-Buchwert-Verhältnis als auch die Eigenkapitalrendite fallen. Siehe Tabelle 3.4.

- ☐ Aktien mit einem Kurs-Buchwert-Verhältnis unter 1,0 entwickeln sich in der Regel gut. Siehe Tabelle 3.5.

- ☐ Tabelle 3.6 listet Kombinationen von Fundamentaldaten auf, um die Anzahl der infrage kommenden Aktien zu begrenzen und die Performance zu steigern.

- ☐ Der jährliche Kauf der 10 Dow-Aktien mit dem niedrigsten Kurs-Buchwert-Verhältnis bleibt eine erfolgreiche Strategie. Siehe Abschnitt „Trading-Strategie: Den Dow schlagen“.

- ☐ Um die Performance der Dow-Industrial-Aktien zu übertreffen, kaufen Sie jedes Jahr 8 Dow-Aktien mit dem niedrigsten Kurs-Buchwert-Verhältnis. Siehe Abschnitt „Die 8-Aktien-Strategie“.

- ☐ Halten Sie Aktien mit niedrigem Kurs-Buchwert-Verhältnis ein bis drei Jahre lang. Siehe Tabelle 3.8.

4

INVESTITIONSAUSGABEN

Investitionsausgaben" klingt wie etwas, das der US-Kongress tut, wenn er eines seiner mit Sonderzuwendungen gespickten Gesetze verabschiedet. Der vollständige Begriff lautet „Investitionsausgaben pro Aktie" und bezieht sich auf den Betrag, den ein Unternehmen jährlich für den Kauf von Vermögenswerten wie Werkzeuge, Ausrüstung, Fabriken und die (in der Regel) dazugehörigen Grundstücke ausgibt, geteilt durch die Anzahl der im Umlauf befindlichen Aktien.

Wenn das Management seine Quartalsergebnisse mit Analysten und Aktionären bespricht, werden Sie den Begriff *CapEx* hören. Das ist die Abkürzung für „Capital Expenditures" oder „Capital Spending" (Investitionsausgaben).

Als ich begann, mich mit Investitionsausgaben zu beschäftigen, stellte ich mir vor, dass ein Unternehmen, das seine Investitionsausgaben erhöht, einen Mehrwert für sich schafft und so zu einem Anstieg der zukünftigen Gewinne und einem höheren Aktienkurs beiträgt. Was ich bei meinen Tests herausfand, überraschte mich.

- Investitionsausgaben sind der Betrag, den ein Unternehmen jährlich für den Kauf von Vermögenswerten ausgibt, geteilt durch die Anzahl der im Umlauf befindlichen Aktien.

Ist die Senkung der Investitionsausgaben der heilige Gral?

Im ersten Test habe ich 788 Aktien aus den Jahren 1992 bis 2007 verwendet, für die Investitionsausgaben gemeldet wurden, wobei jedoch nicht alle Aktien den gesamten Zeitraum abdeckten. Dividenden wurden in den Ergebnissen nicht berücksichtigt.

Investitionsausgaben	Jahr 1	Jahr 2	Jahr 3	Jahr 4	Jahr 5	10.000 $ investiert
Erhöhung	8%	10%	12%	10%	9%	15.919$
Senkung	16%	12%	9%	13%	12%	17.916$

Tab. 4.1 Investitionsausgaben im Vergleich zur Veränderung des Aktienkurses.

Tabelle 4.1 zeigt, ob ein Unternehmen seine Investitionsausgaben im Jahr 0 erhöht hat und wie sich dies auf den Aktienkurs in den folgenden ein bis fünf Jahren ausgewirkt hat. Jede Spalte gibt die durchschnittliche Veränderung des Aktienkurses von einem Jahr zum nächsten wieder.

Wenn ein Unternehmen seine Investitionsausgaben erhöht hat, stieg sein Aktienkurs im folgenden Jahr um durchschnittlich 8 Prozent. Im Jahr 4 nach der Erhöhung der Investitionsausgaben stieg der Kurs um durchschnittlich 10 Prozent, bevor er im Jahr 5 um durchschnittlich 9 Prozent stieg.

Sehen Sie sich an, was passiert, wenn das Unternehmen seine Investitionsausgaben senkt. Im Jahr 1 legte die Aktie fast doppelt so stark zu wie bei einer Erhöhung der Investitionsausgaben: 16 Prozent gegenüber 8 Prozent. Auch in den übrigen Jahren war die Performance besser, mit Ausnahme von Jahr 3. Der Kauf von Aktien solcher Unternehmen, die ihre Investitionsausgaben am Ende des Jahres 0 gesenkt hatten, und das Halten über einen Zeitraum von fünf Jahren hätte eine Investition von 10.000 Dollar auf 17.916 Dollar anwachsen lassen.

Haben wir eine Methode gefunden, um bessere Aktien auszuwählen? Vielleicht. Die Senkung der Investitionsausgaben führte in 49 bis 55 Prozent der Fälle zu einer besseren Performance. Ich hatte erwartet, dass dies häufiger der Fall sein würde.

- Wenn Unternehmen ihre Investitionsausgaben kürzen, erzielen ihre Aktien im nächsten Jahr tendenziell eine Outperformance, aber die Verbesserung gilt nur für die Hälfte der Aktien.

Entwicklung der Investitionsausgaben im Vergleich zur Performance

Ich habe mir die Entwicklung der Investitionsausgaben von Jahr zu Jahr angesehen, und **Tabelle 4.2** zeigt die Ergebnisse. Ein Unternehmen, das beispielsweise im ersten Jahr seine Investitionsausgaben erhöht und im nächsten Jahr senkt, verzeichnet im folgenden Jahr einen durchschnittlichen Aktiengewinn von 14 Prozent. Dies zeige ich als Wert für Jahr 1.

Bei einer Umkehrung des Tests, das heißt einer Senkung der Investitionsausgaben im ersten Jahr gefolgt von einer Erhöhung im nächsten Jahr, zeigten die Aktien die schlechteste Performance der Gruppe: einen Kursanstieg von 8 Prozent im folgenden Jahr.

Die beste Performance wird erzielt, wenn das Unternehmen seine Investitionsausgaben zwei Jahre in Folge senkt. Die Aktien legten im folgenden Jahr um durchschnittlich 18 Prozent zu. Tatsächlich würde eine Investition von 10.000 Dollar nach fünf Jahren auf 18.515 Dollar anwachsen, wenn das Unternehmen seine Investitionsausgaben zwei Jahre in Folge senkt.

Investitionsausgaben von Jahr zu Jahr	Jahr 1	Jahr 2	Jahr 3	Jahr 4	Jahr 5	10.000 $ investiert
Erhöhung, dann Senkung	14 %	13 %	9 %	11 %	13 %	17.440 $
Senkung, dann Erhöhung	8 %	9%	14 %	11 %	9 %	16.091 $
Senkung in beiden Jahren	18 %	11 %	11 %	14 %	12 %	18.515 $
Erhöhung in beiden Jahren	8 %	11 %	11 %	7 %	9 %	15.500 $

Tab. 4.2 Schwankungen bei den Investitionsausgaben.

Leider führte eine zweijährige Kürzung der Investitionsausgaben nur in 58 Prozent der Fälle dazu, dass Aktien überdurchschnittliche Ergebnisse erzielten. Das übertrifft aber dennoch die 55 Prozent aus dem vorherigen Test.

- Unternehmen mit rückläufigen Investitionsausgaben in zwei aufeinanderfolgenden Jahren weisen die beste Aktienperformance für das kommende Jahr auf. Diese Methode funktioniert in 58 Prozent der Fälle.

Häufigkeitsverteilung

Tabelle 4.3 zeigt eine Häufigkeitsverteilung der Veränderung der Investitionsausgaben und der Aktienkursveränderung im folgenden Jahr. Beispielsweise stiegen die Aktienkurse von Unternehmen, die ihre Investitionsausgaben um mindestens 10 Prozent erhöhten, im folgenden Jahr um 8 Prozent. Die Aktienkurse von Unternehmen, die ihre Investitionsausgaben um mindestens 10 Prozent reduzierten, stiegen um 17 Prozent, also um mehr als das Doppelte!

Anstieg der Investitionsausgaben	Aktienkursveränderung in einem Jahr	Rückgang der Investitionsausgaben	Aktienkursveränderung in einem Jahr
10%	8%	-10%	17%
20%	8%	-20%	17%
30%	7%	-30%	18%
40%	4%	-40%	21%
50%	2%	-50%	24%
60%	1%	-60%	25%
70%	1%	-70%	29%
80%	-1%	-80%	23%
90%	-3%	-90%	26%

Tab. 4.3 Anstieg der Investitionsausgaben im Vergleich zur Aktienperformance.

Wenn Sie die Spalten durchgehen, werden Sie feststellen, dass mit steigenden Investitionsausgaben die Aktienperformance sinkt. Mit sinkenden Investitionsausgaben steigt die Aktienperformance sprunghaft an, bis die Investitionsausgaben –70 Prozent erreichen. Danach wird die Stichprobengröße zu klein, um zuverlässig zu sein.

Die wichtigste Erkenntnis aus diesem Kapitel lautet: Suchen Sie nach Aktien von Unternehmen, die ihre Investitionsausgaben senken, vorzugsweise zwei Jahre in Folge und um einen beträchtlichen Prozentsatz. Aktien, die diese Kriterien erfüllen, erzielen im folgenden Jahr tendenziell eine Outperformance. Die Performanceverbesserung ist oft auf einige wenige große Gewinner zurückzuführen, da nur etwas mehr als die Hälfte der Aktien mit dieser Methode eine Verbesserung verzeichnet.

- Mit steigenden Investitionsausgaben verschlechtert sich die Aktienperformance. Wenn die Investitionsausgaben sinken, steigt die Aktienperformance.

Performance nach Marktkapitalisierung

Tabelle 4.4 zeigt die Ergebnisse im Zeitverlauf, nachdem das Kurs-Investitionsausgaben-Verhältnis nach Marktkapitalisierung sortiert wurde. Beispielsweise erzielten Large-Cap-Aktien, die über dem Median von 33,17 für das Kurs-Investitionsausgaben-Verhältnis lagen, im Jahr 1 Gewinne von durchschnittlich nur 3 Prozent. Diejenigen mit Ausgaben unter dem Median erzielten Gewinne von 13 Prozent.

In allen Fällen außer einem verbesserte sich die Performance, wenn das Kurs-Investitionsausgaben-Verhältnis unter dem Median lag. Small-Cap-Aktien schnitten besser ab als Mid- und Large-Cap-Aktien. Betrachten Sie den Unterschied zwischen den Aktien mit der besten und der schlechtesten Performance. Eine Investition von 10.000 Dollar in Small-Cap-Aktien mit einem Kurs-Investitionsausgaben-Verhältnis unter dem Median wuchs auf 20.369 Dollar, verglichen mit 12.114 Dollar für Large-Cap-Aktien mit einem Verhältnis über dem Median.

Bedingung	Jahr 1	Jahr 2	Jahr 3	Jahr 4	Jahr 5	10.000 $ investiert
Small Cap, über dem Median von 19,17	18%	14%	12%	12%	13%	18.933$
Unter dem Median	18%	17%	14%	13%	14%	20.369$
Mid Cap, über dem Median von 24,20	9%	8%	9%	9%	8%	14.891$
Unter dem Median	12%	14%	11%	12%	14%	18.234$
Large Cap, über dem Median von 33,17	3%	1%	5%	6%	5%	12.114$
Unter dem Median	13%	15%	15%	12%	11%	18.530$

Tab.4.4 Medianes Kurs-Investitionsausgaben-Verhältnis nach Marktkapitalisierung.

Die Ergebnisse deuten darauf hin, dass sich die Auswahl von Small-Cap-Aktien mit einem unter dem Median liegenden Kurs-Investitionsausgaben-Verhältnis lohnen kann, wenn Sie die Aktien länger als ein Jahr halten möchten.

- Investieren Sie in Small-Cap-Aktien, da diese im Laufe der Zeit die beste Performance zeigen, insbesondere wenn die Investitionsausgaben reduziert werden.

Kapitel-Checkliste

Wenn ein Unternehmen viel Geld für den Bau einer Fabrik ausgibt, können die Investitionsausgaben nach Inbetriebnahme der Fabrik sinken (unter sonst gleichen Bedingungen), was zur Rentabilität beiträgt. Das ist die wichtigste Erkenntnis aus diesem Kapitel.

Im nächsten Kapitel befassen wir uns mit dem Cashflow. Analysten lieben den Cashflow, aber ist er wirklich so wichtig, wie sie ihn darstellen?

Hier ist eine detaillierte Checkliste mit Erkenntnissen zu den Investitionsausgaben:

- ☐ Investitionsausgaben sind der Betrag, den ein Unternehmen jährlich für den Kauf von Vermögenswerten ausgibt, geteilt durch die Anzahl der im Umlauf befindlichen Aktien. Siehe Einleitung zu diesem Kapitel.

- ☐ Wenn Unternehmen ihre Investitionsausgaben kürzen, erzielen ihre Aktien im nächsten Jahr tendenziell eine Outperformance, aber die Verbesserung gilt nur für die Hälfte der Aktien. Siehe Tabelle 4.1.

- ☐ Unternehmen mit rückläufigen Investitionsausgaben in zwei aufeinanderfolgenden Jahren weisen die beste Aktienperformance für das kommende Jahr auf. Diese Methode funktioniert in 58 Prozent der Fälle. Siehe Tabelle 4.2.

- ☐ Mit steigenden Investitionsausgaben verschlechtert sich die Aktienperformance. Wenn die Investitionsausgaben sinken, steigt die Aktienperformance. Siehe Tabelle 4.3.

- ☐ Investieren Sie in Small-Cap-Aktien, da diese im Laufe der Zeit die beste Performance zeigen, insbesondere wenn die Investitionsausgaben reduziert werden. Siehe Tabelle 4.4.

5

CASHFLOW

Der Cashflow ist das, was ein Unternehmen am Laufen hält. Wenn Joe's Manufacturing kein Bargeld mehr hat, kann es seine Mitarbeiter nicht bezahlen und keine Materialien kaufen, um die Produkte herzustellen, die es verkauft. Wenn der Mangel lange genug anhält, kommt der Betrieb zum Erliegen, wie ein Auto, das ohne Öl fährt. Ein anderer Begriff dafür ist Insolvenz.

Betrachten wir einmal den Gewinn pro Aktie. Was passiert, wenn der Gewinn negativ wird? Droht der Stromversorger, den Strom abzuschalten? Nein. Das Unternehmen kann jahrelang mit negativen Gewinnen existieren, aber wenn der Cashflow versiegt, gerät es in ernsthafte Schwierigkeiten.

Biotechnologieunternehmen sind ein gutes Beispiel dafür. Sie sind oft jahrelang unrentabel, bis ihr Blockbuster-Medikament zugelassen wird und das Geld hereinströmt. Was ist das Gegenteil eines Unternehmens mit Liquiditätsengpässen? Nennen wir es die Cashcow. Investoren träumen davon, Cashcows zu besitzen, aber was soll das Unternehmen mit all dem zusätzlichen Geld machen?

Wenn ein Unternehmen seinen freien Cashflow (operativer Cashflow abzüglich Investitionsausgaben) klug einsetzt, können die Gewinne in den kommenden Jahren explodieren. Dividenden können steigen, Schulden können sinken, Aktien können zurückgekauft oder in das Unternehmen reinvestiert werden, um den Trend fortzusetzen. Der freie Cashflow ist das, was nach Begleichung aller Rechnungen übrig bleibt.

- Der freie Cashflow ist der operative Cashflow abzüglich der Investitionsausgaben.

Wenn wir uns eine Kapitalflussrechnung ansehen, erkennen wir drei Teile:

1. Der *operative Cashflow* (oft auch einfach als Cashflow bezeichnet) stellt den Kern der Aktivitäten zur Cash-Generierung dar. Er entspricht den Umsatzerlösen abzüglich der Kosten für den Einkauf von Vorräten, der Zahlung von Steuern, der Zahlung von Zinsen für Schulden und anderer damit verbundener Betriebskosten. Der operative Cashflow ist der Netto-Cashflow, der aus dem Betrieb eines Unternehmens stammt.

2. Der *Cashflow aus Investitionstätigkeit* ist genau das, was der Name sagt. Ein Unternehmen kann Wertpapiere kaufen und verkaufen, andere Unternehmen erwerben oder Teile von sich selbst verkaufen.

3. Der *Cashflow aus Finanzierungstätigkeit* ist das Geld, das ein Unternehmen durch die Ausgabe oder Rückzahlung von Schuldtiteln und den Verkauf oder Rückkauf von Eigenkapitaltiteln (Aktien) zahlt oder erhält, abzüglich der Kosten für gezahlte Dividenden.

Überblick über die historische Forschung

Die Professoren Lakonishok, Shleifer und Vishny (American Finance Association, 1994) haben eine Abhandlung verfasst, in der sie den Cashflow im Verhältnis zum Kurs von Aktien an den damaligen New York und American Stock Exchanges untersuchten. Die Analyse umfasste den Zeitraum von 1968 bis 1989.

Sie stellten fest, dass die durchschnittliche jährliche Rendite von Glamour-Aktien (niedrigster Rang basierend auf dem Verhältnis von Cashflow zu Kurs) über fünf Jahre 9 Prozent betrug, verglichen mit einer Rendite von 20 Prozent für Value-Aktien (höchster Rang des Verhältnisses von Cashflow zu Kurs). Um die Verhältnisse umzukehren und es in unseren Begriffen auszudrücken: Aktien mit einem niedrigen Kurs-Cashflow-Verhältnis schnitten deutlich besser ab als solche mit einem hohen Verhältnis. Meine unten aufgeführten Ergebnisse bestätigen ihre Erkenntnisse.

In ihrer Abhandlung stellen sie auch die Frage, ob höhere Renditen aus Value-Investing auf ein erhöhtes Risiko zurückzuführen sind. Sie antworten: „Diese Tests stützen die Ansicht, dass Value-Strategien grundsätzlich riskanter sind, nicht sonderlich."

Um dies zu überprüfen, verwendeten sie unter anderem das Verhältnis von Cashflow zu Kurs und erstellten ein Portfolio mit Haltedauern von 1, 3 und 5 Jahren. Bei der 1-Jahres-Haltedauer schnitten Value-Aktien (niedriges Kurs-Cashflow-Verhältnis) in 17 von 22 Jahren besser ab als Glamour-Aktien (hohes Kurs-Cashflow-Verhältnis). Bei einer Haltedauer von 3 und 5 Jahren schlugen Value-Aktien Glamour-Aktien in 18 von 20 beziehungsweise 18 von 18 Fällen. Die Autoren kamen zu dem Schluss, dass „Value-Strategien Glamour-Strategien durchweg übertroffen haben" und „diese Zahlen jede risikobasierte Erklärung für die höheren Renditen von Value-Aktien infrage stellen".

Mit einer zweiten Methode verglichen sie die Renditen von Value- und Glamour-Portfolios in den Monaten mit der besten und schlechtesten

Performance, wobei sie das Verhältnis von Cashflow zu Kurs dividiert durch den gewichteten 5-Jahres-Durchschnittsrang des Umsatzwachstums verwendeten. Sie kamen zu dem Schluss, dass „das Value-Portfolio das Glamour-Portfolio in den 25 schlechtesten Monaten des Marktes übertraf“, ebenso in den nächsten 88 Monaten mit der schlechtesten Performance, und auch in den 25 besten Monaten wurde weiterhin eine Outperformance erzielt. „Die Value-Strategie setzte Anleger keinem höheren Abwärtsrisiko aus.“

- Historische Untersuchungen bestätigen, dass Aktien mit einem niedrigen Kurs-Cashflow-Verhältnis eine Outperformance erzielen und nicht riskanter sind.

Bilanzmanipulation

Bevor ich meine Ergebnisse erläutere, möchte ich erklären, warum viele den Cashflow für die Bewertung eines Unternehmens als entscheidend ansehen und wie sie die Bücher frisieren können.

Als ich Ende der 1970er-Jahre als Hardware-Konstrukteur tätig war, ging ich alle paar Wochen in die Firmenbibliothek und las die Zeitschriften. Ich erinnere mich, dass damals das Kurs-Umsatz-Verhältnis ebenso wie das Kurs-Gewinn-Verhältnis eine große Rolle spielte, aber ich habe kein Wort über den Cashflow gelesen.

Der Gewinn pro Aktie und einige der gängigeren Kennzahlen können manipuliert werden, aber der Cashflow ist schwieriger zu fälschen. Es ist wie der Vergleich zwischen dem Verzehr einer Bowlingkugel und dem Verzehr von Eiscreme: Man kann zwar auch eine Bowlingkugel essen, aber es ist schwieriger. Je mehr Cashflow ein Unternehmen generiert, desto stärker erscheint es und desto attraktiver wirkt es. In Verbindung mit der geringeren Manipulierbarkeit ist dies der Grund, warum viele Analysten den Cashflow dem Gewinn vorziehen.

Wie kann ein Unternehmen seine Bücher frisieren? Eine Möglichkeit ist das, was ich als „*The Cash is in the Mail*“-Technik bezeichne. Ein Unternehmen kann Schecks verspätet ausstellen und gleichzeitig die Verbuchung von Verbindlichkeiten (Geld, das das Unternehmen schuldet) verzögern. Das Aufschieben von Verbindlichkeiten führt zu einer Aufblähung der Barmittel und verärgert Lieferanten, die länger auf ihre Zahlung warten müssen.

Eine andere Methode besteht darin, Forderungen (Geld, das dem Unternehmen geschuldet wird) an ein anderes Unternehmen zu verkaufen, wobei weniger Bargeld als der Wert der Forderungen gezahlt wird. Das Unternehmen, das die Forderungen verkauft, erhält sofort einen Bargeldzufluss, jedoch in geringerer Höhe, als wenn es einfach gewartet und die Forderungen auf normale Weise direkt von seinen Kunden eingezogen hätte. Diese Methode ist zwar nicht illegal, aber ein Unternehmen, das sie anwendet, hat wahrscheinlich ein ernstes Liquiditätsproblem. Das ist ein Warnsignal.

Umsätze bereits heute zu verbuchen, obwohl die Zahlung erst in einem Jahr fällig wird, ist eine weitere Manipulationstechnik. Im Grunde handelt es sich dabei um einen Taschenspielertrick, bei dem der Kassenbestand aufgrund verbuchter Umsätze zu steigen scheint, ohne dass gleichzeitig eine entsprechende Forderung in den Debitoren ausgewiesen wird. Die langfristig erwartete Barzahlung wird in einer anderen Kategorie wie beispielsweise den sonstigen Investitionen versteckt.

Ich erinnere mich, dass das sogenannte „Channel Stuffing“ vor Jahren sehr beliebt war. Dabei bietet ein Unternehmen seinen Kunden Anreize, etwa das Versprechen, unverkaufte Waren zurückzunehmen, wenn sie jetzt große Mengen an Produkten abnehmen. Diese Maßnahmen steigern den Umsatz in einem Quartal und beeinträchtigen ihn im nächsten.

Vielleicht haben Sie schon einmal von Unternehmen gehört, die mit Rückstellungen spielen. Sie blähen die Kosten in einem Quartal auf, nur um dann zu sagen: „War nur ein Scherz!“ und sie in späteren Quartalen wieder aufzulösen, was dem Ergebnis einen zusätzlichen Schub verleiht.

Die Zahlen

Value Line definiert den Cashflow pro Aktie als „die Summe der ausgewiesenen Gewinne zuzüglich Abschreibungen, abzüglich etwaiger Vorzugsdividenden, berechnet auf Basis der einzelnen Aktien, wobei nun auch die Aufwendungen für Aktienoptionen berücksichtigt werden“. Ich werde seine Zahlen verwenden, um zu entscheiden, ob das Kurs-Cashflow-Verhältnis bei der Auswahl von Aktien hilfreich ist.

Value Line gibt den Cashflow pro Aktie in seinem Newsletter an. Um die Darstellung zu vereinfachen, meine ich mit dem Kurs-Cashflow-Verhältnis eigentlich das Kurs-Cashflow-Verhältnis pro Aktie.

Die folgende Analyse basiert auf 884 Aktien, die von 1992 bis 2007 Cashflow ausgewiesen haben, was insgesamt 10.198 Stichproben ergibt. Nicht alle Aktien decken den gesamten Zeitraum ab.

Ist ein steigender Cashflow gut?

Tabelle 5.1 zeigt die Auswirkungen des Cashflows auf den Aktienkurs im Zeitverlauf. Viele werden argumentieren: Je mehr Geld ein Unternehmen generiert, umso mehr Freiheit hat es, mit diesem Geld mehr Gewinn zu erzielen. Vielleicht haben Sie schon einmal den Satz gehört: „Man braucht Geld, um Geld zu verdienen.“

Viele glauben, dass höhere Gewinne zu höheren Aktienkursen führen. Ist ein Anstieg des Kurs-Cashflow-Verhältnisses schädlich oder hilfreich? Die Tabelle liefert eine Antwort. Ich habe alle Unternehmen, die keinen Cashflow ausweisen, aus der Analyse entfernt.

Wenn der Cashflow steigt, sinkt das Verhältnis von Kurs zu Cashflow. Daher ist ein sinkendes Verhältnis gut und ein steigendes Verhältnis schlecht. Die Ergebnisse in **Tabelle 5.1** bestätigen diese Annahme.

Kurs-Cashflow-Verhältnis pro Aktie	Jahr 1	Jahr 2	Jahr 3	Jahr 4	Jahr 5	10.000 $ investiert
Steigend (schlecht)	10%	11%	10%	10%	8%	15.958$
Sinkend (gut)	11%	10%	11%	12%	11%	16.911$

Tab. 5.1 Kurs-Cashflow-Verhältnis im Zeitverlauf.

Als beispielsweise das Kurs-Cashflow-Verhältnis stieg, legte die Aktie ein Jahr später um 10 Prozent zu, verglichen mit einem Anstieg von 11 Prozent, als das Verhältnis sank. Im Jahr 5 zeigte sich der größte Unterschied mit 8 Prozent gegenüber 11 Prozent.

Bei einem sinkenden Kurs-Cashflow-Verhältnis (was einen höheren Cashflow pro Aktie oder einen niedrigeren Aktienkurs bedeutet) stieg also die Performance der Aktie im Zeitverlauf. Mit anderen Worten: Ein höherer Cashflow im Laufe der Zeit war gut.

Wenn Sie 10.000 Dollar in die Aktien investiert hätten, die einen Cashflow ausweisen (auch wenn dieser negativ ist), wäre der Wert bei Unternehmen mit steigendem Kurs-Cashflow-Verhältnis auf 15.958 Dollar und bei Unternehmen mit sinkendem Verhältnis auf 16.911 Dollar gestiegen. Der Unterschied zwischen den beiden Zahlen ist meiner Meinung nach nicht besonders groß.

- Achten Sie auf ein sinkendes Kurs-Cashflow-Verhältnis.

Mediane Performance

Ich habe festgestellt, dass das mediane (mittlere) Kurs-Cashflow-Verhältnis bei 9,17 lag. Der Vergleich der Aktien mit Verhältnissen über und unter dem Median ergab interessante Ergebnisse. **Tabelle 5.2** zeigt diese.

Beispielsweise verzeichneten Unternehmen mit einem Kurs-Cashflow-Verhältnis über 9,17 ein Jahr später einen durchschnittlichen Kursanstieg von 9 Prozent. Unternehmen mit einem Verhältnis unter dem Median erzielten einen durchschnittlichen Kursanstieg von 14 Prozent. Eine fünfjährige Investition von 10.000 Dollar in Aktien mit einem Kurs-Cashflow-Verhältnis über dem Median führte zu einem Wertanstieg auf 14.931 Dollar, während die gleiche Investition in Aktien mit einem Verhältnis unter dem Median einen Wertanstieg auf 18.694 Dollar zur Folge hatte.

Dies ist ein weiterer Beweis dafür, dass ein steigender Cashflow die Performance des Unternehmens verbessert und diese Performance den Aktienkurs in die Höhe treibt.

- Unternehmen mit einem Kurs-Cashflow-Verhältnis pro Aktie unter dem Median von 9,17 erzielten in der Regel bis zu fünf Jahre später eine deutlich bessere Aktienperformance.

Bedingung	Jahr 1	Jahr 2	Jahr 3	Jahr 4	Jahr 5	10.000 $ investiert
Über dem Median von 9,17	9 %	8 %	8 %	8 %	9 %	14.931 $
Unter dem Median	14 %	13 %	13 %	13 %	13 %	18.694 $

Tab. 5.2 Durchschnittliche Kursveränderung im Zeitverlauf, sortiert nach dem medianen Kurs-Cashflow-Verhältnis.

Performance nach Marktkapitalisierung

Tabelle 5.3 zeigt das Kurs-Cashflow-Verhältnis sortiert nach Marktkapitalisierung. Wie wir bereits in anderen Tabellen zur Marktkapitalisierung gesehen haben, weisen Small-Cap-Aktien durchschnittliche Gewinne auf, die weit über denen der beiden anderen Kategorien liegen. Wenn man sie in ein Kurs-Cashflow-Verhältnis über oder unter dem Median unterteilt, sind die Ergebnisse sogar noch besser.

Tatsächlich sind Small Caps mit einem Kurs-Cashflow-Verhältnis unterhalb des Medians von 7,50 hinter dem Kurs-Buchwert-Verhältnis die zweitbeste Fundamentalkennzahl bei Haltedauern von einem und drei Jahren. Bei einer Haltedauer von fünf Jahren belegen sie immerhin noch den vierten Platz.

Beispielsweise erzielten Small-Cap-Aktien unterhalb des Medians von 7,50 für das Kurs-Cashflow-Verhältnis ein Jahr später eine durchschnittliche Performance von 24 Prozent. Unternehmen mit einem über dem Median liegenden Verhältnis verzeichneten Kursgewinne von 15 Prozent. Werte unterhalb des Medians bedeuten einen steigenden Cashflow, einen fallenden Aktienkurs oder beides – und das ist besser als das Gegenteil.

Bedingung	Jahr 1	Jahr 2	Jahr 3	Jahr 4	Jahr 5	10.000 $ investiert
Small Cap, über dem Median von 7,50	15%	13%	11%	8%	10%	17.003$
Unter dem Median	24%	18%	15%	16%	16%	22.706$
Mid Cap, über dem Median von 9,70	9%	9%	7%	10%	11%	15.618$
Unter dem Median	9%	9%	12%	10%	10%	16.192$
Large Cap, über dem Median von 12,10	4%	3%	6%	4%	4%	12.296$
Unter dem Median	11%	11%	11%	14%	11%	17.191$

Tab. 5.3 Medianes Kurs-Cashflow-Verhältnis nach Marktkapitalisierung.

Bei Small Caps unterhalb des Medians von 7,50 wuchs eine Investition von 10.000 Dollar über einen Zeitraum von fünf Jahren auf 22.706 Dollar.

Halten Sie sich bei der Auswahl von Aktien, die Sie kaufen und langfristig halten möchten, an Small Caps.

- Die Performance von Small-Cap-Aktien übertrifft die Performance von Mid- und Large-Cap-Aktien.

- Aktien mit einem Kurs-Cashflow-Verhältnis unter ihrem jeweiligen Median weisen in 73 Prozent der Fälle (11 von 15 Wettbewerben) bis zu fünf Jahre später eine bessere Performance auf.

Was ist der beste Cashflow-Wert?

Eine Häufigkeitsverteilung des Kurs-Cashflow-Verhältnisses zeigt, dass die 664 Unternehmen mit einem Verhältnis unter 1 (einschließlich negativer Verhältnisse) ein Jahr später durchschnittliche Gewinne von 11 Prozent erzielten. Unternehmen mit einem Verhältnis zwischen 1 und 2 schnitten am besten ab: Sie erzielten ein Jahr später einen Gewinn von 28 Prozent, aber nur 139 Stichproben erfüllten diese Voraussetzung.

Tabelle 5.4 legt nahe, dass der Gewinn ein Jahr später umso geringer ausfällt, je höher das Verhältnis ist.

KCV	Gewinn	Stichproben
≤1	11%	664
1-2	28%	139
2-3	22%	295
3-4	19%	470
4-5	17%	661
5-6	11%	713
6-7	15%	717
7-8	14%	735
8-9	13%	601
9-10	10%	621

Tab. 5.4 Verschiedene Kurs-Cashflow-Verhältnisse und 1-Jahres-Gewinne.

- Das beste Kurs-Cashflow-Verhältnis liegt zwischen 1 und 2, aber nur wenige Unternehmen erfüllen diese Voraussetzung. Im Allgemeinen gilt: Je höher das Verhältnis, desto schlechter die Performance der Aktie ein Jahr später.

Kapitel-Checkliste

Der Cashflow ist wichtig, wenn man Unternehmen miteinander vergleicht, aber er kann auch bei der Auswahl von Aktien für die zukünftige Performance hilfreich sein. Hier ist eine Checkliste mit den wichtigsten Erkenntnissen aus diesem Kapitel.

- ☐ Der freie Cashflow ist der operative Cashflow abzüglich der Investitionsausgaben. Siehe Einleitung zu diesem Kapitel.

- ☐ Historische Untersuchungen bestätigen, dass Aktien mit einem niedrigen Kurs-Cashflow-Verhältnis eine Outperformance erzielen und nicht riskanter sind. Siehe Abschnitt „Überblick über die historische Forschung“.

- ☐ Lesen Sie den Abschnitt „Bilanzmanipulation“, um zu verstehen, wie Unternehmen ihre Finanzergebnisse manipulieren können.

- ☐ Achten Sie auf ein sinkendes Kurs-Cashflow-Verhältnis. Siehe Tabelle 5.1.

- ☐ Unternehmen mit einem Kurs-Cashflow-Verhältnis pro Aktie unter dem Median von 9,17 erzielten in der Regel bis zu fünf Jahre später eine deutlich bessere Aktienperformance. Siehe Tabelle 5.2.

- ☐ Die Performance von Small-Cap-Aktien übertrifft die Performance von Mid- und Large-Cap-Aktien. Siehe Tabelle 5.3.

- ☐ Aktien mit einem Kurs-Cashflow-Verhältnis unter ihrem jeweiligen Median weisen in 73 Prozent der Fälle (11 von 15 Wettbewerben) bis zu fünf Jahre später eine bessere Performance auf. Siehe Tabelle 5.3.

- ☐ Das beste Kurs-Cashflow-Verhältnis liegt zwischen 1 und 2, aber nur wenige Unternehmen erfüllen diese Voraussetzung. Im Allgemeinen gilt: Je höher das Verhältnis, desto schlechter die Performance der Aktie ein Jahr später. Siehe Tabelle 5.4.

6

DIVIDENDEN

Eine Dividende ist ein Teil des Nettogewinns eines Unternehmens, der an die Aktionäre ausgeschüttet wird. Die Dividende wird oft in bar ausgezahlt, seltener in Aktien, aber laut einer Quelle, die ich überprüft habe, kann sie auch in Form von Sachwerten oder Scrips (ein Zertifikat für einen Bruchteil einer Aktie oder eine Zusage, die Dividende zu einem späteren Zeitpunkt auszuzahlen) ausgezahlt werden.

Dividenden sind wie Frühstückscerealien: Es gibt sie in vielen Varianten. Hier sind einige, denen Sie vielleicht begegnen werden, und viele, denen Sie nicht begegnen werden.

- Eine *kumulative Dividende* bezieht sich oft auf Vorzugsaktien, die, wenn das Unternehmen keine Dividendenzahlung leisten kann, vollständig ausgezahlt werden müssen, bevor die Stammaktionäre ihre Dividende erhalten.

- Eine *Sonderdividende* ist eine einmalige Dividende (oft in bar oder in Aktien), die zusätzlich zur regulären Dividende gezahlt wird. Ein

Unternehmen, das keine regulären Dividenden zahlt, möchte beispielsweise nach einem erfolgreichen Jahr eine einmalige Dividende ausschütten. Das ist vergleichbar mit einem Lottogewinn, an dem Sie Ihre Verwandten teilhaben lassen.

- Eine *Zwischendividende* ist eine Dividende, die vor der regulären Dividende gezahlt wird.

- Ein Unternehmen, das eine *Liquidationsdividende* zahlt, ist ein Unternehmen, das seine Geschäftstätigkeit einstellt und sein Nettovermögen anteilig an seine rechtmäßigen Eigentümer verteilt.

- Ein Unternehmen gibt den Aktionären die Möglichkeit, zwischen einer Barauszahlung und einer Aktienausgabe zu wählen, daher der treffende Name *Wahldividende.*

- Eine *Dividende in Form von Schuldurkunden* ist eine Dividende, die mit einer Art von Schuld, beispielsweise einer Anleihe, gezahlt wird, und oft bedeutet sie, dass das Unternehmen knapp bei Kasse ist.

- Eine *Scheindividende* ist eine illegale Rückzahlung des Kapitalbetrags. Bei diesem Modell wird Ihnen beim Kauf einer Aktie ein Teil Ihrer Zahlung sofort als Dividende zurückgezahlt. Scheindividenden wecken die Begeisterung ahnungsloser Aktionäre und helfen dabei, weitere Aktien zu verkaufen.

- Eine *Sachdividende* ist sehr ungewöhnlich. Sie kommt zum Tragen, wenn ein Unternehmen eine Dividende nicht in bar, in Form von Scrips oder in Form von Aktien des Unternehmens, sondern in Form von Aktien eines anderen Unternehmens, das es besitzt, oder sogar in Form seiner eigenen Produkte auszahlt. Stellen Sie sich vor, Sie würden eine Sachdividende von einem Schokoladenhersteller erhalten – köstlich!

- Eine *reguläre Dividende* wird regelmäßig, oft vierteljährlich, manchmal aber auch halbjährlich oder sogar jährlich ausgezahlt.

- Eine *Scrip-Dividende* ist eine Zusage, in Zukunft eine Dividende zu zahlen, die verzinslich oder unverzinslich sein kann. Oft bedeutet eine Scrip-Dividende, dass das Unternehmen knapp bei Kasse ist.

- Dividenden sind ein Teil des Nettogewinns eines Unternehmens, der an die Aktionäre ausgeschüttet wird. Sie können in verschiedenen Formen ausgezahlt werden.

Aktiendividenden: Eine Erklärung

Eine Aktiendividende wird von einem Unternehmen ausgegeben, wenn es in Form von Aktien auszahlt. Eine Aktiendividende von 10 Prozent bedeutet beispielsweise, dass ein Aktionär für je 100 Aktien, die er besitzt, 10 weitere Aktien erhält.

Ich erinnere mich, dass ich Aktien der Essex Chemical Corporation gekauft und nicht nur eine Bardividende, sondern auch eine Aktiendividende erhalten habe. Ich kaufte im Juli 1983 100 Aktien für 2.250 Dollar, wobei die Provision für diesen Kauf enorme 44 Dollar betrug. Sieben Monate später erwarb ich weitere 100 Aktien für etwa 1.900 Dollar.

1986 verkaufte ich beide Pakete, insgesamt 288 Aktien (aufgrund der Aktiendividende), für etwa 8.000 Dollar, wobei ich erneut eine enorme Provision zahlen musste, aber fast 500 Dollar an Bardividenden erhielt. Ich erzielte 88 Prozent Gewinn beim ersten Trade und 123 Prozent beim zweiten, einschließlich Dividenden.

Was mich ursprünglich an Essex Chemical gereizt hatte, ist mir längst entfallen, aber ich erinnere mich, dass ich wütend war, weil ich die Aktien verkaufen musste, wahrscheinlich wegen der Fusion mit Rausch Industries.

Überblick über die historische Forschung

Ein Forschungsbericht von Patel, Yao und Barefoot (Credit Suisse, 2006) besagt, dass Anleger nach Unternehmen mit hoher Rendite und niedriger Ausschüttungsquote suchen sollten. Die Ausschüttungsquote ist die Dividende geteilt durch den Gewinn.

Die Autoren ordneten ihr Aktienuniversum zunächst nach der Dividendenrendite (drei Körbe) und sortierten die Aktien dann innerhalb jedes Korbs nach der Ausschüttungsquote: hoch, mittel und niedrig. Schließlich erstellten sie am Ende jedes Quartals von Januar 1990 bis Juni 2006 gleichgewichtete Portfolios auf der Grundlage dieser Körbe.

Sie stellten fest, dass Aktien mit niedriger Rendite und hoher Ausschüttungsquote am schlechtesten abschnitten und umgekehrt Aktien mit hoher Rendite und niedriger Ausschüttungsquote am besten abschnitten. An zweiter Stelle standen Aktien mit niedriger Rendite und niedriger Ausschüttungsquote, gefolgt von Aktien, die keine Dividende zahlten, und dann dem S&P 500.

- Aktien mit hoher Rendite und niedriger Ausschüttungsquote schneiden gut ab.

Die Autoren untersuchten auch die Dividendenrendite allein, erweiterten jedoch den Testzeitraum für den S&P 500 von Januar 1980 bis Juli 2006, basierend auf gleichgewichteten Dezil-Körben der Dividendenrendite am Ende jedes Monats.

Unternehmen mit hoher Rendite schnitten tendenziell besser ab als Unternehmen mit niedriger Rendite. Die Autoren stellten jedoch fest, dass Unternehmen mit den höchsten Renditen nicht die beste Performance erzielten. Vielmehr schnitten Aktien aus dem achten (besten) und neunten (zweitbesten) Dezil besser ab als Dezil 10. Die Schlussfolgerung lautete, dass die Dividendenrendite allein nicht ausreicht, um eine Aktie mit Outperformance auszuwählen.

- Die Dividendenrendite allein reicht nicht aus, um eine Aktie mit Outperformance auszuwählen.

Hohe Rendite, hohe Performance?

Ich beschloss, die von Credit Suisse untersuchte Idee der hohen Rendite und hohen Performance zu testen, und **Tabelle 6.1** zeigt meine Ergebnisse.

Bei den Aktien, die eine Dividende zahlen, habe ich die Liste in drei gleich große Gruppen unterteilt: hohe Rendite (alle Aktien mit einer Rendite von mindestens 3,123 Prozent), niedrige Rendite (Aktien mit einer Rendite von höchstens 1,366 Prozent, aber über 0 Prozent) und mittlere Rendite (Aktien zwischen diesen beiden Werten).

Bedingung	Jahr 1	Jahr 2	Jahr 3	Jahr 4	Jahr 5	10.000 $ investiert
Hohe Rendite (≥ 3,123 %)	17 %	16 %	17 %	16 %	15 %	21.376 $
Mittlere Rendite	13 %	14 %	13 %	14 %	13 %	18.705 $
Niedrige Rendite (≤ 1,366 %)	11 %	10 %	11 %	10 %	11 %	16.591 $
Keine Dividenden	11 %	10 %	10 %	10 %	11 %	16.399 $

Tab. 6.1 Aktienperformance nach Rendite im Zeitverlauf.

Die untere Zeile der Tabelle zeigt die Ergebnisse von Unternehmen, die keine Dividende zahlen.

Beispielsweise erzielten Aktien mit hoher Rendite ein Jahr später einen Gewinn von 17 Prozent, einschließlich der Dividendenzahlung. Aktien mit mittlerer Rendite erzielten einen Gewinn von 13 Prozent und Aktien mit niedriger Rendite einen Gewinn von 11 Prozent ein Jahr später. Aktien, die keine Dividende ausschütten, erzielten einen Gewinn von 11 Prozent. Diese Ergebnisse entsprechen der Studie der Credit Suisse.

Aktien mit hoher Rendite schneiden besser ab als Aktien mit niedriger Rendite. Eine Investition von 10.000 Dollar macht dies deutlich. Nach fünf Jahren steigt der Wert für Aktien mit hoher Rendite auf 21.376 Dollar, verglichen mit 16.591 Dollar für Aktien mit niedriger Rendite. Aktien ohne Dividenden zeigten mit 16.399 Dollar die schlechteste Performance.

- Aktien mit hoher Rendite erzielen in der Regel eine Outperformance.

Test: Rendite und Ausschüttungsquote

Ich habe die Aktien nach ihrer Rendite (drei Kategorien: hoch, mittel und niedrig) und innerhalb jeder Kategorie nach der Ausschüttungsquote sortiert (hoch, mittel und niedrig). Anschließend habe ich die Performance der verschiedenen Kombinationen nach einem Jahr bewertet. **Tabelle 6.2** zeigt meine Ergebnisse. Die Performance im Jahr 1 beinhaltet *keine* Dividenden. Es handelt sich lediglich um eine Messung des Kurses vom Ende des Jahres 0 bis zum Ende des Jahres 1.

Beispielsweise erzielten Aktien mit hoher Rendite und hoher Ausschüttungsquote ein Jahr später durchschnittliche Gewinne von 10,8 Prozent. Die beste Performance erzielten Aktien mit hoher Rendite und niedriger Ausschüttungsquote. Sie verzeichneten im folgenden Jahr Gewinne von 13,3 Prozent. Dieses Ergebnis deckt sich mit der Studie der Credit Suisse (CS-Rangfolge steht für die Rangfolge der Credit Suisse, abgeleitet aus ihrer Studie).

Rendite	Ausschüttung	Jahr 1	CS-Rangfolge	Meine Rangfolge
Hoch	Hoch	10,8%		5
Hoch	Mittel	11,3%		4
Hoch	Niedrig	13,3%	1	1: Am besten
Mittel	Hoch	10,3%		6
Mittel	Mittel	10,0%		9
Mittel	Niedrig	11,7%		2
Niedrig	Hoch	10,1%	4	8
Niedrig	Mittel	9,6%		10: Am schlechtesten
Niedrig	Niedrig	10,1%	2	7
Keine	Keine	11,3%	3	3

Tab. 6.2 Aktienperformance nach Rendite und Ausschüttungsquote ein Jahr später.

Der Unterschied zwischen meiner Forschungsmethode und der von Credit Suisse besteht darin, dass ich die Portfolios nicht jedes Quartal neu ausbalanciert habe und Dividenden nicht in den Renditen berücksichtigt wurden.

Die schlechteste Performance erzielten Aktien mit niedriger Rendite und mittlerer Ausschüttungsquote. Sie legten ein Jahr später nur um 9,6 Prozent zu. Aktien ohne Dividendenausschüttung verzeichneten ein Jahr später einen Gewinn von 11,3 Prozent und belegten damit den dritten Platz.

- Die beste Performance erzielen Aktien mit hoher Rendite und niedriger Ausschüttungsquote.

Was ist besser: Dividenden oder keine Dividenden?

Schneiden Aktien, die Dividenden zahlen, besser ab als solche ohne Dividenden? Einige glauben, dass ein Unternehmen, das das Geld in sich selbst reinvestiert, eine bessere Performance erzielen würde. **Tabelle 6.3** zeigt die Rendite von Dividendenaktien im Vergleich zu

Nicht-Dividendenaktien. Die Dividenden der Jahre 1 bis 5 sind jeweils in den Renditen für diese Jahre enthalten. Wenn keine Dividendendaten verfügbar waren, wurde die Quote des Vorjahres verwendet.

Beispielsweise stieg der Aktienkurs im ersten Jahr nach der Dividendenzahlung eines Unternehmens um durchschnittlich 10,6 Prozent, aber wenn man die Dividendenzahlung für das erste Jahr hinzurechnet, erhöht sich die Rendite auf 13,1 Prozent. Bei den Unternehmen, die keine Dividende zahlten, stieg der Aktienkurs um durchschnittlich 11,3 Prozent. Am Ende der fünf Jahre wären aus einer Investition von 10.000 Dollar bei Dividendenzahlern 18.609 Dollar geworden, verglichen mit 16.397 Dollar bei Unternehmen ohne Dividenden.

- Der Besitz von dividendenzahlenden Aktien ist besser als der Besitz von Aktien, die keine Dividenden zahlen.

Bedingung	Jahr 1	Jahr 2	Jahr 3	Jahr 4	Jahr 5	10.000 $ investiert
Dividenden	13,1 %	13,2 %	13,3 %	13,2 %	13,3 %	18.609 $
Keine Dividenden	11,3 %	9,9 %	9,7 %	10,1 %	11,0 %	16.397 $

Tab. 6.3 Rendite von Unternehmen mit und ohne Dividenden.

Überraschung: Dividendenkürzungen funktionieren!

Was passiert mit der Aktie, wenn ein Unternehmen die Dividendenrate ändert? **Tabelle 6.4** zeigt die Ergebnisse meiner Suche nach einer Antwort auf diese Frage.

Wenn ein Unternehmen die Dividendenrate im Laufe des Jahres erhöht, steigt der Kurs im folgenden Jahr um durchschnittlich 13 Prozent, basierend auf 3.552 Stichproben (die gesamte Zeile umfasst über 2.200 Stichproben). Wenn ein Unternehmen die Dividende kürzt oder streicht, steigt der Aktienkurs im folgenden Jahr um durchschnittlich 17 Prozent. Allerdings basiert diese Zahl nur auf 293 Stichproben.

Bedingung	Jahr 1	Jahr 2	Jahr 3	Jahr 4	Jahr 5	10.000 $ investiert
Steigende Dividenden	13%	13%	12%	11%	9%	17.528$
Sinkende Dividenden (Stichproben)	17% (293)	19% (284)	20% (276)	22% (260)	17% (227)	23.875$
Jahr 0: Dividendenkürzung, einschließlich auf null	-10% (318 Stichproben)					
Jahr 0: keine Dividendenzahlung	11% (5.479 Stichproben)					
Jahr 0: Dividendenzahlung, keine Kürzung	15% (5.716 Stichproben)					
Jahr 0: Dividendenkürzung auf null	-9% (72 Stichproben)					
Jahr 0: Dividendenkürzung, aber nicht auf null	-10% (246 Stichproben)					

Tab. 6.4 Renditen von Unternehmen mit sich ändernden Dividendenraten.

Der Trend, dass Aktien mit sinkenden Dividenden die Performance von Unternehmen mit steigenden Dividenden übertreffen, bleibt über die Zeit hinweg konstant. Nach fünf Jahren würden 10.000 Dollar, die in Aktien mit sinkenden Dividenden investiert wurden, auf 23.875 Dollar anwachsen.

Als ich diese Ergebnisse entdeckte, traute ich kaum meinen Augen. Ich dachte, eine Dividendenkürzung sei schlecht für die Aktie! Daher habe ich einige Nachforschungen angestellt. Ich habe mir die Kursentwicklung im *selben* Jahr der Dividendenkürzung (Jahr 0) angesehen. Tabelle 6.4 zeigt die Ergebnisse im unteren Teil der Tabelle.

In dem Jahr, in dem das Unternehmen seine Dividende gekürzt hatte, fiel der Aktienkurs um durchschnittlich 10 Prozent, gemessen an den Schlusskursen am Anfang und am Ende des Jahres, jedoch einschließlich aller Dividenden. Im Vergleich dazu stiegen die Aktienkurse der

Unternehmen, die keine Dividende gezahlt hatten, um 11 Prozent, und die Aktienkurse der Unternehmen, die ihre Dividende beibehalten oder erhöht hatten, um 15 Prozent. Mit anderen Worten: Der Unterschied zwischen einer Dividendenkürzung und einer Beibehaltung der Dividende betrug 25 Prozentpunkte. Wow! Die Analyse untersuchte nicht, was unmittelbar nach der Dividendenkürzung mit der Aktie geschah, sondern nur die Situation am Jahresende.

Dann habe ich mir die Unternehmen angesehen, die ihre Dividende gestrichen haben. Im Jahr der Streichung fiel der Aktienkurs um durchschnittlich 9 Prozent, aber der Umfang der Stichproben ist gering (72). Wenn ein Unternehmen seine Dividende kürzt, aber nicht auf null (das heißt, es zahlt eine geringere Dividende), schließt die Aktie das Jahr durchschnittlich 10 Prozent niedriger als am ersten Handelstag des Jahres (einschließlich Dividenden). Auch hier war der Umfang der Stichproben gering (246).

Was bedeutet das? Wenn ein Unternehmen seine Dividende kürzt und Sie die Aktie besitzen, verkaufen Sie sie sofort. Wenn sie ihren Tiefpunkt erreicht hat – sofern Sie erkennen können, wann das der Fall ist –, kaufen Sie die Aktie und halten Sie sie langfristig. Wenn Sie sie fünf Jahre lang halten, könnten Sie Ihr Geld verdoppeln. Diese Schlussfolgerung basiert jedoch auf relativ wenigen Stichproben. Um diese Ergebnisse zu bestätigen, ist eine gründlichere Untersuchung erforderlich.

- Aktien, deren Dividendenrate gesenkt wurde, outperformen ein Jahr später, aber der Umfang der Stichproben ist gering.

- In dem Jahr, in dem ein Unternehmen seine Dividende kürzt, ist mit einem erheblichen Kursrückgang zu rechnen.

Ich hatte das Pech, einige Aktien zu besitzen, deren Dividenden gekürzt wurden. Das Ergebnis war verheerend. Wenn Sie einen schwachen

Magen haben oder unter 18 Jahre alt sind, sollten Sie den nächsten Abschnitt überspringen, in dem eine solche Kürzung (eigentlich eine Amputation) beschrieben wird.

Wenn die Katastrophe zuschlägt

Abbildung 6.1 zeigt ein Beispiel dafür, was passiert, wenn ein Stromversorgungsunternehmen seine Dividende kürzt. Während der Wirtschaftskrise von 2007 bis 2009 reduzierten die Menschen den Stromverbrauch in ihren Haushalten, und Fabriken drosselten ihre Produktion oder stellten sie ganz ein. Um Geld zu sparen, beschloss das Versorgungsunternehmen, seine Dividende um 39 Prozent zu kürzen. Es war nicht das einzige Unternehmen oder Versorgungsunternehmen, das dies tat.

Die Aktionäre waren über diese Nachricht empört. Die Aktie eröffnete mit einem Kursverlust von fast 16 Prozent und stürzte danach weiter ab wie ein Bungee-Jumper, dessen Seil gerissen ist.

Als die Aktie bei A auf den Boden fiel, lag der Kurs um 39 Prozent niedriger (was übrigens der Dividendenkürzung entspricht). Dann stürzten sich Investoren wie ich darauf. Ich kaufte einen Tag später bei 20,33, um die neue Dividendenrate von 7,5 Prozent mitzunehmen. Lecker!

Und dann sehen Sie, was passiert ist. Die Aktie erholte sich und erreichte bei B einen Höchststand von 27,65, was einem Buchgewinn von 36 Prozent entspricht.

Stellen Sie sich vor, wie Sie sich fühlen würden, wenn Sie die Aktie vor der Dividendenkürzung besessen hätten. Ja, ein Verlust von 16 Prozent über Nacht war nicht zu unterschätzen, aber wenn Sie bei Börsenöffnung verkauft hätten, hätten Sie Ihre Verluste genau dort begrenzen können. Wenn Sie sich entschieden hätten, die Aktie zu halten, wäre der Verlust weiter gewachsen, hätte sich auf 32 Prozent verdoppelt und schließlich 39 Prozent erreicht.

Abb. 6.1 Ameren senkte seine Dividende um fast 40 Prozent und zwang den Aktienkurs damit nach unten.

Der Chart lehrt uns eine Lektion, sofern wir bereit sind, sie zu lernen: Wenn ein Unternehmen die Dividende kürzt, verkaufen Sie sofort. Kaufen Sie nach Abschluss des Kursrückgangs zurück, um von der Erholung zu profitieren.

Wenn Sie weitere Beweise benötigen, schauen Sie sich gleichzeitig Great Plains Energy (GXP) an. Die Aktie schloss am Tag vor einer Dividendenkürzung bei 19,55 und eröffnete dann bei 15,94 (18 Prozent niedriger), fiel aber weiter auf ein Tief von 10,20, was einem Verlust von 48 Prozent entspricht. Fünf Monate später erreichte die Aktie einen Höchststand von 18,50, was einem Gewinn von 81 Prozent gegenüber dem Tiefststand entspricht. Ich habe diese Aktie vier Tage nach ihrem Tiefststand zu einem Kurs von 11,58 gekauft, eine Dividende von über 7 Prozent erhalten und auch von der Aufwärtsbewegung des Kurses profitiert.

- Kaufen Sie Aktien, nachdem ihre Dividende gekürzt wurde und der Kurs seinen Tiefpunkt erreicht hat.

Performance nach Marktkapitalisierung

Tabelle 6.5 zeigt die Performance von dividendenzahlenden Aktien im Zeitverlauf, sortiert nach ihrer Marktkapitalisierung. Die obere Hälfte der Tabelle enthält die Dividendenzahlung in Prozent. Die untere Hälfte umfasst Aktien, die keine Dividende zahlen. Small Caps sind weniger als eine Milliarde wert, Large Caps über fünf Milliarden Dollar und Mid Caps liegen zwischen diesen beiden Werten.

Marktkapitalisierung	Jahr 1	Jahr 2	Jahr 3	Jahr 4	Jahr 5	10.000 $ investiert
Small	18%	16%	15%	15%	15%	20.868$
Mid	12%	13%	14%	13%	14%	18.668$
Large	12%	12%	11%	11%	11%	17.135$
Dividendenzahlende Aktien oben, nicht dividendenzahlende Aktien unten						
Small	23%	17%	13%	12%	14%	20.860$
Mid	9%	9%	7%	9%	9%	15.097$
Large	-2%	-5%	5%	6%	3%	10.753$

Tab. 6.5 Dividenden- und nicht dividendenzahlende Aktien nach Marktkapitalisierung.

Die Zahlen erzählen eine ähnliche Geschichte wie andere fundamentale Kennzahlen: Small Caps schnitten besser ab als Mid Caps, die wiederum besser abschnitten als Large Caps. So erzielten Small Caps im ersten Jahr einen Gewinn von 18 Prozent, Mid Caps stiegen um 12,3 Prozent und Large Caps wuchsen um 11,6 Prozent, wobei alle Dividenden zahlten. Die rechte Spalte zeigt, dass 10.000 Dollar, die in Small Caps investiert wurden, nach fünf Jahren auf 20.868 Dollar angewachsen sind, während Large Caps nur 17.135 Dollar erreichten.

Die untere Hälfte der Tabelle zeigt, wie sich nicht dividendenzahlende Aktien entwickelt haben. Die Small Caps schlugen die Mid Caps, die wiederum die Large Caps schlugen.

Wenn man die untere Hälfte der Tabelle mit der oberen Hälfte vergleicht, stellt man fest, dass dividendenzahlende Aktien eine bessere Performance erzielen als solche, die keine Dividenden zahlen. Dividendenzahler gewinnen 13 von 15 Wettbewerben (das heißt, ich habe die fünf Jahre von Small Caps, Mid Caps und Large Caps hinsichtlich der Ergebnisse mit und ohne Dividenden verglichen).

Die Tabelle legt nahe, dass die Auswahl von Small-Cap-Aktien, die Dividenden zahlen, für die langfristige Performance am besten geeignet ist (Small Caps, die *keine* Dividenden zahlen, schneiden in den Jahren 1 und 2 besser ab, danach jedoch nicht mehr).

- Aktien, die Dividenden zahlen, outperformen bis zu fünf Jahre lang, wobei Small Caps am besten abschneiden.

Kapitel-Checkliste

Dividenden können in verschiedenen Formen ausgezahlt werden, in der Regel jedoch in bar als Stammaktiendividende. Basierend auf den Erkenntnissen dieses Kapitels finden Sie hier einige Tipps, die Sie beim Kauf von Aktien beachten sollten.

☐ Dividenden sind ein Teil des Nettogewinns eines Unternehmens, der an die Aktionäre ausgeschüttet wird. Sie können in verschiedenen Formen ausgezahlt werden. Siehe Einleitung zu diesem Kapitel.

- ☐ Aktien mit hoher Rendite und niedriger Ausschüttungsquote schneiden gut ab. Siehe Abschnitt „Überblick über die historische Forschung“.

- ☐ Die Dividendenrendite allein reicht nicht aus, um eine Aktie mit Outperformance auszuwählen. Siehe Abschnitt „Überblick über die historische Forschung“.

- ☐ Aktien mit hoher Rendite erzielen in der Regel eine Outperformance. Siehe Tabelle 6.1.

- ☐ Die beste Performance erzielen Aktien mit hoher Rendite und niedriger Ausschüttungsquote. Siehe Tabelle 6.2.

- ☐ Der Besitz von dividendenzahlenden Aktien ist besser als der Besitz von Aktien, die keine Dividenden zahlen. Siehe Tabelle 6.3

- ☐ Aktien, deren Dividendenrate gesenkt wurde, outperformen ein Jahr später, aber der Umfang der Stichproben ist gering. Siehe Tabelle 6.4.

- ☐ In dem Jahr, in dem ein Unternehmen seine Dividende kürzt, ist mit einem erheblichen Kursrückgang zu rechnen. Siehe Tabelle 6.4.

- ☐ Kaufen Sie Aktien, nachdem ihre Dividende gekürzt wurde und der Kurs seinen Tiefpunkt erreicht hat. Siehe Abschnitt „Wenn die Katastrophe zuschlägt“.

- ☐ Aktien, die Dividenden zahlen, outperformen bis zu fünf Jahre lang, wobei Small Caps am besten abschneiden. Siehe Tabelle 6.5.

7

LANGFRISTIGE SCHULDEN

Wer mich kennt, weiß, dass ich Schulden nicht mag. Ich spreche hier von privaten Schulden wie Autokrediten und Hypotheken. Ich benutze wie jeder andere auch Kreditkarten, begleiche aber jeden Monat den Saldo. Durch vernünftige Entscheidungen und kluge Ausgaben konnte ich über die Jahre Geld sparen. In mageren Zeiten griff ich auf meine Ersparnisse zurück. In guten Zeiten sparte und investierte ich.

In diesem Kapitel geht es jedoch um langfristige Unternehmensschulden, nicht um private Schulden. Wenn ein Unternehmen sich Geld leiht, das nicht innerhalb von 12 Monaten fällig ist, handelt es sich um langfristige Schulden. Schauen wir uns einmal genauer an, was uns die Zahlen sagen. Ich fand die Ergebnisse überraschend und verwirrend.

- Langfristige Schulden sind geliehenes Geld, das nicht innerhalb von 12 Monaten fällig ist.

Die Zahlen

Während meiner ersten beruflichen Tätigkeit als Hardware-Konstrukteur bei Raytheon besuchte ich alle paar Wochen die kleine Bibliothek, die es im Unternehmen gab. Ich las die Zeitschriften *Forbes* und *Fortune* und machte mich mit der Fundamentalanalyse vertraut.

Ich erinnere mich, dass ich dachte, ein Unternehmen ohne Schulden zu finden sei wie die Entdeckung einer Schokoladentafel, die meine drei Brüder übersehen hatten. Mir kam nie in den Sinn, dass ein Unternehmen mit einer moderaten Verschuldung das Geld nutzen könnte, um neue Produkte zu entwickeln und Vermögen aufzubauen. Eine moderate Verschuldung war gut, nicht schlecht, aber stützen die Zahlen diese Theorie? Die Antwort auf diese Frage macht diese Geschichte seltsam.

Bedingung	Jahr 1	Jahr 2	Jahr 3	Jahr 4	Jahr 5	10.000 $ investiert
Schulden	10%	9%	9%	11%	15%	16.870$
Keine Schulden	12%	12%	12%	9%	7%	16.467$

Tab. 7.1 Aktienperformance von Unternehmen mit und ohne langfristige Schulden.

Sind Schulden gut?

Ich habe meine Value-Line-Datenbank genutzt und die Performance für das kommende Jahr von Unternehmen ohne langfristige Schulden mit der von Unternehmen mit langfristigen Schulden verglichen. **Tabelle 7.1** zeigt die Ergebnisse.

Beispielsweise verzeichneten Unternehmen, die am Ende des ersten Jahres langfristige Schulden hatten, einen durchschnittlichen Kursanstieg ihrer Aktien von 10 Prozent. Im Vergleich dazu betrug der Kursanstieg von Aktien von Unternehmen ohne langfristige Schulden 12

Prozent (ohne Dividenden). Der Trend, dass schuldenfreie Unternehmen besser abschneiden als solche mit langfristigen Schulden, setzt sich bis zum Jahr 3 fort. Die letzten beiden Jahre zeigen eine bessere Performance von Aktien von Unternehmen mit langfristigen Schulden. Die Stichprobengrößen sind hoch und liegen zwischen 3.000 und 5.700.

Vermutlich hat das Unternehmen die Schulden in den ersten Jahren zum Kauf von Produktionsanlagen oder Ausrüstung verwendet, und die Investition hat sich in den späteren Jahren ausgezahlt.

Eine Investition von 10.000 Dollar wuchs bei Unternehmen mit Schulden fünf Jahre später auf 16.870 Dollar an. Das sind etwa 400 Dollar mehr als bei Unternehmen ohne Schulden. Die Ergebnisse sind ausgeglichen. In den ersten drei Jahren sind jedoch Unternehmen ohne Schulden im Vorteil.

- Unternehmen ohne langfristige Schulden outperformen drei Jahre lang.

Sinkendes Schiff: Schulden aufnehmen

Was zeigen die Performance-Ergebnisse, wenn wir uns die steigenden und fallenden langfristigen Schuldenstände ansehen? **Tabelle 7.2** gibt die Antworten für verschiedene Entwicklungskombinationen.

Bedingung	Jahr 1	Jahr 2	Jahr 3	Jahr 4	Jahr 5	10.000 $ investiert
Steigend	8%	7%	11%	13%	13%	16.313$
Abnehmend	10%	11%	12%	17%	12%	17.919$
Schulden zu keine Schulden*	6%	12%	19%	17%	2%	17.004$
Keine Schulden zu Schulden	17%	4%	-3%	-9%	34%	14.394$

* Nur 80 Stichproben

Tab. 7.2 Ergebnisse für Schuldenentwicklung und Aktienperformance.

Ich habe festgestellt, dass Unternehmen mit von einem Jahr zum nächsten steigenden langfristigen Schulden Aktien hatten, die ein Jahr später um durchschnittlich 8 Prozent gestiegen sind. Im Vergleich dazu betrug der Anstieg bei Unternehmen, die ihre langfristigen Schulden reduzierten, 10 Prozent. Wenn ein Unternehmen seine Schulden reduzieren kann, sollten seine Zinsaufwendungen sinken, wodurch Geld für andere Unternehmenszwecke frei wird. Mit anderen Worten: Die Ergebnisse sind nachvollziehbar. Eine Investition von 10.000 Dollar in Aktien von Unternehmen, die ihre Schulden im Jahr 0 reduzierten, verwandelte sich fünf Jahre später in 17.919 Dollar. Das ist die beste Performance in der Tabelle.

- Unternehmen, die ihre langfristigen Schulden reduzierten, erzielten im Laufe der Zeit eine Outperformance. Auch Unternehmen, die ihre langfristigen Schulden vollständig abgebaut haben, schnitten gut ab.

Nur 80 Firmen (im Jahr 5, wobei Jahr 1 nur 161 aufwies) schafften den Übergang von langfristigen Schulden zur Schuldenfreiheit. Als dies geschah, stiegen ihre Aktien ein Jahr später um nur 6 Prozent. Überraschung! Ich hatte eine viel bessere Performance erwartet. Im Laufe der Zeit reagierten die Aktien jedoch bis zum Jahr 5. Der Gewinn in diesem Jahr betrug nur 2 Prozent, was jedoch auf die geringe Stichprobengröße (80) zurückzuführen sein könnte. Eine Verbesserung der Ergebnisse für Jahr 5 könnte diese Zeile an die Spitze der Performance bringen.

Die größte Überraschung kam von Unternehmen, die keine langfristigen Schulden hatten und im folgenden Jahr langfristige Schulden aufnahmen. Ihre Aktien legten ein Jahr später um 17 Prozent zu. Die Performance *nach* Jahr 1 ist bis auf Jahr 5 miserabel. Dann legten die 492 Aktien um durchschnittlich 34 Prozent zu. Dennoch stieg die 5-Jahres-Performance von 10.000 Dollar nur auf 14.394 Dollar, das schlechteste Ergebnis aller Kombinationen.

- Unternehmen, die von einer schuldenfreien Position zu langfristigen Schulden übergingen, erzielten im ersten Jahr eine drastische Outperformance, mussten jedoch in den folgenden Jahren Einbußen hinnehmen.

Verschuldung nach Marktkapitalisierung

Dies ist meine Lieblingskategorie, weil ich gern sehe, wie Small Caps die anderen Kategorien mit überlegener Performance schlagen. **Tabelle 7.3** zeigt die Ergebnisse, wenn wir die Unternehmen nach Marktkapitalisierung und langfristiger Schuldenentwicklung aufschlüsseln.

Marktkapitalisierung	Jahr 1	Jahr 2	Jahr 3	Jahr 4	Jahr 5	10.000 $ investiert
Small	17%	12%	13%	13%	24%	20.746 $
Mid	9%	7%	8%	6%	16%	15.615 $
Large	6%	3%	3%	7%	12%	13.383 $
Unternehmen mit steigenden Schulden oben, mit sinkenden Schulden unten						
Small	21%	17%	15%	21%	14%	22.595 $
Mid	9%	12%	12%	15%	10%	17.294 $
Large	4%	6%	9%	13%	10%	14.900 $

Tab. 7.3 Schuldenentwicklung im Vergleich zu Marktkapitalisierung und Aktienperformance.

Wenn die langfristigen Schulden von einem Jahr zum nächsten stiegen, verzeichneten Small-Cap-Aktien im folgenden Jahr durchschnittlich

17 Prozent Gewinn. Small Caps, die ihre langfristigen Schulden reduzierten (aber nicht auf null), verzeichneten einen Gewinn von 21 Prozent. Nach fünf Jahren wären 10.000 Dollar, die in Small Caps mit Schuldenabbau investiert wurden, auf 22.595 Dollar angewachsen. Das ist die beste der verschiedenen Kombinationen.

Sie können sehen, wie die Small-Cap-Aktien die anderen Aktien übertrumpfen. Small-Cap-Aktien schneiden am besten ab, wenn die langfristigen Schulden sinken. Large-Cap-Aktien schneiden am schlechtesten ab.

Ein Vergleich der verschiedenen Marktkapitalisierungen oben in der Tabelle mit den entsprechenden Werten unten zeigt, dass Unternehmen, die ihre Schulden reduzierten, über einen Zeitraum von fünf Jahren tendenziell eine Outperformance erzielten. Die Spalte „10.000 Dollar investiert“ macht dies deutlich.

- Small Caps schneiden bei sinkenden langfristigen Schulden am besten ab und übertreffen Mid- und Large-Cap-Aktien.

Schuldenfreie Marktkapitalisierungen

In Tabelle 7.3 wurden Marktkapitalisierungen mit steigenden oder sinkenden Schulden diskutiert. Wie performen Unternehmen mit langfristigen Schulden im Vergleich zu solchen, die schuldenfrei sind?

Tabelle 7.4 zeigt die Antwort. Ich habe die Aktien nach Marktkapitalisierung und nach Höhe ihrer langfristigen Schulden unterteilt. Die Unternehmen in der oberen Hälfte der Tabelle weisen langfristige Schulden auf, während diejenigen in der unteren Hälfte schuldenfrei sind.

Bei den Unternehmen mit Schulden übertraf die Performance von Small-Cap-Aktien die von Mid-Cap-Aktien, die wiederum die von Large-Cap-Aktien übertraf. Nach fünf Jahren hatte sich eine Investition von 10.000 Dollar in Small-Cap-Aktien auf 21.448 Dollar mehr als verdoppelt und damit Mid- und Large-Cap-Aktien deutlich übertroffen.

In der unteren Hälfte der Tabelle ist die Performance-Entwicklung nicht so eindeutig. Meistens schneiden Small Caps besser ab als die beiden anderen, aber sowohl Mid Caps als auch Large Caps gewinnen einmal. Nach fünf Jahren Haltedauer von Aktien von Small-Cap-Unternehmen ohne langfristige Schulden im Jahr 0 wuchs eine Investition von 10.000 Dollar auf 18.055 Dollar – das beste Ergebnis des Trios.

Marktkapitalisierung	Jahr 1	Jahr 2	Jahr 3	Jahr 4	Jahr 5	10.000 $ investiert
Small	20%	15%	13%	15%	19%	21.448$
Mid	9%	9%	10%	10%	14%	16.382$
Large	5%	4%	5%	9%	12%	14.003$
Unternehmen mit Schulden oben, ohne Schulden unten						
Small	17%	16%	13%	9%	8%	18.005$
Mid	10%	10%	9%	11%	8%	15.728$
Large	9%	12%	14%	8%	3%	15.442$

Tab. 7.4 Schuldenstand und Performance nach Marktkapitalisierung.

Vergleicht man die obere Hälfte der Tabelle mit der unteren Hälfte, so stellt man fest, dass Aktien von Small- und Mid-Cap-Unternehmen mit langfristigen Schulden besser abschneiden als die von Unternehmen ohne Schulden. Bei den Large-Cap-Unternehmen ist es umgekehrt: Hier schneiden Unternehmen ohne Schulden etwas besser ab.

- Small-Cap-Aktien mit Schulden erzielen im Laufe der Zeit eine Outperformance.

Kapitel-Checkliste

In diesem Kapitel wurden langfristige Schulden und die Performance von Aktien mit und ohne Schulden im Laufe der Zeit behandelt. Unternehmen mit Schulden schnitten nach fünf Jahren geringfügig besser ab als Unternehmen ohne Schulden. Unternehmen, die ihre langfristigen Schulden im Jahr 0 reduzierten, erzielten nach fünf Jahren bessere Ergebnisse. Small-Cap-Aktien schlugen die anderen Marktkapitalisierungen, unabhängig vom Schuldenstand (steigend, fallend oder schuldenfrei).

Wenn Sie eine Richtlinie für die Auswahl von Aktien und Schulden benötigen, wählen Sie Small-Cap-Unternehmen mit sinkenden langfristigen Schulden. Tabelle 7.3 zeigt, dass diese im Vergleich zu den anderen Tabellen über einen Zeitraum von fünf Jahren die höchsten Gewinne erzielen.

Nachfolgend finden Sie eine Checkliste mit den Ergebnissen.

☐ Langfristige Schulden sind geliehenes Geld, das nicht innerhalb von 12 Monaten fällig ist. Siehe Einleitung zu diesem Kapitel.

☐ Unternehmen ohne langfristige Schulden outperformen drei Jahre lang. Siehe Tabelle 7.1.

☐ Unternehmen, die ihre langfristigen Schulden reduzierten, erzielten im Laufe der Zeit eine Outperformance. Auch Unternehmen, die ihre langfristigen Schulden vollständig abgebaut haben, schnitten gut ab. Siehe Tabelle 7.2.

☐ Unternehmen, die von einer schuldenfreien Position zu langfristigen Schulden übergingen, erzielten im ersten Jahr eine drastische Outperformance, mussten jedoch in den folgenden Jahren Einbußen hinnehmen. Siehe Tabelle 7.2.

- ☐ Small Caps schneiden bei sinkenden langfristigen Schulden am besten ab und übertreffen Mid- und Large-Cap-Aktien. Siehe Tabelle 7.3.

- ☐ Small-Cap-Aktien mit Schulden erzielen im Laufe der Zeit eine Outperformance. Siehe Tabelle 7.4.

8

KURS-GEWINN-VERHÄLTNIS

Das Kurs-Gewinn-Verhältnis (KGV, P/E Ratio) ist vielleicht die bekannteste Finanzkennzahl. Wenn Sie jemanden auf der Straße nach dem KGV fragen würden, würde er Ihnen wahrscheinlich antworten, dass es im nächsten Laden eine Toilette gibt. Diejenigen, die sich mit Finanzen auskennen, könnten Ihnen vielleicht das Verhältnis erklären.

Das Kurs-Gewinn-Verhältnis ist der aktuelle Aktienkurs geteilt durch den Gewinn eines Jahres. Wenn Sie besonders gute Vorhersagen treffen können, sollten Sie den Kurs durch den zukünftigen Gewinn teilen. In einer seiner KGV-Zahlen verwendet Value Line beispielsweise eine Mischung aus Schätzungen für 6 Monate und gemeldeten Gewinnen für 6 Monate. Sein „durchschnittliches jährliches KGV“ basiert jedoch auf den tatsächlichen Gewinnen von 12 Monaten und dem durchschnittlichen Jahreskurs. Ich habe dieses durchschnittliche jährliche KGV in den folgenden Studien verwendet.

- Das Kurs-Gewinn-Verhältnis ist der aktuelle Aktienkurs geteilt durch den Gewinn eines Jahres.

Geschichtsstunde

Ich habe 1979 zum ersten Mal von Kurs-Gewinn-Verhältnissen erfahren, aber schon lange zuvor gab es Diskussionen darüber. Mehreren Quellen zufolge beschrieb S. Francis Nicholson (1960) als einer der ersten bedeutenden Autoren, wie eine Strategie mit niedrigen Kurs-Gewinn-Verhältnissen Aktien mit hohen Kurs-Gewinn-Verhältnissen übertraf.

Man glaubte, dass das KGV ein Qualitätsmaßstab sei: Je höher das Verhältnis, desto höher die Qualität der Aktie und desto höher ihr Kurs. Allerdings stieg der Aktienkurs oft schneller als der Gewinn, wodurch das Verhältnis aufgebläht wurde und wie ein Wasserstoffballon in die Höhe schoss. Ein Blitzschlag und nun, den Rest können Sie sich denken.

Was die Anleger verwirrte, war die wunderbare kurzfristige Performance einiger Wachstumsaktien mit hohem KGV. Die Anleger strömten zu ihnen und sprangen auf den Zug auf. Die Aktien entwickelten sich weiterhin gut, stiegen hoch in die Wolken und schienen immun gegen Blitze in ihrer Nähe zu sein.

Zurück auf dem Boden der Tatsachen zweifelten einige an der Strategie der niedrigen Kurs-Gewinn-Verhältnisse und warfen mit Begriffen wie „Survivorship Bias“ und „höheres Risiko“ um sich. Also bezogen die Forscher auch insolvente Unternehmen in ihre Studien ein und korrigierten Stichprobenverzerrungen. Sie stellten fest, dass Aktien mit niedrigen KGVs besser abschnitten (als solche mit hohen KGVs). Andere führten Risikoanpassungen durch und kamen zu denselben Ergebnissen, doch die Debatte über die Ursache für die bessere Performance von Aktien mit niedrigem KGV ging weiter.

Ich werde mich nicht an dieser Debatte beteiligen, da sie der Frage nach dem Huhn und dem Ei sehr ähnlich ist. Was war zuerst da? Wen interessiert das schon? Ich bin Vegetarier und achte auf meinen

Cholesterinspiegel. Schauen wir uns an, was meine Zahlen über das KGV aussagen.

Schneiden Aktien mit niedrigem KGV besser ab?

Tabelle 8.1 zeigt die Performance von Aktien, sortiert nach dem medianen KGV. Der Median ist der mittlere Wert in einer sortierten Zahlenliste. In diesem Fall habe ich 9.175 Stichproben in der Studie verwendet und die Ergebnisse nach Jahren getrennt, wobei das mediane KGV für die Gruppe bei 17,1 lag.

Die Aktien mit einem KGV über dem Median schnitten schlechter ab als die Aktien unter dem Median. Beispielsweise stiegen Aktien mit einem KGV über dem Median ein Jahr später um 10 Prozent, während Aktien mit einem KGV unter dem Median einen Gewinn von 13 Prozent erzielten. Nach fünf Jahren wäre eine Investition von 10.000 Dollar bei Aktien mit einem KGV unter dem Median 17.843 Dollar wert, deutlich mehr als der Gewinn von 15.803 Dollar bei Aktien mit einem KGV über dem Median.

Die Erkenntnis, dass Aktien mit hohem KGV eine schlechtere Performance erzielen als Aktien mit niedrigem KGV, deckt sich mit den Ergebnissen anderer Untersuchungen. Wie sieht es mit Trends aus? Erbringt eine Aktie mit steigendem KGV eine schlechtere Performance als eine Aktie mit fallendem KGV? Lassen Sie uns das herausfinden.

- Um die beste Performance zu erzielen, wählen Sie Aktien mit einem KGV unter dem Median von 17,1.

Medianes KGV von 17,1	Jahr 1	Jahr 2	Jahr 3	Jahr 4	Jahr 5	10.000 $ investiert
Über dem Median	10 %	10 %	9 %	8 %	10 %	15.803 $
Unter dem Median	13 %	12 %	13 %	13 %	11 %	17.843 $

Tab. 8.1 Performance von Aktien im Vergleich zum medianen KGV.

Bedingung	Jahr 1	Jahr 2	Jahr 3	Jahr 4	Jahr 5	10.000 $ investiert
Steigendes KGV	9%	12%	10%	8%	7%	15.616$
Fallendes KGV	13%	10%	11%	13%	11%	17.215$

Tab. 8.2 Performance von Aktien mit steigendem und fallendem KGV.

Rückläufiges KGV: Gut oder schlecht?

Tabelle 8.2 zeigt die Performance von Aktien mit steigendem KGV im Jahresvergleich zu Aktien mit fallendem KGV.

Die Aktien mit einem gegenüber dem Vorjahr gestiegenen KGV verzeichneten einen durchschnittlichen Anstieg von 9 Prozent, während die Aktien von Unternehmen mit einem gefallenen KGV um 13 Prozent zulegten. Eine 5-Jahres-Investition von 10.000 Dollar wäre 17.215 Dollar wert, wenn sie in Aktien mit einem fallenden KGV am Ende des Jahres 0 investiert und fünf Jahre lang gehalten würde.

- Wählen Sie Aktien mit einem von Jahr zu Jahr fallenden KGV.

Kombinationen von Kurs und Gewinn: Gähn

Ein Rückgang des Kurs-Gewinn-Verhältnisses kann entweder durch einen fallenden Aktienkurs oder einen steigenden Gewinn oder beides (der Kurs fällt schneller als der Gewinn) verursacht werden. Wenn wir feststellen können, welcher Faktor zu einer besseren Performance führt, hilft uns das bei der Aktienauswahl. **Tabelle 8.3** zeigt, was ich herausgefunden habe.

Alle Ergebnisse in dieser Tabelle beziehen sich auf ein KGV, das niedriger als im Vorjahr, aber über null ist. In der ersten Zeile führten

Aktien mit fallendem Kurs und fallendem Gewinn zu einem Anstieg von durchschnittlich 10 Prozent im ersten Jahr. Das bedeutet, dass der Kurs schneller gefallen sein muss als der Gewinn, um ein niedrigeres KGV zu erzielen.

Bedingung	Jahr 1	Jahr 2	Jahr 3	Jahr 4	Jahr 5	10.000 $ investiert
Fallender Kurs, fallender Gewinn	10%	10%	11%	15%	15%	17.840$
Fallender Kurs, steigender Gewinn	14%	10%	9%	14%	10%	17.214$
Steigender Kurs, fallender Gewinn	10%	9%	11%	11%	17%	17.383$
Steigender Kurs, steigender Gewinn	13%	10%	12%	13%	10%	17.267$

Tab. 8.3 Niedrigeres Kurs-Gewinn-Verhältnis und Kurs-Gewinn-Kombinationen im Vergleich zur Performance.

Die Zeile mit steigendem Kurs und fallendem Gewinn ist eine ungewöhnliche Kombination, die jedoch auftritt, wenn Value Line bei der Berechnung des KGV den Durchschnittskurs des Jahres anstelle der Kurse zum Jahresende verwendet. Nur 93 Stichproben erfüllten dieses Kriterium.

Das beste Ergebnis in Jahr 1 ergibt sich aus der Kombination von fallendem Kurs und steigendem Gewinn. Das ist intuitiv nachvollziehbar. An zweiter Stelle stehen Aktien mit steigendem Kurs und steigendem Gewinn. Wenn der Gewinn schneller steigt als der Kurs, sinkt das KGV. Aktien, die diese Bedingungen erfüllten, stiegen ein Jahr später um durchschnittlich 13 Prozent.

Die beste Performance in der Tabelle für eine Haltedauer von fünf Jahren erzielen fallende Kurse und fallende Gewinne. Eine Investition von 10.000 Dollar steigt auf 17.840 Dollar. Wenn man sich die rechte Spalte ansieht, liegen die Dollarbeträge nahe beieinander, was auf einen nur geringen Vorteil für die entsprechende Kombination hindeutet.

- Aktien von Unternehmen mit fallendem Kurs und steigendem Gewinn (im Jahresvergleich) erzielen die beste Performance im kommenden Jahr.

Kaufen Sie Small Caps mit niedrigem KGV

In anderen Kapiteln haben wir festgestellt, dass Small Caps besser abschneiden als Mid und Large Caps. Bei den KGVs sind die Ergebnisse ähnlich. Ich habe die Performance im Zeitverlauf anhand von Aktien mit KGVs über und unter ihrem jeweiligen Median gemessen. **Tabelle 8.4** zeigt die Ergebnisse.

Bedingung	Jahr 1	Jahr 2	Jahr 3	Jahr 4	Jahr 5	10.000 $ investiert
Small Cap, über dem Median von 16,0	13 %	14 %	10 %	8 %	10 %	16.899 $
Unter dem Median	20 %	16 %	16 %	16 %	15 %	21.418 $
Mid Cap, über dem Median von 17,3	11 %	10 %	9 %	10 %	13 %	16.547 $
Unter dem Median	11 %	9 %	11 %	11 %	9 %	16.387 $
Large Cap, über dem Median von 18,9	7 %	7 %	6 %	6 %	7 %	13.856 $
Unter dem Median	11 %	11 %	12 %	11 %	8 %	16.493 $

Tab. 8.4 KGV im Vergleich zu Marktkapitalisierung und Aktienperformance.

Beispielsweise steigen die Kurse von Small-Cap-Aktien unterhalb des Medians von 16,0 im folgenden Jahr um durchschnittlich 20 Prozent. Bei Small Caps oberhalb des Medians beträgt der Kursanstieg nur 13 Prozent. Die Spalte ganz rechts zeigt eine Investition von 10.000 Dollar in Aktien mit einem KGV unterhalb des Medians, wobei sich der Wert von Small-Cap-Aktien auf 21.418 Dollar mehr als verdoppeln würde. Das ist der höchste Wert in der Tabelle.

Bei Mid Caps gibt es kaum Performance-Unterschiede zwischen Werten über und unter dem Median von 17,3. Dies gilt insbesondere nach einer Haltedauer von fünf Jahren. Bei Large Caps gibt es einige Abweichungen, wobei Aktien unter dem medianen KGV von 18,9 besser abschneiden.

- Small-Cap-Aktien mit einem KGV unter dem Median von 16,0 schneiden bis zu fünf Jahre lang besser ab als Mid- und Large-Cap-Aktien.

Hohes KGV: Zeit zum Verkaufen?

Ein Artikel von Daniel Subach (Dezember 2006) mahnt, dass KGVs „unter oder gleich den durchschnittlichen Höchstständen der letzten drei Jahre liegen sollten".

Da Value Line das durchschnittliche KGV angibt, müssen Sie lediglich das aktuelle Verhältnis mit jedem der letzten drei Jahre vergleichen und sicherstellen, dass das aktuelle KGV unter dem höchsten der letzten drei Jahre liegt.

Ich habe dies getestet und festgestellt, dass Subach recht hat. Ich habe 5.880 Stichproben verwendet, und diejenigen mit KGVs unter dem höchsten Wert der letzten drei Jahre verzeichneten im folgenden Jahr einen Kursanstieg von 12 Prozent. Im Vergleich dazu betrug der durchschnittliche Kursanstieg bei Stichproben mit KGVs über dem höchsten Wert der letzten drei Jahre nur 8 Prozent.

Eine andere Sichtweise auf das Ergebnis ist folgende: Wenn Ihre Aktie ein hohes KGV aufweist, könnte die Performance im kommenden Jahr unterdurchschnittlich ausfallen. Dann könnte es an der Zeit sein, zu verkaufen.

- Wenn das KGV einer Aktie über den durchschnittlichen Höchstständen der letzten drei Jahre liegt, sollten Sie einen Verkauf in Betracht ziehen.

Drei Tipps zum KGV

Bevor wir zum nächsten Kapitel übergehen, möchte ich noch ein paar Worte zur Auswahl von Aktien mit niedrigem KGV sagen. Schauen Sie sich das durchschnittliche jährliche KGV Ihrer Aktie an. Wenn es über mehrere Jahre hinweg konstant hoch war, aber in letzter Zeit auf ein ungewöhnlich niedriges Niveau gefallen ist, könnte dies ein Value-Investment darstellen.

Wenn die Aktie ein historisch niedriges KGV aufweist, dann könnte der Kauf als Niedrig-KGV-Investment nicht so gut funktionieren wie erhofft. Einige Branchen (Automobilhersteller, Stahlproduzenten) weisen tendenziell niedrige KGVs auf, die auch niedrig bleiben. Sie suchen aber nach Value-Investments – nach einem Unternehmen, das früher ein hohes KGV hatte, aber vom Markt wie ein gebrauchtes Taschentuch beiseitegeworfen wurde. Das KGV ist niedrig, weil der Kurs schneller gefallen ist als der Gewinn.

Vermeiden Sie zyklische Unternehmen, die sich auf dem Weg zu ihrem zyklischen Tiefpunkt befinden. Wählen Sie stattdessen Unternehmen, die einen Grund zum Aufschwung haben, etwa ein zyklisches Unternehmen, das beginnt zu florieren, oder ein Unternehmen, das einen kostengünstigen, umweltfreundlichen Ersatz für Benzin erfunden hat. Suchen Sie nach einem Katalysator für Veränderungen, der das niedrige KGV in ein hohes verwandelt, wenn der Kurs zusammen mit den Aussichten steigt.

1. Eine Aktie mit einem historisch hohen KGV, das auf ein ungewöhnlich niedriges Niveau fällt, könnte ein Value-Investment darstellen.

2. Vermeiden Sie den Kauf von Aktien mit historisch niedrigen KGVs.

3. Vermeiden Sie zyklische Unternehmen, die sich im Abwärtstrend befinden (fallende KGVs). Wählen Sie sie, wenn sie sich erholen (steigende KGVs).

Kapitel-Checkliste

Basierend auf den Erkenntnissen dieses Kapitels finden Sie hier einige Tipps, die Sie bei der Auswahl von Aktien anhand des KGVs berücksichtigen sollten.

- ☐ Das Kurs-Gewinn-Verhältnis ist der aktuelle Aktienkurs geteilt durch den Gewinn eines Jahres. Siehe Einleitung zu diesem Kapitel.

- ☐ Um die beste Performance zu erzielen, wählen Sie Aktien mit einem KGV unter dem Median von 17,1. Siehe Tabelle 8.1.

- ☐ Wählen Sie Aktien mit einem von Jahr zu Jahr fallenden KGV. Siehe Tabelle 8.2.

- ☐ Aktien von Unternehmen mit fallendem Kurs und steigendem Gewinn (im Jahresvergleich) erzielen die beste Performance im kommenden Jahr. Siehe Tabelle 8.3.

- ☐ Small-Cap-Aktien mit einem KGV unter dem Median von 16,0 schneiden bis zu fünf Jahre lang besser ab als Mid- und Large-Cap-Aktien. Siehe Tabelle 8.4.

- ☐ Wenn das KGV einer Aktie über den durchschnittlichen Höchstständen der letzten drei Jahre liegt, sollten Sie einen Verkauf in Betracht ziehen. Siehe Abschnitt „Hohes KGV: Zeit zum Verkaufen?“.

- ☐ Eine Aktie mit einem historisch hohen KGV, das auf ein ungewöhnlich niedriges Niveau fällt, könnte ein Value-Investment darstellen. Siehe Abschnitt „Drei Tipps zum KGV“.

- ☐ Vermeiden Sie den Kauf von Aktien mit historisch niedrigen KGVs. Siehe Abschnitt „Drei Tipps zum KGV".

- ☐ Vermeiden Sie zyklische Unternehmen, die sich im Abwärtstrend befinden (fallende KGVs). Wählen Sie sie, wenn sie sich erholen (steigende KGVs). Siehe Abschnitt „Drei Tipps zum KGV".

9

KURS-UMSATZ-VERHÄLTNIS

Das Kurs-Umsatz-Verhältnis (KUV) ist eine von zwei Kennzahlen, mit denen ich aufgewachsen bin (die andere ist das Kurs-Gewinn-Verhältnis). Ich erinnere mich, dass ein *Forbes*-Kolumnist Ende der 1970er- und Anfang der 1980er-Jahre in seinen Kolumnen über das KUV schrieb. Also habe ich es in mein Fundamentalanalyse-Instrumentarium aufgenommen.

Je nachdem, wen man fragt, ist das KUV nach dem geschnittenen Brot die zweitgrößte Erfindung der Menschheit oder so spannend wie Autofahren im Schnee. James O'Shaughnessy (McGraw-Hill, 1997) bezeichnet es als „König der Wertfaktoren". Andere warnen, dass dieses Verhältnis, wenn man die Verschuldung nicht berücksichtigt, zu Unternehmen führen kann, die kurz vor der Insolvenz stehen. Was ist richtig?

Vielleicht liegt die Wahrheit irgendwo zwischen Brot und Schnee, und meine Zahlen sollten helfen, die Verwirrung zu beseitigen. Bevor wir dazu kommen, wollen wir das Verhältnis definieren und etwas näher darauf eingehen.

Das Kurs-Umsatz-Verhältnis einer Aktie vergleicht ihren aktuellen Kurs pro Aktie mit ihrem Jahresumsatz pro Aktie. Alternativ könnte man die Marktkapitalisierung der Aktie mit ihrem Jahresumsatz (nicht dem Umsatz pro Aktie) vergleichen. Das Verhältnis beschreibt, wie viel Wert der Markt jedem Umsatzdollar beimisst.

- Das Kurs-Umsatz-Verhältnis einer Aktie vergleicht ihren aktuellen Kurs pro Aktie mit ihrem Jahresumsatz pro Aktie.

- Die Marktkapitalisierung einer Aktie geteilt durch ihren Jahresumsatz beschreibt, wie viel Wert der Markt jedem Umsatzdollar beimisst.

Einige behaupten, dass es für ein Unternehmen schwieriger ist, Umsatzzahlen zu fälschen, sodass das KUV zuverlässiger ist als Kennzahlen, die auf Gewinnen basieren (wie das Kurs-Gewinn-Verhältnis). Das KUV liefert auch eine Bewertung, wenn keine Gewinne vorliegen. Das kann nützlich sein.

Aber auch das KUV hat einen Haken. Wenn ein Unternehmen trotz eines niedrigen KUVs bis über beide Ohren verschuldet ist, wie laut werden die Anleger dann schreien, wenn das Unternehmen Insolvenz anmeldet?

Um zu vermeiden, dass Sie ein Unternehmen kaufen, das sich nur mit Mühe über Wasser halten kann, sollten Sie auch dessen Verschuldungsgrad und andere Kennzahlen überprüfen.

- Meiden Sie Unternehmen mit einem niedrigen Kurs-Umsatz-Verhältnis und schlechten Fundamentaldaten, wie zum Beispiel einer zu hohen Verschuldung.

Ein weiteres Problem des KUVs ist, dass es je nach Branche variieren kann. Beispielsweise liegt das durchschnittliche KUV für Unternehmen im Bereich der alternativen Energien bei 57,23, verglichen mit 0,89 für Unternehmen in der Luftfahrtbranche.

- Das durchschnittliche Kurs-Umsatz-Verhältnis variiert je nach Branche.

Schauen wir uns die Zahlen an, um diese und andere Behauptungen zu verdeutlichen.

Gute Benchmark: KUVs unter 1,0

Laut meiner Datenbank lag das *mediane* KUV für Aktien mit Umsatzerlösen bei 1,0, verglichen mit einem *durchschnittlichen* KUV von 4,49. Das sagt mir, dass einige Unternehmen den Durchschnitt verzerren, weil sie einen niedrigen Umsatz pro Aktie, hohe Aktienkurse oder beides haben.

Ich werde einfach den Median von 1,0 als Grundlage für die Analyse verwenden. Glücklicherweise ist 1,0 auch die Grenze zwischen Wert und Schaumschlägerei. Ich erinnere mich, dass Unternehmen mit einem KUV über 1,0 überbewertet sind, während diejenigen unter 1,0 die wirklich interessanten Unternehmen sind. Das mag eine zu starke Vereinfachung sein, aber ich halte es für eine gute Faustregel.

Lassen Sie uns die Performance von Aktien oberhalb und unterhalb des Medians von 1,0 diskutieren. **Tabelle 9.1** zeigt die Ergebnisse einer Studie, die ich mit 891 Aktien mit KUVs ungleich null aus den Jahren 1992 bis 2007 durchgeführt habe.

Unternehmen mit einem KUV über dem Median von 1,0 verzeichneten im folgenden Jahr einen durchschnittlichen Kursanstieg von 9 Prozent. Im Vergleich dazu betrug der Anstieg bei Unternehmen mit einem KUV unter dem Median 14 Prozent. Eine Investition von 10.000 Dollar in Aktien mit einem KUV unter dem Median wäre nach fünf

Jahren 18.405 Dollar wert. Dieser Wert übertrifft deutlich die 15.209 Dollar, die Aktien mit einem KUV über dem Median erzielten.

Median: 1,0	Jahr 1	Jahr 2	Jahr 3	Jahr 4	Jahr 5	10.000 $ investiert
Darüber	9 %	9 %	8 %	9 %	9 %	15.209 $
Darunter	14 %	13 %	13 %	12 %	13 %	18.405 $

Tab. 9.1 Performance von Aktien im Vergleich zum medianen KUV.

- Unternehmen mit einem Kurs-Umsatz-Verhältnis unter 1,0 erzielen in der Regel mindestens fünf Jahre lang eine bessere Aktienperformance.

KUV-Entwicklung: Abwärts ist am besten

Wenn das KUV von einem Jahr zum nächsten steigt, werden die Ergebnisse dann besser oder schlechter im Vergleich zu Aktien mit einem fallenden KUV? **Tabelle 9.2** gibt eine Antwort darauf.

Im ersten Jahr stiegen Aktien mit einem gegenüber dem Vorjahr gestiegenen KUV um 11 Prozent, während Aktien mit einem gefallenen KUV um 10 Prozent zulegten. Danach schnitten Aktien mit einem gefallenen KUV jedoch in den folgenden vier Jahren besser ab. Am Ende der fünf Jahre war eine Investition von 10.000 Dollar bei Aktien mit steigendem KUV 15.999 Dollar wert und bei Aktien mit fallendem KUV 16.951 Dollar. Die Unterschiede sind nicht signifikant, aber es kann hilfreich sein, nach Aktien mit einem Kurs-Umsatz-Verhältnis zu suchen, das von einem Jahr zum nächsten sinkt.

- Unternehmen mit einem von Jahr zu Jahr fallenden Kurs-Umsatz-Verhältnis haben Aktien, die im Laufe der Zeit eine bessere Performance erzielen.

KUV	Jahr 1	Jahr 2	Jahr 3	Jahr 4	Jahr 5	10.000 $ investiert
Steigend	11%	10%	10%	11%	8%	15.999$
Fallend	10%	11%	12%	12%	11%	16.951$

Tab. 9.2 Performance von Aktien mit steigenden und fallenden KUVs.

Small Caps und niedrige KUVs sind am besten!

Wie verändert sich die Performance von Aktien, wenn wir sie nach Marktkapitalisierung und KUV sortieren? **Tabelle 9.3** zeigt die Antwort.

Bedingung	Jahr 1	Jahr 2	Jahr 3	Jahr 4	Jahr 5	10.000 $ investiert
Small Cap, über dem Median von 0,76	18%	14%	10%	8%	12%	17.892$
Unter dem Median	20%	17%	16%	16%	14%	21.570$
Mid Cap, über dem Median von 1,07	8%	9%	8%	11%	11%	15.692$
Unter dem Median	11%	10%	10%	9%	10%	16.204$
Large Cap, über dem Median von 1,56	5%	3%	6%	6%	6%	12.896$
Unter dem Median	9%	11%	11%	11%	9%	16.373$

Tab. 9.3 KUV im Vergleich zu Marktkapitalisierung und Aktienperformance.

Wenn Sie die vorangegangenen Kapitel gelesen haben, können Sie die Antwort erraten. Small Caps schlagen die beiden anderen Marktkapitalisierungen. Der Trend, dass Small Caps Mid Caps schlagen, die wiederum Large Caps schlagen, gilt insbesondere für Aktien mit einem KUV über ihrem jeweiligen Median. Dieser Trend wird deutlich, wenn man sich eine Investition von 10.000 Dollar am Ende des Jahres 0 ansieht, die fünf Jahre lang gehalten wurde. Small Caps zeigen die größte Wertsteigerung (auf 17.892 Dollar) und Large Caps die geringste (12.896 Dollar), wobei beide über dem Median liegen.

Lassen Sie uns einige Beispiele diskutieren, um die Tabelle zu verdeutlichen. Small Caps im Jahr 0 mit KUVs unter dem Median von 0,76 erzielten im Jahr 1 einen Gewinn von 20 Prozent, verglichen mit einem Gewinn von 18 Prozent für diejenigen über dem Median. Mid Caps erzielten durchschnittliche Gewinne von 11 Prozent gegenüber 8 Prozent, und Large Caps erzielten 9 Prozent gegenüber 5 Prozent.

Die beste Performance in der Tabelle erzielen Small Caps mit KUVs unter dem Median. Der Wert von 10.000 Dollar hat sich nach fünf Jahren auf 21.570 Dollar mehr als verdoppelt.

- Small-Cap-Aktien schlagen die anderen Marktkapitalisierungen, und diejenigen mit einem Kurs-Umsatz-Verhältnis unter 0,76 schneiden noch besser ab.

Marktkapitalisierung im Vergleich zum Umsatz

In einem Artikel (Dezember 2006) schreibt Daniel Subach, dass eine Aktie zu teuer ist, wenn ihre Marktkapitalisierung größer ist als der Jahresumsatz. Stimmt das? Ja.

Ich habe die Performance von 10.722 Stichproben der Marktkapitalisierung und des Jahresumsatzes verglichen und festgestellt, dass Aktien mit einer Marktkapitalisierung, die über dem Jahresumsatz liegt, ein Jahr später einen durchschnittlichen Gewinn von 9 Prozent erzielt haben. Im Vergleich dazu erzielten Aktien mit einer Marktkapitalisierung unter dem Jahresumsatz einen Gewinn von 14 Prozent. Mit anderen Worten: Sie können 56 Prozent mehr erzielen, wenn Sie einfach Aktien mit einem Jahresumsatz auswählen, der über ihrer Marktkapitalisierung liegt.

- Wählen Sie Aktien mit einem Jahresumsatz, der höher ist als ihre Marktkapitalisierung.

Checkliste: KUVs nach Branchen

Tabelle 9.4 listet die Branchen in der Studie sowie deren durchschnittliche und mediane KUVs auf. Einige sind aufgrund ungewöhnlich niedriger Umsätze sehr hoch. Beispiele hierfür sind alternative Energien (KUV = 57,23), Biotechnologie (41,85), Arzneimittel (30,20) und Internet (13,32). Die hohen Durchschnittswerte zeigen, warum ich es vorziehe, bei den in diesem Buch beschriebenen Tests den Median zu verwenden.

Die Liste basiert auf Kurs- und Umsatzinformationen aus den Jahren 1992 bis 2007. Als Faustregel gilt meiner Meinung nach, dass ein KUV von 1,0 immer noch ein guter Richtwert ist. Um auf Nummer sicher zu gehen, sollten Sie jedoch das Verhältnis anderer Unternehmen derselben Branche überprüfen, um festzustellen, ob Ihre Aktie günstig ist oder nicht.

- Da das Kurs-Umsatz-Verhältnis je nach Branche variieren kann, überprüfen Sie das KUV anderer Unternehmen derselben Branche, um festzustellen, ob Ihre Aktie teuer ist oder nicht.

Branche	Durchschnitt	Median
Alternative Energien	57,23	3,98
Arzneimittel	30,20	4,54
Baustoffe	0,88	0,62
Bekleidung	1,14	0,77
Biotechnologie	41,85	12,53
Chemie (Basischemikalien)	0,76	0,60
Chemie (diversifiziert)	1,31	1,06
Chemie (Spezialchemikalien)	1,65	0,81
Computer und Peripheriegeräte	3,37	1,23
Diversifizierte Unternehmen	0,79	0,69
Einzelhandel (Spezialbereiche)	1,06	0,77

Branche	Durchschnitt	Median
Einzelhandel für Baumaterialien	1,54	1,00
Einzelhandelsgeschäfte	0,75	0,55
Elektrische Ausrüstung	1,55	1,10
Elektrizitätsversorgung (Ost)	0,80	0,74
Elektrizitätsversorgung (West)	0,72	0,70
Elektrizitätsversorgung (Zentral)	0,80	0,70
Erdgas (diversifiziert)	1,99	1,39
Erdgas (Vertrieb)	0,58	0,52
Erdöl (Förderung)	2,80	2,67
Erdöl (integriert)	0,52	0,43
Halbleiter	5,22	3,12
Halbleiter-Investitionsgüter	2,48	2,07
Haushaltsprodukte	1,35	1,07
Internet	13,32	3,32
Lebensmittelverarbeitung	1,08	0,79
Lkw-Transport / Transportleasing	0,87	0,42
Luft- und Raumfahrt / Verteidigung	1,16	0,78
Luftverkehr	0,89	0,57
Maschinen	1,06	0,75
Medizinische Versorgung	5,82	2,45
Metalle und Bergbau (diversifiziert)	0,94	0,73
Metallverarbeitung	0,83	0,64
Möbel/Einrichtungsgegenstände	0,65	0,51
Ölfelddienstleistungen/-ausrüstung	2,49	2,06
Personalwesen	0,82	0,55
Präzisionsinstrumente	2,15	1,64
Schuhe	0,97	0,82
Telekommunikationsausrüstung	6,97	2,97
Toilettenartikel / Kosmetika	1,19	0,90
Verpackungen und Container	0,71	0,66
Wertpapierhandel	2,90	1,56
Wohnungsbau	0,68	0,46

Tab. 9.4 KUVs nach Branchen.

Kapitel-Checkliste

Basierend auf den Erkenntnissen dieses Kapitels finden Sie hier einige Tipps, die Sie bei der Bewertung von Aktien anhand des Kurs-Umsatz-Verhältnisses berücksichtigen sollten.

Im nächsten Kapitel werde ich auf die Eigenkapitalrendite eingehen, die ich für unkompliziert hielt, bis ich begann, sie zu testen.

- ☐ Das Kurs-Umsatz-Verhältnis einer Aktie vergleicht ihren aktuellen Kurs pro Aktie mit ihrem Jahresumsatz pro Aktie. Siehe Einleitung zu diesem Kapitel.

- ☐ Die Marktkapitalisierung einer Aktie geteilt durch ihren Jahresumsatz beschreibt, wie viel Wert der Markt jedem Umsatzdollar beimisst. Siehe Einleitung zu diesem Kapitel.

- ☐ Meiden Sie Unternehmen mit einem niedrigen Kurs-Umsatz-Verhältnis und schlechten Fundamentaldaten, wie zum Beispiel einer zu hohen Verschuldung. Siehe Einleitung zu diesem Kapitel.

- ☐ Das durchschnittliche Kurs-Umsatz-Verhältnis variiert je nach Branche. Siehe Einleitung zu diesem Kapitel.

- ☐ Unternehmen mit einem Kurs-Umsatz-Verhältnis unter 1,0 erzielen in der Regel mindestens fünf Jahre lang eine bessere Aktienperformance. Siehe Tabelle 9.1.

- ☐ Unternehmen mit einem von Jahr zu Jahr fallenden Kurs-Umsatz-Verhältnis haben Aktien, die im Laufe der Zeit eine bessere Performance erzielen. Siehe Tabelle 9.2.

- ☐ Small-Cap-Aktien schlagen die anderen Marktkapitalisierungen, und diejenigen mit einem Kurs-Umsatz-Verhältnis unter 0,76 schneiden noch besser ab. Siehe Tabelle 9.3.

- ☐ Wählen Sie Aktien mit einem Jahresumsatz, der höher ist als ihre Marktkapitalisierung. Siehe Abschnitt „Marktkapitalisierung im Vergleich zum Umsatz".

- ☐ Da das Kurs-Umsatz-Verhältnis je nach Branche variieren kann, überprüfen Sie das KUV anderer Unternehmen derselben Branche, um festzustellen, ob Ihre Aktie teuer ist oder nicht. Siehe Tabelle 9.4.

10

EIGENKAPITALRENDITE

Bei meiner Suche nach dem Grund, warum die zufällig ausgewählten Aktien meines Kollegen 1979 meine sorgfältig ausgewählten Aktien abhängten, muss ich zugeben, dass ich nie daran gedacht habe, die Eigenkapitalrendite (return on equity; ROE) zu betrachten. Nach den Ergebnissen in diesem Kapitel hätte es auch keine große Rolle gespielt, wenn ich dies getan hätte. Das mag Sie überraschen.

Laut Value Line ist die Eigenkapitalrendite „der Jahresüberschuss geteilt durch das Eigenkapital zum Jahresende". Anders ausgedrückt ist es der Nettogewinn geteilt durch das Nettovermögen. Wenn der Gewinn schneller steigt als das Nettovermögen, so die Überlegung, dann leistet das Management bessere Arbeit bei der Führung des Unternehmens. Die Aktionäre erzielen eine bessere Rendite für ihre Investition. Man geht davon aus, dass der Vergleich anderer Aktien derselben Branche anhand der Eigenkapitalrendite dabei helfen kann, die Spreu vom Weizen zu trennen. Leider haben Sie es immer noch mit „Dogs" zu tun – Aktien, die möglicherweise ohnehin nicht die Erwartungen erfüllen.

- Die Eigenkapitalrendite ist der jährliche Nettogewinn geteilt durch das Eigenkapital.

Basierend auf Artikeln, die ich gelesen habe, suchen Analysten nach einer Eigenkapitalrendite von 15 bis 20 Prozent als Minimum für eine qualitativ hochwertige Investition. Tatsächlich argumentiert Ben McClure in seinem Artikel „Keep Your Eyes on the ROE" überzeugend, dass die Eigenkapitalrendite als Wachstumsbremse wirken kann. Er schreibt, dass „... ein Unternehmen, das derzeit eine Eigenkapitalrendite von 15 Prozent erzielt, seine Gewinne nicht schneller als um 15 Prozent pro Jahr steigern kann, ohne Kredite aufzunehmen oder mehr Aktien zu verkaufen. Die Beschaffung von Finanzmitteln ist jedoch mit Kosten verbunden: Die Bedienung zusätzlicher Schulden schmälert den Nettogewinn, und der Verkauf weiterer Aktien verringert den Gewinn pro Aktie, da sich die Gesamtzahl der im Umlauf befindlichen Aktien erhöht. Die Eigenkapitalrendite ist also praktisch eine Geschwindigkeitsbegrenzung für das Wachstum eines Unternehmens, weshalb Finanzmanager sie zur Beurteilung des Wachstumspotenzials heranziehen."

Wie andere Finanzkennzahlen sollte auch die Eigenkapitalrendite nicht allein verwendet werden. Eine hohe Verschuldung kann dazu führen, dass ein Unternehmen mit einer geringen Eigenkapitalbasis und einem proportional höheren Nettogewinn eine hohe Eigenkapitalrendite aufweist. Trotz einer hohen Eigenkapitalrendite könnte das Unternehmen jedoch in Zahlungsschwierigkeiten geraten, wenn sich seine Geschäftslage angesichts schwieriger Wirtschaftsbedingungen verschlechtert.

Das klingt alles ganz toll, oder? Man suche sich ein Unternehmen mit einer Eigenkapitalrendite von über 15 Prozent und geringen Schulden, würze das Ganze vielleicht noch mit ein paar anderen Kennzahlen, und schon ist man auf dem besten Weg zu einer erfolgreichen Aktienauswahl. Es gibt nur einen Haken: Das funktioniert nicht immer.

Nachdem ich die Zahlen ausgewertet und mir die Ergebnisse angesehen hatte, fiel mir die Kinnlade herunter. Ich konnte nicht glauben, was ich da sah. Unternehmen mit niedriger Eigenkapitalrendite schnitten besser ab als solche mit einer hohen Eigenkapitalrendite. Mein erster Gedanke war, dieses Kapitel einfach aus dem Buch zu streichen. Dann recherchierte ich ein wenig und stellte fest, dass ich nicht der Erste war, der diese Anomalie entdeckt hatte. James O'Shaughnessy (McGraw-Hill, 1997) schreibt: „Aktien mit hoher Eigenkapitalrendite sind nur in 50 Prozent der Fälle eine gute Investition." Schauen wir uns die Zahlen an, um zu belegen, was ich sage.

Aktien mit niedriger ROE schneiden besser ab: Warum?

Ich habe festgestellt, dass der Median der Eigenkapitalrendite für die 932 Unternehmen, die ich von 1992 bis 2007 untersucht habe, bei 13,4 Prozent lag. Wie entwickeln sich Aktien mit einer Eigenkapitalrendite über dem Median im Vergleich zu denen unter dem Median in der Zukunft? **Tabelle 10.1** gibt die Antwort.

Eine Investition von 10.000 Dollar in Aktien mit einer Eigenkapitalrendite von über 13,4 Prozent am Ende des Jahres 0 wuchs bis zum Ende des Jahres 5 auf 15.741 Dollar. Die gleiche Investition in Aktien mit einer Eigenkapitalrendite von unter 13,4 Prozent wuchs stärker, nämlich auf 17.432 Dollar.

Natürlich sagen viele, dass Unternehmen mit hoher Eigenkapitalrendite eine höhere Qualität haben und dass sich dies im Laufe der Zeit in höheren Aktienkursen niederschlagen sollte. Das ist jedoch nicht das, was ich festgestellt habe.

Betrachten wir Unternehmen mit einer Eigenkapitalrendite, die doppelt so hoch (26,8 Prozent) beziehungsweise halb so hoch (6,7 Prozent) wie der Median ist, um zu sehen, wie sie sich entwickeln.

Median: 13,4 %	Jahr 1	Jahr 2	Jahr 3	Jahr 4	Jahr 5	10.000 $ investiert
Darüber	10%	8%	7%	9%	12%	15.741 $
Darunter	10%	10%	11%	12%	16%	17.432 $

Tab. 10.1 Performance von Aktien im Vergleich zur medianen ROE.

ROE	Jahr 1	Jahr 2	Jahr 3	Jahr 4	Jahr 5	10.000 $ investiert
Steigend	11%	10%	10%	14%	10%	16.752 $
Fallend	7%	8%	11%	14%	12%	16.435 $

Tab. 10.2 Performance von Aktien mit steigender und fallender ROE.

Unternehmen mit niedriger Eigenkapitalrendite im Jahr 0 erzielten durchschnittlich nach einem Jahr einen Gewinn von 14 Prozent und nach fünf Jahren von 73 Prozent. Unternehmen mit hoher Eigenkapitalrendite im Jahr 0 erzielten im ersten Jahr einen Gewinn von 10 Prozent und über fünf Jahre von 49 Prozent. Mit anderen Worten: Unternehmen mit niedriger Eigenkapitalrendite schneiden besser ab als Unternehmen mit hoher Eigenkapitalrendite.

- Aktien mit einer Eigenkapitalrendite unter dem Median von 13,4 Prozent erzielen eine Outperformance.

- Aktien mit einer hohen Eigenkapitalrendite (über 26,8 Prozent) schneiden schlechter ab als solche mit einer Eigenkapitalrendite unter 6,7 Prozent.

ROE-Entwicklung im Zeitverlauf: Gähn

Tabelle 10.2 zeigt die Performance von Aktien mit steigender und fallender Eigenkapitalrendite von einem Jahr zum nächsten (dem Jahr vor Jahr 0 bis Jahr 0). Beispielsweise verzeichnen Unternehmen mit einer Eigenkapitalrendite, die unter der des Vorjahres liegt (fallend), einen durchschnittlichen Kursanstieg ihrer Aktien von 7 Prozent ein Jahr später. Im Vergleich dazu beträgt der Kursanstieg bei Aktien mit steigender Eigenkapitalrendite 11 Prozent.

In Dollar ausgedrückt weichen die Ergebnisse kaum voneinander ab: 16.752 Dollar gegenüber 16.435 Dollar nach fünfjähriger Haltedauer. Mit anderen Worten: Ob die Eigenkapitalrendite von einem Jahr zum nächsten steigt oder fällt, hat kaum Einfluss auf die langfristige Performance einer Aktie.

- Ob die Eigenkapitalrendite in einem Jahr steigt oder fällt, hat kaum Einfluss auf die langfristige Performance einer Aktie.

ROE-Performance nach Marktkapitalisierung

Tabelle 10.3 zeigt die Eigenkapitalrendite nach Marktkapitalisierung im Jahr 0 und die Performance der Aktie über fünf Jahre. Beispielsweise erzielten Small Caps mit einer Eigenkapitalrendite unter dem Median von 11,4 Prozent ein Jahr später Gewinne von 15 Prozent, verglichen mit 17 Prozent für Aktien mit einer Eigenkapitalrendite über dem Median.

Bedingung	Jahr 1	Jahr 2	Jahr 3	Jahr 4	Jahr 5	10.000 $ investiert
Small Cap, über der medianen ROE von 11,4 %	17 %	14 %	12 %	13 %	18 %	19.801 $
Unter dem Median	15 %	14 %	13 %	14 %	15 %	19.411 $
Mid Cap, über der medianen ROE von 13,6 %	11 %	10 %	6 %	9 %	12 %	15.894 $

Bedingung	Jahr 1	Jahr 2	Jahr 3	Jahr 4	Jahr 5	10.000 $ investiert
Unter dem Median	9%	10%	11%	12%	16%	17.311$
Large Cap, über der medianen ROE von 17,1%	7%	4%	4%	6%	8%	13.250$
Unter dem Median	5%	5%	9%	12%	15%	15.434$

Tab. 10.3 ROE im Vergleich zu Marktkapitalisierung und Aktienperformance.

Die Tabelle zeigt, dass Small Caps Mid Caps schlagen und Mid Caps die Performance von Large Caps übertreffen. Mid- und Large-Cap-Aktien schneiden mit einer Eigenkapitalrendite unter dem Median besser ab (basierend auf einer Investition von 10.000 Dollar, die fünf Jahre lang gehalten wird), während Small Caps etwas besser abschneiden, wenn die Eigenkapitalrendite über dem Median liegt.

Die Tabelle bestätigt, was wir bei anderen Kennzahlen gesehen haben: Small Caps erzielen die beste Performance.

- Nach Eigenkapitalrendite sortiert schneiden Small Caps besser ab als Mid- und Large-Cap-Aktien.

Kapitel-Checkliste

In diesem Kapitel wurden einige ungewöhnliche Aspekte der Eigenkapitalrendite aufgezeigt. Hier ist eine Checkliste.

- ☐ Die Eigenkapitalrendite ist der jährliche Nettogewinn geteilt durch das Eigenkapital. Siehe Einleitung zu diesem Kapitel.

- ☐ Aktien mit einer Eigenkapitalrendite unter dem Median von 13,4 Prozent erzielen eine Outperformance. Siehe Tabelle 10.1.

- ☐ Aktien mit einer hohen Eigenkapitalrendite (über 26,8 Prozent) schneiden schlechter ab als solche mit einer Eigenkapitalrendite unter 6,7 Prozent. Siehe Erläuterungen zu Tabelle 10.1.

- ☐ Ob die Eigenkapitalrendite in einem Jahr steigt oder fällt, hat kaum Einfluss auf die langfristige Performance einer Aktie. Siehe Tabelle 10.2.

- ☐ Nach Eigenkapitalrendite sortiert schneiden Small Caps besser ab als Mid- und Large-Cap-Aktien. Siehe Tabelle 10.3.

11

IM UMLAUF BEFINDLICHE AKTIEN

Ein Unternehmen gibt Aktien an die Öffentlichkeit aus und nimmt dafür Geld ein. Was gibt es sonst noch zu wissen? Eine ganze Menge, wie sich herausstellt. Wenn ein Unternehmen beispielsweise Aktien zurückkauft, bedeutet das dann, dass sich die Performance im nächsten Jahr und in den folgenden Jahren wahrscheinlich verbessern wird? Was ist mit Unternehmen, die neue Aktien ausgeben? Beeinträchtigt oder verbessert das die Performance? Neben der Beantwortung dieser und anderer Fragen diskutiere ich auch niederländische Auktionen und das Verhalten einer Aktie, nachdem ein Unternehmen weitere Aktien verkauft hat.

- Im Umlauf befindliche Aktien sind die von einem Unternehmen ausgegebenen Aktien, die an die Öffentlichkeit verkauft wurden und noch öffentlich verfügbar sind (nicht zurückgekauft wurden).

Performance im Vergleich zu im Umlauf befindlichen Aktien

Wenn IBM ein erfolgreiches Jahr hinter sich hat, sucht das Unternehmen möglicherweise nach anderen Unternehmen, die es kaufen kann. Wenn IBM seine Gewinne jährlich um 15 Prozent steigert, ist der Kauf von Podunk Computer, dessen Gewinne jährlich um 10 Prozent wachsen, ein Reinfall, es sei denn, IBM glaubt, dass es Podunk umkrempeln kann oder Podunk über wertvolle Vermögenswerte (wie Patente) verfügt, die IBM begehrt.

Der Kauf eines anderen Unternehmens ist eine teure und riskante Angelegenheit. Ein Unternehmen bekommt möglicherweise nicht das, wofür es bezahlt hat, und die Fusion zweier Unternehmen funktioniert ohnehin selten gut.

Sollte IBM stattdessen in sich selbst investieren? Da das Unternehmen jährlich um 15 Prozent wächst, kann es durch den Kauf eigener Aktien eine gute Rendite erzielen. Der Rückkauf von Aktien verändert auch Finanzkennzahlen wie den Gewinn pro Aktie und den Buchwert pro Aktie. Mit weniger im Umlauf befindlichen Aktien steigt der Gewinn. Wenn der Gewinn steigt, folgt in der Regel auch der Aktienkurs. Alle gewinnen dabei. Sollte das Unternehmen später beschließen, Podunk Computer zu kaufen, kann es neue Aktien ausgeben, um die Kosten zu decken.

Tabelle 11.1 zeigt die Zunahme und Abnahme von im Umlauf befindlichen Aktien. Ich habe nicht nach den Gründen für die Veränderungen der Gesamtzahl der Aktien gesucht.

Betrachten wir einige Beispiele aus der Tabelle, um die Ergebnisse zu verstehen. Unternehmen, deren Anzahl im Umlauf befindlicher Aktien von einem Jahr zum nächsten um 20 bis 25 Prozent gestiegen war, verzeichneten im folgenden Jahr einen Anstieg ihres Aktienkurses um 3 Prozent. Unternehmen, die die Anzahl ihrer im Umlauf befindlichen Aktien um 5 bis 10 Prozent reduzierten, verzeichneten im folgenden Jahr einen Anstieg ihres Aktienkurses um 12 Prozent. Das ist ein großer Unterschied.

Eine Investition von 10.000 Dollar in Aktien, deren im Umlauf befindliche Anzahl um 10 bis 15 Prozent reduziert wurde, stieg fünf Jahre später auf 24.665 Dollar, allerdings ist die Anzahl der Stichproben gering (55). Das bedeutet, dass die Ergebnisse wahrscheinlich nicht so rosig ausfallen werden, wenn mehr Stichproben verfügbar sind. Der starke Kursanstieg in den Jahren 3 bis 5 ist ungewöhnlich.

Die Tabelle zeigt, dass sich die Aktienperformance verbessert, wenn die Anzahl der im Umlauf befindlichen Aktien sinkt (vergleichen Sie die Ergebnisse des ersten Jahres für die unteren drei Zeilen mit den oberen drei). Wenn ein Unternehmen viele Aktien ausgibt, sinkt der Gewinn pro Aktie aufgrund dieser zusätzlichen Aktien. Die Inhaber dieser Aktien stellen fest, dass ihre Investition weniger wert ist als zuvor. Es ist, als würden Sie Ihren Anteil an einem Unternehmen mit Ihrem Bruder teilen. Früher besaßen Sie 100 Prozent davon, und dann sind es nur noch 50 Prozent, wenn Sie ihm die Hälfte der Anteile überlassen. Wenn Sie vor der Ausgabe der Aktien 1 Prozent des Unternehmens besaßen, würden Sie nach der Ausgabe weiterer Aktien weniger besitzen.

Veränderung der im Umlauf befindlichen Aktien	Jahr 1	Jahr 2	Jahr 3	Jahr 4	Jahr 5	10.000 $ investiert	Mindestanzahl an Stichproben
20% bis 25%	3%	7%	14%	15%	10%	15.936$	98
15% bis 20%	1%	9%	5%	10%	0%	12.846$	160
10% bis 15%	3%	0%	8%	10%	10%	13.342$	208
5% bis 10%	8%	13%	9%	11%	11%	16.524$	372
0 bis 5%	12%	13%	12%	11%	9%	17.081$	3.029
0 bis -5%	11%	10%	9%	10%	9%	15.834$	1.760
-5% bis -10%	12%	11%	8%	13%	11%	16.873$	269
-10% bis -15%	9%	6%	30%	24%	32%	24.665$	55

Tab. 11.1 Performance von Aktien im Vergleich zu im Umlauf befindlichen Aktien.

Umgekehrt steigt Ihr Anteil, wenn ein Unternehmen Aktien zurückkauft. Natürlich können sich die Zahlen aufgrund der geringen Stichprobengröße ändern, aber der allgemeine Trend entspricht dem gesunden Menschenverstand.

- Je größer der Aktienrückkauf, desto besser die Performance.

Ereignismuster: Niederländische Auktionen

Ein Unternehmen, das eigene Aktien kaufen möchte, tut dies häufig auf dem offenen Markt, aber es gibt (unter anderem) noch eine weitere Option, die als niederländische Auktion bezeichnet wird.

Angenommen, Podunk Computer ist der Meinung, dass seine Aktien unterbewertet sind und eine großartige Investition darstellen. Das Unternehmen gibt eine Pressemitteilung heraus, in der es etwa heißt: „Podunk Computer gibt bekannt, dass sein Vorstand ein modifiziertes Rückkaufangebot im Rahmen einer niederländischen Auktion für bis zu eine Million Stammaktien zu einem Kurs zwischen 20 und 22 Dollar genehmigt hat."

Die Ankündigung enthält weitere Details, aber die Auktion ermöglicht es den Aktionären, ihre Aktien, wenn sie dies möchten, zu Kursen innerhalb der angegebenen Spanne anzubieten. Das Unternehmen berechnet anhand dieser Gebote den niedrigsten Kurs, zu dem es die gewünschte Anzahl von Aktien (in diesem Beispiel eine Million) zurückkaufen kann. Sobald das Unternehmen einen Kaufkurs festgelegt hat, zahlt es diesen Kurs an jeden Aktionär, der seine Aktien zu diesem oder einem niedrigeren Kurs angeboten hat.

Nehmen wir beispielsweise an, Sie sind der Meinung, dass Podunk 21,50 wert ist, und bieten Ihre Aktien dem Unternehmen zu diesem Kurs an. Andere Aktionäre bieten ihre Aktien zu unterschiedlichen Kursen an. Das Unternehmen zählt die Angebote zusammen und berechnet den niedrigsten Kurs, zu dem eine Million Aktien gekauft werden können.

Angenommen, das Unternehmen stellt fest, dass es 22 Dollar pro Aktie zahlen muss, um eine Million Aktien zurückzukaufen. Auch wenn Sie 21,50 geboten haben, erhalten Sie 22,00 Dollar für Ihre Aktien. Wenn das Unternehmen feststellt, dass es für 21 Dollar eine Million Aktien kaufen kann, wird Ihr Gebot abgelehnt. Wenn mehr als eine Million Aktien zu 21 angeboten werden, wird das Unternehmen die Anzahl der Aktien, die von jedem Aktionär gekauft werden, der 21 oder weniger geboten hat, anteilig berechnen.

- Eine niederländische Auktion ist eine Auktion, bei der der Angebotskurs innerhalb einer bestimmten Spanne erhöht wird, bis eine festgelegte Anzahl von Aktien erworben wird.

Sollten Sie verkaufen?

Ich habe 107 niederländische Auktionen analysiert und hier sind einige Statistiken, die Ihnen bei der Entscheidung helfen können, ob Sie Ihre Aktien halten oder anbieten sollten. Am letzten Tag der Auktion schlossen 72 Prozent der Aktien unter dem endgültigen Angebotskurs. In 95 Prozent der Fälle fiel der Kurs innerhalb von drei Monaten unter den endgültigen Angebotskurs und sank im Median um 13 Prozent. Das spricht dafür, dass Sie Ihre Aktien anbieten und, wenn Sie der Meinung sind, dass die Aktien des Unternehmens einen Wert darstellen, diese nach Abschluss der Auktion, wenn der Kurs gefallen ist, zurückkaufen sollten.

Wie schnell fallen die Aktien? Innerhalb eines Monats erreichen 47 Prozent ihren Tiefststand. Weitere 24 Prozent erreichen ihren Tiefststand im zweiten Monat und 29 Prozent im dritten Monat.

Irgendwann innerhalb von drei Monaten nach Auktionsende werden 79 Prozent der Aktien über dem Angebotskurs schließen. Nach einem Monat werden 38 Prozent höher liegen. Am Ende von zwei und drei Monaten werden 46 Prozent (für beide Zeiträume) über dem Angebotskurs schließen. Der durchschnittliche Anstieg über den Angebotskurs beträgt 15,7 Prozent. Das entspricht dem Anstieg vom Angebotskurs bis zum höchsten Höchststand, der in den folgenden drei Monaten erreicht wurde.

In 53 Prozent der Fälle erreicht der Kurs nach Auktionsende zuerst den Höchststand und dann den Tiefststand. Das spricht dafür, Ihre Aktien während der Ausschreibung zu halten und sie innerhalb eines Monats nach Auktionsende zu verkaufen. Warum? Weil 48 Prozent der Aktien ihren Höchststand in einem Zeitraum von drei Monaten nach Auktionsende innerhalb eines Monats erreichten.

Vorhin habe ich gesagt, man solle während der Auktion verkaufen, und jetzt sage ich, man solle während der gesamten Auktion halten. Was ist besser? Das müssen Sie selbst entscheiden. Da die Zahl von 53 Prozent, die nach der Auktion ein Hoch erreichen, fast zufällig ist, ist es wahrscheinlich am besten, Ihre Aktien anzubieten und dann zu versuchen, sie nach Auktionsende zu einem niedrigeren Kurs zurückzukaufen. Ich werde in „Swing- & Day-Trading“, Kapitel 5, „Set-ups von Ereignismustern“, erläutern, wie man mit niederländischen Auktionen tradet.

Um das Bild zu vervollständigen, finden Sie hier eine Liste der Ergebnisse der Studie. Beachten Sie, dass ich 107 Stichproben für eine kleine Anzahl halte, sodass sich die Ergebnisse mit zusätzlichen Stichproben dramatisch ändern können.

- Der mediane Rückkauf liegt bei 14,6 Prozent der im Umlauf befindlichen Aktien.

- Am Tag vor der Bekanntgabe der Auktion liegt der Schlusskurs in 41 Prozent der Fälle unter der Angebotsspanne.

- Am Tag des Auktionsendes liegt der Schlusskurs in 72 Prozent der Fälle unter dem Angebotskurs.

- Innerhalb von drei Monaten nach der Auktion fällt der Kurs in 95 Prozent der Fälle unter den Angebotskurs und sinkt um mediane 13 Prozent (beziehungsweise durchschnittliche 16 Prozent). Der Kurs erreicht in 47 Prozent der Fälle innerhalb eines Monats nach der Auktion seinen Tiefpunkt, in 24 Prozent der Fälle innerhalb des zweiten Monats und in 29 Prozent der Fälle innerhalb des dritten Monats.

- Ein, zwei und drei Monate nach Auktionsende liegt der Kurs in 38, 46 beziehungsweise 46 Prozent der Fälle über dem Angebotskurs, wobei 79 Prozent innerhalb von drei Monaten über den Angebotskurs steigen.

- Bei den Aktien, die über den Angebotskurs steigen (nach Auktionsende), beträgt der Anstieg durchschnittlich 15,7 Prozent.

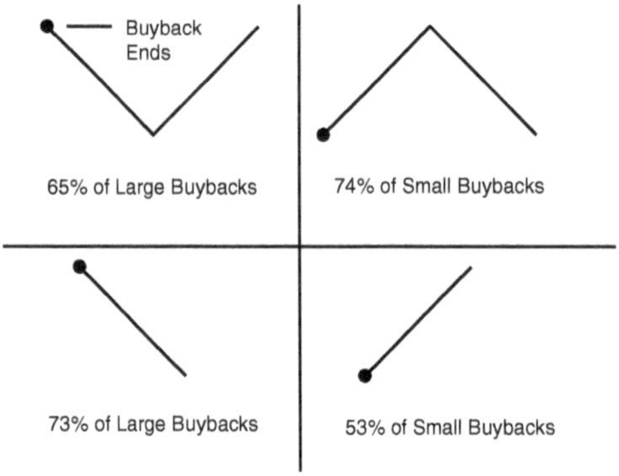

Abb. 11.1 Der Kurs entwickelt sich nach Auktionsende auf vier verschiedene Arten.

Nach Abschluss der Auktion vollzieht der Kurs vier Arten von Bewegungen, wie in **Abbildung 11.1** dargestellt. Ich habe die Rückkäufe in große und kleine Rückkäufe unterteilt, wobei die Trennlinie bei einem medianen Rückkauf von 14,6 Prozent der vor Beginn der Auktion im Umlauf befindlichen Aktien liegt.

Unternehmen, die mehr als 14,6 Prozent der im Umlauf befindlichen Aktien zurückkaufen, verzeichnen nach Abschluss der Auktion tendenziell einen Kursrückgang ihrer Aktien. Von den Aktien, die eine V-förmige Bewegung (ein Rückgang gefolgt von einer Erholung) vollzogen haben, waren 65 Prozent große Rückkäufe und nur 35 Prozent kleine Rückkäufe.

Die Prozentsätze basieren auf der Anzahl der Aktien, die die entsprechende Entwicklung aufweisen, und nicht auf dem Prozentsatz aller Aktien in der Studie (deshalb ergeben sie zusammen nicht 100 Prozent).

Die Abbildung zeigt auch die drei anderen Varianten. Nach großen Rückkäufen tendiert der Kurs dazu, zu fallen, nach kleinen Rückkäufen tendiert er dazu, zu steigen (zumindest anfangs).

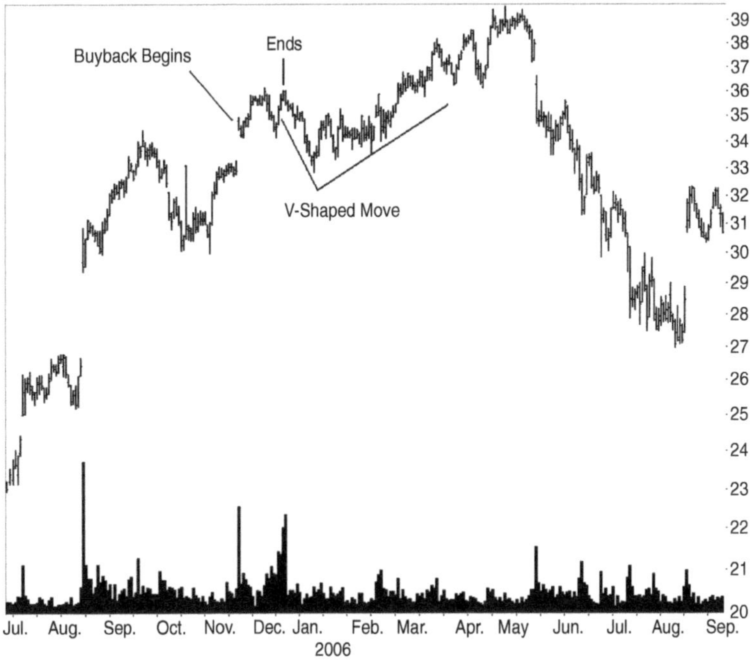

Abb. 11.2 Dies ist ein Beispiel für eine V-förmige Bewegung nach Ende der Auktion.

Abbildung 11.2 zeigt ein Beispiel für eine V-förmige Bewegung, nachdem Agilent eine Auktion zum Rückkauf von 14,6 Prozent der im Umlauf befindlichen Aktien (ein kleiner Rückkauf) abgeschlossen hatte. Als die Auktion angekündigt wurde (Rückkaufspanne 32 bis 37), stieg die Aktie sprunghaft an und bewegte sich dann in einer unruhigen Spanne zwischen einem Höchststand von 36,10 und einem Tiefststand von 34,15. Nachdem die Auktion zu einem Angebotskurs von 36 abgeschlossen war, fiel die Aktie auf einen Tiefststand von 32,82, bevor sie sich wieder erholte.

Zu welchem Kurs verkaufen?

Zu welchem Kurs sollten Sie Ihre Aktien anbieten? Um diese Frage zu beantworten, habe ich 107 Unternehmen aus dem Zeitraum von Januar 2000 bis November 2010 gefunden, die eine niederländische Auktion durchgeführt haben. Ich halte 107 für eine kleine Stichprobe, daher können sich die Ergebnisse noch ändern. **Tabelle 11.2** zeigt die Ergebnisse.

Prozentsatz unterhalb des Höchstwerts der Spanne	Prozentsatz der angenommenen Angebote	Prozentsatz unterhalb des Höchstwerts der Spanne	Prozentsatz der angenommenen Angebote
Hohes Angebot	51 %	45 %	71 %
0 % bis 10 %	54 %	50 %	75 %
15 %	56 %	55 %	76 %
20 %	59 %	60 %	77 %
25 %	65 %	65 %	77 %
30 %	65 %	70 %	81 %
35 %	67 %	75 %	93 %
40 %	70 %	Niedriges Angebot	100 %

Tab. 11.2 Annahme von niederländischen Auktionsangeboten.

Nehmen wir als Beispiel die Spanne von 20 bis 22 Dollar von Podunk: Ein Aktionär, der seine Aktien 10 Prozent unter dem Höchstwert der Spanne (oder 21,80 Dollar) zum Verkauf anbietet, wäre in 54 Prozent der Fälle erfolgreich. Die Spanne beträgt 2 Dollar (22 bis 20) und 10 Prozent davon sind 20 Cent, sodass 20 Cent unter dem Höchstwert der Spanne 22 – 0,20 oder 21,80 sind. Ein Angebot, das 50 Prozent unter dem Höchstwert der Spanne liegt (21), wäre in 75 Prozent der Fälle erfolgreich. Sie können den Prozentsatz unter dem Höchstwert der Spanne wählen, der für Sie am besten geeignet ist.

- Bei einer niederländischen Auktion sind Angebote, die in der Mitte der Kursspanne liegen, im Durchschnitt in 75 Prozent der Fälle erfolgreich.

Ereignismuster: Angebote von Stammaktien

Was passiert mit dem Kurs, wenn ein Unternehmen beschließt, Aktien an die Öffentlichkeit zu verkaufen? Die Antwort sollte offensichtlich sein: Er sinkt, manchmal wie ein U-Boot mit einem Loch im Rumpf. Von den 267 Ereignissen, die ich untersucht habe, fiel eine Aktie um 45 Prozent vom vorherigen Schlusskurs auf den Tiefststand am Tag der Bekanntgabe. Ein solcher Kursrückgang schmerzt mehr, als über Nacht in der Todeszone des Mount Everest festzusitzen. Nun, vielleicht nicht ganz, aber mein Punkt ist folgender: Der Kurs fällt und bildet eine U- oder J-förmige Bewegung, die oft etwa zwei Wochen andauert.

- Wenn ein Unternehmen weitere Aktien im Rahmen eines Angebots von Stammaktien verkauft, fällt der Kurs mit einer Kurslücke nach unten und es kommt häufig zu einer U- oder J-förmigen Bewegung.

Der Grund für die heftige Reaktion der Aktionäre ist, dass ihre Position durch die zusätzlichen Aktien verwässert wird, manchmal sogar erheblich. Ob das Unternehmen die aus dem Verkauf erzielten Mittel zur Steigerung des Shareholder Value verwendet, hängt vom Management und vom Zeitpunkt ab. Einige US-Banken verwendeten die Mittel, um ihre Kapitalposition zu stärken oder TARP-Kredite (TARP steht für „Troubled Asset Relief Program") zurückzuzahlen. Andere Unternehmen verwenden sie für allgemeine Unternehmenszwecke und zum Schuldenabbau.

Um zu sehen, ob diese Aktienemissionen ein handelbares Ereignismuster erzeugen, habe ich öffentliche Emissionen von Stammaktien untersucht – keine Vorzugsaktien. Nicht berücksichtigt wurden Börsengänge (IPOs) oder private Emissionen an ausgewählte vermögende Investoren, Investmentfonds, Hedgefonds oder andere Finanzinstitute.

Angenommen, Sie besitzen Aktien von AirTran Holdings. Am 6. Oktober 2009 kündigte das Unternehmen die Ausgabe von 9 Millionen Aktien an. Am Tag zuvor schloss die Aktie bei 6,14 und am Tag der Ankündigung bei 5,08. Herzlichen Glückwunsch! Sie sind nun stolzer Eigentümer einer Fluggesellschaft, deren Aktien 21 Prozent weniger wert sind als am Tag zuvor.

In den folgenden 10 Handelstagen stieg die Aktie der Fluggesellschaft auf einen Höchststand von 5,57, bevor sie abstürzte. Innerhalb von drei Wochen wurde die Aktie knapp über 4 gehandelt.

Das Ausmaß des Tagesverlusts ist ungewöhnlich. In 74 Prozent der von mir untersuchten Fälle fiel der Kurs zwischen 0 und 12 Prozent, gleichmäßig verteilt. Die anderen 26 Prozent waren natürlich die Kursverluste, die ihre Eigentümer ruinierten.

Verwendet man die Spanne zwischen dem Höchst- und Tiefstkurs zwischen dem Tag der Ankündigung und dem Tag, an dem das Unternehmen den Ausgabekurs festlegte, um einen Aufwärts- beziehungsweise Abwärtsausbruch darzustellen, dann schließt der Kurs in 48 Prozent der Fälle über dem Höchstkurs (Aufwärtsausbruch) und in 52 Prozent der Fälle unter dem Höchstkurs (Abwärtsausbruch).

Innerhalb von zwei Wochen oder weniger erreichen 65 Prozent der Aktien mit Abwärtsausbrüchen ihren Tiefpunkt. In zwei Dritteln der Fälle (66 Prozent) fällt der Kurs um 15 Prozent oder weniger und erholt sich dann wieder. Wenn Sie eine Stop-Loss-Order platziert haben, bedeuten diese Zahlen wahrscheinlich, dass Ihre Position kurz vor der Erholung der Aktie verkauft wird.

Etwa drei Wochen, nachdem ich MannKind gekauft hatte, kündigte das Unternehmen eine Emission von 7,4 Millionen Aktien an (siehe **Abbildung 11.3**). Der Aktienkurs fiel innerhalb von sieben Handelstagen von einem Schlusskurs von 8,13 auf ein Tief von 6,80, was einem potenziellen Verlust von 16 Prozent entspricht.

Abb. 11.3 Der Kurs macht nach einer Stammaktienemission eine U- oder J-förmige Wende.

Zu sagen, dass ich verärgert war, wäre eine Untertreibung. Glücklicherweise begann sich die Aktie zu erholen und erreichte etwa sechs Wochen später einen Höchststand von 12,30. Dann ließ das Unternehmen eine weitere Bombe platzen, indem es bekannt gab, dass es die Auswahl eines Partners für die Vermarktung seines inhalierbaren Insulinpräparats verschieben würde. Die Aktie stürzte ab und fiel von einem Schlusskurs von 9,21 auf einen Tiefststand von 5,02, was einem Rückgang von 45 Prozent entspricht. Solche Einbrüche tun *wirklich* weh. Tatsächlich handelt es sich dabei um ein Ereignismuster mit einem besonderen Namen: Dead Cat Bounce. Ich bespreche dies in „Swing- & Day-Trading", Kapitel 5, „Set-ups von Ereignismustern", zusammen mit der Frage, wie man mit Stammaktienangeboten Swing-Trading betreibt.

- Am Tag der Ankündigung der Stammaktienemission fällt der Kurs um durchschnittlich 9 Prozent (vorheriger Schlusskurs zu aktuellem Tiefstkurs), aber eine Häufigkeitsverteilung zeigt, dass die Spanne gleichmäßig zwischen 0 Prozent und 12 Prozent verteilt ist.

- In 52 Prozent der Fälle schließt der Kurs unterhalb des Ausbruchs (der Kursspanne zwischen dem Tag der Ankündigung und dem Tag, an dem das Unternehmen den Ausgabekurs festlegt).

- Der Kurs erreicht schnell seinen Tiefst- oder Höchststand. Innerhalb von zwei Wochen oder weniger erreichen 65 Prozent nach einem Abwärtsausbruch ihren Tiefststand und 49 Prozent nach einem Aufwärtsausbruch ihren Höchststand.

Performance und Marktkapitalisierung

In den vorangegangenen Kapiteln haben wir festgestellt, dass Small-Cap-Aktien eine bessere Performance erzielen als Aktien anderer Marktkapitalisierungsgrößen. **Tabelle 11.3** zeigt, dass dieser Trend auch für im Umlauf befindliche Aktien gilt.

Small-Cap-Aktien mit einer von einem Jahr zum nächsten geringeren Anzahl im Umlauf befindlicher Aktien verzeichneten ein Jahr später einen durchschnittlichen Kursanstieg von 17,9 Prozent. Im Vergleich dazu stieg der Kurs von Aktien mit einer steigenden Anzahl im Umlauf befindlicher Aktien um 18,1 Prozent.

Marktkapitalisierung	Jahr 1	Jahr 2	Jahr 3	Jahr 4	Jahr 5	10.000 $ investiert
Small	18,1 %	16 %	12 %	12 %	10 %	18.873 $
Mid	8 %	10 %	10 %	11 %	10 %	15.861 $
Large	5 %	6 %	11 %	11 %	8 %	14.767 $
Steigende Aktienanzahl (oben), sinkende Aktienanzahl (unten)						
Small	17,9 %	15 %	14 %	18 %	16 %	20.983 $
Mid	10 %	8 %	11 %	10 %	9 %	16.003 $
Large	8 %	9 %	4 %	5 %	5 %	13.512 $

Tab. 11.3 Im Umlauf befindliche Aktien nach Marktkapitalisierung und Aktienperformance.

Nach fünfjähriger Haltedauer ist der Dollar-Unterschied zwischen Small Caps und Large Caps mit weniger im Umlauf befindlichen Aktien groß: 20.983 Dollar gegenüber 13.512 Dollar.

In mehr als der Hälfte der Fälle (53 Prozent) übertrafen Aktien mit mehr im Umlauf befindlichen Aktien die Performance von Aktien mit weniger im Umlauf befindlichen Aktien. Allerdings verzeichneten Aktien mit weniger im Umlauf befindlichen Aktien im Laufe der Zeit tendenziell höhere Gewinne.

Beispielsweise erzielten Small- und Mid-Cap-Aktien mit weniger im Umlauf befindlichen Aktien nach fünf Jahren einen höheren Dollarwert (Mid Caps liegen jedoch dicht dahinter). Large Caps schneiden mit mehr im Umlauf befindlichen Aktien besser ab: 14.767 Dollar gegenüber 13.512 Dollar.

- Small-Cap-Aktien schneiden tendenziell besser ab und entwickeln sich besonders gut, wenn die Anzahl der im Umlauf befindlichen Aktien sinkt.

Kapitel-Checkliste

In diesem Kapitel haben wir etwas über das Verhalten von Aktien nach Emissionen und Rückkäufen gelernt. Hier ist eine kurze Checkliste mit den wichtigsten Erkenntnissen.

- ☐ Im Umlauf befindliche Aktien sind die von einem Unternehmen ausgegebenen Aktien, die an die Öffentlichkeit verkauft wurden und noch öffentlich verfügbar sind (nicht zurückgekauft wurden). Siehe Einleitung zu diesem Kapitel.

- ☐ Je größer der Aktienrückkauf, desto besser die Performance. Siehe Tabelle 11.1.

- ☐ Eine niederländische Auktion ist eine Auktion, bei der der Angebotskurs innerhalb einer bestimmten Spanne erhöht wird, bis eine festgelegte Anzahl von Aktien erworben wird. Siehe Abschnitt „Ereignismuster: Niederländische Auktionen".

- ☐ Eine Liste der Ergebnisse im Zusammenhang mit niederländischen Auktionen finden Sie im Abschnitt „Sollten Sie verkaufen?".

- ☐ Bei einer niederländischen Auktion sind Angebote, die in der Mitte der Kursspanne liegen, im Durchschnitt in 75 Prozent der Fälle erfolgreich. Siehe Tabelle 11.2.

- ☐ Wenn ein Unternehmen weitere Aktien im Rahmen eines Angebots von Stammaktien verkauft, fällt der Kurs mit einer Kurslücke nach unten und es kommt häufig zu einer U- oder J-förmigen Bewegung. Siehe Abschnitt „Ereignismuster: Angebote von Stammaktien“.

- ☐ Eine Liste mit Erkenntnissen, die Ihnen helfen können, das Verhalten von Angeboten von Stammaktien zu verstehen, finden Sie im Abschnitt „Ereignismuster: Angebote von Stammaktien“.

- ☐ Small-Cap-Aktien schneiden tendenziell besser ab und entwickeln sich besonders gut, wenn die Anzahl der im Umlauf befindlichen Aktien sinkt. Siehe Tabelle 11.3.

12

ZUSAMMENFASSUNG DER FUNDAMENTALANALYSE

In den vorangegangenen Kapiteln haben wir verschiedene fundamentale Faktoren zur Auswahl von Aktien als Value-Investments betrachtet. In diesem Kapitel werde ich die Ergebnisse in eine Rangfolge bringen. Dies bietet eine einfache Möglichkeit, eine potenzielle Investition auf der Grundlage der in diesem Buch diskutierten Erkenntnisse zu bewerten.

Performance-Rangfolge: Einjährige Haltedauer

Tabelle 12.1 zeigt eine Zusammenfassung der Ergebnisse, die in der entsprechenden Kapiteltabelle aufgeführt sind. Seien Sie vorsichtig, wenn Sie sich auf etwas verlassen, das nur auf einer kleinen Stichprobe basiert.

Beispielsweise ist es zweifelhaft, dass eine durchschnittliche Small-Cap-Aktie mit einem Kurs unter 15,80 Dollar, einem fallenden Kurs-Buchwert-Verhältnis und einer steigenden Eigenkapitalrendite nach einem Jahr eine Rendite von 41 Prozent erzielen wird. Dies ist der erste Eintrag in der Tabelle, wobei von einer Investition von 10.000 Dollar ausgegangen wird. Allerdings erfüllen nur 77 Transaktionen die Kriterien, was im Vergleich zu den Tausenden von Transaktionen, die bei einigen anderen Punkten verwendet werden, sehr wenig ist.

Vergleicht man den zweitplatzierten Wert (der zuverlässiger ist als der erstplatzierte) mit dem letztplatzierten, so ergibt sich eine Differenz von 1.777 Dollar oder 18 Prozent bei einer Investition von 10.000 Dollar. Es könnte sich lohnen, ein Experiment durchzuführen, bei dem Sie Aktien mit verschiedenen Fundamentaldaten auswählen. Wählen Sie eine mit einem niedrigen Kurs-Buchwert-Verhältnis. Eine andere könnte ein niedriges Kurs-Cashflow-Verhältnis aufweisen und so weiter, um eine Diversifizierung der fundamentalen Faktoren zu erreichen. Wenn Sie beispielsweise eine Aktie mit einem niedrigen Kurs-Gewinn-Verhältnis finden, ist die Wahrscheinlichkeit natürlich groß, dass sie auch andere niedrige Kennzahlen aufweist (wie das Kurs-Umsatz-Verhältnis oder das Kurs-Buchwert-Verhältnis).

Rang	Wert	Kapitel	Tabelle	Beschreibung
1	14.131$	Buchwert	3.4	Sinkendes Kurs-Buchwert-Verhältnis, steigende Eigenkapitalrendite, Small Cap, Kurs unter 15,80$ (nur 77 Stichproben).
2	12.797$	Buchwert	3.3	Kurs unter 15,80$, unter dem medianen Kurs-Buchwert-Verhältnis von 1,4.
3	12.438$	Cashflow	5.3	Small Caps unter dem medianen Kurs-Cashflow-Verhältnis von 7,5.
4	12.260$	Dividenden	6.5	Small Caps ohne Dividendenausschüttung.
5	12.221$	Buchwert	3.2	Small Caps unter dem medianen Kurs-Buchwert-Verhältnis von 1,7.
6	12.087$	Verschuldung	7.3	Small Caps mit sinkenden Schulden.
7	12.081$	Buchwert	3.5	Kurs-Buchwert-Verhältnis unter 1,0.
8	12.038$	KGV	8.4	KGV: Small Caps unter dem Median von 16,0.
9	11.983$	Verschuldung	7.4	Small Caps mit langfristigen Schulden.

Rang	Wert	Kapitel	Tabelle	Beschreibung
10	11.966$	KUV	9.3	Small Caps unter dem medianen Kurs-Umsatz-Verhältnis von 0,76.
11	11.848$	CapEx	4.4	Small Caps über dem medianen Kurs-Investitionsausgaben-Verhältnis von 19,17.
12	11.834$	CapEx	4.2	Seit 2 Jahren in Folge rückläufige Investitionsausgaben.
13	11.809$	Aktien im Umlauf	11.3	Small-Cap-Aktien mit steigender Anzahl von Aktien im Umlauf.
14	11.748$	Dividenden	6.1	Hochdividendenaktien.
15	11.695$	Verschuldung	7.2	Unternehmen, die in Jahr 1 von einer schuldenfreien Position zu einer Verschuldung übergehen.
16	11.686$	Dividenden	6.4	Unternehmen, die ihre Dividenden kürzen (293 Stichproben).
17	11.664$	ROE	10.3	Small-Cap-Aktien über der medianen Eigenkapitalrendite von 11,4%.
18	11.569$	CapEx	4.1	Sinkende Investitionsausgaben.
19	11.450$	Buchwert	3.1	Kurs-Buchwert-Verhältnis unter dem Median von 2,11.
20	11.436$	Cashflow	5.2	Unter dem medianen Kurs-Cashflow-Verhältnis von 9,17.
21	11.430$	KGV	8.3	KGV: sinkender Kurs, steigende Gewinne.
22	11.377$	KUV	9.1	Aktien unter dem medianen Kurs-Umsatz-Verhältnis von 1,0.
23	11.332$	KGV	8.2	Aktien mit sinkendem Kurs-Gewinn-Verhältnis.
24	11.314$	KGV	8.1	Aktien unter dem medianen Kurs-Gewinn-Verhältnis von 17,1.
25	11.312$	Dividenden	6.3	Unternehmen, die Dividenden ausschütten.
26	11.293$	Buchwert	3.4	Sinkendes Kurs-Buchwert-Verhältnis, steigende Eigenkapitalrendite.
27	11.208$	Aktien im Umlauf	11.1	Aktien, von denen 5% bis 10% zurückgekauft werden.
28	11.207$	Verschuldung	7.1	Unternehmen ohne Schulden.
29	11.090$	ROE	10.2	Aktien mit steigender Eigenkapitalrendite.
30	11.075$	KUV	9.2	Steigendes Kurs-Umsatz-Verhältnis.
31	11.057$	Cashflow	5.1	Sinkendes Kurs-Cashflow-Verhältnis.
32	11.020$	ROE	10.1	Aktien mit einer Eigenkapitalrendite über dem Median von 13,4%.

Tab. 12.1 Gewinn bei einer Haltedauer von einem Jahr.

Performance-Rangfolge: Dreijährige Haltedauer

Ein längeres Halten von Aktien bedeutet höhere potenzielle Gewinne. Allerdings kann in drei Jahren viel passieren. Mit steigenden Gewinnen steigt auch das Risiko. **Tabelle 12.2** zeigt die Liste, sortiert nach dem 3-Jahres-Wert einer Investition von 10.000 Dollar. Die Gewinne werden vom Ende des Jahres 0 bis zum Ende des Jahres 3 gemessen.

Rang	Wert	Kapitel	Tabelle	Beschreibung
1	17.040 $	Buchwert	3.3	Kurs unter 15,80 $, unter dem medianen Kurs-Buchwert-Verhältnis von 1,4.
2	16.911 $	Cashflow	5.3	Small Caps unter dem medianen Kurs-Cashflow-Verhältnis von 7,5.
3	16.734 $	Buchwert	3.2	Small Caps unter dem medianen Kurs-Buchwert-Verhältnis von 1,7.
4	16.704 $	Dividenden	6.4	Unternehmen, die ihre Dividenden kürzen (276 Stichproben).
5	16.534 $	Buchwert	3.4	Sinkendes Kurs-Buchwert-Verhältnis, steigende Eigenkapitalrendite, Small Caps, Kurs unter 15,80 $ (nur 62 Stichproben).
6	16.351 $	Verschuldung	7.3	Small Caps mit sinkenden Schulden.
7	16.329 $	Dividenden	6.5	Small Caps ohne Dividendenausschüttung.
8	16.253 $	KUV	9.3	Small Caps unter dem medianen Kurs-Umsatz-Verhältnis von 0,76.
9	16.092 $	KGV	8.4	KGV: Small Caps unter dem Median von 16,0.
10	16.045 $	Buchwert	3.5	Kurs-Buchwert-Verhältnis unter 1,0.
11	15.996 $	Dividenden	6.1	Hochdividendenaktien.
12	15.768 $	CapEx	4.4	Small Caps unter dem medianen Kurs-Investitionsausgaben-Verhältnis von 19,17.
13	15.603 $	Verschuldung	7.4	Small Caps mit langfristigen Schulden.
14	15.408 $	Aktien im Umlauf	11.3	Small-Cap-Aktien mit sinkender Anzahl von Aktien im Umlauf.
15	15.121 $	Aktien im Umlauf	11.1	Unternehmen, die zwischen 10 % und 15 % der Aktien im Umlauf zurückkaufen (66 Stichproben).
16	14.854 $	ROE	10.3	Small Caps über der medianen Eigenkapitalrendite von 11,4 %.

Rang	Wert	Kapitel	Tabelle	Beschreibung
17	14.797 $	Buchwert	3.1	Kurs-Buchwert-Verhältnis unter dem Median von 2,11.
18	14.653 $	Cashflow	5.2	Kurs-Cashflow-Verhältnis unter dem Median von 9,17.
19	14.527 $	KUV	9.1	Aktien unter dem medianen Kurs-Umsatz-Verhältnis von 1,0.
20	14.514 $	Dividenden	6.3	Unternehmen, die Dividenden ausschütten.
21	14.508 $	CapEx	4.2	Seit 2 Jahren in Folge sinkende Investitionsausgaben.
22	14.211 $	Verschuldung	7.2	Verhältnis von langfristigen Schulden zu keinen Schulden.
23	14.209 $	KGV	8.1	Aktien unter dem medianen Kurs-Gewinn-Verhältnis von 17,1.
24	14.110 $	CapEx	4.1	Sinkende Investitionsausgaben.
25	14.085 $	Verschuldung	7.1	Unternehmen ohne Schulden.
26	13.871 $	KGV	8.3	KGV: steigende Kurse, steigende Gewinne.
27	13.751 $	KGV	8.2	Aktien mit sinkendem Kurs-Gewinn-Verhältnis.
28	13.624 $	KUV	9.2	Sinkendes Kurs-Umsatz-Verhältnis.
29	13.549 $	Cashflow	5.1	Sinkendes Kurs-Cashflow-Verhältnis.
30	13.412 $	Buchwert	3.4	Steigendes Kurs-Buchwert-Verhältnis, sinkende Eigenkapitalrendite.
31	13.366 $	ROE	10.2	Aktien mit steigender Eigenkapitalrendite.
32	13.364 $	ROE	10.1	Aktien mit einer Eigenkapitalrendite unter dem Median von 13,4 %.

Tab. 12.2 Gewinn bei einer Haltedauer von drei Jahren.

Lesen Sie das Kapitel sorgfältig durch, bevor Sie anhand dieser Tabellen eine Aktie auswählen. Beispielsweise empfiehlt Rang 4, Aktien auszuwählen, deren Dividenden gekürzt wurden. In den Monaten nach einer Dividendenkürzung sinkt auch der Aktienkurs. Warten Sie, bis er seinen Tiefpunkt erreicht hat, und suchen Sie dann nach einer Aktie. Möglicherweise profitieren Sie von einer Erholung, insbesondere wenn sich die Indizes aus einem Bärenmarkt herausbewegen.

Performance-Rangfolge: Fünfjährige Haltedauer

Je nach Haltedauer gibt es geringfügige Abweichungen zwischen den verschiedenen Tabellen in diesem Kapitel. **Tabelle 12.3** zeigt die wichtigsten Faktoren, sortiert nach der Performance über eine Haltedauer von fünf Jahren. Wie bei den anderen Tabellen basiert der Wert auf einer Investition von 10.000 Dollar.

Rang	Wert	Kapitel	Tabelle	Beschreibung
1	24.665 $	Aktien im Umlauf	11.1	Unternehmen, die zwischen 10 % und 15 % der Aktien im Umlauf zurückkaufen (55 Stichproben).
2	24.080 $	Buchwert	3.4	Sinkendes Kurs-Buchwert-Verhältnis, steigende Eigenkapitalrendite, Small-Cap-Kurs unter 15,80 $ (nur 56 Stichproben).
3	23.875 $	Dividenden	6.4	Unternehmen, die ihre Dividenden kürzen (227 Stichproben).
4	22.708 $	Cashflow	5.3	Small Caps unter dem medianen Kurs-Cashflow-Verhältnis von 7,5.
5	22.651 $	Buchwert	3.3	Kurs unter 15,80 $, unter dem medianen Kurs-Buchwert-Verhältnis von 1,4.
6	22.595 $	Verschuldung	7.3	Small Caps mit sinkenden Schulden.
7	21.856 $	Buchwert	3.2	Small Caps unter dem medianen Kurs-Buchwert-Verhältnis von 1,7.
8	21.668 $	Buchwert	3.5	Kurs-Buchwert-Verhältnis unter 1,0.
9	21.570 $	KUV	9.3	Small Caps unter dem medianen Kurs-Umsatz-Verhältnis von 0,76.
10	21.448 $	Verschuldung	7.4	Small Caps mit Schulden.
11	21.418 $	KGV	8.4	Small Caps unter dem medianen Kurs-Gewinn-Verhältnis von 16,0.
12	21.376 $	Dividenden	6.1	Hochdividendenaktien.
13	20.983 $	Aktien im Umlauf	11.3	Small Caps mit rückläufiger Anzahl von Aktien im Umlauf.
14	20.868 $	Dividenden	6.5	Small Caps mit Dividendenausschüttung.
15	20.369 $	CapEx	4.4	Small Caps unterhalb des medianen Kurs-Investitionsausgaben-Verhältnisses von 19,17.
16	19.801 $	ROE	10.3	Small Caps über der medianen Eigenkapitalrendite von 11,4 %.

Rang	Wert	Kapitel	Tabelle	Beschreibung
17	18.924 $	Buchwert	3.1	Aktien mit einem Kurs-Buchwert-Verhältnis unter dem Median von 2,11.
18	18.694 $	Cashflow	5.2	Unter dem medianen Kurs-Cashflow-Verhältnis von 9,17.
19	18.609 $	Dividenden	6.3	Unternehmen, die Dividenden ausschütten.
20	18.515 $	CapEx	4.2	Seit zwei Jahren in Folge sinkende Investitionsausgaben.
21	18.405 $	KUV	9.1	Aktien unter dem medianen Kurs-Umsatz-Verhältnis von 1,0.
22	17.919 $	Verschuldung	7.2	Unternehmen, die ihre Schulden abbauen.
23	17.916 $	CapEx	4.1	Rückläufige Investitionsausgaben.
24	17.843 $	KGV	8.1	Aktien unter dem medianen Kurs-Gewinn-Verhältnis von 17,1.
25	17.840 $	KGV	8.3	KGV: sinkender Kurs, sinkende Gewinne (235 Stichproben).
26	17.432 $	ROE	10.1	Aktien mit einer Eigenkapitalrendite unter dem Median von 13,4 %.
27	17.215 $	KGV	8.2	Aktien mit sinkendem Kurs-Gewinn-Verhältnis.
28	17.131 $	Buchwert	3.4	Steigendes Kurs-Buchwert-Verhältnis, sinkende Eigenkapitalrendite.
29	16.951 $	KUV	9.2	Sinkendes Kurs-Umsatz-Verhältnis.
30	16.911 $	Cashflow	5.1	Sinkendes Kurs-Cashflow-Verhältnis.
31	16.870 $	Verschuldung	7.1	Unternehmen mit Schulden.
32	16.752 $	ROE	10.2	Aktien mit steigender Eigenkapitalrendite.

Tab. 12.3 Gewinn bei einer Haltedauer von fünf Jahren.

Beachten Sie, wie Schwankungen des Buchwerts das obere Viertel der Tabelle ausfüllen.

Im nächsten Kapitel werden die fundamentalen Faktoren untersucht, die bei Aktien mit einer Verdopplung des Kurses eine Rolle spielen. Gibt es gemeinsame Faktoren bei Aktien, die sich gut entwickeln?

13

WIE SIE IHR GELD VERDOPPELN

Eine Möglichkeit, Ihr Geld zu verdoppeln, besteht darin, es zu falten und wieder in Ihre Tasche zu stecken. Das ist natürlich ein Scherz, aber der Versuch, Ihr Geld zu verdoppeln, ist eine ernste Angelegenheit. In diesem Kapitel werden fundamentale Faktoren betrachtet, die Aktien gemeinsam haben, deren Kurs sich verdoppelt hat.

Ich habe in meiner Analyse nicht splitbereinigte Daten verwendet. Warum? Weil in einer historischen Kursreihe eine Aktie mit einem Kurs von 10 Dollar nach einem 2:1-Split einen Wert von 5 Dollar hätte. Den Lesern zu raten, Aktien mit einem Kurs von 5 Dollar zu kaufen, wäre falsch, da diese vor dem Split 10 Dollar gekostet haben.

Ich habe dieselbe Value-Line-Datenbank verwendet, aber Aktien mit Splits entfernt. Damit blieben 769 Unternehmen mit 5.315 Stichproben übrig, also etwa die Hälfte der üblichen Stichprobenanzahl, die den Zeitraum von 1992 bis 2007 abdeckten. Nicht alle Aktien deckten den gesamten Zeitraum ab.

Bevor Sie weiterlesen, sollten Sie sich eines klarmachen: Nur weil eine Aktie eines, mehrere oder alle der folgenden Merkmale aufweist,

ist dies kein Grund zu der Annahme, dass sich ihr Kurs innerhalb von fünf Jahren verdoppeln wird. Ich besaß eine Aktie, deren Kurs sich innerhalb einer Woche verdoppelte. Andere verharren wie tote Tiere auf einem Niveau oder fallen sogar noch weiter.

Das Folgende ist *keine* Darstellung einer statistischen Kurve, die angepasst wurde, um großartige Ergebnisse zu zeigen. Vielmehr werden Merkmale aufgezeigt, die Aktien gemeinsam haben, deren Kurs sich verdoppelt hat, einschließlich Dividenden.

Wie lange dauert es, bis sich der Kurs verdoppelt?

In welchem Jahr hat sich der Kurs zum ersten Mal verdoppelt? Um diese Frage zu beantworten, habe ich den Kurs des Jahres 0 verglichen und festgestellt, dass 26 Prozent der Stichproben irgendwann innerhalb der nächsten fünf Jahre eine Kursverdopplung verzeichneten, basierend auf den Schlusskursen zum Jahresende zuzüglich Dividenden. Ich habe eine Häufigkeitsverteilung erstellt, die in **Tabelle 13.1** dargestellt ist.

Jahr	Verdopplung innerhalb von fünf Jahren	Kumulativ
1	20%	20%
2	23%	43%
3	20%	63%
4	22%	85%
5	15%	100%

Tab. 13.1 Häufigkeitsverteilung der Gewinne.

Die Tabelle zeigt, wann sich Stichproben verdoppelt haben, sofern dies nicht bereits in Vorjahren geschehen ist. Von den 26 Prozent der Aktien, deren Kurs sich verdoppelte, entfielen beispielsweise 20 Prozent auf das Jahr 1. Am Ende des Jahres 2 verdoppelte sich der Kurs von weiteren 23 Prozent, ohne diejenigen, die sich bereits im Jahr 1 verdoppelt hatten.

Im Jahr 2 gab es die meisten Verdopplungen, aber die Ergebnisse sind ziemlich gleichmäßig verteilt. Im Jahr 5 gab es die wenigsten Verdopplungen.

- Von den Aktien, die sich innerhalb von fünf Jahren verdoppelt haben, benötigten 63 Prozent weniger als drei Jahre.

Was ist der beste Kaufkurs?

Ab welchem Kurs hat sich die Aktie verdoppelt? Begann es unter einem Dollar oder über 100 Dollar oder vielleicht irgendwo dazwischen? Um die Antwort zu finden, habe ich die Zahlen für das Jahr 0 sortiert und in **Tabelle 13.2** dargestellt.

Kurs	Verdopplung	Kumulativ	Benchmark	Kumulativ
0-5$	**13%**	13%	1%	1%
6-10	**26%**	39%	7%	8%
11-15	**22%**	61%	**13%**	21%
16-20	**15%**	76%	**16%**	37%
21-25	9%	85%	**14%**	51%
26-30	5%	91%	**12%**	62%
31-35	3%	94%	**10%**	73%
36-40	2%	96%	8%	80%
41-45	1%	97%	5%	86%
>45	3%	100%	14%	100%

Tab. 13.2 Kurs von Aktien, die sich verdoppeln.

Die häufigste Kursspanne umfasst mehr als 5, aber höchstens 10 Dollar (aus der Spalte „Verdopplung“). Diese Spanne macht 26 Prozent der Stichproben aus. Auf kumulierter Basis verdoppelten sich Aktien mit einem Kurs von 20 Dollar oder weniger in 76 Prozent der Fälle. Bei Aktien mit einem Kurs von über 20 Dollar kam es seltener zu einer Verdopplung.

Vergleichen Sie die Ergebnisse mit der Spalte „Benchmark“. Diese Spalte umfasst alle Aktien, die sich innerhalb von fünf Jahren *nicht* verdoppelt haben. Ich habe die Bereiche mit den höchsten Zahlen fett markiert, um zu verdeutlichen, wie sich die Spanne nach unten verschoben hat. Die zweistelligen Werte beginnen bei 15 Dollar und enden bei 35 Dollar. Im Vergleich dazu liegt die Spanne für Aktien, die sich verdoppelt haben, zwischen 0 und 20 Dollar.

Persönlich würde ich Aktien mit einem Kurs unter einem Dollar meiden. Sie tendieren dazu, am Rande der Insolvenz zu stehen oder jahrelang zu stagnieren. Investmentfonds vermeiden es in der Regel sogar, Aktien mit einem Kurs unter 5 Dollar auszuwählen.

- Die meisten Verdopplungen (63 Prozent) beginnen mit einem Kurs zwischen 5 und 20 Dollar.

Welche Marktkapitalisierungen schneiden am besten ab?

Wenn Sie die vorherigen Kapitel nicht verschlafen haben, kennen Sie die Antwort auf diese Frage: Welche Marktkapitalisierung weist die meisten Aktien auf, die sich verdoppelt haben?

Die Antwort lautet: Small Caps (mit einem Wert von bis zu 1 Milliarde Dollar). **Tabelle 13.3** zeigt die Ergebnisse. Von den Beispielen, die sich innerhalb von fünf Jahren verdoppelt haben, waren 65 Prozent Small Caps, 27 Prozent Mid Caps und der Rest Large Caps.

- Small-Cap-Aktien, also Aktien mit einem Wert von weniger als 1 Milliarde Dollar, verdoppeln sich am häufigsten.

Vergleichen Sie die Spalte „Verdopplung“ mit „Benchmark“. 36 Prozent waren Small Caps, 42 Prozent Mid Caps und der Rest Large Caps. Die Verteilung ist zwischen den drei Caps gleichmäßiger. Aktien, die sich verdoppeln, zeigen eine deutliche Verschiebung hin zu Small Caps.

Marktkapitalisierung	Verdopplung	Benchmark
Small	65 %	36 %
Mid	27 %	42 %
Large	8 %	21 %

Tab. 13.3 Marktkapitalisierung.

Kurs	Verdopplung	Kumulativ	Benchmark	Kumulativ
≤0,5	9 %	9 %	2 %	2 %
0,6–1,0	**18 %**	26 %	7 %	9 %
1,1–1,5	**23 %**	50 %	**19 %**	28 %
1,6–2,0	**14 %**	63 %	**18 %**	46 %
2,1–2,5	**10 %**	74 %	**12 %**	59 %
2,6–3,0	6 %	79 %	**10 %**	68 %
3,1–3,5	4 %	84 %	7 %	75 %
3,6–4,0	3 %	87 %	5 %	80 %
4,1–4,5	3 %	90 %	4 %	84 %
>4,5	10 %	100 %	16 %	100 %

Tab. 13.4 Kurs-Buchwert-Verhältnis.

Fokus auf Fundamentaldaten: Welche sind die besten?

In diesem Abschnitt werden die in diesem Buch behandelten fundamentalen Faktoren untersucht, um herauszufinden, welche für die Verdopplung Ihres Geldes wichtig sind. Beginnen wir mit einem Faktor, der sich bei der Auswahl von Aktien mit guter Performance bewährt hat: dem Buchwert.

Kurs-Buchwert-Verhältnis

Ich habe die Stichproben nach ihrem Kurs-Buchwert-Verhältnis sortiert und das herausgefunden, was ich erwartet hatte. Die meisten Stichproben wiesen Kurs-Buchwert-Verhältnisse im niedrigen Bereich auf. Siehe **Tabelle 13.4**.

Die zweistelligen Häufigkeiten wiesen Verhältnisse im Bereich von 0,6 bis 2,5 auf. Tatsächlich hatten 74 Prozent der von mir untersuchten Beispiele ein Kurs-Buchwert-Verhältnis von 2,5 oder weniger. Die höchste Häufigkeit (23 Prozent) liegt im Bereich von 1,1 bis 1,5. Aktien, die sich nicht verdoppelten (Spalte „Benchmark"), wiesen Kurs-Buchwert-Verhältnisse im höheren Bereich auf. Bei einem Kurs-Buchwert-Verhältnis von 2,5 lagen 74 Prozent der Stichproben unter 2,5 (aus der Spalte „Kumulativ"), bei den Nicht-Verdopplern waren es jedoch nur 59 Prozent.

Der zweistellige Bereich für die Nicht-Verdoppler (Benchmark) stieg um eine Zeile an, wie die fett gedruckten Zahlen zeigen. Aktien, die sich verdoppelten, wiesen tendenziell niedrigere Kurs-Buchwert-Verhältnisse auf als diejenigen, die sich nicht verdoppelten.

- Aktien, die sich verdoppelt haben, begannen mit niedrigen Kurs-Buchwert-Verhältnissen (in der Hälfte der Fälle unter 1,5).

Investitionsausgaben

Sind die Ausgaben für Anlagen und Ausrüstung gestiegen, gesunken oder gleich geblieben? **Tabelle 13.5** zeigt, dass die Hälfte der Stichproben

(50 Prozent), die sich innerhalb von fünf Jahren verdoppelt haben, einen *Rückgang* der Investitionsausgaben verzeichneten. Im Vergleich dazu verzeichneten 50 Prozent der Stichproben ohne Verdopplung (Benchmark) einen *Anstieg* der Investitionsausgaben.

CapEx	Verdopplung	Benchmark
Anstieg	37 %	50 %
Rückgang	50 %	35 %
Keine Veränderung	13 %	15 %

Tab. 13.5 Investitionsausgaben.

Das Kapitel über Investitionsausgaben legte nahe, dass durch geringere Investitionen mehr Geld für andere Vorhaben zur Verfügung steht. Nach dem Bau einer Fabrik kann das Unternehmen seine Investitionsausgaben senken und (theoretisch) zusehen, wie die Gewinne sprudeln.

Ein Unternehmen, für das ich gearbeitet habe, zog kurz vor Beginn der Rezession in eine neue Produktionsstätte um. Es kam zu den ersten Entlassungen in der Unternehmensgeschichte, und schließlich zog das Unternehmen zurück in die alte Fabrik, um zu überleben.

- Bei Aktien, die sich verdoppelt haben, sanken die Investitionsausgaben gegenüber dem Vorjahr.

Kurs-Cashflow-Verhältnis

Tabelle 13.6 zeigt eine Häufigkeitsverteilung des Kurs-Cashflow-Verhältnisses für Aktien, die sich innerhalb von fünf Jahren verdoppelt haben. Unternehmen mit einem Verhältnis von 2 oder weniger wiesen mit 21 Prozent die höchste Verdopplungshäufigkeit auf. Im Vergleich dazu lag die Quote für Aktien, die sich nicht verdoppelten (Benchmark), bei 7 Prozent.

Die zweistelligen Häufigkeiten für Aktien, die sich verdoppelten, setzten sich bis 8 fort und nahmen danach ab. Im Vergleich dazu lag das Kurs-Cashflow-Verhältnis für Aktien, die sich nicht verdoppelten, in einem höheren Bereich von 6 bis 12.

KCV	Verdopplung	Kumulativ	Benchmark	Kumulativ
≤2	**21%**	21%	7%	7%
3–4	**15%**	36%	5%	12%
5–6	**15%**	51%	**12%**	24%
7–8	**12%**	63%	**13%**	37%
9–10	9%	72%	**12%**	49%
11–12	6%	78%	**11%**	61%
13–14	5%	83%	9%	70%
15–16	3%	87%	7%	77%
17–18	2%	88%	5%	81%
>18	12%	100%	19%	100%

Tab. 13.6 Kurs-Cashflow-Verhältnis.

Die kumulative Spalte zeigt, dass 63 Prozent der Aktien, die sich verdoppelt haben, ein Kurs-Cashflow-Verhältnis von 8 oder weniger aufwiesen, verglichen mit nur 37 Prozent der Aktien, die sich nicht verdoppelt haben.

- Aktien, die sich verdoppeln, weisen niedrige Kurs-Cashflow-Verhältnisse auf (63 Prozent unter 8).

Dividenden

Dividenden sind ein zweischneidiges Schwert. Auf der einen Seite profitieren Aktionäre von regelmäßigen Dividendenzahlungen (im Fall von regulären Dividenden), was ihre Gewinne steigert. Auf der anderen Seite bedeuten die Kosten für die Dividenden, dass dem Unternehmen weniger Geld für Investitionen in Produkte oder Dienstleistungen zur Verfügung steht. Wenn es das Geld nicht in sein Geschäft reinvestieren kann, könnte dies das zukünftige Wachstum beeinträchtigen.

Von den Aktien, die sich verdoppelten, zahlten 59 Prozent keine Dividende. Die Dividendenzahlung *wurde* in die Berechnung einbezogen, ob sich der Kurs verdoppelte oder nicht, aber sie machte keinen großen Unterschied. Im Vergleich dazu zahlten 44 Prozent der Aktien, die sich nicht verdoppelten, keine Dividende.

Unternehmen mit Aktien, die sich verdoppelt haben, verwenden das Geld für allgemeine Unternehmenszwecke, anstatt Dividenden zu zahlen.

- Um Ihr Geld zu verdoppeln, sollten Sie Aktien meiden, die Dividenden zahlen.

Langfristige Schulden

Schulden sind mit der Zahlung einer Dividende vergleichbar, nur dass die Zahlung an jemand anderen als den Stammaktionär geht. Wenn ein Unternehmen nur geringe langfristige Schulden hat, verfügt es über zusätzliches Kapital für den Bau neuer Werke, die Entwicklung neuer Produkte oder Dienstleistungen, was langfristig den Shareholder Value steigert. Der Nachteil von Schulden ist, dass das Unternehmen Zinsen dafür zahlen muss. Zu hohe Schulden und die damit verbundenen Kosten beeinträchtigen die Gesundheit des Unternehmens.

Ein Unternehmen ohne Schulden hat oft bessere Chancen, schwierige Geschäftslagen (wie Rezessionen) zu überstehen. Es kann sich im Notfall jederzeit Geld leihen. Keine Schulden zu haben kann aber auch bedeuten, dass es sich den Bau einer neuen Fabrik, die Entwicklung eines neuen Produkts oder den Verkauf seiner Waren, wie es die Marketingabteilung verlangt, nicht leisten kann. Das könnte dem

Unternehmen schaden, insbesondere wenn seine Konkurrenten Schulden nutzen, um ihr Wachstum zu finanzieren.

Von den Stichproben, deren Kurs sich innerhalb von fünf Jahren verdoppelte, hatten 65 Prozent langfristige Schulden, verglichen mit 64 Prozent der Aktien, die sich nicht verdoppelten. Mit anderen Worten: Schulden sind kein Faktor, der darüber entscheidet, ob sich ein Aktienkurs verdoppelt. Achten Sie jedoch darauf, dass die Verschuldung in einem angemessenen Rahmen bleibt. Sie möchten sicher keine Aktien kaufen, nur um dann festzustellen, dass das Unternehmen bis über beide Ohren verschuldet ist. Als hilfreichen Anhaltspunkt können Sie Ihre Aktien mit anderen Unternehmen derselben Branche vergleichen, um zu sehen, wie hoch deren Verschuldung ist.

Schulden	Verdopplung	Benchmark
Anstieg	27 %	28 %
Rückgang	39 %	35 %
Keine Veränderung	3 %	3 %

Tab. 13.7 Verschiedene Kennzahlen zu langfristigen Schulden.

- Langfristige Schulden spielen bei einer Verdopplung des Aktienkurses keine Rolle.

- Überprüfen Sie andere Aktien derselben Branche, um festzustellen, wie hoch ihre langfristigen Schulden sind, und vergleichen Sie diese mit der Aktie, die Sie kaufen möchten.

Tabelle 13.7 schlüsselt die Schulden anders auf und zeigt meine Ergebnisse.

Von den Aktien, die sich verdoppelt haben, haben 27 Prozent ihre langfristigen Schulden erhöht, 39 Prozent haben sie gegenüber dem

Vorjahr verringert und 3 Prozent haben sie stabil gehalten (aber Schulden gehabt). Die Zahlen für Aktien, die sich nicht verdoppelt haben (Benchmark), sind fast identisch: 28, 35 beziehungsweise 3 Prozent. Der Rest hatte keine langfristigen Schulden.

Die Gesamtwerte für diese Aufschlüsselung unterscheiden sich von den 65/64 Prozent, da das Vorjahr überprüft werden muss.

Kurs-Gewinn-Verhältnis

Tabelle 13.8 zeigt das Kurs-Gewinn-Verhältnis von Stichproben, die sich innerhalb von fünf Jahren verdoppelt haben. Nur 1 Prozent hatte ein Kurs-Gewinn-Verhältnis unter 5, danach beginnen jedoch zweistellige Werte. Der häufigste Bereich liegt zwischen 10,1 und 15 und macht 31 Prozent der Stichproben aus, weitere 20 Prozent haben ein Kurs-Gewinn-Verhältnis zwischen 15,1 und 20. Ein Kurs-Gewinn-Verhältnis von 25 oder weniger deckt 79 Prozent der Stichproben ab. Mit anderen Worten: Die Aktien scheinen keine überhöhten Bewertungen zu haben.

KGV	Verdopplung	Kumulativ	Benchmark	Kumulativ
≤5	1%	1%	0%	0%
5,1-10	**13%**	15%	4%	5%
10,1-15	**31%**	46%	**26%**	31%
15,1-20	**20%**	66%	**31%**	62%
20,1-25	**13%**	79%	**16%**	78%
25,1-30	5%	84%	8%	86%
30,1-35	4%	88%	4%	90%
35,1-40	4%	92%	3%	92%
40,1-45	2%	94%	2%	95%
>45	6%	100%	5%	100%

Tab. 13.8 Kurs-Gewinn-Verhältnis.

Beachten Sie, dass die Kurs-Gewinn-Verhältnisse von Branche zu Branche variieren.

Bei Aktien, die sich nicht verdoppelt haben (Benchmark), ist das KGV ähnlich, jedoch um eine Zeile nach unten verschoben, wie die fett gedruckten Zahlen zeigen. Der Bereich mit der höchsten Häufigkeit umfasst Unternehmen mit einem KGV zwischen 15,1 und 20, gefolgt von Unternehmen mit einem KGV zwischen 10,1 und 15.

Ein Vergleich der Spalten „Verdopplung" und „Benchmark" zeigt, dass Aktien, die sich verdoppeln, ein niedrigeres Kurs-Gewinn-Verhältnis aufweisen. Am deutlichsten wird dies in der Zeile mit einem KGV von 5,1 bis 10. Aktien, die sich verdoppeln, haben eine Häufigkeit von 13 Prozent, gegenüber nur 4 Prozent für Aktien, die sich nicht verdoppelt haben.

Betrachtet man die Spalten „Kumulativ", so sind beide bei Kurs-Gewinn-Verhältnissen von 20,1 und darüber ähnlich.

- Das beliebteste Kurs-Gewinn-Verhältnis für Aktien, die sich verdoppeln, liegt zwischen 10 und 15, gefolgt von 20.

- Aktien, die sich verdoppeln, weisen im Jahr 0 tendenziell ein niedrigeres Kurs-Gewinn-Verhältnis auf als Aktien, die sich nicht verdoppeln.

Kurs-Umsatz-Verhältnis

Mindestens ein Finanzanalyst preist das Kurs-Umsatz-Verhältnis als zuverlässigen Maßstab für die Auswahl von Value-Aktien an. Aber welches Kurs-Umsatz-Verhältnis haben Aktien, deren Kurs sich verdoppelt? **Tabelle 13.9** zeigt eine Reihe davon.

Das häufigste Verhältnis liegt zwischen 0,26 und 0,50 und macht 21 Prozent der Stichproben in der Studie aus. Der Bereich bis 1,0 umfasst 63 Prozent der Stichproben, und der Wert 1,0 wird oft als gute Trennlinie zwischen Wert und Schaumschlägerei genannt. Ich halte 1,0 auch für eine gute Obergrenze, wenn man nach Aktien sucht, die sich in Zukunft verdoppeln werden.

KUV	Verdopplung	Kumulativ	Benchmark	Kumulativ
≤0,25	**17%**	17%	4%	4%
0,26–0,50	**21%**	38%	**13%**	17%
0,51–0,75	**15%**	53%	**14%**	31%
0,76–1,00	**10%**	63%	**14%**	45%
1,01–1,25	5%	68%	9%	54%
1,26–1,50	5%	73%	7%	62%
1,51–1,75	4%	77%	5%	66%
1,76–2,00	2%	80%	4%	71%
2,01–2,25	2%	82%	4%	74%
>2,25	18%	100%	26%	100%

Tab. 13.9 Kurs-Umsatz-Verhältnis.

Vergleichen Sie die Spalte „Verdopplung" mit der Benchmark. Die Zeile „≤ 0,25" für Aktien, die sich verdoppeln, zeigt 17 Prozent der Stichproben im Vergleich zu nur 4 Prozent für Nicht-Verdoppler (Benchmark). Mit anderen Worten: Aktien, die sich verdoppelten, wiesen zu Beginn tendenziell niedrigere Kurs-Umsatz-Verhältnisse auf. Über die Hälfte der Aktien (53 Prozent), die sich verdoppelt haben, hatten ein KUV von 0,75 oder weniger, verglichen mit nur 31 Prozent bei den Nicht-Verdopplern.

- Aktien, die sich verdoppeln, haben niedrige Kurs-Umsatz-Verhältnisse, meist unter 0,75.

Eigenkapitalrendite

Ich bin kein großer Fan der Eigenkapitalrendite, aber **Tabelle 13.10** zeigt den Bereich, den die meisten Stichproben einnahmen. Zweistellige

Häufigkeiten treten bei 6,1 bis 14 Prozent der Eigenkapitalrendite auf (fett gedruckt) und machen 48 Prozent der Stichproben aus. Die anderen 52 Prozent liegen außerhalb dieses Bereichs. Die Zeile „> 18" deckt einen großen Bereich ab, daher sollte man der hohen Häufigkeit keine allzu große Bedeutung beimessen.

Vergleichen Sie die Spalte „Verdopplung" mit den Nicht-Verdopplern (Benchmark). Aktien, die sich verdoppeln, weisen tendenziell eine geringere Eigenkapitalrendite auf, wie die fett gedruckten Zahlen zeigen. Höhere Häufigkeiten treten ab der Zeile „6,1–8" für Verdoppler auf, verglichen mit „8,1–10" für Nicht-Verdoppler. Die Spalten „Kumulativ" zeigen den Kontrast deutlicher, aber es gibt keinen großen Unterschied zwischen den Verdopplern und der Benchmark.

- Die Eigenkapitalrendite liegt bei Aktien, die sich verdoppeln, häufig zwischen 6 und 14 Prozent. Die Eigenkapitalrendite ist niedriger als bei Aktien, die sich nicht verdoppeln.

ROE	Verdopplung	Kumulativ	Benchmark	Kumulativ
≤2%	5%	5%	3%	3%
2,1-4	8%	13%	5%	7%
4,1-6	8%	21%	6%	14%
6,1-8	**10%**	31%	9%	23%
8,1-10	**12%**	43%	**12%**	35%
10,1-12	**14%**	56%	**12%**	47%
12,1-14	**12%**	69%	**11%**	58%
14,1-16	6%	75%	9%	67%
16,1-18	5%	80%	7%	75%
>18	20%	100%	25%	100%

Tab. 13.10 Eigenkapitalrendite.

Im Umlauf befindliche Aktien

Ein Unternehmen, das mehr Aktien ausgibt, kann dieses Geld für sein Wachstum verwenden, aber die bestehenden Aktionäre sehen ihre Anteile verwässert. Diese Verwässerung führt oft dazu, dass die Aktie abstürzt, wenn das Unternehmen eine Aktienemission ankündigt.

Die Kehrseite dieser Situation ist, dass ein Unternehmen, das Aktien zurückkauft, einen sprunghaften Anstieg seines Aktienkurses erleben kann. Ein Beispiel dafür ist Savient Pharmaceuticals. Im August 2006 bot das Unternehmen den Rückkauf von 10 Millionen Aktien an, was 16 Prozent der im Umlauf befindlichen Aktien entsprach. Als die niederländische Auktion abgeschlossen war, gab die Aktie nach, erreichte einen Tiefststand von knapp unter 6 und stieg dann wieder an. Innerhalb von fünf Monaten erreichte die Aktie einen Höchststand von 15,75, fast das Dreifache des Tiefststands von 5,93. Ich beobachtete das Ganze von der Seitenlinie aus, weil ich zu sehr befürchtete, dass Savients neues Gichtmedikament floppen könnte.

Aktien im Umlauf	Verdopplung	Benchmark
Anstieg	70%	67%
Verringerung	25%	30%
Keine Veränderung	6%	3%

Tab. 13.11 Im Umlauf befindliche Aktien.

Im Jahr 2008 ließ die Nachricht, dass das Gichtmedikament möglicherweise unangenehme Nebenwirkungen haben könnte, den Aktienkurs innerhalb einer *einzigen* Börsensitzung von einem Schlusskurs von 11,58 auf einen Tiefststand von 2,80 fallen, was einem Rückgang von 76 Prozent entspricht. Meine Vorsicht war berechtigt, aber mein Timing war falsch.

Tabelle 13.11 zeigt eine Häufigkeitsverteilung der Veränderungen bei den im Umlauf befindlichen Aktien. Aktien, deren Kurs sich verdoppelte, wiesen im Jahr 0 gegenüber dem Vorjahr in 70 Prozent der Fälle einen Anstieg der Aktienanzahl auf. Das ist fast die gleiche Rate wie bei den Nicht-Verdopplern (Benchmark) mit 67 Prozent.

Die Tabelle legt nahe, dass die Anzahl der im Umlauf befindlichen Aktien für eine Verdopplung des Kurses nicht von Bedeutung ist.

- Die Anzahl der im Umlauf befindlichen Aktien trägt nicht wesentlich dazu bei, dass sich der Kurs einer Aktie verdoppelt.

Warnung: Verluste stehen bevor. Was Sie wissen müssen

Wie viele Aktien haben während der fünfjährigen Haltedauer von einem Jahr zum nächsten an Wert verloren? Die Spalte „Kursverlust im Jahresvergleich" in **Tabelle 13.12** zeigt, dass dieser zwischen 18 Prozent im Jahr 1 und 26 Prozent im Jahr 5 liegt, wobei Dividenden nicht berücksichtigt sind. In 23 Prozent der Fälle im Jahr 3 war der Kurs am Ende dieses Jahres beispielsweise niedriger als am Ende des Vorjahres.

Diese Ergebnisse stehen im Vergleich zu 48 Prozent (Jahr 1) bis 16 Prozent (Jahr 5) für Aktien, die sich nicht verdoppelt haben (Benchmark).

Es scheint, dass das erste Jahr ein starkes Jahr für Aktien ist, die sich verdoppeln. Sie verlieren nur in 18 Prozent der Fälle an Wert (Ende von Jahr 1 unter dem Kurs am Ende von Jahr 0).

- Aktien, die sich verdoppeln, weisen im ersten Jahr eine starke Performance auf.

Die Spalte „Kurshalbierung im Jahresvergleich" gibt die Anzahl der Stichproben an, bei denen der Kurs gegenüber dem Vorjahr mindestens die Hälfte seines Wertes verloren hat, wobei die Kurse zum Jahresende zugrunde gelegt wurden. So haben beispielsweise am Ende des vierten Jahres 3 Prozent der Stichproben mindestens die Hälfte ihres am Ende des dritten Jahres verzeichneten Wertes verloren.

Jahr	Kursverlust im Jahresvergleich: Verdopplung	Benchmark
1	18%	48%
2	23%	37%
3	23%	29%
4	23%	23%
5	26%	16%
Jahr	**Kurshalbierung im Jahresvergleich: Verdopplung**	**Benchmark**
1	2%	6%
2	2%	4%
3	2%	3%
4	3%	2%
5	3%	1%
Jahr	**Kurshalbierung im Vergleich zum ursprünglichen Wert: Verdopplung**	**Benchmark**
1	2%	6%
2	2%	7%
3	1%	7%
4	1%	6%
5	1%	5%

Tab. 13.12 Häufigkeitsverteilung der Verluste.

Beachten Sie, dass die Spalte „Benchmark“ höhere Werte aufweist, wobei bis zu 6 Prozent der Aktien die Hälfte ihres Wertes verloren haben.

- Aktien, deren Kurs sich verdoppelt, haben bis zum Jahr 4 eine geringere als die normale Wahrscheinlichkeit, dass ihr Kurs um die Hälfte fällt.

Wie oft fällt der Kurs über einen Zeitraum von fünf Jahren so stark, dass er nur noch die Hälfte des ursprünglichen Werts beträgt? Die Antwort auf diese Frage finden Sie in der Spalte „Kurshalbierung im Vergleich zum ursprünglichen Wert“. Da der untersuchte Zeitraum (1992 bis 2007) nicht den Bärenmarkt von 2007 bis 2009 umfasste (aber den Bärenmarkt von 2000 bis 2002), könnten sich die Ergebnisse ändern.

Von 1.353 Stichproben, die sich innerhalb von fünf Jahren verdoppelten, waren nur 9 (1 Prozent) am Ende des fünften Jahres weniger als die Hälfte ihres ursprünglichen Wertes wert. Im Vergleich dazu waren es 5 Prozent (oder 198 von 3.921) bei Aktien, die sich nicht verdoppelten (Benchmark). Die Wahrscheinlichkeit, in den ersten zwei Jahren die Hälfte des ursprünglichen Wertes zu verlieren (bei Aktien, die sich verdoppeln), ist doppelt so hoch wie in den letzten drei Jahren. Die Spalte „Benchmark“ zeigt katastrophale Verluste, die in den Jahren 2 und 3 ihren Höhepunkt erreichen.

Das Set-up testen

Zu Beginn dieses Kapitels haben wir Aktien gesucht, deren Kurs sich innerhalb von fünf Jahren verdoppelt hat, und dann untersucht, welche Eigenschaften sie gemeinsam haben. Nun, da wir eine Liste mit gemeinsamen Merkmalen haben, stellt sich die Frage, wie diese sich auf alle Aktien in der Datenbank auswirken.

Hier sind die Annahmen, die ich verwendet habe. Die meisten davon stammen aus den Tabellen, die das Ende der zweistelligen Häufigkeiten zeigen (in der Regel nahe 66 Prozent).

- Der Kurs der Aktie liegt zwischen 1 und 20 Dollar.
- Auswahl von Small-Cap-Aktien mit einem Wert von weniger als 1 Milliarde Dollar.
- Kurs-Buchwert-Verhältnis ≤ 2,5.
- Die Investitionsausgaben in diesem Jahr sollten geringer sein als im letzten Jahr.
- Kurs-Cashflow-Verhältnis ≤ 8.
- Keine Dividendenausschüttung.
- Kurs-Gewinn-Verhältnis ≤ 25.
- Kurs-Umsatz-Verhältnis ≤ 1,0.
- Eigenkapitalrendite ≤ 14 Prozent.

Unter der Annahme eines Kaufkurses zum Ende des Jahres 0 und eines Verkaufs zum höchsten Jahresendkurs der Jahre 1 bis 5 (da ich diejenigen finden wollte, die sich *innerhalb von* fünf Jahren verdoppelt haben) hätten die 89 Stichproben durchschnittlich 254 Prozent erzielt. 67 Prozent von ihnen hätten ihren Kurs mindestens verdoppelt, und nur 11 oder 12 Prozent hätten Geld verloren (durchschnittlich 23 Prozent).

Wenn man die Aktien ignoriert, die die oben genannten Auswahlkriterien erfüllen, würde man feststellen, dass sich 26 Prozent der Aktien irgendwann im Zeitraum von Jahr 1 bis Jahr 5 verdoppelt haben. Im Vergleich dazu haben sich 67 Prozent der Aktien, die die Kriterien erfüllen, im gleichen Zeitraum verdoppelt.

- Durch die Verwendung der neun Auswahlkriterien steigt die Chance, Aktien zu finden, die sich verdoppeln, von 26 auf 67 Prozent.

Dieses Set-up verwendet In-Sample-Daten, jedoch keine kurvenangepassten Daten. Da jedoch nur die Schlusskurse zum Jahresende verwendet werden, ist zu erwarten, dass sich die Ergebnisse verbessern würden, wenn ich den höchsten Kurs der fünf Jahre verwenden würde.

Kapitel-Checkliste

Im Folgenden finden Sie eine Checkliste, die auf den obigen Ausführungen basiert. Weitere Informationen finden Sie in der jeweiligen Tabelle oder dem jeweiligen Abschnitt. Bitte beachten Sie, dass die Verwendung dieser Werte keine Garantie dafür ist, dass sich der Kurs innerhalb von fünf Jahren verdoppelt.

- ☐ Von den Aktien, die sich innerhalb von fünf Jahren verdoppelt haben, benötigten 63 Prozent weniger als drei Jahre. Siehe Tabelle 13.1.

- ☐ Die meisten Verdopplungen (63 Prozent) beginnen mit einem Kurs zwischen 5 und 20 Dollar. Siehe Tabelle 13.2.

- ☐ Small-Cap-Aktien, also Aktien mit einem Wert von weniger als 1 Milliarde Dollar, verdoppeln sich am häufigsten. Siehe Tabelle 13.3.

- ☐ Aktien, die sich verdoppelt haben, begannen mit niedrigen Kurs-Buchwert-Verhältnissen (in der Hälfte der Fälle unter 1,5). Siehe Tabelle 13.4.

- ☐ Bei Aktien, die sich verdoppelt haben, sanken die Investitionsausgaben gegenüber dem Vorjahr. Siehe Tabelle 13.5.

- ☐ Aktien, die sich verdoppeln, weisen niedrige Kurs-Cashflow-Verhältnisse auf (63 Prozent unter 8). Siehe Tabelle 13.6.

- ☐ Um Ihr Geld zu verdoppeln, sollten Sie Aktien meiden, die Dividenden zahlen. Siehe Abschnitt „Dividenden".

- ☐ Langfristige Schulden spielen bei einer Verdopplung des Aktienkurses keine Rolle. Siehe Tabelle 13.7.

- ☐ Überprüfen Sie andere Aktien derselben Branche, um festzustellen, wie hoch ihre langfristigen Schulden sind, und vergleichen Sie diese mit der Aktie, die Sie kaufen möchten. Siehe Abschnitt „Langfristige Schulden".

- ☐ Das beliebteste Kurs-Gewinn-Verhältnis für Aktien, die sich verdoppeln, liegt zwischen 10 und 15, gefolgt von 20. Siehe Tabelle 13.8.

- ☐ Aktien, die sich verdoppeln, weisen im Jahr 0 tendenziell ein niedrigeres Kurs-Gewinn-Verhältnis auf als Aktien, die sich nicht verdoppeln. Siehe Tabelle 13.8.

- ☐ Aktien, die sich verdoppeln, haben niedrige Kurs-Umsatz-Verhältnisse, meist unter 0,75. Siehe Tabelle 13.9.

- ☐ Die Eigenkapitalrendite liegt bei Aktien, die sich verdoppeln, häufig zwischen 6 und 14 Prozent. Die Eigenkapitalrendite ist niedriger als bei Aktien, die sich nicht verdoppeln. Siehe Tabelle 13.10.

- ☐ Die Anzahl der im Umlauf befindlichen Aktien trägt nicht wesentlich dazu bei, dass sich der Kurs einer Aktie verdoppelt. Siehe Tabelle 13.11.

- ☐ Aktien, die sich verdoppeln, weisen im ersten Jahr eine starke Performance auf. Siehe Tabelle 13.12.

- ☐ Aktien, deren Kurs sich verdoppelt, haben bis zum Jahr 4 eine geringere als die normale Wahrscheinlichkeit, dass ihr Kurs um die Hälfte fällt. Siehe Tabelle 13.12.

- ☐ Durch die Verwendung der neun Auswahlkriterien steigt die Chance, Aktien zu finden, die sich verdoppeln, von 26 auf 67 Prozent. Siehe Abschnitt „Das Set-up testen".

14

10-BAGGER FINDEN

10-Bagger – Aktien, deren Wert sich mindestens verzehnfacht – sind leicht zu erkennen. „Ich hätte genau dort kaufen sollen", sage ich dann und zeige auf den Chart einer Aktie, die einen kometenhaften Aufstieg erlebt hat. Es ist jedoch schwieriger, 10-Bagger zu finden, *bevor* sie ihren Aufstieg beginnen.

In diesem Kapitel werden die gemeinsamen Merkmale von Aktien betrachtet, die innerhalb von fünf Jahren oder weniger um mindestens 900 Prozent steigen (10-Bagger). Da solche Aktien so selten sind wie Schneeschauer in Florida, habe ich meiner Value-Line-Datenbank weitere Beispiele hinzugefügt. Nachdem ich die Informationen eingegeben hatte, hatte ich nur 163 sich nicht überschneidende 10-Bagger aus den Jahren 1992 bis 2007 gefunden. Mit „sich nicht überschneidend" meine ich, dass eine Aktie zwei 10-Bagger haben kann, sofern der eine endet, bevor der nächste beginnt. Ich habe nur 11 Aktien gefunden, die mehr als einen 10-Bagger hatten, und der Abstand zwischen dem Ende des einen und dem Beginn des nächsten betrug durchschnittlich 3,3 Jahre.

Ich habe nicht splitbereinigte Daten verwendet, um eine genaue Kursdarstellung zu erhalten. Wenn der Kurs beispielsweise durch einen 2:1-Split halbiert wird, ändern sich das Kurs-Buchwert-Verhältnis, das Kurs-Umsatz-Verhältnis und andere Kennzahlen. Ich habe diese Möglichkeit ausgeschlossen, indem ich Kursdaten entfernt habe, bei denen während oder nach Beginn des 10-Bagger-Runs ein Split stattfand.

Um den Beginn eines 10-Baggers zu ermitteln, habe ich den Punkt gesucht, an dem der Kurs eine große Bewegung vollzogen hat, und dann vom höchsten Kurs aus rückwärts gemessen und aufgehört, wenn der Kurs in fünf Jahren oder weniger das Kriterium als 10-Bagger erfüllt hatte. Durch diese Methode, rückwärts zu schauen, musste ich nicht raten, wo ein 10-Bagger begann, sondern nur, wo er endete.

Wie lange dauert es bis zum 10-Fachen?

Wie lange dauert es, bis eine Aktie auf das 10-Fache ihres ursprünglichen Wertes steigt? **Tabelle 14.1** zeigt eine Häufigkeitsverteilung, um diese Frage zu beantworten. Beispielsweise beendeten 8 Prozent der Aktien die Entwicklung innerhalb eines Jahres, weitere 17 Prozent schlossen die Entwicklung in zwei Jahren ab und so weiter. Fünf Jahre haben die höchste Abschlussrate: 41 Prozent.

Bitte beachten Sie: Diese Tabelle zeigt, wie lange es dauert, bis eine Aktie den 10-Bagger-Status erreicht, gerechnet vom Beginn bis zum Ende der gesamten Kursbewegung. Tabelle 14.4 zeigt die Entwicklung im Zeitverlauf anhand der Schlusskurse zum Jahresende für Jahr 0, Jahr 1 und so weiter. So erreichten 8 Prozent der Aktien innerhalb von 365 Tagen den 10-Bagger-Status (Tabelle 14.1), aber keine schaffte dies im Jahr 0 (in Tabelle 14.4 vollzogen sie ihre Kursbewegung, indem sie im Jahr 0 begannen und sie im Jahr 1 abschlossen). Aus diesem Grund zeigen die beiden Tabellen im Zeitverlauf unterschiedliche Ergebnisse.

- 41 Prozent der 10-Bagger benötigen fünf Jahre, um die Entwicklung abzuschließen.

Jahre	Häufigkeit	Kumulativ
1	8%	8%
2	17%	25%
3	13%	37%
4	21%	59%
5	41%	100%

Tab. 14.1 10-Bagger-Abschlusszeit.

Was ist der höchste Startkurs?

Bei welchem Kurs beginnen Aktien ihre Reise zum 10-Bagger-Status? Um die Antwort zu finden, habe ich mich vom Ende des Musters bis zum Anfang zurückgearbeitet, bis der Kurs auf ein Zehntel des Endkurses gefallen war. Der Kurs könnte weiter fallen und einen 10-Bagger in einen 20-Bagger oder mehr verwandeln, aber das war mir egal. Die 10-Bagger-Bewegung musste innerhalb von fünf Jahren oder weniger erreicht werden.

Man kann sich diese Methode als letzte Gelegenheit vorstellen, einen 10-Bagger zu kaufen – den höchsten Startkurs.

Tabelle 14.2 zeigt die Ergebnisse. Der häufigste Startkurs liegt zwischen 3 und 4 Dollar und macht 19 Prozent der Stichproben aus. Über die Hälfte (55 Prozent) der Stichproben hatte einen Startkurs von 5 Dollar oder weniger.

Seien Sie vorsichtig beim Kauf von Aktien unter 1 Dollar. Sie tendieren dazu, am Rande der Insolvenz zu stehen oder jahrelang zu stagnieren. Der Median (Mittelwert) des Startkurses liegt bei 4,19 Dollar und der Durchschnitt bei 6,38 Dollar.

Jahre	Häufigkeit	Kumulativ
0–1 $	2 %	2 %
1–2	13 %	15 %
2–3	14 %	29 %
3–4	19 %	48 %
4–5	7 %	55 %
5–6	12 %	67 %
6–7	10 %	77 %
7–8	7 %	83 %
8–9	2 %	86 %
9–10	3 %	89 %
> 10	11 %	100 %

Tab. 14.2 Startkurs von 10-Baggern.

- Die meisten 10-Bagger (55 Prozent) beginnen ihre Entwicklung bei Kursen unter 5 Dollar.

Was passiert im ersten Jahr?

Was passiert mit dem Aktienkurs im ersten Jahr? Diese Frage lässt sich vielleicht am besten mit „Wen interessiert das schon?“ beantworten, aber alle 10-Bagger beginnen mit einer Verdopplung ihres Kurses. Wie viele Verdopplungen gibt es im ersten Jahr?

Tabelle 14.3 zeigt eine Häufigkeitsverteilung der Gewinne im Jahr 0. Obwohl sich eine Aktie innerhalb eines Tages verdoppeln kann, dauert es oft Monate, bis dies geschieht. Eine Aktie, die sich verdoppelt, steigt um 100 Prozent, und die Tabelle zeigt, dass 42 Prozent der 10-Bagger dies im Jahr 0 nicht erreichen. Das bedeutet, dass 58 Prozent der Aktien es *tatsächlich* erreichten.

Gewinn	Häufigkeit	Kumulativ
0–25 %	8%	8%
25%-50%	11%	19%
50%-75%	11%	30%
75%-100%	12%	42%
100%-125%	12%	54%
125%-150%	11%	65%
150%-175%	6%	71%
175%-200%	3%	75%
200%-225%	3%	78%
>225%	22%	100%

Tab. 14.3 10-Bagger-Gewinne im Jahr 0.

Schauen Sie sich den unteren Teil der Tabelle an: Er zeigt, dass 22 Prozent der 10-Bagger sich im ersten Jahr mehr als verdreifacht haben. Das ist die höchste Häufigkeit in der Tabelle.

Die mediane Entwicklung im Jahr 0 beträgt übrigens 116 Prozent, der Durchschnitt liegt bei 149 Prozent. Die Differenz zwischen den beiden Zahlen deutet darauf hin, dass mehrere Aktien große Gewinne verzeichneten und den Durchschnitt nach oben zogen.

- Die meisten 10-Bagger (59 Prozent) verdoppeln ihren Kurs im Jahr 0 mit einem medianen Anstieg von 116 Prozent.

Anstieg im Laufe der Zeit: Wie schnell?

Tabelle 14.4 zeigt, wann der Kurs zum ersten Mal den prozentualen Gewinn erreicht hat, wobei die Schlusskurse vom Ende des Jahres 0, vom Ende des Jahres 1 und so weiter als Stichtag verwendet wurden.

Beispielsweise verdoppelte sich der Kurs bei 59 Prozent der Stichproben erstmals im Jahr 0; bei 36 Prozent verdoppelte er sich nicht im Jahr 0, sondern irgendwann im Jahr 1 und so weiter. Die nächste Zeile zeigt, dass sich der Kurs bei 26 Prozent der Stichproben bis zum Ende des Jahres 0 erstmals verdreifachte (200 Prozent Gewinn).

Obwohl sechs Spalten angezeigt werden (Jahr 0 bis Jahr 5), hatte jeder 10-Bagger eine Laufzeit von fünf Jahren oder weniger. Die 10-Bagger mit der längsten Laufzeit endeten irgendwann im Jahr 5 und begannen fünf Jahre zuvor.

Warum ist Tabelle 14.4 wichtig? Die Zeile „Gesamt" zeigt, dass das Jahr 1 tendenziell von Bedeutung ist, da die meisten Stichproben in diesem Jahr stark ansteigen.

Mit steigendem prozentualem Gewinn verschiebt sich die höchste Häufigkeit nach rechts. Das ist sinnvoll, da es in der Regel Jahre dauert, bis der Kurs stark ansteigt. Im Jahr 1 steigen beispielsweise die meisten Stichproben (49 Prozent) um mindestens 200 Prozent. Im Jahr 2 liegt die höchste Häufigkeit (36 Prozent) bei 400 Prozent, und die Zeile mit 900 Prozent zeigt, dass in den Jahren 4 und 5 die meisten Stichproben (33 Prozent) den 10-Bagger-Status erreichen.

Gewinn	Jahr 0	Jahr 1	Jahr 2	Jahr 3	Jahr 4	Jahr 5
100 %	59 %	36 %	4 %	1 %	1 %	1 %
200 %	26 %	49 %	18 %	6 %	1 %	0 %
300 %	13 %	38 %	32 %	12 %	5 %	1 %
400 %	5 %	25 %	36 %	24 %	8 %	2 %
500 %	2 %	16 %	29 %	29 %	21 %	3 %
900 %	0 %	11 %	0 %	22 %	33 %	33 %
Gesamt	105 %	175 %	119 %	94 %	69 %	40 %

Tab. 14.4 Anstieg der 10-Bagger im Laufe der Zeit.

- Im ersten Jahr steigt der Kurs oft am stärksten.

10-Bagger nach Marktkapitalisierung

Eine Häufigkeitsverteilung zeigt, dass 77 Prozent der Aktien, deren Kurs um das 10-Fache gestiegen ist, Small Caps waren, 21 Prozent Mid Caps und 2 Prozent Large Caps.

Wenn Sie Aktien auswählen möchten, die die besten Chancen auf einen starken Kursanstieg haben, sollten Sie Ihre Suche mit Small-Cap-Aktien beginnen.

- 77 Prozent der 10-Bagger sind Small Caps.

Fundamentale Kennzahlen, die für 10-Bagger typisch sind

Wenden wir uns nun den Finanzkennzahlen zu, die für 10-Bagger typisch sind. Was macht sie so erfolgreich? Beachten Sie bitte, dass die Stichproben in den folgenden Tabellen nur wenige Werte umfassen. Eine Häufigkeitsverteilung bei wenigen Stichproben führt zu einer noch stärkeren Streuung, wodurch die Ergebnisse anfällig für Veränderungen und möglicherweise unzuverlässig sind. Aus diesem Grund vergleiche ich sie mit Unternehmen, deren Aktienkurs nicht auf das 10-Fache gestiegen ist (Benchmark in den Tabellen). Der Vergleich der beiden liefert Hinweise auf das Verhalten von 10-Baggern.

Kurs-Buchwert-Verhältnis

Sie können sich wahrscheinlich vorstellen, in welcher Größenordnung sich der Buchwert der meisten 10-Bagger bewegt, aber er variiert, je nachdem, wann ein 10-Bagger entsteht.

Erinnern Sie sich daran, dass ich zuerst das *Ende* des 10-Baggers ermittelt und dann rückwärts gerechnet habe, um den ersten Kurs zu finden, bei dem es zu einem 10-Bagger kam (ebenfalls innerhalb eines Zeitraums von fünf Jahren). Der von mir entdeckte 10-Bagger war der *letzte* in der Kursentwicklung. Der Beginn des identifizierten 10-Baggers war *nicht* der Beginn der Aufwärtsbewegung.

Dies ist ein wichtiger Punkt. Daher möchte ich Ihnen ein weiteres Beispiel geben, um dies zu verdeutlichen, wobei ich nicht ein Zeitfenster von fünf Jahren, sondern nur von einem verwende. Stellen Sie sich vor, der Kurs steigt zwei Jahre lang, aber das Zeitfenster, durch das Sie schauen, zeigt nur die Entwicklung eines Jahres. Ich habe das Zeitfenster so platziert, dass es die Entwicklung des letzten Jahres zeigt, nicht die des ersten Jahres.

In den folgenden Tabellen untersuche ich, was im Jahr *vor* dem 10-Bagger passiert ist (in den Tabellen als Jahr –1 dargestellt, nicht zu verwechseln mit Jahr 1). Ich gehe davon aus, dass der 10-Bagger im Vorjahr seinen Anfang genommen hat. Das muss nicht unbedingt der Fall sein, aber die Ergebnisse helfen dabei, herauszufinden, worauf man bei der Suche nach 10-Baggern in Zukunft achten muss.

KBV	10-Bagger Jahr -1	10-Bagger kumulativ	Benchmark Jahr -1	Benchmark kumulativ
≤0,5	18 %	18 %	4 %	4 %
0,6–1,0	18 %	35 %	11 %	15 %
1,1–1,5	15 %	50 %	20 %	35 %
1,6–2,0	11 %	61 %	16 %	51 %
2,1–2,5	7 %	69 %	11 %	63 %
2,6–3,0	6 %	75 %	8 %	71 %
3,1–3,5	5 %	80 %	6 %	77 %
3,6–4,0	5 %	84 %	4 %	81 %
4,1–4,5	4 %	88 %	4 %	85 %
>4,5	12 %	100 %	15 %	100 %

Tab. 14.5 Kurs-Buchwert-Verhältnis für 10-Bagger, ein Jahr zuvor.

Tabelle 14.5 zeigt eine Häufigkeitsverteilung des Kurs-Buchwert-Verhältnisses für 10-Bagger und Aktien, die sich nicht als 10-Bagger qualifiziert haben (Benchmark).

Die Hälfte (50 Prozent) hat ein Kurs-Buchwert-Verhältnis von 1,5 oder weniger, verglichen mit einer Benchmark von 2,0. Über ein Drittel (35 Prozent) der 10-Bagger haben ein Kurs-Buchwert-Verhältnis von unter 1,0, aber Nicht-10-Bagger weisen in der nächsten Zeile darunter denselben Wert von 35 Prozent auf. Mit anderen Worten: 10-Bagger haben tendenziell ein niedrigeres Kurs-Buchwert-Verhältnis als Aktien, die sich nicht als 10-Bagger qualifiziert haben.

Da wir einen 10-Bagger zu Beginn seiner Entwicklung erkennen wollen, sollten wir nach niedrigen Kurs-Buchwert-Verhältnissen Ausschau halten.

- Im Jahr vor Beginn eines 10-Baggers zeigt sich, dass die Hälfte der Stichproben ein Kurs-Buchwert-Verhältnis von unter 1,5 aufweist.

Investitionsausgaben

Die Investitionsausgaben für Anlagen und Ausrüstung sinken bei 10-Baggern in 59 Prozent der Fälle (gemessen vom Jahr vor Jahr 0 bis Jahr 0). Das ist der höchste Prozentsatz unter den steigenden (32 Prozent), sinkenden (59 Prozent) und unveränderten (9 Prozent) Werten. Mit anderen Worten: Im Jahr 0 waren die Investitionsausgaben in 59 Prozent der Fälle geringer als im Vorjahr. **Tabelle 14.6** zeigt dies.

CapEx	10-Bagger Jahr -1	Benchmark Jahr -1
Anstieg	32 %	47 %
Rückgang	59 %	39 %
Keine Veränderung	9 %	14 %

Tab. 14.6 Investitionsausgaben für 10-Bagger, ein Jahr zuvor.

Bei der Suche nach 10-Baggern sollten Sie nach Aktien Ausschau halten, die einen Rückgang der Investitionsausgaben aufweisen.

Beachten Sie, dass die Benchmark bei Nicht-10-Baggern in den meisten Fällen einen Anstieg der Investitionsausgaben (47 Prozent der Stichproben) und keinen Rückgang aufweist. Tatsächlich sinken die Investitionsausgaben nur in 39 Prozent der Fälle, verglichen mit 59 Prozent bei 10-Baggern.

- 10-Bagger weisen in 59 Prozent der Fälle im Jahr 0 gegenüber dem Vorjahr sinkende Investitionsausgaben auf.

Kurs-Cashflow-Verhältnis

Analysten haben den Cashflow als Schlüssel zur Bestimmung der aktuellen und zukünftigen Aussichten eines Unternehmens hervorgehoben. Ist der Cashflow für 10-Bagger wichtig? Vielleicht, und **Tabelle 14.7** zeigt den Grund dafür.

Im Jahr vor meiner Entdeckung der 10-Bagger hatten 40 Prozent ein Kurs-Cashflow-Verhältnis von 1,0 oder darunter. Das ist enorm! Im Vergleich dazu lag dieser Wert bei Nicht-10-Baggern (Benchmark) bei 10 Prozent.

Die Zeile „> 9“ ist eine Sammelkategorie, die eine weitere große Gruppe von 10-Baggern zeigt: 25 Prozent der Stichproben befinden sich dort, aber schauen Sie sich die Benchmark an. 48 Prozent befinden sich in der Zeile „> 9“.

Bei genauerer Betrachtung der 40 Prozent stellte ich fest, dass 38 Prozent im Jahr vor meiner Erfassung als 10-Bagger einen negativen Cashflow hatten. Im Vergleich dazu waren es bei der Benchmark nur 10 Prozent (seltsamerweise aufgrund von Rundungen genau wie angegeben).

- 40 Prozent der 10-Bagger hatten ein Kurs-Cashflow-Verhältnis von unter 1,0.

KCV	10-Bagger Jahr -1	10-Bagger kumulativ	Benchmark Jahr -1	Benchmark kumulativ
≤1	40%	40%	10%	10%
1,1–2	7%	47%	2%	11%
2,1–3	3%	50%	3%	14%
3,1–4	4%	54%	5%	20%
4,1–5	7%	61%	7%	27%
5,1–6	5%	66%	7%	34%
6,1–7	2%	68%	7%	41%
7,1–8	3%	72%	6%	47%
8,1–9	3%	75%	5%	52%
>9	25%	100%	48%	100%

Tab. 14.7 Kurs-Cashflow-Verhältnis von 10-Baggern.

Dividenden

Zahlen Aktien, deren Wert sich innerhalb von fünf Jahren verzehnfacht, Dividenden? Nein. Nur 13 Prozent der Stichproben zahlten im Jahr vor ihrer offiziellen Entstehung Dividenden. Bei den Nicht-10-Baggern zahlten 43 Prozent im gleichen Zeitraum Dividenden.

- 10-Bagger zahlen bei ihrer Entstehung keine Dividenden; nur 13 Prozent taten dies.

Langfristige Schulden

Haben 10-Bagger Schulden? Man könnte meinen, dass die Antwort „Nein" lautet, aber 72 Prozent der Stichproben zeigten, dass Unternehmen im Jahr vor dem Jahr 0 zumindest einen gewissen Bestand an langfristigen Schulden aufwiesen. Ich habe nicht gemessen, wie hoch die Verschuldung war, sondern nur, ob ein Unternehmen Schulden hatte. Siehe **Tabelle 14.8**.

Die Verschuldungsquote von 72 Prozent steht im Vergleich zu 63 Prozent bei Nicht-10-Baggern (Benchmark), die langfristige Schulden haben. Auf der Grundlage dieser beiden Zahlen scheint es keinen signifikanten Unterschied zwischen 10-Baggern und Nicht-10-Baggern zu geben. Lassen Sie uns tiefer graben.

Wächst, schrumpft oder bleibt die Höhe der Schulden konstant? Die Schuldenlast der 10-Bagger stieg in 29 Prozent der Fälle, sank in 37 Prozent und blieb in 6 Prozent konstant. Die Benchmark-Zahlen sind ähnlich: 28, 33 beziehungsweise 3 Prozent.

Schulden	10-Bagger Jahr -1	Benchmark Jahr -1
Schulden	72 %	63 %
Anstieg	29 %	28 %
Rückgang	37 %	33 %
Keine Veränderung	6 %	3 %

Tab. 14.8 Verschiedene langfristige Schuldenkennzahlen für 10-Bagger.

Nettogewinn	10-Bagger Jahr -1	Benchmark Jahr -1
Gewinn	36 %	62 %
Verlust	64 %	38 %

Tab. 14.9 Sind 10-Bagger profitabel?

Da die Zahlen nahe beieinanderliegen, halte ich die Veränderung der langfristigen Schulden für nicht wesentlich, um 10-Bagger zu finden. Es ist jedoch wichtig, dass der potenzielle 10-Bagger nicht mit Schulden überladen ist.

- 72 Prozent der 10-Bagger haben langfristige Schulden.

Nettogewinn

Sind Unternehmen, die sich für den Status eines 10-Baggers qualifizieren, vor dem Jahr 0 profitabel? Nein. Nur 36 Prozent haben Geld verdient. Im Jahr 0 steigt dieser Anteil auf 46 Prozent, was bedeutet, dass die meisten immer noch Geld verlieren.

Bei den Benchmark-Unternehmen erzielten 62 Prozent im Jahr vor dem Jahr 0 einen Gewinn. **Tabelle 14.9** stellt die Zahlen gegenüber.

- Die meisten 10-Bagger (64 Prozent) verlieren im Jahr vor ihrer Entstehung Geld.

Kurs-Gewinn-Verhältnis

Da 64 Prozent der Unternehmen Verluste machen, kann das Kurs-Gewinn-Verhältnis für diese Unternehmen nicht berechnet werden. **Tabelle 14.10** zeigt die Ergebnisse für die 56 profitablen Unternehmen. Die Zeilen enthalten in der Regel nur vier oder fünf Stichproben. Das bedeutet, dass die Ergebnisse unzuverlässig sein könnten.

KGV	10-Bagger Jahr -1	10-Bagger Jahr 0	Benchmark Jahr -1
≤5	7%	3%	0%
5,1-10	20%	25%	7%
10,1-15	16%	21%	28%
15,1-20	9%	13%	27%
20,1-25	9%	14%	15%
25,1-30	7%	10%	7%
30,1-35	7%	2%	4%
35,1-40	7%	0%	3%
40,1-45	9%	2%	2%
>45	9%	11%	6%

Tab. 14.10 Kurs-Gewinn-Verhältnis.

Allerdings ist auch in dieser Tabelle der Trend zu niedrigeren Kurs-Gewinn-Verhältnissen bei 10-Baggern deutlich zu erkennen. Dies entspricht dem Trend, den wir bei Aktien beobachtet haben, deren Kurs sich verdoppelt hat (siehe Kapitel 8, „Kurs-Gewinn-Verhältnis").

Zur Erläuterung der Tabelle sehen Sie sich die Zeile „5,1–10" an. Sie zeigt, dass 20 Prozent der 10-Bagger im Jahr vor dem Jahr 0 ein Kurs-Gewinn-Verhältnis im Bereich von 5,1 bis 10 hatten. Die Bilanz für das Jahr 0 (unter Verwendung von 63 Stichproben) zeigte 25 Prozent im gleichen Bereich. Bei den Benchmark-Unternehmen, also den Aktien, die sich nicht für den Status eines 10-Baggers qualifizierten, fielen nur 7 Prozent in diesen KGV-Bereich.

Wenn wir eine Regel haben, nur verlustbringende Unternehmen einzubeziehen (aus dem vorherigen Abschnitt „Nettogewinn"), dann ist das Kurs-Gewinn-Verhältnis irrelevant. Andernfalls zeigt die Spalte für das Jahr 0 eine Verschiebung von hohen zu niedrigeren Verhältnissen, wobei die Zeile „5,1–10" den höchsten Wert aufweist.

Allerdings erscheint eine konstante Anzahl von Stichproben in den Zellen mit höheren Kurs-Gewinn-Verhältnissen, deutlich mehr als in der Spalte „Benchmark". Daher könnte es ein Fehler sein, eine Regel zur Qualifizierung von 10-Baggern auf der Grundlage ihres Kurs-Gewinn-Verhältnisses anzuwenden. Dadurch könnten zu viele 10-Bagger entfernt werden.

Was ist die Lösung für dieses Problem? Antwort: das Kurs-Umsatz-Verhältnis, auf das ich gleich noch eingehen werde.

- Mit steigenden Gewinnen sinkt das Kurs-Gewinn-Verhältnis für 10-Bagger bis zum Jahr 0.

Umsatz

Explodiert der Umsatz, bevor ein 10-Bagger beginnt? Nein. Ich habe mir die Umsatzentwicklung in diesem Jahr und im Vorjahr angesehen, was ich in **Tabelle 14.11** darstelle.

Im Vorjahr stieg der Umsatz um mediane 0,5 Prozent und durchschnittliche 2,9 Prozent, verglichen mit 6,4 Prozent beziehungsweise

10,4 Prozent bei der Benchmark. Mit anderen Worten: Der Umsatz von Nicht-10-Baggern ist deutlich höher als der von 10-Baggern.

Im Jahr 0 bleibt die gleiche Unterperformance beim Umsatz bestehen, wobei 10-Bagger einen medianen Umsatzanstieg von 3,6 Prozent verzeichnen, was fast der Hälfte der Benchmark-Rate von 7,0 Prozent entspricht. Es scheint klar zu sein, dass boomende Umsätze keine 10-Bagger auslösen.

Umsatz	10-Bagger Jahr -1	Benchmark Jahr -1	10-Bagger Jahr 0	Benchmark Jahr 0
Median	0,5 %	6,4 %	3,6 %	7,0 %
Durchschnitt	2,9 %	10,4 %	7,7 %	11,0 %

Tab. 14.11 Umsatz von 10-Baggern.

- Im Jahr vor einem 10-Bagger sind die Umsätze deutlich schwächer als bei Nicht-10-Baggern. Allerdings verzeichnen 10-Bagger im Jahr 0 eine dramatische Umsatzsteigerung, bleiben aber etwa bei der Hälfte der Rate von Nicht-10-Baggern.

Kurs-Umsatz-Verhältnis

Einer der Vorteile des Kurs-Umsatz-Verhältnisses besteht darin, dass es nicht von den Gewinnen abhängt. Wenn ein Unternehmen Umsatz und einen Aktienkurs hat, kann man das Kurs-Umsatz-Verhältnis (KUV) berechnen.

Tabelle 14.12 zeigt eine Häufigkeitsverteilung des Verhältnisses für 10-Bagger. Bei Stichproben mit einem KUV von 0,25 oder weniger fielen im Jahr vor dem Jahr 0 26 Prozent der 10-Bagger in diesen Bereich. Im Vergleich dazu waren es bei Nicht-10-Baggern nur 7 Prozent.

Über die Hälfte (56 Prozent) hatte ein KUV unter 1,0. Wenn wir uns die Benchmark-Spalten ansehen, stellen wir fest, dass nach einem KUV von 1,0 die beiden kumulativen Spalten ähnlich sind. Im Bereich unter

1,0 und bei den 10-Baggern ist eine stärkere Häufung in Richtung der niedrigen KUV-Zahlen zu erkennen, insbesondere unter 0,50.

- Im Jahr vor dem Jahr 0 hatten mehr als die Hälfte (56 Prozent) der 10-Bagger ein Kurs-Umsatz-Verhältnis von 1,0 oder weniger.

KUV	10-Bagger Jahr -1	10-Bagger kumulativ	Benchmark Jahr -1	Benchmark kumulativ
≤0,25	26 %	26 %	7 %	7 %
0,26–0,50	15 %	41 %	16 %	23 %
0,51–0,75	6 %	47 %	15 %	38 %
0,76–1,00	9 %	56 %	12 %	50 %
1,01–1,25	5 %	61 %	8 %	59 %
1,26–1,50	5 %	66 %	6 %	65 %
1,51–1,75	2 %	68 %	4 %	69 %
1,76–2,00	4 %	72 %	3 %	73 %
2,01–2,25	3 %	76 %	3 %	76 %
>2,25	24 %	100 %	24 %	100 %

Tab. 14.12 Kurs-Umsatz-Verhältnis von 10-Baggern.

Eigenkapitalrendite

Tabelle 14.13 zeigt eine Häufigkeitsverteilung von 57 Stichproben von 10-Baggern, sortiert nach ihrer Eigenkapitalrendite (ROE).

Die Hälfte der Stichproben (51 Prozent) wies eine Eigenkapitalrendite von 8 Prozent oder weniger auf, die andere Hälfte erzielte eine höhere Rendite. Einige Analysten betrachten 15 Prozent als Mindest-Eigenkapitalrendite für qualitativ hochwertige Unternehmen. Ganze 75 Prozent haben eine Eigenkapitalrendite von unter 15 Prozent, sodass nur 25 Prozent die Mindestanforderungen erfüllen. Bevor Sie über die

Analysten lachen, bedenken Sie bitte, dass ich nur 57 Stichproben finden konnte, was ich für eine geringe Anzahl halte.

ROE	10-Bagger Jahr -1	10-Bagger kumulativ	Benchmark Jahr -1	Benchmark kumulativ
2%	7%	7%	3%	3%
2,1%-4%	12%	19%	6%	9%
4,1%-6%	14%	33%	7%	16%
6,1%-8%	18%	51%	9%	25%
8,1%-10%	4%	54%	12%	37%
10,1%-12%	2%	56%	13%	50%
12,1%-14%	16%	72%	11%	61%
14,1%-16%	4%	75%	8%	70%
16,1%-18%	4%	79%	6%	76%
>18%	21%	100%	24%	100%

Tab. 14.13 Eigenkapitalrendite von 10-Baggern.

Die Benchmark zeigt, dass die Eigenkapitalrendite für Nicht-10-Bagger viel höher ist. Die Hälfte der 10-Bagger (51 Prozent) hat eine Eigenkapitalrendite von unter 8 Prozent, aber nur ein Viertel (25 Prozent) der Nicht-10-Bagger liegt in diesem Bereich.

- Eine hohe Eigenkapitalrendite ist kein gutes Kriterium für die Auswahl von 10-Baggern, da 51 Prozent von ihnen eine Eigenkapitalrendite von unter 8 Prozent hatten.

Im Umlauf befindliche Aktien

Geben 10-Bagger im Jahr vor dem Jahr 0 mehr Aktien aus? Ja, aber der Unterschied zu Nicht-10-Baggern ist nicht groß: 71 Prozent gegenüber 69 Prozent, wie **Tabelle 14.14** zeigt. Etwa die gleiche Anzahl von Unternehmen verringert auch ihre im Umlauf befindlichen Aktien, nämlich 21 Prozent gegenüber 28 Prozent.

Betrachten Sie jedoch das Jahr 0. 84 Prozent der 10-Bagger geben mehr Aktien aus, verglichen mit 68 Prozent der Benchmark-Unternehmen (Nicht-10-Bagger).

Aktien im Umlauf	10-Bagger Jahr -1	Benchmark Jahr -1	10-Bagger Jahr 0	Benchmark Jahr 0
Anstieg	71%	69%	84%	68%
Rückgang	21%	28%	11%	28%
Keine Veränderung	8%	4%	5%	4%

Tab. 14.14 Im Umlauf befindliche Aktien von 10-Baggern.

Ich gehe davon aus, dass das durch die Ausgabe von Aktien eingenommene Geld in Produkte oder Dienstleistungen fließt, die dazu beitragen, den Aktienkurs in den nächsten fünf Jahren nach oben zu treiben. Das muss natürlich nicht der Fall sein. In den Wochen unmittelbar nach der Ausgabe weiterer Aktien durch ein Unternehmen tendiert der Aktienkurs dazu, zu fallen, da die Aktionäre die Verwässerung ihrer Anteile nicht schätzen.

- In 84 Prozent der Fälle hatten 10-Bagger am Ende des Jahres 0 mehr Aktien im Umlauf als im Vorjahr, verglichen mit 68 Prozent bei Nicht-10-Baggern.

Branchen, in denen 10-Bagger am wahrscheinlichsten sind

Ich habe gezählt, wie oft eine Branche mit 10-Baggern vertreten war. **Tabelle 14.15** zeigt die Ergebnisse für Branchen mit mehr als neun

Aktien. Es wurden auch nicht alle bekannten Branchen analysiert. Ich habe nur 60 untersucht.

Die Branche mit den häufigsten großen Gewinnern waren die Halbleiterhersteller. Von 35 Aktien in dieser Branche waren 29 10-Bagger. Der Rest der Tabelle zeigt, wo sich 10-Bagger am häufigsten verstecken.

- Von den 60 in der Studie berücksichtigten Branchen hatten die Halbleiterindustrie und die Wohnungsbauunternehmen von 1992 bis 2007 die meisten 10-Bagger.

Branche	Prozent
Halbleiter	83 %
Wohnungsbau	77 %
Internet	77 %
Halbleiter-Investitionsgüter	73 %
Alternative Energien	67 %
Biotechnologie	67 %
Computer und Peripheriegeräte	60 %
Telekommunikationsausrüstung	59 %
Arzneimittel	52 %
Einzelhandel (Spezialbereiche)	43 %
Präzisionsinstrumente	42 %
Medizinische Versorgung	35 %
Maschinen	25 %

Tab. 14.15 10-Bagger nach Branchen.

Die beliebtesten Jahre für 10-Bagger

Tabelle 14.16 zeigt eine Häufigkeitsverteilung der *Startdaten* für 10-Bagger. Wie bereits erläutert, handelt es sich hierbei nicht um den

Zeitpunkt, an dem die Aktie zu steigen begann. Vielmehr ist es der höchste Kurs, bei dem die Aktie innerhalb von fünf Jahren noch als 10-Bagger galt.

Im Jahr 1998 begannen 10-Bagger in großem Stil am rasanten Bullenmarkt teilzunehmen, als ihre Häufigkeit von 1 im Vorjahr auf 13 stieg. Die Zahl der 10-Bagger erreichte 2003 mit 50 (31 Prozent der Gesamtzahl) ihren Höhepunkt. Das ist nachvollziehbar, da im Oktober 2002 der Bärenmarkt endete, der im März 2000 begonnen hatte. Die Tiefststände des Bärenmarktes waren der Keim für die großen Gewinne der nächsten fünf Jahre.

Anders ausgedrückt: 50 Aktien erreichten zwischen 2003 und 2007 den Status eines 10-Baggers, den höchsten Wert in der Tabelle.

Am Ende der Tabelle sind weniger Stichproben aufgeführt, da es fünf Jahre dauern kann, bis ein 10-Bagger seinen Höchstkurs erreicht. Wenn ein 10-Bagger nach 2003 entstanden ist, blieb wahrscheinlich nicht genug Zeit, um vor Ende der Studie einen Anstieg zu verzeichnen.

- Die meisten 10-Bagger beginnen ihre Aufwärtsbewegung unmittelbar nach dem Ende eines Bärenmarktes.

Jahr	Häufigkeit	Stichproben
1992	0%	0
1993	0%	0
1994	1%	1
1995	2%	3
1996	0%	0
1997	1%	1
1998	8%	13
1999	10%	17
2000	7%	11
2001	12%	19

Jahr	Häufigkeit	Stichproben
2002	13%	21
2003	31%	50
2004	12%	19
2005	3%	5
2006	2%	3
2007	0%	0

Tab. 14.16 Entstehung von 10-Baggern nach Jahren.

Jahr	Verlust im Jahresvergleich	Kurshalbierung im Jahresvergleich
1	18%	0%
2	31%	5%
3	34%	7%
4	31%	9%
5	38%	8%

Tab. 14.17 Häufigkeitsverteilung von Gewinnen und Verlusten.

Überraschende Erkenntnis über 10-Bagger-Verluste

Lassen Sie uns über Verluste sprechen, da jede Aktie solche aufweist. Wenn Sie zum Jahreshoch kaufen und der Kurs im folgenden Jahr fällt, dann haben Sie einen Buchverlust, der sich in Ihren Brokerage-Abrechnungen niederschlägt.

Man könnte meinen, dass eine Aktie, die einen 10-Bagger-Status erreicht, von Jahr zu Jahr einen Kursanstieg verzeichnet. Leider trifft dies in etwa einem Drittel der Fälle nicht zu.

Tabelle 14.17 zeigt die Aufschlüsselung. Alle Ergebnisse basieren auf den Schlusskursen zum Jahresende. Beispielsweise hatten am Ende des Jahres 1 18 Prozent der Stichproben einen niedrigeren Kurs als am Ende des Jahres 0; 31 Prozent hatten im Jahr 2 einen niedrigeren Kurs als im Jahr 1 und so weiter.

Wie viele Stichproben verloren von einem Jahr zum nächsten die Hälfte ihres Wertes? Der Anteil reicht von 0 Prozent im Jahr 1 bis zu 9 Prozent im Jahr 4. Stellen Sie sich vor, Sie erreichen im Jahr 4 den 10-Bagger-Status, nur um im nächsten Jahr zu sehen, wie Ihre Gewinne um die Hälfte sinken!

Da die Tabelle nur Jahresendwerte verwendet, könnten die Ergebnisse noch schlechter ausfallen, wenn die Aktien im Laufe des Jahres Tiefststände erreicht hätten.

- 10-Bagger sind nicht immun gegen Kursrückgänge.

Backtesting

In diesem Kapitel wurden Elemente aufgeführt, die für die meisten 10-Bagger typisch sind. Da wir nun diese Eigenschaften kennen, wie funktionieren diese Kennzahlen, wenn sie auf die gesamte Datenbank angewendet werden? Hier sind die Parameter basierend auf der Spalte „Jahr –1“ in den verschiedenen Tabellen, wobei die Zahlen so begrenzt wurden, dass 66 Prozent der Stichproben enthalten sind.

- Der Schlusskurs des Jahres 0 sollte unter 6 Dollar liegen.
- Das Unternehmen muss ein Small Cap sein, also einen Wert von weniger als 1 Milliarde Dollar haben.
- Kurs-Buchwert-Verhältnis bei 2,5 oder darunter.
- Rückgang der Investitionsausgaben gegenüber dem Vorjahr.
- Kurs-Cashflow-Verhältnis bei 6 oder darunter.
- Die Aktie zahlt keine Dividende.
- Die Höhe der langfristigen Schulden ist nicht wichtig: ausgeschlossen.

- Unternehmen sollten einen Verlust ausweisen (ausgeschlossen) oder ein Kurs-Gewinn-Verhältnis von unter 30 aufweisen (eingeschlossen).
- Kurs-Umsatz-Verhältnis bei 1,5 oder darunter.
- Eigenkapitalrendite unter 14 Prozent.
- Im Umlauf befindliche Aktien. Ausgeschlossen, da es keinen großen Unterschied zwischen 10-Baggern und Nicht-10-Baggern gibt.

Die 10 Aktien, die die Kriterien erfüllten, erzielten durchschnittlich 605 Prozent (gemessen an den Schlusskursen von Jahr 0 bis Jahr 5), und 3 davon (30 Prozent) waren 10-Bagger. Keine verlor während der fünfjährigen Haltedauer Geld, aber der Testzeitraum betrug 16 Jahre. Das bedeutet, dass etwa alle zwei Jahre eine Aktie gefunden wird, die die Kriterien erfüllt.

Ich bevorzuge eine andere Liste von Komponenten. Hier sind sie, aber seien Sie gewarnt: Diese sind kurvenangepasst. Das bedeutet, dass ich gesehen habe, wie wenig sich einige der oben genannten Regeln auf die Ergebnisse ausgewirkt haben (oder sich negativ auf die Ergebnisse ausgewirkt haben), und sie verworfen habe.

- Der Schlusskurs des Jahres 0 sollte unter 5 Dollar liegen.
- Das Unternehmen muss ein Small Cap sein, also einen Wert von weniger als 1 Milliarde Dollar haben.
- Kurs-Buchwert-Verhältnis unter 2,5.
- Die Aktie zahlt keine Dividende.
- Kurs-Umsatz-Verhältnis unter 1,5.

Unter Anwendung dieser Richtlinien auf nicht splitbereinigte Aktien finden sich 108 Stichproben mit durchschnittlichen Gewinnen von 649 Prozent. 35 davon, also 32 Prozent, waren 10-Bagger. 5 verloren durchschnittlich 32 Prozent. Sie gehen ein höheres Risiko (Verlust) ein, haben aber mehr Aktien zur Auswahl mit einem etwas höheren durchschnittlichen Gewinn.

Kapitel-Checkliste

Die folgende Checkliste basiert auf den obigen Ausführungen. Weitere Informationen finden Sie in der jeweiligen Tabelle oder dem jeweiligen Abschnitt.

Bitte beachten Sie, dass die Verwendung dieser Ergebnisse keine Garantie dafür ist, dass der Kurs innerhalb von fünf Jahren um 900 Prozent oder mehr steigen wird.

- ☐ Ganze 41 Prozent der 10-Bagger benötigen fünf Jahre, um die Entwicklung abzuschließen. Siehe Tabelle 14.1.

- ☐ Die meisten 10-Bagger (55 Prozent) beginnen ihre Entwicklung bei Kursen unter 5 Dollar. Siehe Tabelle 14.2.

- ☐ Die meisten 10-Bagger (59 Prozent) verdoppeln ihren Kurs im Jahr 0 mit einem medianen Anstieg von 116 Prozent. Siehe Tabelle 14.3.

- ☐ Im ersten Jahr steigt der Kurs oft am stärksten. Siehe Tabelle 14.4.

- ☐ 77 Prozent der 10-Bagger sind Small Caps. Siehe Abschnitt „10-Bagger nach Marktkapitalisierung“.

- ☐ Im Jahr vor Beginn eines 10-Baggers zeigt sich, dass die Hälfte der Stichproben ein Kurs-Buchwert-Verhältnis von unter 1,5 aufweist. Siehe Tabelle 14.5.

- ☐ 10-Bagger weisen in 59 Prozent der Fälle im Jahr 0 gegenüber dem Vorjahr sinkende Investitionsausgaben auf. Siehe Tabelle 14.6.

- ☐ Viele 10-Bagger (40 Prozent) hatten ein Kurs-Cashflow-Verhältnis von unter 1,0. Siehe Tabelle 14.7.

☐ 10-Bagger zahlen bei ihrer Entstehung keine Dividenden; nur 13 Prozent taten dies. Siehe Abschnitt „Dividenden“.

☐ Die meisten 10-Bagger (72 Prozent) haben langfristige Schulden. Siehe Tabelle 14.8.

☐ Die meisten 10-Bagger (64 Prozent) verlieren im Jahr vor Erreichen des 10-Bagger-Status Geld. Siehe Tabelle 14.9.

☐ Mit steigenden Gewinnen sinkt das Kurs-Gewinn-Verhältnis für 10-Bagger bis zum Jahr 0. Siehe Tabelle 14.10.

☐ Im Jahr vor einem 10-Bagger sind die Umsätze deutlich schwächer als bei Nicht-10-Baggern. Allerdings verzeichnen 10-Bagger im Jahr 0 eine dramatische Umsatzsteigerung, bleiben aber etwa bei der Hälfte der Rate von Nicht-10-Baggern. Siehe Tabelle 14.11.

☐ Im Jahr vor dem Jahr 0 hatten mehr als die Hälfte (56 Prozent) der 10-Bagger ein Kurs-Umsatz-Verhältnis von 1,0 oder weniger. Siehe Tabelle 14.12.

☐ Eine hohe Eigenkapitalrendite ist kein gutes Kriterium für die Auswahl von 10-Baggern, da 51 Prozent von ihnen eine Eigenkapitalrendite von unter 8 Prozent hatten. Siehe Tabelle 14.13.

☐ In den meisten Fällen (84 Prozent) hatten 10-Bagger am Ende des Jahres 0 mehr Aktien im Umlauf als im Vorjahr, verglichen mit 68 Prozent bei Nicht-10-Baggern. Siehe Tabelle 14.14.

☐ Von den 60 in der Studie berücksichtigten Branchen hatten die Halbleiterindustrie und die Wohnungsbauunternehmen von 1992 bis 2007 die meisten 10-Bagger. Siehe Tabelle 14.15.

- ☐ Die meisten 10-Bagger beginnen ihre Aufwärtsbewegung unmittelbar nach dem Ende eines Bärenmarktes. Siehe Tabelle 14.16.

- ☐ 10-Bagger sind nicht immun gegen Kursrückgänge. Siehe Tabelle 14.17.

- ☐ Ideen zur Auswahl der Parameter finden Sie im Abschnitt „Backtesting“.

15

10-BAGGER HANDELN

„10-Bagger handeln“ klingt wie ein Widerspruch in sich. Warum sollte man den Handel mit Aktien in Betracht ziehen, die für eine Haltedauer von bis zu fünf Jahren oder länger vorgesehen sind? Die Antwort ist einfach: um Geld zu verdienen. Ein Blick auf die Charts gibt Hinweise darauf, wie 10-Bagger entstehen, leben und sterben, und die Beachtung dieser Hinweise kann Zeit und Geld sparen. Folgen Sie mir auf meiner Erkundung der visuellen Welt der 10-Bagger.

Die Entstehung von 10-Baggern

Verwenden Sie auf der Grundlage der bislang besprochenen fundamentalen Faktoren die im Internet verfügbaren Screening-Tools, um einen potenziellen 10-Bagger ausfindig zu machen. Sollten Sie die Aktie kaufen, nachdem Sie einen gefunden haben? Nein. Warum nicht? Weil der Kurs möglicherweise monatelang oder sogar jahrelang nicht steigen wird. Hier hilft die Technische Analyse, indem sie den

Einstiegszeitpunkt bestimmt. Schauen wir uns einige Charts an, um typische Elemente zu entdecken, die 10-Bagger während ihres Entstehungsprozesses aufweisen.

Abbildung 15.1 zeigt einen 10-Bagger von BJ's Restaurants. Wenn Sie die Aktie im April 1997 zu einem Kurs von etwa 1 Dollar pro Aktie gekauft hätten, hätte sie etwa ein Jahr später mit 2,47 Dollar ihren Höchststand erreicht. Im Juni 2000 hätte sie dann einen Kurs von etwa 1,50 Dollar gehabt. Für eine Haltedauer von drei Jahren sind 50 Prozent für einen 10-Bagger kein besonders hoher Gewinn, oder?

Ein Arzt, der der Aktie einen Klaps auf den Hintern gibt, haucht ihr Leben ein, und der Kurs beginnt zu steigen. Er durchbricht eine Trendlinie (schlauerweise als Trendlinie A bezeichnet), die entlang der Kursspitzen gezogen wurde, und signalisiert einen Kauf bei etwa 2 Dollar.

Abb. 15.1 Ein 10-Bagger von BJ's Restaurants, dargestellt auf der monatlichen Skala.

Im Bärenmarkt von 2000 bis 2002 stolpert die Aktie und fällt zurück auf B, bevor sie in nur drei Monaten einen robusten Anstieg auf fast 6 Dollar vollzieht (Punkt F). Der Kurs gibt einen Teil der Gewinne wieder ab, bevor er seinen Aufstieg bis C fortsetzt. Bei C erreicht der Kurs 10,45, was mehr als dem 10-Fachen des Tiefststands bei G im Dezember 1999 entspricht.

Anleger, die nicht bei C verkaufen, würden sehen, wie ihre Investition um fast die Hälfte auf ein Tief von 5,30 im März 2003 (D) fällt, bevor eine weitere Aufwärtsbewegung beginnt. Der Kurs steigt bis E auf 15,50 und erreicht dann im Juni 2006 einen Höchststand von 27,50.

Warum verbringe ich so viel Zeit mit der Betrachtung des Charts? Lassen Sie mich Ihnen einige Gründe nennen. Erstens ist der Chart anhand einer linearen Skala dargestellt. Das bedeutet, dass jede Sprosse der Kursskala den gleichen Abstand zur vorherigen Sprosse hat. Die lineare Skala neigt dazu, den Kurs bei großen Bewegungen zu komprimieren. Mit anderen Worten: In den drei Jahren von 1997 bis 2000 stieg der Kurs von einem Tiefststand von 0,81 Dollar auf einen Höchststand von 2,47 Dollar – eine Verdreifachung, aber es sieht nicht so aus, als hätte sich die Aktie überhaupt stark bewegt.

Zweitens zeigt der Chart zwei Muster. Das erste ist eine flache Basis. Das ist der horizontal verlaufende Abschnitt, der 1997 beginnt und sich bis 2000 erstreckt. Trendlinien sind effektive Werkzeuge, um den Ausbruch des Kurses aus einer flachen Basis hervorzuheben.

Ein anderer Begriff für eine flache Basis ist eine Trading-Spanne. Der Kurs ist in einer Spanne gebunden, springt vom Tiefpunkt nach oben, um dann wieder zu fallen, bleibt aber in diesem Fall jahrelang zwischen dem Höchst- und Tiefstkurs. Erst wenn der Kurs über dem oberen Ende dieser Spanne schließt, wird die Aktie für Trader und Investoren interessant. Das ist der richtige Zeitpunkt zum Kauf.

Schließlich zeigt der Chart eine gemessene Aufwärtsbewegung. Der Kurs erreicht seinen Tiefpunkt bei B, steigt dann bis C, wo er die Korrekturphase CD bildet, bevor er weiter bis E steigt.

Die Theorie hinter der gemessenen Aufwärtsbewegung besagt, dass der Abschnitt BC sowohl hinsichtlich des Kurses als auch der Zeit dem Abschnitt DE entspricht. Ich werde das Muster der wöchentlich gemessenen Aufwärtsbewegung später in diesem Kapitel näher erläutern.

10-Bagger beginnen mit einer flachen Basis

Lassen Sie uns das Muster der flachen Basis genauer betrachten, um zu sehen, wie wir es zum Kauf von 10-Baggern nutzen können. Ich habe den linearen Chart mit monatlicher Skala verwendet, um mehr als 400 10-Bagger zu überprüfen, und festgestellt, dass 46 Prozent von ihnen von einer flachen Basis aus starteten.

- 46 Prozent der 10-Bagger beginnen mit einer flachen Basis.

Abbildung 15.2 zeigt ein weiteres Beispiel für eine flache Basis auf der monatlichen und wöchentlichen (Einblendung) logarithmischen Kursskala. Die flache Basis begann im September 2003 und dauerte bis Oktober 2004. Hätten Sie im September 2003 in die Aktie investiert, hätten Sie ein Jahr später wenig davon gehabt. Im November 2004 schoss die Aktie von einem Tiefststand von 1,73 auf einen Höchststand von 8,64 – innerhalb eines Monats! Aber der Höhenflug hatte gerade erst begonnen. Der Kurs erreichte schließlich im November 2007 einen Höchststand von 66.

Worauf sollten Sie bei der Suche nach einer flachen Basis achten? Wie bereits erwähnt, sollten Sie die lineare Skala anstelle der logarithmischen Skala verwenden. Das ist ein wichtiger Schritt, da die lineare Skala den Kurs komprimiert und dabei hilft, eine flache Basis zu finden. Achten Sie dann auf einen Kurs, der sich über Monate hinweg horizontal bewegt und Wellen bildet, die zwischen dem oberen und unteren Ende der flachen Basis hin- und herpendeln. Machen Sie sich keine Sorgen, wenn der Kurs hin und wieder aus diesem Bereich ausbricht.

Die Kursbewegung ähnelt einem Meeresstrand, der aus Felsen und Kieselsteinen statt aus Sand besteht. Aus der Nähe (Tagesbasis) sieht der Strand überhaupt nicht eben aus, aber aus der Ferne (Wochenbasis) sieht man, dass er ziemlich eben ist. Das Gleiche gilt für die flache Basis. Wie in der Einblendung gezeigt, sieht sie zerklüftet aus, aber der Kurs bleibt zwischen der oberen und unteren Grenze. Ein Kurs, der über die Obergrenze der Spanne steigt, gibt ein Kaufsignal.

- Wechseln Sie zur linearen Skala und suchen Sie nach einem flachen Basismuster.
- Kaufen Sie, wenn der Kurs über dem Höchststand der flachen Basis schließt.

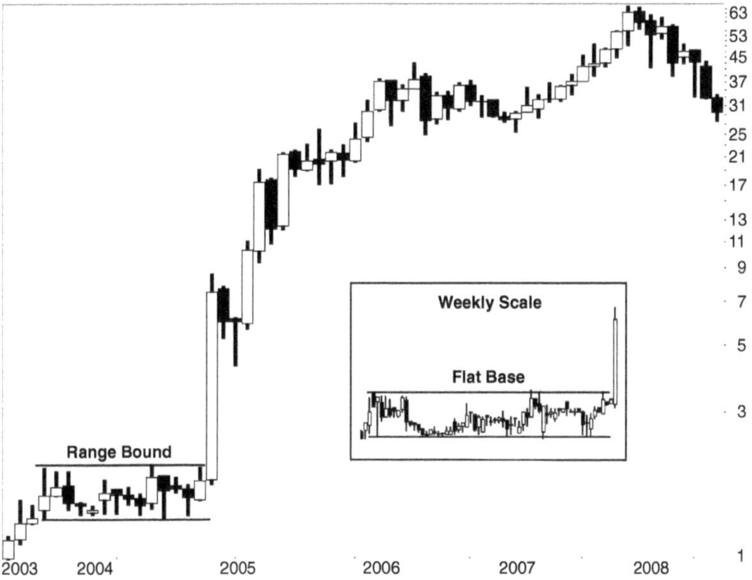

Abb. 15.2 Eine flache Basis auf der monatlichen, halblogarithmischen Skala (eingefügte wöchentliche Skala) führt zu einem 10-Bagger.

Abbildung 15.2 verwendet die logarithmische Skala, da ich die Kursentwicklung in den niedrigen Bereichen auf historischer Basis darstellen wollte. Hätte ich eine lineare Skala verwendet, würden Sie eine flache Linie und wenig mehr sehen, bis der Kurs anzog.

Einige 10-Bagger bevorzugen einen V-förmigen Start

Vergleichen Sie die flache Basis mit der V-förmigen Wende in **Abbildung 15.3.** Wenn die flache Basis den einfachen Weg zum Geldverdienen darstellt, ist die V-förmige Wende wie Autorennen als Beruf. Es erfordert Mut, eine Aktie nahe dem Tiefpunkt zu kaufen, wenn es zu vielen Unfällen kommt.

Abb. 15.3 Die V-förmige Wende bei A tritt am häufigsten bei 10-Baggern auf, ist aber schwer zu traden.

Die V-förmige Wende tritt bei 10-Baggern in 54 Prozent der Fälle auf. Auf der linearen Skala tendiert der Kurs zunächst nach unten, dann aber nicht mehr. Überraschung! Der Aufschwung mag wie ein weiteres Aufwärts-Retracement (temporäre Gegenbewegung) in einem Abwärtstrend aussehen, aber etwas hat sich verändert. Der Kurs wird zu einem Heliumballon, der von kleinen Fingern losgelassen wird. Ich zeige die V-förmige Wende am Punkt A auf dem Monatschart.

Sehen Sie sich die Einblendung mit der wöchentlichen Skala an. Die Aktie erreichte im März 2000 ihren Höchststand bei 55,50 (nicht abgebildet) und erreichte schließlich im Oktober 2002 ihren Tiefpunkt, was genau dem Rückgang des Standard & Poor's 500 Index im Bärenmarkt entsprach.

Würden Ihnen nach zwei Jahren Kursrückgang die Punkte B, C oder D als Tiefpunkte erscheinen? Die Bewegung nach B ist ein steiler Anstieg, der nach wenigen Wochen endet, und das Muster wiederholt sich bei C. Bei D ist der Anstieg etwas flacher, aber bei E explodiert er nach oben. Glauben Sie, dass der Anstieg bald enden würde, weil der Anstieg bei E zu steil ist? Das können nur Sie beantworten, aber ich vermute, dass Sie die Aktie erst gekauft hätten, wenn klar geworden wäre, dass der Anstieg von Dauer ist. Und bis dahin hätte sich der Kurs gegenüber dem Tiefststand verdoppelt oder sogar noch mehr.

Vergrößern wir die Kursentwicklung anhand des Tagescharts (**Abbildung 15.4**), behalten aber die lineare Skala bei. Das ist die Art von Kursbewegung, die Chartisten lieben, so wie wenn Ihre Frau oder Ihr Mann von einem Auslandseinsatz zurückkehrt!

Was mir bei diesem Chart sofort auffällt, ist das Chartmuster „Kopf-Schulter-Boden". Die beiden Schultern sind nicht symmetrisch zum Kopf, aber die Tiefstkurse sind ähnlich. Wenn man diese Abbildung umdrehen würde, sähe sie aus wie der Kopf und die Schultern einer Person. Das Chartmuster deutet auf höhere Kurse in der Zukunft hin.

Sehen Sie sich die Trendlinie D an. Ich habe diese Linie entlang der Spitzen gezogen und sie durch die rechte Schulter verlaufen lassen. Wenn der Kurs über dieser Linie schließt, deutet dies darauf hin, dass die Aufwärtsbewegung begonnen hat. Wenn Sie natürlich am Tag nach

Erreichen des Kurses E gekauft hätten und dann in den nächsten zwei Wochen einen Kursrückgang erlebt hätten, wären Sie verärgert gewesen. Aber der Kurs spielte danach mit und schoss mit einer Welle frenetischer Energie nach oben.

Abb. 15.4 Ein Kopf-Schulter-Boden markiert die Wende auf dem Tageschart, lineare Skala.

Ich zeige nicht die traditionelle Nackenlinie des Kopf-Schulter-Boden-Musters. Die Nackenlinie verbindet den Achselhöhlenhöchststand bei F mit dem bei E. Ein Schlusskurs über der Nackenlinie ist das Kaufsignal.

- Die meisten 10-Bagger beginnen mit einem V-förmigen Start.

Aufwärtsbewegung: Eine höhere Talwende

Wenn Sie kein Umkehrmuster wie einen Kopf-Schulter-Boden sehen, suchen Sie nach einer Wende wie der bei ABC gezeigten. Der Kurs erreicht seinen Tiefpunkt bei A, bildet ein höheres Tal bei B und schließt über dem Scheitelpunkt C – dem höchsten Scheitelpunkt zwischen A und B. Wenn dies geschieht, steigt der Kurs.

In einem *Aufwärts*trend schließt der Kurs über C. Ist dies nicht der Fall, befindet sich der Kurs weiterhin im Abwärtstrend. Leider funktioniert diese Technik, so gut sie auch zur Erkennung einer Trendwende ist, nicht immer. Der Kurs erreicht seinen Höchststand bei G und in einem starken *Abwärts*trend wird der Kurs bei H einfach weiter fallen, schließlich unter A fallen, und Sie fühlen sich wie ein Idiot, weil Sie die Aktie gekauft haben.

Entscheidend ist, dass der Kurs immer ein höheres Tal bildet und dann über dem Höchststand zwischen den beiden Tälern schließt. Wenn dies nicht der Fall ist, fällt der Kurs weiterhin. Dieses Chartmuster bezeichne ich als „hässlichen Doppelboden". Der Tiefststand B sollte mindestens 5 Prozent höher sein als der Tiefststand A. Wenn der Kurs über dem Höchststand zwischen den beiden Tiefstständen schließt, bestätigt dies die Trendwende.

Ein weiteres Beispiel für dieses Muster sind die „Kopf und rechte Schulter"-Täler. Der Kurs erreicht seinen Tiefpunkt am Kopf, bildet ein höheres Tal an der rechten Schulter und schließt dann über dem Hoch bei E. Wenn dies geschieht, ist dies ein Kaufsignal.

- Suchen Sie nach einem bestätigten hässlichen Doppelboden, der eine Trendwende signalisiert.

Das Leben eines 10-Baggers

Nachdem wir nun wissen, worauf wir in den Kurscharts achten müssen, um die Entstehung eines 10-Baggers zu erkennen, was können wir während seines Lebens erwarten? Um diese Frage zu beantworten, habe ich 396 10-Bagger untersucht, um gemeinsame Muster zu ermitteln. Ich habe vier davon gefunden. Bevor ich diese Muster bespreche, lassen Sie uns das Chartmuster „Wöchentlich gemessene Aufwärtsbewegung" betrachten.

Wöchentlich gemessene Aufwärtsbewegung

Die gemessene Auf- und Abwärtsbewegung sind zwei treffend benannte Chartmuster. Mit ihrer Hilfe lässt sich vorhersagen, wo sich der Kurs umkehren wird. Da wir es mit 10-Baggern zu tun haben, bei denen der Kurs in die oberen Regionen der Stratosphäre steigt, werde ich nur die gemessene Aufwärtsbewegung auf Wochenbasis diskutieren.

Ich habe 455 Chartmuster mit gemessenen Aufwärtsbewegungen bei 10-Baggern katalogisiert, und **Abbildung 15.5** zeigt vier davon. Die erste ist die ABCD-Bewegung. Der Kurs beginnt seine Aufwärtsbewegung vom Wendepunkt A in einer geraden Linie bis zu B. Dies ist der erste Abschnitt. Die Korrekturphase BC bildet einen Teil der AB-Bewegung nach. Nach C beginnt der zweite Abschnitt und führt den Kurs in einer weiteren nahezu geraden Linie bis zu D. Die anderen gemessenen Bewegungen sind CDEF, EFGH und GHIJ.

Die Theorie hinter der gemessenen Bewegung besagt, dass Abschnitt 1 in Bezug auf Kurs und Zeit Abschnitt 2 entspricht.

Jede der gemessenen Bewegungen beginnt an einem Wendepunkt – einem Minor Low – und endet an einem Minor High, wobei sie einen geraden oder nahezu geraden Verlauf nimmt. Zwischen den beiden Aufwärtsabschnitten befindet sich die Korrekturphase, in der der Kurs zu Beginn an einem Minor High wendet und die endet, bevor der zweite Abschnitt beginnt. In der Korrekturphase stagniert der Kurs, indem er sich horizontal bis abwärts bewegt.

Die Größen der drei Komponenten der gemessenen Bewegung, nämlich die beiden Abschnitte und die Korrekturphase, sollten proportional sein. Proportionalität ist schwer zu erklären, aber es ist wie bei Pornografie: Man erkennt sie, wenn man sie sieht.

Die vier gemessenen Bewegungen in Abbildung 15.5 sind proportional. Die Korrekturphase scheint für die Länge der beiden Abschnitte angemessen zu sein, und die beiden Abschnitte scheinen in Größe, Dauer und Steigungswinkel ähnlich zu sein.

Abb. 15.5 Das Chartmuster „Gemessene Aufwärtsbewegung" tritt häufig bei 10-Baggern auf (wöchentliche, logarithmische Skala).

Die Korrekturphase sollte nicht zu weit in die AB-Bewegung zurückreichen, und die CD-Bewegung sollte nicht wesentlich kürzer oder länger als die AB-Bewegung, sondern flexibel sein.

Der Winkel und das Erscheinungsbild von AB und CD sollten ähnlich sein, aber die Korrekturphase verschiebt die beiden Abschnitte auf der Zeitskala. Die unter AB und CD gezogenen Trendlinien sind fast parallel, wobei CD jedoch oft in einem flacheren Winkel ansteigt.

Gemessene Bewegungen sind fraktal. Mit anderen Worten: Sie erscheinen manchmal eingebettet in eine größere gemessene Bewegung. Die Bewegung von G nach H hat ein gemessenes Aufwärtsmuster, das in ihr verborgen ist (GKLM). Ich habe diese kleineren gemessenen Bewegungen nicht katalogisiert, sondern nur die wichtigsten Wendepunkte bei 10-Baggern, bei denen ein Anleger während der Korrekturphase erhebliche Verluste erleiden könnte.

Retracement	20%	25%	30%	35%	40%	45%
Häufigkeit	6%	9%	15%	18%	17%	10%

Retracement	50%	55%	60%	65%	70%	75%
Häufigkeit	9%	5%	3%	3%	3%	2%

Tab. 15.1 Häufigkeitsverteilung der Korrekturphasen-Retracements nach Ausmaß.

- Verwenden Sie das Chartmuster der wöchentlich gemessenen Aufwärtsbewegung, um den Endkurs und den Endzeitpunkt vorherzusagen.

Bei der Untersuchung der gemessenen Bewegungen bei 10-Baggern habe ich mich zunächst nicht sonderlich für die Länge der beiden Abschnitte interessiert. Was mich interessierte, war das Retracement, das ein Anleger während der Korrekturphase erleidet. **Tabelle 15.1** zeigt eine Häufigkeitsverteilung der Retracements der gemessenen Bewegung als Prozentsatz des höchsten Kurses, der in der Korrekturphase BC (für das ABCD-Muster) gefunden wurde. Mit anderen Worten: Die Formel lautete (B – C) ÷ B, ausgedrückt als Prozentsatz, wobei B der höchste Höchstkurs und C der niedrigste Tiefstkurs in der Korrekturphase ist.

Die Tabelle zeigt, dass das häufigste Retracement zwischen 25 und 45 Prozent liegt, wobei viele nahe bei 35 Prozent liegen. Der Median der Retracements beträgt 35,4 Prozent: Die Hälfte der Stichproben verzeichnete Retracements von weniger als 35,4 Prozent, die andere Hälfte Retracements von mehr als 35,4 Prozent.

Wie oft tritt eine gemessene Aufwärtsbewegung (measured move-up; MMU) bei 10-Baggern auf? Ich habe 396 10-Bagger und 455 MMUs gefunden, was auf durchschnittlich etwas mehr als eine (1,15) gemessene Aufwärtsbewegung pro 10-Bagger hindeutet. Eine Reihe von Aktien wiesen keine gemessenen Bewegungen auf, während Abbildung 15.5 zeigt, dass einige viele Bewegungen hatten.

Wenn wir schon bei Abbildung 15.5 sind, schauen Sie sich an, wie der 10-Bagger endet. Der Kurs erreichte im Juni 2008 einen Höchststand von 196 (Anmerkung: wöchentliche, logarithmische Skala) und fiel im November auf einen Tiefststand von 20,71, bevor er korrigierte und dann im März 2009 auf 16,66 fiel. Obwohl ich Buy-and-Hold schätze, zeigt die Abbildung, dass ein zu langes Halten Ihrem Vermögen schaden kann.

- Das häufigste Retracement bei einer wöchentlich gemessenen Aufwärtsbewegung liegt zwischen 25 und 45 Prozent mit einem Median von 35 Prozent.

Bagger	1	2	3	4	5	6	7	8	9
Häufigkeit	6 %	19 %	16 %	15 %	12 %	10 %	10 %	8 %	3 %

Tab. 15.2 Häufigkeitsverteilung des Höchstkurses in der Korrekturphase bei 10-Baggern.

Tabelle 15.2 zeigt, wo auf der Kursskala gemessene Bewegungen auftreten, basierend auf dem höchsten Kurs, der in der Korrekturphase gefunden wurde.

Beispielsweise treten 6 Prozent der gemessenen Bewegungen auf wöchentlicher Basis auf, wenn sich der Kurs zum ersten Mal verdoppelt (1-Bagger). Am häufigsten treten sie zwischen einer Kursverdopplung (1-Bagger) und einer Kursverdreifachung (2-Bagger) auf, wobei 19 Prozent der Stichproben dort auftreten. Wenn sich der Kurs dem Status eines 10-Baggers nähert, treten weniger Korrekturen auf, wahrscheinlich weil jede Korrektur zu einem ausgeprägten Kursrückgang führt, der den 10-Bagger beendet.

- Wöchentlich gemessene Bewegungen treten am häufigsten zwischen einer Kursverdopplung und einer Kursverdreifachung auf, aber die Häufigkeitsverteilung ist recht breit.

Tabelle 15.3 zeigt, wo die Korrekturphase auf der Zeitskala beginnt. Beispielsweise treten 12 Prozent der gemessenen Bewegungen innerhalb der ersten 10 Prozent der 10-Bagger-Bewegung auf. Die häufigste Position liegt zwischen 20 und 40 Prozent (jeweils 13 Prozent), aber die Bandbreite ist vergleichsweise gleichmäßig von 0 bis 80 Prozent. Erst wenn sich der 10-Bagger seinem Ende nähert, verschwinden die gemessenen Bewegungen. Das macht Sinn, da ich mir anschaue, wo die Korrekturphase beginnt, und nicht, wo Abschnitt 2 endet.

- Die Korrekturphase beginnt dort, wo die gemessene Bewegung auf der Zeitskala erscheint, und verteilt sich fast gleichmäßig zwischen 0 Prozent und 80 Prozent vom Beginn bis zum Ende des 10-Baggers.

MMU-Messregel

Obwohl ich die Analyse der gemessenen Bewegungen bisher auf die Korrekturphase beschränkt habe, ist es hilfreich zu wissen, wo sich der Kurs wenden wird. Wenn wir die Länge des ersten Abschnitts kennen, können wir diese Bewegung sowohl im Kurs als auch in der Zeit auf den zweiten Abschnitt projizieren. Dazu verwenden wir die Messregel (der erste Abschnitt entspricht in etwa der Länge des zweiten Abschnitts). Wie gut funktioniert die Messregel für wöchentlich gemessene Bewegungen?

Wenn wir die Länge des ersten Abschnitts der gemessenen Bewegung nehmen – vom Tiefpunkt zu Beginn (C in Abbildung 15.5) bis zum höchsten Hoch in der Korrekturphase (D) – und diese vom niedrigsten Tiefpunkt in der Korrekturphase (E) nach oben projizieren, erhalten wir das Kursziel, bei dem der zweite Abschnitt enden soll (F). Der Kurs erreicht oder übertrifft das Ziel in durchschnittlich 79 Prozent der Fälle. Anders ausgedrückt: In 79 Prozent der Fälle ist der erste Abschnitt kürzer als der zweite.

Position	10 %	20 %	30 %	40 %	50 %
Häufigkeit	12 %	12 %	13 %	13 %	10 %
Position	**60 %**	**70 %**	**80 %**	**90 %**	**100 %**
Häufigkeit	9 %	11 %	9 %	7 %	2 %

Tab. 15.3 Zeitliche Verteilung der Korrekturphase bei 10-Baggern.

- Der erste Abschnitt einer wöchentlich gemessenen Aufwärtsbewegung ist in 79 Prozent der Fälle kürzer als der zweite Abschnitt.

Auf Kalenderbasis ergibt sich aus dem Tag, an dem der erste Abschnitt beginnt, bis zum Beginn der Korrekturphase zuzüglich des Endes der Korrekturphase eine Prognose, wann der zweite Abschnitt enden wird. Leider trifft der Kurs diese Prognose nur in durchschnittlich 48 Prozent der Fälle.

Für eine genauere Prognose multiplizieren Sie die Kurslänge mit 79 Prozent und die Dauer mit 48 Prozent (bevor Sie sie zum Tiefpunkt beziehungsweise Ende der Korrekturphase hinzufügen), um genauere Ziele zu erhalten. Dadurch steigt die Erfolgsquote auf 93 Prozent für den Kurs und 88 Prozent für die Zeit. Mit anderen Worten: Der Kurs wird in 93 Prozent der Fälle das Ziel erreichen oder überschreiten und in 88 Prozent der Fälle die Zeitvorgabe genau treffen oder weniger Zeit benötigen, um dorthin zu gelangen.

- Die Messregel auf der Kalenderskala für wöchentlich gemessene Bewegungen funktioniert nur in 48 Prozent der Fälle.

Natürlich sagen diese Prognosen nicht voraus, wann sich der Kurs umkehren wird, sondern nur, dass er das Ziel erreichen oder überschreiten wird. Der Kurs könnte noch monatelang weiter steigen.

Wenn Sie erkennen, dass sich eine gemessene Bewegung abzeichnet, können Sie besser vorhersagen, zu welchem Kurs und zu welchem Zeitpunkt eine Wende eintreten könnte. Das sind wertvolle Informationen.

2-Buckel-Form

Abbildung 15.6 zeigt das Erscheinungsbild eines 2-Buckel-10-Baggers auf dem Wochenchart mit logarithmischer Skala. Die logarithmische Skala zeigt den Kurs besser über eine größere Kursspanne. Beachten Sie, dass die Kursskala-Einteilungen nicht wie auf einem linearen Chart gleichmäßig verteilt sind.

Der Kurs beginnt seinen Anstieg Anfang 2005 von 6,35 (Punkt A) auf 7,25 (Punkt B), je nachdem, wo Sie beginnen. Da ich den 10-Bagger gefunden habe, indem ich zuerst den höchsten Buckel (E) gefunden und mich dann rückwärts gearbeitet habe, ist B mein Startkurs. Dieser spätere Startpunkt gibt Anlegern mehrere Wochen Zeit, um die Aktie zu finden und zu kaufen. Beachten Sie, dass das AB-Muster einer höheren Talwende (hässlicher Doppelboden) ähnelt, die ich bereits besprochen habe.

Der Kurs steigt nahezu geradlinig an, bis er einen starken Einbruch in Form einer Korrekturphase einer gemessenen Aufwärtsbewegung erlebt, die im Chart eingekreist ist.

Der Kurs steigt weiter an, bis er bei C einen Stand von 17,05 erreicht, was einem Gewinn von 135 Prozent entspricht. Nachdem sie den Gipfel erreicht und sich gegenseitig gratuliert haben, drehen sich die Gipfelstürmer um, das Wetter klart auf und gibt den Blick auf einen viel größeren Kursberg (E) frei.

Abb. 15.6 Dies ist die Buckel-Form eines 10-Baggers auf der wöchentlichen logarithmischen Skala.

Leider befindet sich zwischen den Buckeln 1 und 2 ein Rückgang, der fast bis zum Basislager zurückführt und bei 7,99 (D) seinen Tiefpunkt erreicht. Der starke Rückgang steht für die schlechten Nachrichten für diese buckelförmigen 10-Bagger. Nach D steigt der Kurs in einem schönen Anstieg, um schließlich bei E seinen Höhepunkt zu erreichen.

Beachten Sie, dass der Gipfel in Form von Buckel 2 keine sanfte, runde Wende ist, sondern eine Spitze. Das erinnert mich an die Injektionsnadel, die die Krankenschwester vor einigen Wochen für meine H1N1-Grippeimpfung verwendet hat. Anleger, die nicht in der Nähe von E verkaufen, sehen ihre Gewinne mit jeder Woche schwinden.

Der buckelförmige 10-Bagger ist eine Konstruktion mit zwei Gipfeln (selten hat er mehr als zwei Gipfel). Auf der logarithmischen Skala ist der erste Buckel oft groß, aber der zweite überragt den ersten bei

Weitem. Der Rückgang (von C nach D) ist schmerzhaft. Nachdem sie gesehen haben, wie sich ihre Investition verdoppelt hat (die Bewegung von B nach C), verkaufen die Anleger die Aktie auf dem Weg nach unten zu D, wahrscheinlich ziemlich nahe an D, und dann beginnt die eigentliche Aufwärtsbewegung ohne sie.

- Der buckelförmige 10-Bagger ist ein Doppel-Top-Muster, bei dem der zweite Gipfel höher ist als der erste.

Von den vier 10-Bagger-Formen ist die buckelförmige Variante mit einem Vorkommen von 16 Prozent am seltensten. Die durchschnittliche Zeit bis zum Erreichen des 10-Bagger-Status beträgt 3,3 Jahre, der Median liegt bei 3,5 Jahren. Gemessene Bewegungen, wie das BC-Muster im Chart, erscheinen in Bezug auf die Häufigkeit unter den vier 10-Bagger-Formen an vorletzter Stelle. Das Verhältnis von gemessenen Aufwärtsbewegungen zu 10-Baggern beträgt 1,2, was bedeutet, dass ein durchschnittlicher 10-Bagger mindestens eine gemessene Aufwärtsbewegung aufweist. Für einen 10-Bagger, den Anleger gern hassen würden, ist es eine gute Nachricht, wenn er nur wenige gemessene Aufwärtsbewegungen im Chart aufweist (da der Kurs in der Korrekturphase fällt). Beachten Sie jedoch, dass die Statistiken nur für die wöchentliche Skala gelten.

- Buckelförmige 10-Bagger sind selten, treten in 16 Prozent der Fälle auf und dauern durchschnittlich 3,3 Jahre.

Mit Buckeln handeln

Ich zeige fünf Trendlinien, die entlang der Spitzen oder Täler im Chart gezogen wurden, beginnend mit TL1. Da die Fundamentaldaten diesen 10-Bagger möglicherweise als Value Play qualifiziert haben, müssen Anleger nur den Einstiegszeitpunkt bestimmen. TL1 zeigt, wie der Einstieg (bei 8,62) hätte erfolgen können, als der Kurs über der auf dem

Wochenchart gezeichneten Trendlinie *schloss*. Da es sich um eine langfristige Anlage handelt, sollten Sie für den Einstiegs- und Ausstiegszeitpunkt den Wochen- oder Monatschart verwenden, nicht den Tageschart.

Wenn Sie die Aktie verkauft hätten, als der Kurs unter TL2 schloss (Ausstieg bei 13,75), hätten Sie den größten Teil des Gewinns mitgenommen, zumindest mehr als beim Verkauf, als sich der Kurs D näherte. Da D einen fast ebenso guten Wert wie B dargestellt hätte (zumindest was den Kurs angeht), hätte Sie eine weitere Trendlinie (nicht dargestellt), die entlang der Bewegung von C nach D gezogen wurde, wieder in die Aktie zurückgebracht, als der Kurs die Linie bei etwa 12 kreuzte.

Von da an ist es nur noch eine Frage des Mutes, die Aktie nach oben zu begleiten. TL3 (Ausstiegskurs bei 40) zeigt eine Trendlinie, die ein Anleger nutzen könnte, um mit dem größten Teil seiner Gewinne auszusteigen. TL4 (Ausstiegskurs 50), die höhere Täler verbindet, ermöglicht es dem Anleger, mehr Gewinn zu erzielen, birgt jedoch das Risiko eines vorzeitigen Ausstiegs.

Ich zeige TL5 als Beispiel für einen vorzeitigen Ausstieg. TL5 ist eine steile Trendlinie, die entlang der Tiefststände gezogen wird. Diese Trendlinie ähnelt TL4, aber sie nimmt einen Anleger bei 25 aus der Aktie heraus, wenn E bei 73 den Höchststand erreicht.

Ein letzter Tipp ist, die gemessene Aufwärtsbewegung von D nach E zu erkennen. Wenn der erste Abschnitt dem Kurs und der Dauer des zweiten Abschnitts entsprechen soll, können Sie vorhersagen, wo der Kurs seinen Höchststand erreichen könnte. Wechseln Sie dazu zur linearen Skala, damit die vertikalen Abstände gleich sind, und nicht zur logarithmischen Skala, wenn Sie dies visuell tun.

Der erste Abschnitt beginnt bei 7,99 und endet beim Höchstkurs der Korrekturphase von 32,57, was einer Höhe von 24,58 entspricht. Der zweite Abschnitt beginnt beim Tiefstkurs der Korrekturphase von 19,77, was einen Zielkurs von 44,35 nahelegt. Der Kurs erreicht tatsächlich einen Höchststand von 73, sodass die Vorhersage weit danebenliegt.

Zeitlich gesehen beginnt der erste Abschnitt in der Woche vom 14.07.2006 und endet am 08.12.2006 (dem Beginn der Korrekturphase, nicht dem Datum des Höchstkurses der Korrekturphase), was einer Dauer von 147 Tagen entspricht. Der zweite Abschnitt beginnt am 29.06.2007. Addiert man 147 Tage, gelangt man zum 23.11.2007, etwa drei Wochen vor dem tatsächlichen Höchststand in der Woche vom 14.12.2007. Das ist keine schlechte Prognose, wenn man bedenkt, dass die gemessene Bewegung 17 Monate dauert.

- Trendlinien können beim Trading mit buckelförmigen 10-Baggern von unschätzbarem Wert sein.

Linienform

Die nächste 10-Bagger-Form ist das, was ich als Linienform bezeichne, und ich zeige ein Beispiel dafür auf der wöchentlichen Skala in **Abbildung 15.7.** Der 10-Bagger endet bei B (nahe dem oberen Ende des Charts), und wenn man den Kurs durch 10 teilt, beginnt er bei A. Natürlich können wir sehen, dass der Kurs tatsächlich einige Wochen vor A seinen Tiefpunkt erreicht hat.

Der Kurs steigt entlang einer geraden Trendlinie, daher der Name *Linienform* für das Muster, das er auf dem Chart bildet.

- Ein linienförmiger 10-Bagger folgt bis zum Ende einer geraden Linie nach oben.

Die Linienform ist die Art von 10-Bagger, von der Investoren träumen. Kaufen und halten Sie die Aktie, bis sie nicht mehr steigt, und verkaufen Sie sie dann.

Der Kurs erreichte einen Höchststand von 64,20, und ein Schlusskurs unterhalb der Trendlinie hätte einen Ausstieg bei 51,95 signalisiert, vorausgesetzt, der Verkauf erfolgte bei Eröffnung der nächsten Woche. Das ist zwar ein kleiner Rückgang (19 Prozent) gegenüber dem Höchststand, aber kein schlechtes Ergebnis.

Abb. 15.7 Ein 10-Bagger folgt einer geraden Linie nach oben.

Entlang des Trends zeigt sich eine signifikante gemessene Aufwärtsbewegung, die ich als CDEB darstelle, wobei ich die wichtigsten Wendepunkte hervorhebe und die Proportionalität im Auge behalte. Da es sich um eine gemessene Aufwärtsbewegung handelt, können Sie die gleiche zuvor beschriebene Messtechnik verwenden, um eine Vorhersage darüber zu treffen, wo der Kurs seinen Höchststand erreichen wird. Bei meinen Berechnungen stellte ich fest, dass der Höchststand am 22.10.2004 bei 44,78 liegen sollte, aber der 10-Bagger endete tatsächlich am 26.11.2004 bei 64,20.

Da der Kurs einer geraden Linie oder fast einer geraden Linie folgte, eignet sich eine Trendlinie gut als Ausstiegsinstrument. Verbinden Sie die Täler mit einer nach oben gezogenen Linie. Wenn der Kurs unterhalb der Linie schließt, sollten Sie einen Verkauf in Betracht ziehen. Verwenden Sie dazu unbedingt den Wochenchart (oder einen längeren Chart). Das Ziel ist es, zu verkaufen, nachdem der Kurs einen wichtigen Wendepunkt erreicht hat, und nicht bei einem normalen Retracement der Aufwärtsbewegung.

Der linienförmige 10-Bagger hat von den vier Formen die kürzeste Zeit, um den 10-Bagger-Status zu erreichen: durchschnittlich 2,3 Jahre. Der Median liegt bei 1,9 Jahren, wobei eine Stichprobe nur zwei Wochen dauert! Die Linienform tritt mit 42 Prozent auch am häufigsten auf. Das sind erfreuliche Nachrichten.

Das Auftreten von gemessenen Bewegungen im Verhältnis zu 10-Baggern weist den niedrigsten Wert der vier Formen auf: 0,9. Das bedeutet, dass in jedem linienförmigen 10-Bagger etwas weniger als eine gemessene Bewegung auftritt, was darauf hindeutet, dass man sich weniger Sorgen über eine Korrekturphase machen muss, in der der Kurs stark fällt.

Wenn Sie eine Aktie sehen, die in einer geraden Linie nach oben verläuft, dann handelt es sich vielleicht um einen beginnenden 10-Bagger.

- Der linienförmige 10-Bagger hat eine durchschnittliche Dauer von 2,3 Jahren, tritt in 42 Prozent der Fälle auf und weist von den vier Formen die geringste Anzahl an gemessenen Bewegungen (0,9) auf.

Runde Wende

Abbildung 15.8 zeigt einen 10-Bagger mit runder Wende auf der monatlichen Skala. Ich habe mich für die monatliche Skala entschieden, damit ich die Wende ohne Überfrachtung der Grafik abbilden konnte, obwohl ich die wöchentliche Skala bevorzuge.

Der Kurs erreicht seinen Höchststand bei A mit einem hohen Kurs von 17,15. Das bedeutet, dass ein 10-Bagger beginnt, wenn der Kurs ein Zehntel davon beträgt, nämlich unter 1,72, was bei C der Fall ist. Punkt B liegt etwas tiefer und zeigt, dass Sie etwa acht Monate Zeit hatten, um die Aktie zu kaufen, bevor der Kurs einen anhaltenden Aufwärtstrend begann.

Abb. 15.8 Ein 10-Bagger mit runder Wende auf der monatlichen Skala.

Als der Kurs stieg, folgten die Spitzen einer runden Form, die ich als der gebogenen Trendlinie D folgend darstelle. Eine weitere Trendlinie, die die Tiefststände verbindet, folgt einer geraderen Bahn von E nach F. Wenn der Kurs unterhalb der Trendlinie schließt, verkaufen Sie.

Da der Kurs gebogen verläuft, kann auch die Verkaufstrendlinie gebogen sein, sodass sie sich an die Kurstiefs anschmiegt. Scheuen Sie sich nicht, gebogene Linien als Verkaufssignale zu verwenden. Die

D-Kurve kann auch nach unten gebogen sein und nicht wie hier gezeigt nach oben. Diese Art von Kurven folgt in der Regel einer exponentiellen Bahn, und der Einbruch von diesen Kurven ist oft ein schneller Rückgang.

Beachten Sie, dass die runde Form nach A weitergeht und bei G mit 4,92 ihren Tiefpunkt erreicht. Das ist ein enormer Rückgang gegenüber 17,15, daher lohnt es sich, Ihren 10-Bagger rechtzeitig zu verkaufen.

Der 10-Bagger mit runder Wende kommt in den von mir untersuchten Stichproben nur in 19 Prozent der Fälle vor. Es dauert durchschnittlich 3,5 Jahre, bis der Höchstkurs erreicht ist, was zusammen mit der Treppenstufenform die längste durchschnittliche Dauer darstellt. Der mediane Anstieg beträgt 3,8 Jahre. 10-Bagger mit runder Wende weisen zusammen mit der Treppenstufenform auch die höchste Quote beim Verhältnis gemessener Bewegungen zu 10-Baggern auf: 1,4.

- Der 10-Bagger mit runder Wende ist genau das, wonach er klingt: eine lange, langsame Wende. Er tritt nur in 19 Prozent der Fälle auf und benötigt durchschnittlich 3,5 Jahre, um den 10-Bagger-Status zu erreichen.

Treppenstufenform

Abbildung 15.9 zeigt, wie ein 10-Bagger in Treppenstufenform aussieht. In diesem Beispiel steigt der Kurs und pausiert dabei mehrfach auf dem Weg nach oben. Jede horizontale Stufe ist die Korrekturphase einer gemessenen Aufwärtsbewegung.

Wenn man die einzelnen Stufen ignoriert und sich die Kontur ansieht, ähnelt diese einer runden Wende oder sogar einer Linienform. Die Trendlinie AB zeigt, wie die Täler in diesem Beispiel einer Linie nach oben folgen. Wenn der Kurs unterhalb der Trendlinie schließt, ist das ein Verkaufssignal.

Wie bereits erwähnt, entspricht die Treppenstufenform der runden Wende hinsichtlich der Anzahl der gemessenen Bewegungen, die in den Wochencharts auftreten: 1,4. Das ist der höchste Wert der vier Formen. Das Treppenstufenmuster tritt in 23 Prozent der Fälle auf und liegt damit hinsichtlich der Häufigkeit an zweiter Stelle nach der Linienform. Der Treppenstufen-10-Bagger benötigt durchschnittlich 3,5 Jahre bis zur Vollendung, mit einem Median von 3,9 Jahren.

Das Trading kann bei der Treppenstufenform eine Herausforderung darstellen, wenn eine Trendlinie verwendet wird. Manchmal ist die Form so unregelmäßig, dass sie keiner geraden oder sogar gebogenen Trendlinie folgt. Ein Blick auf die Fundamentaldaten ist möglicherweise nicht hilfreich, da die Berichte um bis zu drei Monate (quartalsweise) oder mehr verzögert sein können. Die Aktie wird ohnehin tendenziell den Fundamentaldaten voraus sein. So können die Gewinne zwar weiterhin explodieren, aber die Aktie wird ihren Abwärtstrend beginnen.

Abb. 15.9 Ein 10-Bagger in Treppenstufenform auf der wöchentlichen Skala.

- Der 10-Bagger in Treppenstufenform tritt in 23 Prozent der Fälle auf, benötigt jedoch durchschnittlich 3,5 Jahre, um sich zu vollenden.

Der Tod eines 10-Baggers

Wie enden 10-Bagger? Sie sterben auf zwei Arten: mit einer runden Wende oder einer umgekehrten V-förmigen Wende. Der Unterschied zwischen den beiden ist eine Frage des Grades und des Bildschirms, den Sie betrachten. Ausgedehnt kann eine Wende rund aussehen, aber wenn der Bildschirm schmal ist, kann sie wie eine umgekehrte V-Form aussehen.

Abb. 15.10 Diese umgekehrten V-förmigen Spitzen helfen dabei, die Form des Endes des 10-Baggers vorherzusagen.

Abbildung 15.10 zeigt, wie eine umgekehrte V-Form aussieht. Dieser 10-Bagger endet bei B und beginnt bei A. Natürlich beginnt der eigentliche 10-Bagger links von A, wenn der Kurs im November 2004 ein niedrigeres Tief erreicht.

Sehen Sie sich B an, wie schmal die Wende aussieht. Diese Art von Rückgang macht Fallschirmspringer nervös! Der Gipfel ist nadelspitz und dauert nur eine Woche. Wenn Sie den Gipfel verpassen, weil Sie zu früh oder zu spät verkaufen, geben Sie viel Geld auf.

Die meisten umgekehrten V-förmigen Wenden sind nicht so schön. Sie sind in der Regel breiter, etwa einen Monat lang, vielleicht sogar länger, aber der Rückgang ist dennoch steil. Die Unterseite des umgekehrten V ist in der Regel ein besserer Maßstab für die Form. Die drei Einblendungen mit den Bezeichnungen ECOL, AVID und IN zeigen drei umgekehrte V-förmige Wenden bei American Ecology (Juli 2008), Avid Technology (März 2005) und Intermec (Januar 2006). Rufen Sie sie auf Ihrem Computer auf und sehen Sie sich an, wie sie auf Ihrem Bildschirm aussehen, und vergleichen Sie sie dann mit Jones Soda.

Abbildung 15.11 zeigt einen weiteren 10-Bagger, der jedoch ein rundes Ende hat. Der Anstieg endet bei A und der 10-Bagger beginnt im Herbst 2004. Ein Anleger hatte ab dem Tiefpunkt bei C acht Monate Zeit, um diese Aktie zu entdecken und dennoch den 10-Bagger-Status zu erreichen.

Die Wende bei A ist ein wunderbares Beispiel für ein rundes Ende eines 10-Baggers. Der Kurs bewegt sich monatelang nahe dem höchsten Hoch und rutscht dann widerwillig nach unten. Die Wende ist ebenfalls hoch, von etwa 45 auf fast 60.

Die Wende bei B ist ein weiteres Beispiel für einen runden Höchststand (eigentlich handelt es sich um einen Kopf-Schulter-Höchststand). Wenn Sie sich vorstellen möchten, wie das Ende des 10-Baggers aussehen wird, suchen Sie im Chart nach früheren Höchstständen oder Wendepunkten. Abbildung 15.10 zeigt mehrere, die schmal und spitz wie Nadeln sind. Abbildung 15.11 zeigt runde Wendepunkte.

- Verwenden Sie frühere Kursbewegungen, die Formen bilden, um zu bestimmen, wie das Ende eines 10-Baggers aussehen wird.

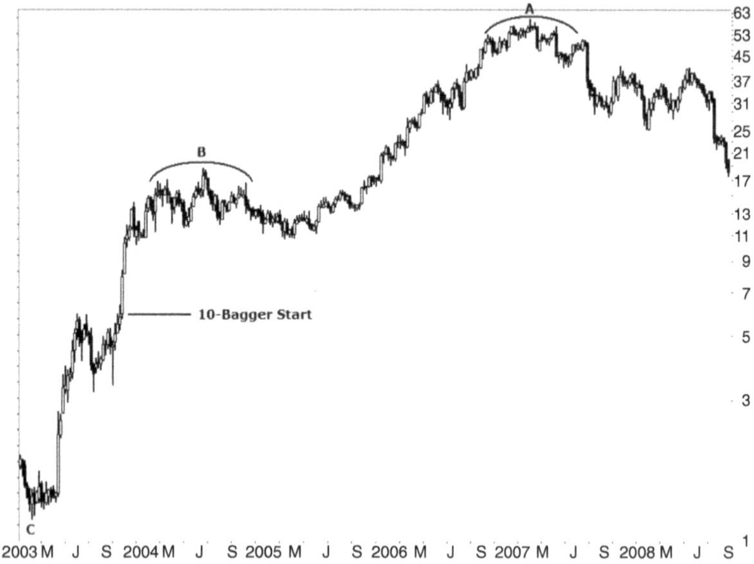

Abb. 15.11 Ein rundes Ende eines 10-Baggers.

Die Zahlen

Wie oft endet ein 10-Bagger mit einer umgekehrten V-Form? Antwort: in 42 Prozent der Fälle, während die anderen 58 Prozent runde Wenden aufweisen.

- 10-Bagger haben am Ende zwei Formen: eine runde Wende oder ein umgekehrtes V.

Wie hoch ist der Rückgang auf den niedrigsten Stand im Laufe des nächsten Jahres, nachdem ein 10-Bagger sein Ende erreicht hat? Antwort: Der Kurs fällt um durchschnittlich 66 Prozent und um 63 Prozent im

Median. Wenn Sie Ihren 10-Bagger nicht rechtzeitig verkaufen, könnten Sie mehr als die Hälfte Ihres Geldes verlieren!

- Im Jahr nach dem Ende eines 10-Baggers beträgt der durchschnittliche Rückgang 66 Prozent.

Tabelle 15.4 zeigt eine Häufigkeitsverteilung der Rückgänge bis zu einem Jahr nach Ende des 10-Baggers. Beispielsweise fiel nur 1 Prozent der Aktien innerhalb des folgenden Jahres um etwa 10 Prozent. Der häufigste Rückgang liegt zwischen 60 und 70 Prozent. Das passiert in 18 Prozent der Fälle. Nur 29 Prozent fallen um weniger als 50 Prozent, was bedeutet, dass 71 Prozent stärker fallen.

Wenn Sie einen 10-Bagger besitzen, dann achten Sie auf Anzeichen dafür, dass es Zeit ist, zu verkaufen. Worauf sollten Sie achten? Die Antwort darauf ist Gegenstand des nächsten Abschnitts.

Rückgang	10 %	20 %	30 %	40 %	50 %
Häufigkeit	1 %	2 %	5 %	7 %	14 %
Kumulativ	1 %	3 %	8 %	15 %	29 %

Rückgang	60 %	70 %	80 %	90 %	100 %
Häufigkeit	15 %	18 %	17 %	15 %	6 %
Kumulativ	44 %	62 %	79 %	94 %	100 %

Tab. 15.4 Häufigkeitsverteilung von Rückgängen nach dem Ende eines 10-Baggers.

Chartmuster bei 10-Baggern

Wir haben bereits festgestellt, dass das Ende eines 10-Baggers grundsätzlich zwei Formen haben kann: ein umgekehrtes V und eine runde

Wende. Innerhalb dieser grundsätzlichen Formen gibt es sechs Varianten: Kopf-Schulter-Top (einschließlich der komplexen Variante), Doppel-Top, Dreifach-Top, umgekehrtes V, runde Wende und hässliches Doppel-Top.

Kopf-Schulter-Top

Abbildung 15.12 zeigt ein Kopf-Schulter-Top (oben im Chart). Die linke Schulter (LS) befindet sich in etwa auf dem gleichen Kursniveau wie die rechte Schulter (RS), und beide sind etwa gleich weit vom Kopf entfernt. Der Kopf ragt über die beiden anderen Gipfel hinaus, genau wie beim menschlichen Körper. Die Nackenlinie verbindet die beiden Achselhöhlen. Wenn der Kurs unterhalb der Nackenlinie schließt, verkaufen Sie.

In einigen Fällen sehen die Schultern in Bezug auf Zeit oder Kurs nicht symmetrisch aus, daher sollten Abweichungen berücksichtigt werden. Manchmal können zwischen den beiden Schultern viele Monate liegen. Ein Kopf-Schulter-Top tritt bei den 396 10-Baggern, die ich untersucht habe, in 16 Prozent der Fälle auf.

- In 16 Prozent der Fälle endet ein 10-Bagger mit einem Kopf-Schulter-Top.

Doppel-Top und die 2B-Regel

Die linke Einblendung in Abbildung 15.12 zeigt ein Doppel-Top bei Quanta Services (PWR im Jahr 2007). Die Spitzen A und B liegen nahe am gleichen Kursniveau. Wenn der Kurs unterhalb einer Bestätigungslinie schließt, die am Tiefpunkt zwischen den beiden Spitzen gezogen wird, verkaufen Sie. Leider kann es Monate dauern, bis der Kurs so weit fällt, und der Abstand zwischen der Spitze bei A oder B und der Bestätigungslinie kann enorm sein.

Eine Lösung für den potenziellen Rückgang ist das Trading nach der 2B-Regel, die ich in „Trading Basics“, Kapitel 5, im Abschnitt „Den richtigen Zeitpunkt für den Ausstieg finden: Die 2B-Regel" erläutert habe. Victor Sperandeo schreibt: „Wenn in einem Aufwärtstrend ein höheres Hoch erreicht wird, das sich jedoch nicht durchsetzen kann, und die Kurse dann unter das vorherige Hoch fallen, ist eine Trendumkehr wahrscheinlich."

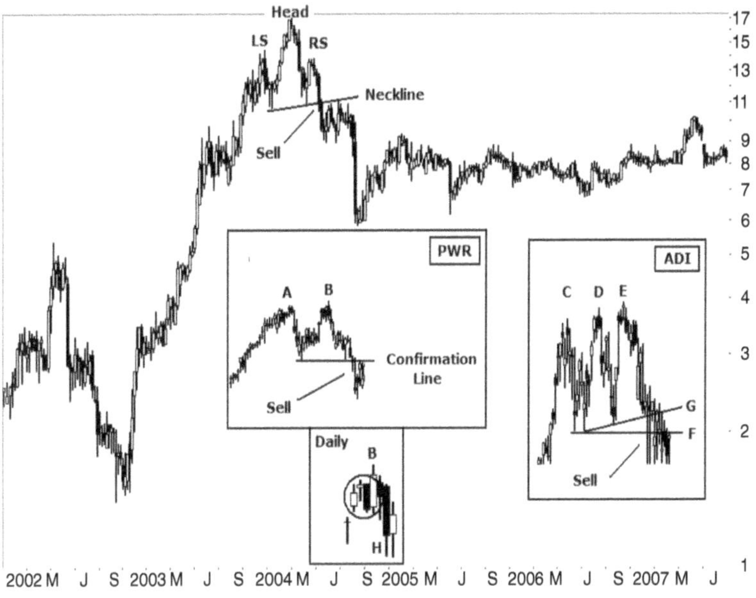

Abb. 15.12 Das Ende von 10-Baggern bildet verschiedene Arten von Chartmustern, darunter Kopf-Schulter-, Doppel- und Dreifach-Tops.

Nehmen wir beispielsweise an, Sie besitzen PWR und der Kurs erreicht einen Höchststand von 32,58 bei A, bevor er wieder auf einen Tiefststand von 23,36 (an der Bestätigungslinie) fällt. Ein so starker Rückgang ist natürlich nicht erfreulich, und Sie nehmen sich vor, die Aktie zu verkaufen, sobald sie wieder ihren alten Höchststand erreicht.

Das Glück ist auf Ihrer Seite und der Kurs spielt mit. Die Aktie steigt wieder und erreicht bei B einen Höchststand von 33,42. Dann beginnt die Aktie zu fallen. Da Sie Ihren Gewinn nicht wieder abgeben wollen und sich ohnehin zum Verkauf entschlossen haben, wechseln Sie zum Tageschart (ein Ausschnitt davon ist unterhalb des PWR-Charts zu sehen) und müssen den starken Rückgang bei H hinnehmen, der bei 30,71 schließt, unterhalb der eingekreisten Konsolidierungszone. Der Kurs fällt. Sie verkaufen am nächsten Tag bei Eröffnung und erhalten eine Ausführung bei 30,75. Der Verkauf war die richtige Entscheidung, da der Kurs im Januar 2008 auf ein Tief von 18,38 fiel.

Ich habe die 2B-Regel schon oft angewendet, um Gewinne mitzunehmen, bevor sich der Trend geändert hat. Manchmal bin ich vor atemberaubenden Einbrüchen ausgestiegen und manchmal habe ich einen kurzen Kursrückgang beobachtet, bevor der Kurs wieder gestiegen ist.

Wenn Sie die 2B-Regel anwenden, um eine Aktie zu verkaufen, und der Kurs dann wieder umkehrt und über das jüngste Top (in diesem Beispiel Spitze B) steigt, könnte es sich um ein weiteres 2B in Form eines Dreifach-Tops handeln oder um den Beginn einer weiteren Aufwärtsbewegung. Wenn der Kurs bei hohem Volumen weiter steigt, können Sie die Aktie zurückkaufen, um von der Kurssteigerung zu profitieren, oder sich einfach nach einer anderen Kaufgelegenheit umsehen. Wenn Sie wie ich sind, werden Sie enttäuscht die Hände über den zu frühen Verkauf ringen und sich anderweitig umsehen. Es werden sich andere Gelegenheiten ergeben.

Ich habe die Häufigkeit des 2B-Musters nicht gemessen, aber Doppel-Tops treten am Ende von 10-Baggern in 22 Prozent der Fälle auf.

- In 22 Prozent der Fälle bildet sich am Ende eines 10-Baggers ein Doppel-Top.

Dreifach-Top

Das Dreifach-Top von Analog Devices (ADI im Jahr 2000) ist eine Variante des Doppel-Tops. Es hat drei Spitzen, die in Abbildung 15.12 als C, D und E dargestellt sind. Die horizontale Linie F ist die Bestätigungslinie, die unterhalb des niedrigsten Tiefstwerts zwischen den drei Spitzen gezogen wird. Wenn der Kurs unterhalb dieser Linie schließt, sollten Sie einen Verkauf in Betracht ziehen.

Da der Abstand zwischen den Spitzen und der Linie F groß sein kann, sollten Sie möglicherweise früher verkaufen. Wenn die Bestätigungslinie nach oben verläuft (wenn Sie zwei der Täler verbinden), kann dies ebenfalls ein Signal für einen früheren Ausstieg sein. Eine solche Linie ist bei G dargestellt.

Dreifach-Tops sind selten und treten bei den fast 400 10-Baggern, die ich überprüft habe, nur in 9 Prozent der Fälle auf.

- In seltenen Fällen (9 Prozent der Fälle) beendet ein Dreifach-Top einen 10-Bagger.

Umgekehrtes V

Abbildung 15.13 zeigt ein Beispiel für eine umgekehrte V-förmige Wende bei B, dem Ende des 10-Baggers, auf dem Wochenchart. Der 10-Bagger beginnt bei A (11,12), was einem Zehntel des Kurses bei B (113) entspricht. Diesen Ausgangspunkt habe ich für die statistische Auswertung verwendet. Tatsächlich hatte ein Anleger aber über ein Jahr Zeit, die Aktie zu finden, bevor sich der Kurs bewegte.

Der Kurs schießt nach oben bis B, dreht dann um und fällt wieder zurück, wie eine Maus, die aus ihrem Versteck kommt und wieder zurückhuscht, wenn man das Licht in der Küche einschaltet.

Die linke Schulter (LS?) und die rechte Schulter (RS?) liegen vom Kurs her zu weit auseinander – 56,00 bis 77,56 –, um ein gültiges Kopf-Schulter-Top zu bilden. Wäre dieses Muster eine Person, würde man sie zu einem Chiropraktiker bringen, damit dieser sich ernsthaft darum kümmert. Dennoch warnt das 3-Gipfel-Muster vor einer bevorstehenden Trendwende.

Beachten Sie, dass auch der Gipfel C schmal ist, was darauf hindeutet, dass spätere Gipfel die gleiche Form annehmen könnten. Das umgekehrte V-förmige Ende von 10-Baggern tritt in 29 Prozent der Fälle auf und ist damit die häufigste Form.

- Umgekehrte V-Formen beenden 10-Bagger am häufigsten: in 29 Prozent der Fälle.

Abb. 15.13 Eine umgekehrte V-förmige Wende bei B, ein hässliches Doppel-Top und runde Wenden vervollständigen diese 10-Bagger.

Runde Wende

Abbildung 15.13 zeigt auch die runde Wende bei G für Tenneco (TEN) im Jahr 2007. Dies könnte wie ein Kopf-Schulter-Muster aussehen, aber die linke Schulter ist nicht klar definiert. Kenner von Chartmustern würden dies wahrscheinlich als V-Top mit einer Verlängerung auf der rechten Seite bezeichnen, was es auch ist, aber die breite, runde Wende ähnelt den allmählichen Wendungen, die 16 Prozent der 10-Bagger ausmachen.

Wenn Sie nach runden Wenden suchen, schauen Sie sich andere wichtige Wendepunkte (Gipfel) im selben Chart an. Wenn es sich um breite, schwerfällige Wenden handelt, erhöht dies die Wahrscheinlichkeit, dass der 10-Bagger mit einer runden Wende endet.

- Suchen Sie nach ähnlich geformten Gipfeln, um die Endform eines 10-Baggers vorherzusagen.

Hässliches Doppel-Top

Die letzte 10-Bagger-Form ist ein hässliches Doppel-Top. Ein Beispiel dafür zeigt die Aktie von Knology (KNOL) aus dem Jahr 2007, dargestellt in Abbildung 15.13. Es sieht aus wie ein Doppel-Top mit den Spitzen D und E, aber die Spitze E liegt zu weit unter D. Es handelt sich also um ein Doppel-Top, aber um ein hässliches, daher der Name.

Das hässliche Doppel-Top funktioniert genauso wie ein normales. Wenn der Kurs unter dem Tiefststand zwischen den beiden Gipfeln (F) schließt, bestätigt dies die Gültigkeit des Musters und kündigt niedrigere Kurse an.

Jedes Top hat einen zweiten Gipfel unterhalb des ersten. Das gilt unabhängig davon, ob der Gipfel breit oder schmal, hoch oder niedrig ist. Der zweite, niedrigere Gipfel kann jedoch Monate entfernt sein. Wenn Sie aber einen zweiten Gipfel unterhalb des ersten sehen, sollten Sie nervös werden. Der Aufwärtstrend ist vielleicht noch nicht vorbei, aber er signalisiert Schwäche.

Hässliche Doppel-Tops sind selten und treten nur in 6 Prozent der Fälle auf. Wenn Sie einen Gipfel auf der linken Seite sehen, handelt es sich oft um ein Kopf-Schulter-Top. Wenn die beiden Gipfel mit ihren

Kursen nahe beieinanderliegen, handelt es sich um ein klassisches Doppel-Top. Mit einem dritten Gipfel entsteht ein Dreifach-Top. Diese Muster treten in der Regel vor einem hässlichen Doppel-Top auf.

- Hässliche Doppel-Tops beenden 10-Bagger nur in 6 Prozent der Fälle.

Kapitel-Checkliste

Tabelle 15.5 zeigt eine Zusammenfassung der Chartmuster, die bei 10-Baggern auftreten.

10-Bagger-Startform	Häufigkeit
V-Form	54%
Flache Basis	46%
10-Bagger-Leben	**Details**
Gemessene Aufwärtsbewegung	Das mediane Retracement beträgt 35%.
Gemessene Aufwärtsbewegung	Der erste Abschnitt ist in 79% der Fälle kürzer als der zweite Abschnitt.
Linienform	Häufigkeit: 42%, durchschnittliche Dauer 2,3 Jahre.
Treppenstufe	Häufigkeit: 23%, durchschnittliche Dauer 3,5 Jahre.
Runde Wende	Häufigkeit: 19%, durchschnittliche Dauer 3,5 Jahre.
2-Buckel-10-Bagger	Häufigkeit: 16%, durchschnittliche Dauer 3,3 Jahre.
10-Bagger-Endform	**Häufigkeit**
Runde Wende	58%
Umgekehrtes V	42%
Endform-Variationen	**Häufigkeit**
Umgekehrtes V	29%
Doppel-Tops	22%
Kopf-Schulter-Top	16%
Runde Wende	16%
Dreifach-Tops	9%
Hässliches Doppel-Top	6%
Durchschnittlicher Rückgang	66% ein Jahr nach dem 10-Bagger-Höchststand

Tab. 15.5 Zusammenfassung von 10-Bagger-Mustern.

Basierend auf den Erkenntnissen dieses Kapitels finden Sie hier einige Tipps, die Sie beim Trading mit Aktien, die 10-Bagger-Muster aufweisen, berücksichtigen sollten.

- ☐ Viele 10-Bagger (46 Prozent) beginnen mit einer flachen Basis. Siehe Abschnitt „10-Bagger beginnen mit einer flachen Basis“.

- ☐ Wechseln Sie zur linearen Skala und suchen Sie nach einem flachen Basismuster. Siehe Abschnitt „10-Bagger beginnen mit einer flachen Basis“.

- ☐ Kaufen Sie, wenn der Kurs über dem Höchststand der flachen Basis schließt. Siehe Abschnitt „10-Bagger beginnen mit einer flachen Basis“.

- ☐ Die meisten 10-Bagger beginnen mit einem V-förmigen Start. Siehe Abschnitt „Einige 10-Bagger bevorzugen einen V-förmigen Start“.

- ☐ Suchen Sie nach einem bestätigten hässlichen Doppelboden, der eine Trendwende signalisiert. Siehe Abschnitt „Aufwärtsbewegung: Eine höhere Talwende“.

- ☐ Verwenden Sie das Chartmuster der wöchentlich gemessenen Aufwärtsbewegung, um den Endkurs und den Endzeitpunkt vorherzusagen. Siehe Abschnitt „Wöchentlich gemessene Aufwärtsbewegung“.

- ☐ Das häufigste Retracement bei einer wöchentlich gemessenen Aufwärtsbewegung liegt zwischen 25 und 45 Prozent mit einem Median von 35 Prozent. Siehe Tabelle 15.1.

- ☐ Wöchentlich gemessene Bewegungen treten am häufigsten zwischen einer Kursverdopplung und einer Kursverdreifachung auf, aber die Häufigkeitsverteilung ist recht breit. Siehe Tabelle 15.2.

- ☐ Die Korrekturphase beginnt dort, wo die gemessene Bewegung auf der Zeitskala erscheint, und verteilt sich fast gleichmäßig zwischen 0 Prozent und 80 Prozent vom Beginn bis zum Ende des 10-Baggers. Siehe Tabelle 15.3.

- ☐ Der erste Abschnitt einer wöchentlich gemessenen Aufwärtsbewegung ist in 79 Prozent der Fälle kürzer als der zweite Abschnitt. Siehe Abschnitt „MMU-Messregel“.

- ☐ Die Messregel auf der Kalenderskala für wöchentlich gemessene Bewegungen funktioniert nur in 48 Prozent der Fälle. Siehe Abschnitt „MMU-Messregel“.

- ☐ Der buckelförmige 10-Bagger ist ein Doppel-Top-Muster, bei dem der zweite Gipfel höher ist als der erste. Siehe Abschnitt „2-Buckel-Form“.

- ☐ Buckelförmige 10-Bagger sind selten, treten in 16 Prozent der Fälle auf und dauern durchschnittlich 3,3 Jahre. Siehe Abschnitt „2-Buckel-Form“.

- ☐ Trendlinien können beim Trading mit buckelförmigen 10-Baggern von unschätzbarem Wert sein. Siehe Abschnitt „Mit Buckeln handeln“.

- ☐ Der linienförmige 10-Bagger hat eine durchschnittliche Dauer von 2,3 Jahren, tritt in 42 Prozent der Fälle auf und weist von den vier Formen die geringste Anzahl an gemessenen Bewegungen (0,9) auf. Siehe Abschnitt „Linienform“.

- ☐ Der 10-Bagger mit runder Wende ist genau das, wonach er klingt: eine lange, langsame Wende. Er tritt nur in 19 Prozent der Fälle auf und benötigt durchschnittlich 3,5 Jahre, um den 10-Bagger-Status zu erreichen. Siehe Abschnitt „Runde Wende".

- ☐ Der 10-Bagger in Treppenstufenform tritt in 23 Prozent der Fälle auf, benötigt jedoch durchschnittlich 3,5 Jahre, um sich zu vollenden. Siehe Abschnitt „Treppenstufenform".

- ☐ Verwenden Sie frühere Kursbewegungen, die Formen bilden, um zu bestimmen, wie das Ende eines 10-Baggers aussehen wird. Siehe Abschnitt „Der Tod eines 10-Baggers".

- ☐ 10-Bagger haben am Ende zwei Formen: eine runde Wende oder ein umgekehrtes V. Siehe Abschnitt „Der Tod eines 10-Baggers".

- ☐ Im Jahr nach dem Ende eines 10-Baggers beträgt der durchschnittliche Rückgang 66 Prozent. Siehe Abschnitt „Die Zahlen" und Tabelle 15.4.

- ☐ In 16 Prozent der Fälle endet ein 10-Bagger mit einem Kopf-Schulter-Top. Siehe Abschnitt „Kopf-Schulter-Top".

- ☐ In 22 Prozent der Fälle bildet sich am Ende eines 10-Baggers ein Doppel-Top. Siehe Abschnitt „Doppel-Top und die 2B-Regel".

- ☐ In seltenen Fällen (9 Prozent der Fälle) beendet ein Dreifach-Top einen 10-Bagger. Siehe Abschnitt „Dreifach-Top".

- ☐ Umgekehrte V-Formen beenden 10-Bagger am häufigsten: in 29 Prozent der Fälle. Siehe Abschnitt „Umgekehrtes V".

- ☐ Suchen Sie nach ähnlich geformten Gipfeln, um die Endform eines 10-Baggers vorherzusagen. Siehe Abschnitt „Runde Wende".

- ☐ Hässliche Doppel-Tops beenden 10-Bagger nur in 6 Prozent der Fälle. Siehe Abschnitt „Hässliches Doppel-Top".

16

VERKAUFEN BEI BUY-AND-HOLD

Laut dem Eigentümer eines Schulfranchise, das Menschen im Day-Trading mit Aktien unterrichtet, besteht der Schwachpunkt bei Buy-and-Hold darin, dass niemand weiß, wann man verkaufen soll. Bedeutet Buy-and-Hold wirklich, für immer zu halten, oder bedeutet es in Wirklichkeit Buy-and-Wait, also Kaufen und Abwarten?

Die Kritik, dass man nicht weiß, wann man verkaufen soll, gilt auch für Positionstrading, Swing-Trading und Day-Trading. Dieses Kapitel stellt mehrere Techniken vor, die einem Anleger bei der Entscheidung helfen, wann es Zeit ist, eine langfristige Position zu verkaufen.

Das Weinstein-Set-up

Stan Weinstein (McGraw-Hill, 1988) beschreibt vier Phasen, die ein Kurs während seiner Lebensdauer durchläuft. Das Buch bietet eine hervorragende Anleitung, wie man die vier Phasen zusammen mit einem einfachen gleitenden 30-Wochen-Durchschnitt nutzt, um den richtigen Zeitpunkt für die Trades zu bestimmen.

In **Abbildung 16.1** zeige ich ein Beispiel für die verschiedenen Phasen, die mit 1 bis 4 gekennzeichnet sind, einschließlich eines idealisierten Musters der Phasen in der Einblendung.

Weinstein bezeichnet Phase 1 als Basisbildung. Das ideale Set-up gibt es in zwei Varianten. Die erste ist, wenn sich der Kurs horizontal bewegt und das Volumen bis zum Ende der Phase schrumpft. Der einfache gleitende 30-Wochen-Durchschnitt flacht ab, wobei der Kurs wie ein Korken auf dem Wasser über und unter dem gleitenden Durchschnitt schwankt. Diese Seitwärtsbewegung kann laut Weinstein Monate bis Jahre dauern. Suchen Sie nach Aktien mit geringem Widerstand, damit ein Ausbruch aus der Konsolidierungszone weniger Chancen hat, auf dem Weg zu den Sternen zu pausieren.

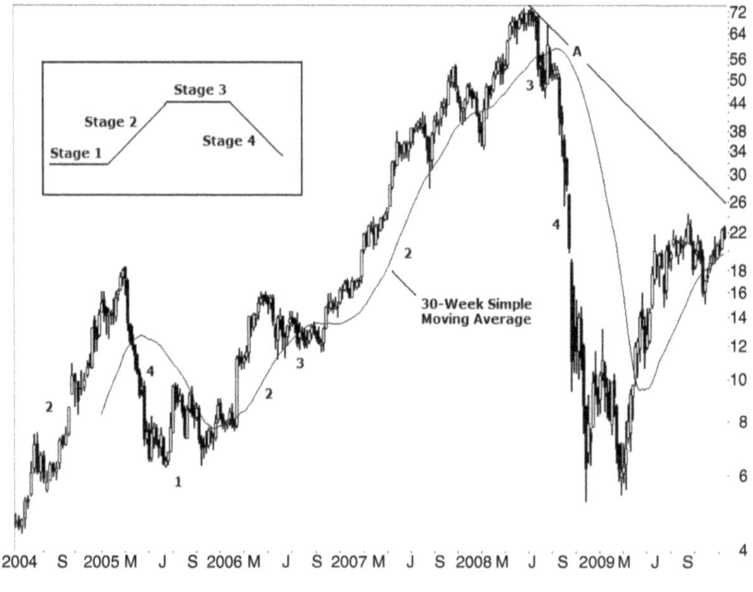

Abb. 16.1 Ein gleitender 30-Wochen-Durchschnitt hilft dabei, Trend-, Einstiegs- und Ausstiegspunkte zu bestimmen, während sich der Kurs durch die vier Phasen bewegt.

Die zweite Variante ergibt sich nach einem starken Rückgang in Phase 4. Der Kurs erholt sich von dem Einbruch in Phase 4 und bewegt sich horizontal (oder fast horizontal), während der gleitende 30-Wochen-Durchschnitt weiterhin sinkt. Der Kurs steigt über den gleitenden Durchschnitt und über die Obergrenze der bisherigen Trading-Spanne, vorzugsweise bei hohem Volumen. Das ist der richtige Zeitpunkt zum Kauf. Abbildung 16.2 zeigt an Punkt C dieses Set-up, auf das ich später noch eingehen werde.

Phase 2

Phase 2 ist die Aufwärtsphase. Der Countdown erreicht null und die Aktie schießt nach oben, steigt bei beeindruckendem Volumen über den gleitenden Durchschnitt und signalisiert damit einen Ausbruch aus einer Konsolidierungszone. Das ist das Kaufsignal. Weinstein warnt, dass die meisten Ausbrüche mindestens einen Rückgang erleben, der die Aktie wieder auf den Ausbruchskurs zurückbringt. Seien Sie also nicht überrascht, wenn dies geschieht, während die Rakete darum kämpft, an Höhe zu gewinnen.

„Je weniger sie zurückfällt, desto mehr Stärke zeigt sie tatsächlich", schreibt er. Ich habe dieses Phänomen zwar nicht für Ausbrüche in Phase 2 gemessen, aber für verschiedene Arten von Chartmustern. Ich habe festgestellt, dass 97 Prozent der Chartmustertypen mit Aufwärtsausbrüchen eine bessere Performance erzielten, wenn nach dem Ausbruch kein Retracement (was ich als „Throwback" bezeichne) auftrat. Weinstein hat recht.

In einem weiteren Test mit 3.167 Chartmustern mit Throwbacks von Juli 1991 bis März 2005 stellte ich fest, dass Muster mit Aktien, die auf oder über dem Ausbruchskurs blieben, durchschnittlich 40 Prozent zulegten. Wenn der Throwback die Aktie unter den Ausbruchskurs fallen ließ, betrug der Gewinn durchschnittlich nur 29 Prozent. Mit anderen Worten: Aktien mit starken Retracements werden im Durchschnitt weniger starke Aufwärtsbewegungen verzeichnen als Aktien mit geringeren Retracements. Die Tests maßen die Bewegung vom Ausbruch bis zum höchsten Hoch, bevor der Kurs um mindestens 20 Prozent fiel, und sie repräsentieren Hunderte von *perfekten* Trades, die im tatsächlichen Trading wahrscheinlich nicht wiederholt werden können.

Der Beginn der explosiven Rally in Phase 2 ist der Zeitpunkt, an dem Sie in die Aktie einsteigen sollten. Ein verspäteter Einstieg kann zu geringeren Gewinnen oder sogar zu hohen Verlusten führen. Der gleitende Durchschnitt dreht nach oben und treibt den Kurs weiter in die Höhe. Der Kurs steigt weiter stufenweise an, wobei die Aktie höhere Höchst- und Tiefststände erreicht, aber der Kurs bleibt in der Regel während der gesamten Phase über dem gleitenden Durchschnitt.

Phase 3

Phase 3 ist der Spitzenbereich. Der Kurs beginnt, sich seitwärts zu bewegen, sodass der gleitende Durchschnitt aufholen kann. Das Volumen ist hoch, da Käufer und Verkäufer um die Vorherrschaft kämpfen. Der gleitende Durchschnitt flacht ab und der Kurs beginnt, wie in Phase 1 um den Durchschnitt herum zu schwanken. Weinstein empfiehlt Anlegern, nur die Hälfte ihrer Position zu verkaufen (oder die gesamte Position, wenn Sie ein Trader sind), da Phase 3 zu Phase 2 werden kann, wenn der Anstieg wieder einsetzt.

Phase 4

Phase 4 tritt ein, wenn der letzte Tropfen Treibstoff verbrannt ist und die Rakete nicht mehr nach oben getrieben wird. Die Rakete dreht sich um und der Kurs fällt unter die Unterstützung. Der gleitende Durchschnitt, der in Phase 3 flach war, beginnt in Phase 4 zu sinken.

Das Volumen kann hoch sein, muss es aber während des Rückgangs nicht sein. Der Kurs kann bis zum unteren Ende des vorherigen Unterstützungsbereichs (jetzt Overhead-Widerstand) zurücklaufen, setzt aber in der Regel seinen Abwärtstrend fort. Wenn Sie noch nicht verkauft haben, sollten Sie dies tun, sobald der Kurs die Unterstützung durchbricht und wieder auf die Erde zurückfällt. Ich wiederhole: Sie müssen hier verkaufen, sonst riskieren Sie, beim Absturz der Rakete plattgemacht zu werden.

Der Kurschart (Abbildung 16.1) beginnt mit einem Anstieg in Phase 2 ganz links, überspringt Phase 3 und geht direkt zu Phase 4 über. Im Jahr 2005 beginnt Phase 1, als der Kurs mit dem gleitenden Durchschnitt spielt. Eine kurze Phase 2 treibt den Kurs nach oben, aber Mitte 2006 zögert er in Phase 3. Dann beginnt eine lange und erfreuliche Phase 2. Beachten Sie, wie der Kurs während des größten Teils des Anstiegs über dem gleitenden Durchschnitt bleibt.

Links von A fällt der Kurs unter den gleitenden Durchschnitt, der sich abflacht, und diese Kombination ist eine Warnung vor einer bevorstehenden Trendwende. In Phase 3 bewegt sich der Kurs eine Zeit lang horizontal, sodass Anleger und Trader die Aktie zu einem guten Kurs abstoßen können.

Nach Phase 3 folgt Phase 4 mit einem massiven Rückgang, bei dem die Aktie in nur wenigen Wochen fast wieder auf ihren Ausgangswert zurückfällt.

Testen

Wie oft funktionieren die vier Phasen? Ich habe diese Methode bei meinen eigenen Trades getestet und festgestellt, dass sie einen Mehrwert bietet. Ich habe Trades entfernt, die viel Geld eingebracht oder verloren haben, da sie die Ergebnisse verfälscht hätten, und Day-Trades sowie leerverkaufte Aktien oder ETFs ausgeschlossen. **Tabelle 16.1** zeigt die Ergebnisse.

Wenn ich beispielsweise in Phase 1 gekauft habe (unabhängig davon, wann ich verkauft habe), habe ich durchschnittlich 13,2 Prozent mit dem Trade gewonnen, und über 69 Prozent der Käufe in Phase 1 waren profitabel. Wenn ich in Phase 2 gekauft habe, sank der Gewinn auf nur 4,1 Prozent, wobei etwas mehr als die Hälfte einen Gewinn erzielte.

Wenn ich eine Aktie in Phase 1 verkauft habe (unabhängig davon, wann ich gekauft habe), verlor ich durchschnittlich 5,8 Prozent, und nur 23,1 Prozent der Verkäufe waren profitabel. Und so weiter.

Phase	Gewinn	Profitable Trades
Kauf 1	13,2 %	69,3 %
Kauf 2	4,1 %	56,9 %
Kauf 3	-5,9 %	14,5 %
Kauf 4	-8,3 %	24,4 %
Verkauf 1	-5,8 %	23,1 %
Verkauf 2	13,6 %	81,5 %
Verkauf 3	3,4 %	46,3 %
Verkauf 4	-10,8 %	11,8 %

Tab. 16.1 Kauf und Verkauf in den vier Phasen.

Ich habe verschiedene Kombinationen aus Kauf und Verkauf in verschiedenen Phasen getestet und festgestellt, dass der Kauf in Phase 1 und der Verkauf in Phase 2 zu einem durchschnittlichen Gewinn von 25,9 Prozent aus 62 Trades führte, gefolgt vom Kauf in Phase 1 und Verkauf in Phase 3 mit einem durchschnittlichen Gewinn von 21,5 Prozent aus 15 Trades. Die vollständigen Ergebnisse finden Sie auf meiner Website unter http://thepatternsite.com/Stages.html.

In einem weiteren Test habe ich den gleitenden 30-Wochen-Durchschnitt, den Kurs und 179 meiner Trades von August 2000 bis März 2010 verwendet. Wenn der Kurs fiel und ich unterhalb des gleitenden 30-Wochen-Durchschnitts kaufte, anstatt darauf zu warten, dass der Kurs über den gleitenden Durchschnitt stieg, wie habe ich dann abgeschnitten?

Ich stellte fest, dass ich in 21 Prozent der Fälle besser abgeschnitten habe als beim Abwarten. Das bedeutet, dass ich in 79 Prozent der

Fälle einen gewinnbringenden oder besseren Trade gehabt hätte, wenn ich vor dem Kauf darauf gewartet hätte, dass der Kurs über den einfachen gleitenden 30-Wochen-Durchschnitt steigt. Kurz gesagt: Wenn sich die Aktie in einem starken Abwärtstrend befindet, warten Sie mit dem Kauf, bis sich der Kurs so weit erholt hat, dass er über den einfachen gleitenden 30-Wochen-Durchschnitt steigt. Auf diese Weise vermeiden Sie Käufe in Phase 4. Das *wird* Ihnen Geld sparen, aber probieren Sie es selbst aus und entscheiden Sie dann.

- Der Kauf einer Aktie in Phase 1 und der Verkauf in Phase 2 führt oft zu profitablen Trades.

Beispiel: Der Trade mit Southwest Airlines

Die Weinstein-Methode ist gut geeignet, um Sie davor zu warnen, dass Sie möglicherweise zu früh kaufen, insbesondere wenn Sie den Tiefpunkt eines Bärenmarktes erwarten. Es ist in etwa so, als würde man versuchen, die Tiefe eines schlammigen Teiches zu schätzen, wenn man den Grund nicht sehen kann.

Während des Bärenmarktes von 2007 bis 2009 hatte ich Schwierigkeiten mit meinen Bottom-Fishing-Fähigkeiten. **Abbildung 16.2** zeigt als Beispiel einen Trade mit Southwest Airlines auf der wöchentlichen Skala. In meinem Trading-Notizbuch steht, dass ich die Aktie am 3. April zu einem Kurs von 6,80 gekauft habe, weil ich davon ausging, dass die Ölpreise weiter fallen würden. Die Aktie brach aus einer kleinen Konsolidierungszone aus (nicht auf der wöchentlichen Skala dargestellt), begleitet von einem steigenden Markt und einer Wirtschaft, von der ich annahm, dass sie sich in sechs bis neun Monaten erholen würde – es war Zeit zu kaufen.

Leider stieg der Ölpreis weiter an und übte Druck auf die Kosten für Flugbenzin aus. Der Overhead-Widerstand, der durch die Tiefpunkte

Ende 2008 gebildet wurde, würde bei 8 beginnen und könnte den Aufwärtstrend stoppen.

Abb. 16.2 Warten, bis der Kurs über dem gleitenden 30-Wochen-Durchschnitt schließt, hätte den Trade verbessert.

Am 13. Mai, dem Tag, an dem ich die Aktie verkaufte, befürchtete ich, dass eine gemessene Abwärtsbewegung den Kurs weiter nach unten drücken würde. Die gemessene Bewegung beginnt bei D, fällt in der ersten Phase auf B, korrigiert sich auf E und endet dann in der zweiten Phase bei F.

Als ich verkaufte, hatte ich natürlich keine Ahnung, wie weit F fallen würde. Was ich nicht sah, war die bestehende gemessene Abwärtsbewegung von A nach B mit der Korrekturphase zwischen G und D. Wie Sie wissen, kehrt der Kurs oft in die Korrekturphase zurück (in 84 Prozent der Fälle auf den Tagescharts), bevor er eine neue Richtung einschlägt. Genau das ist hier passiert. Der Kurs stieg von B nach E, erreichte das Kursniveau der Korrekturphase G und drehte dann um.

Ein Diamant-Top-Chartmuster auf Tagesbasis, das ich in der Einblendung zeige, entspricht Punkt E auf dem größeren Wochenchart. Diamanten sind keine schönen Muster, da ihre Form oft zu einer Seite hin verzerrt ist. Ein Abwärtsausbruch aus Diamanten kann einen raschen Rückgang fast bis auf den Ausgangskurs bedeuten. Damit meine ich, dass der Kurs oft von der Startrampe in einer geraden Linie bis zum Diamanten steigt und dann nach unten ausbricht und fast wieder auf den Startpunkt zurückfällt. Das deutete darauf hin, dass der Kurs von 7 auf 5 fallen könnte, eine Aussicht, die mir nicht gefiel.

Indikatoren

Im April sah ich eine bearishe Divergenz im Relative-Stärke-Index (Relative Strength Index; RSI), und Mitte Mai begann der Kurs, dem Indikator nach unten zu folgen (ich habe in „Trading Basics", Kapitel 5, im Abschnitt „Ist die Indikator-Divergenz ein Reinfall?" erläutert, wie schlecht dies funktioniert). Wenn die Divergenz funktioniert, kann sie Ihnen einen Hinweis darauf geben, dass eine Richtungsänderung bevorsteht.

Der Commodity Channel Index gab in der Woche vor meinem Verkauf zwei Verkaufssignale ab, was die Schwäche der Aktie untermauerte. Ich befürchtete, dass die Fluggesellschaft wieder bei 5 landen würde, anstatt den Overhead-Widerstand bei 8 zu durchbrechen.

Ein Blick auf andere Aktien von Fluggesellschaften klärte das technische Bild ebenfalls nicht. Mit einem kleinen Gewinn entschied ich mich zum Verkauf und erhielt eine Ausführung bei 7,06.

Betrachten Sie nun den Kaufpunkt im Verhältnis zum gleitenden 30-Wochen-Durchschnitt. Der Kurs liegt unter dem gleitenden Durchschnitt. Hätte ich mit dem Kauf bis C gewartet, als der Kurs den gleitenden Durchschnitt nach oben durchbrach, hätte ich mehr Vertrauen gehabt, die Aktie zu halten. Ich hätte mein Geld in wenigen Monaten verdoppeln können.

Obwohl dieser Trade eigentlich als langfristige Anlage gedacht war, reichte mir die Aussicht auf einen Kursrückgang von 41 Prozent (von 7,06 auf 5), um mich aus der Position zu vertreiben. Ich entschied mich für den sicheren Weg und verschaffte mir einen kleinen Gewinn.

Beispiel: Savient Pharmaceuticals

Manchmal ist es am besten, sich aus einem Trade zurückzuziehen, wenn das Risiko zu hoch ist. **Abbildung 16.3** zeigt ein Beispiel auf der wöchentlichen Skala.

Ich interessierte mich für das Unternehmen aufgrund seines niederländischen Auktionsangebots für bis zu 10 Millionen Aktien zu einem Kurs zwischen 5,80 und 6,80 pro Aktie. In Kapitel 11 unter „Ereignismuster: Niederländische Auktionen“, haben wir gelernt, dass der Kurs nach Ablauf des Angebots fallen würde (im Median 10 Prozent unter den Angebotskurs), dann aber wieder steigen würde. Innerhalb von drei Monaten nach Ablauf eines Angebots schließen 79 Prozent der Aktien über dem Angebotskurs und erreichen einen durchschnittlichen Höchststand von 15,7 Prozent.

Am 18. September 2006 gab das Unternehmen bekannt, dass es 6,80 Dollar für 10 Millionen Aktien zahlen würde. Das bedeutete, dass das Unternehmen über 16 Prozent der im Umlauf befindlichen Aktien übernehmen würde.

Die technische Lage sah vielversprechend aus. Im Sommer 2006 bildete sich ein steigendes Dreieck, und mit der Ankündigung des Auktionsangebots kam es zu einem Aufwärtsausbruch. Nach Ablauf des Angebots fiel die Aktie auf den Scheitelpunkt des Dreiecks zurück und stieg dann weiter an, genau wie es das Muster vorhergesagt hatte.

Mit dem Anstieg des Kurses bildeten sich weitere Muster, wie beispielsweise ein Rechteck-Top und ein Doppel-Top. Das Doppel-Top sagte einen Kursrückgang voraus, aber die Aktie folgte dieser

Prognose nicht. Sie durchbrach das Muster, als sie ein neues Hoch erreichte.

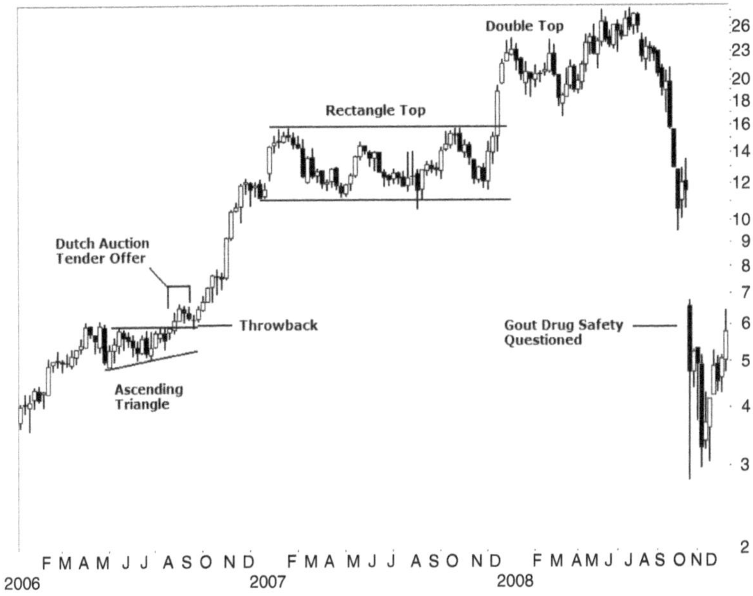

Abb. 16.3 Ein niederländisches Auktionsangebot bereitete den Boden für einen anhaltenden Anstieg.

Im Jahr 2006 hatte ich natürlich keine Ahnung von diesen beiden Chartmustern. Ich begann, mich mit den Fundamentaldaten des Unternehmens zu befassen, und las, dass es möglicherweise mit Generika-Konkurrenz für sein Medikament Oxandrin konfrontiert war. Dieses Medikament machte 52 Prozent des Umsatzes im Jahr 2005 aus. Einige der Patente, die das Medikament schützten, waren bereits abgelaufen, und Barr Pharmaceuticals versuchte, eine eigene Generika-Version auf den Markt zu bringen. Savient verklagte Barr wegen möglicher Patentverletzung.

Ich war der Meinung, dass ein langwieriger Rechtsstreit Geld kosten würde und dass die Aktie im Falle einer Niederlage von Savient abstürzen würde. Aufgrund dieses Risikos verzichtete ich auf den Trade.

Der Chart zeigt, was mit der Aktie geschah. Von einem Angebotskurs von 6,80 stieg sie in weniger als fünf Monaten auf einen Höchststand von 15,75 und bewegte sich fast ein Jahr lang seitwärts, bevor sie einen zweiten Anstieg auf einen Höchststand von 28,42 verzeichnete, was mehr als dem Vierfachen des Angebotskurses entspricht.

Dann kamen Nachrichten über Sicherheitsbedenken hinsichtlich des neuen Gichtmedikaments des Unternehmens auf. Die Aktie brach innerhalb einer Sitzung um 76 Prozent ein, von einem Schlusskurs von 11,58 auf einen Tiefststand von 2,80. Der Umsatz sank von 113 Millionen im Jahr 2004 auf nur noch 3 Millionen im Jahr 2008. Es dauerte acht Monate, aber im Juni 2009 erholte sich die Aktie wieder. Zu diesem Zeitpunkt akzeptierte die FDA eine beschleunigte Prüfung des Gichtmedikaments.

War es die richtige Entscheidung, die Aktie nicht zu kaufen? Die Antwort hängt davon ab, ob Sie eher den technischen oder den fundamentalen Faktoren vertrauen. Wenn Sie die Antwort auf der Grundlage des Charts geben und davon ausgehen, dass ich die Aktie verkauft habe, bevor sie auf 2,80 gefallen ist, dann habe ich die falsche Entscheidung getroffen. Aus fundamentaler Sicht war es jedoch klug, mich zurückzuziehen. Die Hälfte des Umsatzes mit einem einzigen Medikament zu erzielen, ist einfach zu riskant, insbesondere wenn ein anderes Unternehmen diese Einnahmequelle bedroht.

Denken Sie immer daran, dass sich bald eine neue Gelegenheit bieten wird.

- Technische Faktoren sind zeitnaher als fundamentale Faktoren. Bewerten Sie das Risiko beider Faktoren und handeln Sie entsprechend.

1-2-3-Trendwende bei Abwärtsentwicklungen

Der Begriff *1-2-3-Trendwende* ist meine Bezeichnung für eine von Victor Sperandeo (John Wiley & Sons, 1991) beschriebene Methode. Die Methode hilft dabei, Trendwenden zu erkennen.

Abbildung 16.4 zeigt die 1-2-3-Trendwende-Methode für absteigende Kursverläufe. Es gibt drei Regeln für die Anwendung dieses Ansatzes. Hier sind sie:

1. Zeichnen Sie eine Trendlinie vom höchsten Hoch zum niedrigsten Tief im Chart, sodass der Kurs die Trendlinie erst nach dem niedrigsten Tief kreuzt. Wenn der Kurs über der Trendlinie schließt, ist dies das erste Anzeichen für eine Trendwende.

2. Der Kurs sollte versuchen, ein neues Tief zu erreichen.

3. Der Kurs muss über den Höchststand zwischen den beiden Tiefstständen steigen.

Ich habe eine Trendlinie vom höchsten Hochpunkt im Chart, A, zum niedrigsten Tiefpunkt bei B gezogen, sodass der Kurs die Trendlinie erst nach B gekreuzt hat. Beachten Sie, dass der Kurs bei C die Trendlinie berührt, aber nicht kreuzt. Der Kurs schließt über der Trendlinie bei der weißen Kerze unter 1.

Die zweite Regel besagt, dass der Kurs *versuchen* sollte, ein neues Tief zu erreichen. Dies geschieht bei 2. Mit versuchen meine ich, dass der Kurs versucht, ein weiteres Tief zu erreichen, dies jedoch entweder nicht schafft oder kurz darauf wieder umkehrt. In diesem Beispiel schafft es der Kurs nicht, ein niedrigeres Tief zu erreichen.

Der letzte Test ist, wenn der Kurs über dem Höchststand zwischen den Tiefstständen B und 2 schließt. Das geschieht bei 3. Nachdem alle drei Bedingungen erfüllt sind, hat sich der Trend von abwärts zu aufwärts gewendet.

Abb. 16.4 Die 1-2-3-Trendwende-Methode hilft dabei, zu bestimmen, wann der Kurs von einem Abwärtstrend zu einem Aufwärtstrend wechselt.

Die 1-2-3-Trendwende-Methode ist nicht so einfach anzuwenden, wie es scheint. Wie viel vom Chart betrachten Sie bei der Auswahl des höchsten Hochs? Sehen Sie sich Abbildung 16.1 an. Ich habe die Trendlinie A vom höchsten Hoch zum niedrigsten Tief so gezogen, dass der Kurs die Trendlinie erst nach dem niedrigsten Tief gekreuzt hat.

Was ist passiert? Der Kurs hat die Trendlinie nicht gekreuzt, und dennoch ist die Aktie von einem Tiefststand von 5,20 auf fast 25 gestiegen. Können wir sagen, dass sich der Trend von abwärts zu aufwärts gewendet hat? Es sieht ganz danach aus. Die Antwort lautet: Wenden

Sie die Methode mit einer Portion gesundem Menschenverstand an. Wenn es nicht richtig aussieht, passen Sie die Methode an die Situation an. In diesem Beispiel würde ich eine steilere Trendlinie zeichnen, um eine zeitnähere Auswertung zu erhalten.

1-2-3-Trendwende bei Aufwärtsentwicklungen

Ähnliche Regeln gelten für Aufwärtsentwicklungen, und hier sind sie:

- Zeichnen Sie eine Trendlinie vom niedrigsten Tief zum höchsten Hoch, sodass der Kurs die Trendlinie erst nach dem höchsten Hoch kreuzt. Ein Schlusskurs unterhalb der Trendlinie schließt Schritt 1 ab.
- Der Kurs sollte versuchen, ein neues Hoch zu erreichen.
- Der Kurs muss unterhalb des zwischen den beiden Spitzen gebildeten Tals schließen.

Sobald alle drei Bedingungen erfüllt sind, hat sich der Trend von aufwärts zu abwärts geändert. **Abbildung 16.5** zeigt ein Beispiel für diese Methode.

Ich habe die Trendlinie vom Tiefpunkt bei A zum höchsten Hochpunkt bei B gezogen, sodass der Kurs die Trendlinie erst nach B gekreuzt hat. Der Kurs schloss unterhalb der Trendlinie bei 1.

Schritt 2 besagt, dass der Kurs versuchen sollte, ein neues Hoch zu erreichen. Ich zeige den Versuch bei Spitze C. Beachten Sie, wie weit C vom Hoch entfernt ist. Kann das richtig sein?

Was wäre, wenn Gipfel 2 der höchste Höchststand und Gipfel B der Versuch eines neuen Höchststandes wäre? Wenn der Kurs auf 3 fällt, den Tiefststand zwischen den beiden Gipfeln, ist Regel 3 erfüllt. Wir müssen nur darauf warten, dass der Kurs unterhalb der Trendlinie bei 1 schließt, um die drei Regeln zu erfüllen. Das führt zu einer viel besseren Anwendung der Regeln auf diese Situation.

1-2-3-Test

Ich habe die 1-2-3-Trendwende-Methode sowohl für aufwärts als auch für abwärts verlaufende Trendlinien in meinem Buch „Trading Classic Chart Patterns" (John Wiley & Sons, 2002) getestet.

Abb. 16.5 Die 1-2-3-Trendwende-Methode angewendet auf Aufwärtsentwicklungen.

Bei abfallenden Trendlinien stellte ich fest, dass die Methode in 74 von 101 Fällen oder 73 Prozent der Zeit zu einem Anstieg von mindestens 20 Prozent führte, verglichen mit einer Erfolgsquote von 69 Prozent bei den anderen 109 Trendlinien, die ich ohne die 1-2-3-Trendwende-Methode getestet habe.

Ich habe die 20-Prozent-Benchmark als Trennlinie zwischen Bullen- und Bärenmärkten verwendet. Mit anderen Worten: Wenn der Kurs um mindestens 20 Prozent steigt, sprechen Analysten von einem Bullenmarkt. Ein Rückgang von mindestens 20 Prozent steht für einen Bärenmarkt. Diese Logik habe ich auf Aktien und Trendlinien angewendet. Die 20-Prozent-Benchmark ist das Minimum, das erforderlich ist, um eine Trendwende von oben nach unten oder umgekehrt zu signalisieren, und genau das soll die 1-2-3-Methode erkennen.

Bei steigenden Trendlinien stellte ich fest, dass 29 von 67 Trendlinien (43 Prozent) einen Rückgang von mindestens 20 Prozent aufwiesen. Die Methode ist eine Verbesserung gegenüber 50 von 132 Trendlinien (38 Prozent), die einen Rückgang von mindestens 20 Prozent aufwiesen. Kurz gesagt, die 1-2-3-Methode hilft dabei, Veränderungen im Kursverlauf vorherzusagen.

- Verwenden Sie die 1-2-3-Trendwende-Methode, um eine Trendänderung zu bestimmen.

Das Cloudbank-Set-up

Abbildung 16.6 zeigt ein von mir so genanntes Cloudbank-Chartmuster von XL Capital auf der monatlichen Skala. Die Theorie hinter diesem Muster besagt, dass die Cloudbank den normalen Kurs der Aktie darstellt (da sie seit Jahren über 56 gehandelt wird). Der rasche Rückgang ist auf den Bärenmarkt und schlechte wirtschaftliche Bedingungen zurückzuführen. Wenn sich die Wirtschaft erholt, sollte die Aktie wieder in die Wolken steigen. Wenn das passiert, können Anleger, die Aktien mit Cloudbanks kaufen, viel Geld verdienen. Cloudbanks bieten auch ein bequemes Verkaufsziel, und um den Verkauf geht es in diesem Kapitel. Schauen wir uns dieses Cloudbank-Muster einmal genauer an.

- Das Cloudbank-Muster ist eine einfache Methode, um den richtigen Zeitpunkt für den Verkauf zu bestimmen.

Identifizierung

Um Cloudbanks zu finden und zu katalogisieren, habe ich 574 Aktien mit Daten aus dem Zeitraum von Januar 1990 bis Februar 2010 untersucht, wobei jedoch nicht alle Aktien den gesamten Zeitraum abdeckten. Die monatliche Skala war am einfachsten zu verwenden, um diese langen Chartmuster zu erkennen. Ich suchte nach einem längeren Zeitraum (vorzugsweise Jahre), in dem der Kurs auf einer horizontalen Trendlinie ruhte. Die horizontale Trendlinie stellt den unteren Rand der Cloudbank dar. Der obere Rand der Cloudbank kann jede beliebige Form haben, da er nicht wichtig ist. Der untere Rand der Cloudbank stellt das Kursziel dar – einen Kurs, bei dem ein Verkauf in Betracht gezogen werden sollte.

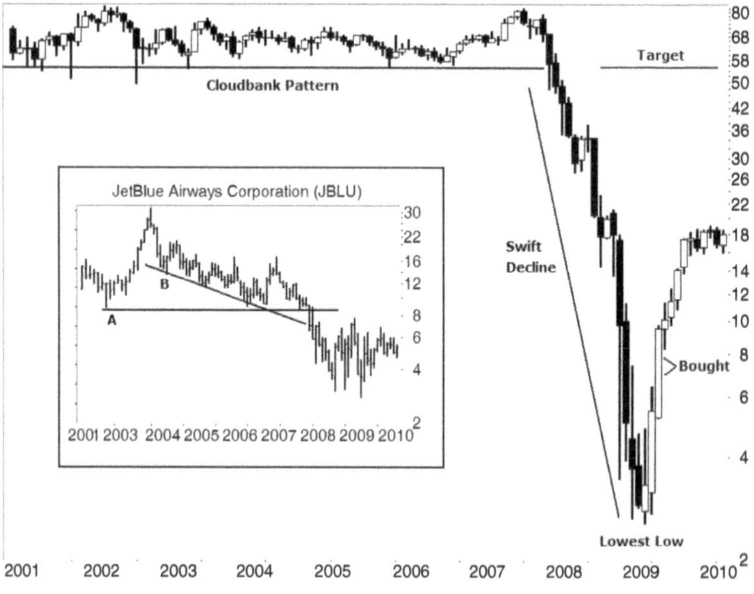

Abb. 16.6 Eine Cloudbank, die einen Overhead-Widerstand darstellt, wird zu einem Kursziel.

Nach der Cloudbank erwarte ich einen schnellen Rückgang, der den Kurs dramatisch nach unten treibt. Je größer der Rückgang, desto größer das Erholungspotenzial. Wenn auf eine Cloudbank kein starker Rückgang folgte, habe ich das Chartmuster verworfen. Ein Bärenmarkt verursachte oft einen starken Rückgang, und der jüngste Einbruch von 2007 bis 2009 war eine gute Quelle für viele Cloudbank-Muster.

Die Form von Böden

Sobald der Kurs den Boden erreicht hat, erholt er sich, und diese Erholung nimmt eine von vier Formen an, die ich in **Abbildung 16.7** zeige. Wenn Sie sich mit Chartmustern auskennen, werden Sie diese erkennen, aber ich habe komplexere Varianten, wie zum Beispiel Kopf-Schulter-Böden, nicht in die Analyse einbezogen.

Die erste Form ist ein Doppelboden. Der Kurs fällt, erholt sich wieder und fällt dann erneut in der Nähe desselben Kurses, jedoch mit einem zeitlichen Abstand von oft zwei bis fünf Monaten. Die Kursschwankung zwischen den beiden Tiefstständen sollte gering sein, etwa 5 Prozent oder weniger, aber flexibel. Die Doppelboden-Schwankung tritt in 17 Prozent der Fälle nach einer Cloudbank auf. Abbildung 16.1 zeigt ein Beispiel für einen Doppelboden (der jedoch nicht mit einer Cloudbank in Zusammenhang steht) in der Nähe von Punkt 1, beginnend im Herbst 2008.

- Ein Doppelboden tritt in 17 Prozent der Fälle nach einer Cloudbank auf.

Die nächste Form ist ein hässlicher Doppelboden. Bei dieser Form liegt der zweite Boden höher als der erste, was ihn zu einer hässlichen Version des klassischen Doppelbodens macht. Bei dieser Variante liegt der zweite Boden mindestens 5 Prozent höher als der erste, aber auch hier flexibel. Liegt der zweite Boden zu weit über dem ersten Boden, handelt es sich um eine V-förmige Wende und nicht um einen hässlichen Doppelboden.

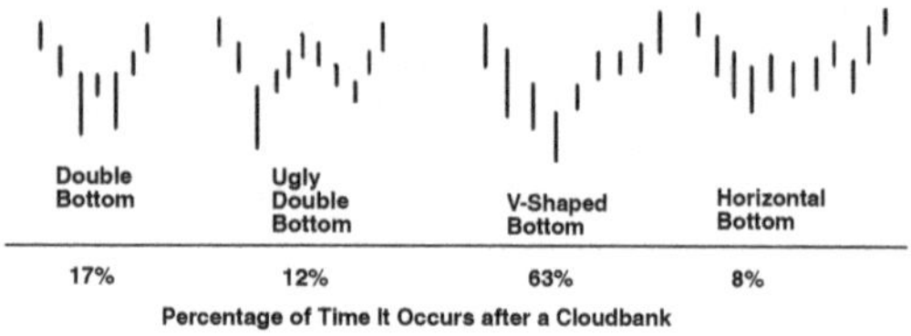

Abb. 16.7 Wenn der Kurs einen Boden erreicht, bildet er in der Regel eine von vier Formen.

Ich habe keine Obergrenze dafür festgelegt, wo der zweite Boden auftreten sollte, also entscheiden Sie nach bestem Wissen und Gewissen. Wenn Sie unsicher sind, sehen Sie sich mehrere Charts an und beobachten Sie, wie die Böden auftreten. Abbildung 16.4 zeigt einen hässlichen Doppelboden an den Punkten B und 2. Ein hässlicher Doppelboden tritt in 12 Prozent der Fälle nach einer Cloudbank auf.

- Ein hässlicher Doppelboden tritt in 12 Prozent der Fälle nach einer Cloudbank auf.

Die V-förmige Wende tritt am häufigsten auf – in 63 Prozent der Fälle. Die Wende bei XL Capital, die in Abbildung 16.6 dargestellt ist, ist V-förmig. Der Kurs fällt in das Muster hinein und erholt sich dann, oft als Spiegelbild des Abstiegs (das heißt, die Winkel sind ähnlich). Die V-förmige Wende bedeutet nicht, dass der Kurs ohne horizontale Konsolidierungszonen zur Cloudbank zurückkehrt (obwohl dies der Fall ist, wenn der Rückgang auf das niedrigste Tief moderat ist). Tatsächlich gibt es eine Variante der V-Form, die als verlängertes V bezeichnet wird. Die Verlängerung ist eine horizontale Kursbewegung, nachdem die Aktie den Tiefpunkt in der V-Form erreicht hat. Abbildung 16.2 zeigt ein Beispiel für einen V-förmigen Boden bei B, gefolgt von einer Verlängerung bei F. Die BF-Wende kann auch als hässlicher Doppelboden bezeichnet werden.

- Die V-förmige Wende tritt am häufigsten – in 63 Prozent der Fälle – nach einer Cloudbank auf.

Der horizontale Boden ist die seltenste der vier Arten von Wenden. Er tritt in 8 Prozent der Fälle nach einer Cloudbank auf. Der Kurs erreicht den niedrigsten Tiefpunkt und erholt sich etwas, tendiert dann aber dazu, sich für eine gewisse Zeit horizontal zu bewegen. Der niedrigste Tiefpunkt ist oft kein ausgeprägter Einbruch, wie man ihn bei Doppelböden sieht, sondern liegt nur geringfügig unter den umgebenden Kursbewegungen. Schließlich steigt der Kurs auf seinem Weg zur Cloudbank wieder an.

- Der horizontale Boden ist die seltenste der vier Arten von Wenden. Er tritt in 8 Prozent der Fälle nach einer Cloudbank auf.

In Cloudbanks investieren

Bevor ich auf die Zahlen eingehe, lassen Sie uns über die Verwendung von Cloudbanks als Anlageinstrumente sprechen.

Ich habe nach Aktien mit einem soliden Muster des Overhead-Widerstands (der Cloudbank) gesucht, der mindestens doppelt so hoch wie der aktuelle Kurs war, vorzugsweise jedoch dreimal so hoch oder mehr. Wenn die Aktie beispielsweise zu 5 Dollar gehandelt wurde, wollte ich, dass die Cloudbank nicht weniger als 10 Dollar, vorzugsweise jedoch 15 Dollar oder höher liegt. Abbildung 16.6 zeigt XL Capital, eine Aktie, die ich für weniger als 8 Dollar gekauft habe und deren Cloudbank bei 56 Dollar beginnt. Diese Differenz stellt ein attraktives Erholungspotenzial dar. Selbst wenn die Aktie nur die Hälfte des Weges bis zu den Wolken schafft, habe ich gut abgeschnitten.

Als Nächstes suchte ich nach einem raschen Rückgang. Ich wollte Aktien finden, die sich bis zum Schluss gut behaupteten, während sich die Wirtschaft verschlechterte und der Bärenmarkt die Aktien nach unten drückte. Ich schloss Aktien, die seit Jahren einen Abwärtstrend verzeichneten, als potenzielle Kaufkandidaten aus.

Die Einblendung in Abbildung 16.6 zeigt ein Beispiel für JetBlue Airways (JBLU) auf einer monatlichen Skala. Als ich mir die horizontale Trendlinie A ansah, dachte ich, dass die Aktie eine Investition sein könnte, da sie eine Cloudbank hatte, nach der ich suchte (aber die Cloudbank berührte die Trendlinie nicht so oft, wie ich es gern gesehen hätte). Dann fiel mir auf, dass der Kurs im Oktober 2003 seinen Höchststand erreicht hatte und seitdem immer weiter gefallen war.

Warum ist ein horizontaler Kurstrend (die Cloudbank), der zu einem Rückgang führt, wichtig? Das Cloudbank-Muster bietet eine weitere Methode zur Bestimmung eines Verkaufskurses für Buy-and-Hold-Investitionen. Ich bin der Meinung, dass die Entwicklung des Bärenmarktes ein Ausreißer ist, eine Anomalie, die den Kurs weit unter seinen Normalwert gedrückt hat. Ich erwarte *nicht*, dass die Aktie auf Everest-Höhen steigt, aber ich gehe davon aus, dass sie sich wieder normalisieren wird. Der Boden der Cloudbank stellt den normalen Mindestkurs dar. Manche bezeichnen dieses Verhalten als Regression oder Rückkehr zum Mittelwert, und das Cloudbank-Muster ist nur eine visuelle Darstellung davon.

Die Cloudbank erleichtert die Wahl eines Verkaufskurses, beispielsweise 56 Dollar für XL Capital. Wenn die Aktie den unteren Rand der Cloudbank erreicht, ist es an der Zeit, einen Verkauf in Betracht zu ziehen. Es handelt sich dabei vielleicht nicht um einen automatischen Verkauf, aber die Cloudbank liefert ein leicht zu erkennendes Kursziel.

Bei JetBlue deutet die durch die Trendlinie B angezeigte Abwärtsbewegung des Kurses darauf hin, dass das Unternehmen seit Jahren Probleme hat. Die Erholung würde wahrscheinlich länger dauern, als nur auf eine Verbesserung der Wirtschaftslage oder der Geschäftsbedingungen zu warten.

Aus Sicht eines Anlegers gibt es zwei Möglichkeiten, den JetBlue-Chart zu betrachten. Die erste ist optimistisch. Wenn das Unternehmen seine Probleme beheben kann, sollte die Aktie abheben und in die Wolken steigen. Die zweite Möglichkeit besteht darin, anzuerkennen, dass das Unternehmen seit über fünf Jahren erfolglos versucht, seine Probleme zu beheben. Was deutet auf eine baldige Wende hin? Ich habe mich entschieden, mich nach einer vielversprechenderen Gelegenheit mit geringerem Risiko umzusehen.

Ich habe XL Capital im April 2009 zweimal gekauft, einmal zu 6,52 und das zweite Mal zu 7,93. Den größten Teil habe ich im Mai 2010 zu 17,73 verkauft.

Ein Trade mit Conseco (CNO) ist ein Beispiel dafür, wie Cloudbanks kurzfristig funktionieren können. Die Aktie zeigt eine Cloudbank von September 2003 bis Juli 2007 mit einer unregelmäßig geformten Basis bei 15 bis 17. Als ich die Aktie am 5. Mai 2009 bei 1,64 kaufte, hatte ich vor, sie über Jahre hinweg zu halten, aber sechs Tage später verkaufte ich sie bei 3,47 und verdoppelte damit meinen Einsatz. Ich verkaufte sie an dem Tag, an dem sie ihren Höchststand erreichte; in den folgenden Monaten sank der Kurs wieder.

- Eine Cloudbank kann auch eine kurzfristige Goldgrube darstellen.

Die Zahlen

Lassen Sie uns über die Statistiken hinter dem Cloudbank-Muster sprechen. Wie bereits erwähnt, habe ich 574 Aktien mit Daten von Januar 1990 bis Februar 2010 verwendet. Ich habe 184 Cloudbanks gefunden, aber nur bei 59 Prozent ist der Kurs so stark gestiegen, dass er die Basis der Cloudbank durchbrochen hat, und 24 Prozent sind an die Spitze der Cloud oder höher gestiegen.

Der Grund, warum ich dieses Muster untersucht habe, ist, herauszufinden, wie lange es dauert, bis der Kurs wieder zur Cloudbank zurückkehrt. **Tabelle 16.2** liefert eine Antwort darauf. Sie zeigt die

Erholungszeiten, gemessen vom niedrigsten Tiefpunkt nach der Cloudbank bis zur Rückkehr des Kurses zur Cloud, für alle Cloudbank-Muster, die es zurück zur Cloud geschafft haben.

Beispielsweise benötigten 34 Prozent der Cloudbanks weniger als ein halbes Jahr, um zum unteren Rand der Cloudbank zurückzukehren, und 9 Prozent schafften es bis zum oberen Rand der Cloud (oder höher). Was die Erholung bis zum Tiefpunkt der Cloud angeht, so zeigt sich, dass 82 Prozent der Aktien, die zur Cloudbank zurückkehrten, dies innerhalb von 1,5 Jahren nach Erreichen des niedrigsten Tiefpunkts taten. Bis die Aktie die Spitze der Cloudbank erreicht, dauert es natürlich länger. Beispielsweise schafften es 73 Prozent innerhalb von drei Jahren nach Erreichen des niedrigsten Tiefpunkts bis zur Spitze der Cloud.

- 82 Prozent der Aktien mit Cloudbanks kehrten innerhalb von 1,5 Jahren in die Cloud zurück.

Die mediane Zeit bis zur Rückkehr zur Cloudbank beträgt 0,7 Jahre, der Durchschnitt liegt bei 1,1 Jahren. Die maximale Zeit betrug 7 Jahre. Um die Spitze der Cloudbank zu erreichen, dauerte es im Median 2,0 Jahre, im Durchschnitt 2,4 Jahre und maximal 7,2 Jahre. Alle diese Zeiten werden vom niedrigsten Tiefpunkt (nicht vom Tiefpunkt der Cloudbank) gemessen.

Jahre:	0,5	1	1,5	2	2,5	3	3,5	4	4,5	5
Erholung bis zum Tiefpunkt der Cloud	34 %	34 %	14 %	4 %	3 %	5 %	0 %	0 %	4 %	3 %
Kumulativ	34 %	69 %	82 %	86 %	89 %	94 %	94 %	94 %	97 %	100 %
Erholung bis zum Hochpunkt der Cloud	9 %	18 %	16 %	7 %	13 %	11 %	4 %	4 %	0 %	18 %
Kumulativ	9 %	27 %	42 %	49 %	62 %	73 %	78 %	82 %	82 %	100 %

Tab. 16.2 Erholungszeit für alle Aktien, deren Kurs in die Cloudbank zurückkehrte.

Das niedrigste Tief ist genau das, wonach es klingt, aber die von mir verwendete Definition ist kompliziert. Es handelt sich um das tiefste Tal, das nach dem Ende der Cloudbank und bevor der Kurs über den einfachen gleitenden 30-Wochen-Durchschnitt steigt, auftritt, vorausgesetzt, dass der Schnittpunkt von Kurs und gleitendem Durchschnitt einen lohnenden Rückgang darstellt (ich habe etwa 50 Prozent als Minimum verwendet). Diese Definition trug dazu bei, zu frühe Käufe zu vermeiden und ebenso Käufe, bei denen das Gewinnpotenzial das Risiko nicht wert war.

Der Rückgang von der Cloudbank zum niedrigsten Tiefpunkt betrug durchschnittlich 56 Prozent für diejenigen Aktien, die zur Cloudbank zurückkehrten, und 81 Prozent für diejenigen, die es noch nicht zurückgeschafft haben. Bei den Aktien vor dem 1. Januar 2007 betrug der Rückgang durchschnittlich 59 Prozent, bei denen nach dem 1. Januar 2007 (einschließlich des Bärenmarktes von 2007 bis 2009) durchschnittlich 73 Prozent. Das sind wichtige Zahlen. Warum? Weil es diesmal länger dauern wird, bis der Kurs wieder zur Cloudbank zurückkehrt, da der Rückgang größer war.

- Nach einem starken Rückgang dauert es länger, bis der Kurs wieder zur Cloudbank zurückkehrt, als nach einem geringen Rückgang.

Cloudbanks kaufen

Wenn Sie eine Cloudbank-Aktie kaufen würden, nachdem sie über den einfachen gleitenden 30-Wochen-Durchschnitt gestiegen ist, würden Sie durchschnittlich 41 Prozent erzielen. Im Vergleich dazu beträgt der Gewinn des S&P 500 Index im gleichen Zeitraum nur 16 Prozent. Beide Zahlen werden vom Eröffnungskurs am Tag nach dem Überschreiten des gleitenden Durchschnitts bis zur Cloudbank-Basis oder dem letzten Schlusskurs gemessen, wenn die Aktie es nicht zurück in die Cloud geschafft hat.

Tabelle 16.3 zeigt eine Häufigkeitsverteilung der größten Kursverluste unterhalb des Kaufkurses. Ich habe beispielsweise festgestellt, dass 20 Prozent der Aktien auf ihrem Weg zur Cloudbank nicht mehr als 5 Prozent unter den Kaufkurs gefallen sind. Der mediane Kursverlust liegt bei 13 Prozent, der Durchschnitt bei 19 Prozent. So gut diese Zahlen auch erscheinen mögen, der größte Rückgang betrug 95 Prozent. Dieser Trade gehört zu den 18 Prozent der Aktien, die nach dem Kauf um mehr als 35 Prozent gefallen sind. Mit anderen Worten: Der Rückgang kann gewaltig sein.

Rückgang	5%	10%	15%	20%	25%	30%	35%
Häufigkeit	20%	22%	16%	9%	8%	7%	18%
Kumulativ	20%	42%	58%	68%	76%	82%	100%

Tab. 16.3 Möglicher Rückgang unter den Kaufkurs.

Die Ergebnisse legen nahe, dass Sie beim Trading mit Cloudbanks entweder die Augen schließen oder eine Möglichkeit haben sollten, Verluste zu begrenzen.

- Über die Hälfte der Aktien mit Cloudbanks (58 Prozent) fielen weniger als 15 Prozent unter den Kaufkurs, aber 18 Prozent stürzten um mehr als 35 Prozent ab.

Cloudbanks verkaufen

Wann sollten Sie eine Anlage mit einem Cloudbank-Muster verkaufen? Antwort: wenn der Kurs wieder zum Basiswert der Cloud zurückkehrt. Hier ist der Grund dafür: Ich habe die Zeit vom niedrigsten Tiefpunkt bis zum Basiswert der Cloud gemessen und festgestellt, dass der durchschnittliche Anstieg 129 Prozent betrug und 1,1 Jahre dauerte. Allerdings dauerte es fast genauso lange (1,0 Jahre), um die Cloud zu durchlaufen, aber der Anstieg betrug im Durchschnitt nur 64 Prozent. Mit anderen Worten: Der Kurs benötigte die gleiche Zeit, um die Hälfte der Strecke zurückzulegen (vom unteren Rand der

Cloud bis zum oberen Rand). Die Dynamik muss nachgelassen haben, daher ist es sinnvoller, zu verkaufen, wenn der Kurs den Basiswert der Cloud erreicht, und dann nach einer anderen Cloudbank zum Kauf zu suchen.

- Verkaufen Sie eine Cloudbank-Aktie, wenn sie wieder zum Tiefststand der Cloud zurückkehrt.

Verkauf mithilfe von Trailing-Stops

In „Trading Basics“, Kapitel 3, habe ich den Trailing-Stop als eine Möglichkeit diskutiert, den Verkauf einer Aktie zu vereinfachen. Es ist an der Zeit, diese Taktik zu überprüfen, diesmal jedoch unter Verwendung des einfachen gleitenden 30-Wochen-Durchschnitts.

Abbildung 16.8 zeigt einen Trade, den wir alle gern in unseren Portfolios hätten. Eine Trendlinie, die die Spitzen 1 und 2 verbindet, mit einem Kursanstieg am Punkt E, deutet darauf hin, dass der gleitende 30-Wochen-Durchschnitt folgen wird. Wenn der Kurs über der Trendlinie schließt, ist das ein Kaufsignal. Wo platzieren Sie eine Stop-Loss-Order für den Fall, dass der Trade nicht wie erwartet verläuft?

Um diese Frage zu beantworten, zeichnen Sie eine vertikale Linie vom Tag des Einstiegs bis zum Wert des gleitenden 30-Wochen-Durchschnitts und platzieren Sie dann einen Stopp ein paar Cent unterhalb des Schnittpunkts. Ich zeige das als E bei etwa 16, also würde ich einen Stopp bei 15,93 platzieren, um die runde Zahl 16 zu vermeiden. Das ist nicht allzu weit vom Einstiegskurs von 18,21 entfernt (unter der Annahme des Eröffnungskurses in der folgenden Woche).

- Platzieren Sie einen Trailing-Stop unterhalb des gleitenden 30-Wochen-Durchschnitts.

Wenn der Kurs steigt, heben Sie den Stopp an und ziehen Sie ihn unterhalb des gleitenden Durchschnitts nach. Leider fällt der gleitende Durchschnitt weiter zurück, wenn der Kurs zügig steigt. Bei F beträgt der Rückgang 26 Prozent, und bei G beträgt die Lücke 34 Prozent oder etwa 10 Dollar pro Aktie. Enorm!

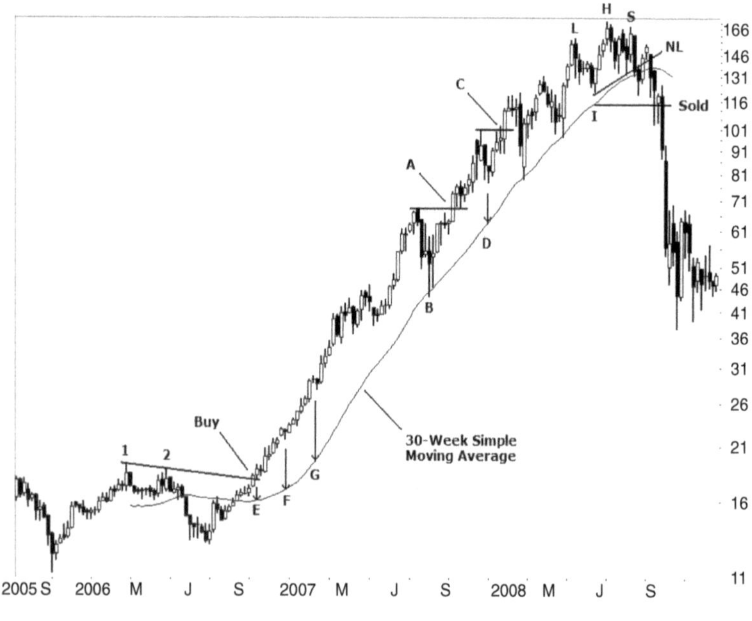

Abb. 16.8 Verschiedene Stopp-Positionen können Tradern und Anlegern helfen, das Verlustrisiko zu begrenzen.

In Situationen, in denen der Kurs linear steigt oder zumindest zügig zulegt, sollten Sie einen Volatilitätsstopp verwenden, anstatt ihn unter den gleitenden Durchschnitt zu legen. Dadurch hätte sich der Verlust auf 6 beziehungsweise 5 Prozent verringert.

- Wenn der Kurs linear steigt, verwenden Sie einen Volatilitätsstopp.

Sobald der Kurs entlang des Aufwärtstrends pausiert, können Sie Ihren Stopp unter dem Minor Low oder unter dem gleitenden Durchschnitt verstecken. Sobald der Kurs auf A steigt und damit einem früheren Minor High entspricht, heben Sie den Stopp auf knapp unter B an. Wenn diese Stopp-Position zu weit entfernt ist, verwenden Sie stattdessen einen Volatilitätsstopp.

Wenn der Kurs auf C steigt, heben Sie den Stopp auf D an, einige Cent unterhalb des gleitenden Durchschnitts an diesem Punkt. Sie können den Stopp einige Cent unterhalb des Minor Low, auf das D zeigt, oder unterhalb des gleitenden Durchschnitts bei D platzieren oder einen Volatilitätsstopp verwenden.

Der Grund für die Platzierung des Stopps unterhalb des gleitenden Durchschnitts ist, dass der Kurs oft wieder auf den gleitenden Durchschnitt zurückfällt, bevor er weiter steigt. Ein zu nah platzierter Stopp würde Sie aus dem Markt nehmen. Wenn der Kurs weiter fällt, hätten Sie leider eine Menge Gewinn eingebüßt.

- Wenn der Kurs ein neues Hoch erreicht, suchen Sie das letzte Minor Low. Erhöhen Sie den Stopp unter den gleitenden 30-Wochen-Durchschnitt zum Zeitpunkt des Minor Low.

Nehmen wir L als Beispiel. Wenn der Kurs auf dem Weg nach H auf das Kursniveau von L steigt, suchen Sie das nächstgelegene Minor Low und setzen Sie einen Stopp unterhalb des gleitenden Durchschnitts an diesem Punkt (in diesem Fall I).

Bei H erreicht der Kurs ein Hoch von 173, aber ein bei I platzierter Stopp würde bei 112 liegen. Wollen Sie wirklich 61 Punkte Gewinn zurückgeben? Wenn Sie einen Stopp unterhalb des Minor Low (nicht unterhalb des gleitenden Durchschnitts) bei I platzieren, würde sich der Stopp auf 121 erhöhen.

Angesichts dessen würde ein potenzielles Kopf-Schulter-Top (L ist die linke Schulter, S ist die rechte und H ist der Kopf) Sie bei etwa 125 aus dem Markt nehmen. Ich erhalte diesen Wert, indem ich die beiden Achselhöhlen mit einer Nackenlinie, NL, verbinde. Wenn der Kurs unterhalb der Linie schließt, verkaufen Sie die Aktie am nächsten Tag bei Eröffnung.

Ein Volatilitätsstopp basierend auf H wäre 150. Das ist am nächsten am Höchststand, garantiert aber fast, dass die Position ausgestoppt wird. Wenn Sie vermuten, dass Sie ausgestoppt werden, verkaufen Sie die Aktie einfach sofort und steigen Sie aus. Ich habe das schon oft gemacht und mir so die Differenz zwischen dem tatsächlichen Verkaufskurs und dem Rückgang bis zum Stopp gespart.

- Wenn Sie glauben, dass Sie ausgestoppt werden, verkaufen Sie die Aktie einfach.

Rechtzeitige Trendlinien-Ausstiege

Ich habe Trendlinien bereits besprochen, daher besteht kaum Bedarf, sie ausführlich zu erläutern. Manchmal kann eine Trendlinie jedoch klarere und zeitnähere Ausstiegssignale liefern als der gleitende Durchschnitt. **Abbildung 16.9** zeigt eine solche Situation. Dies ist ein Wochenchart von Northrop Grumman (NOC) mit einem gleitenden 30-Wochen-Durchschnitt. Da der Durchschnitt häufig den Kurs durchschneidet, wäre ein längerer gleitender Durchschnitt besser geeignet (zum Beispiel ein gleitender 50-Wochen-Durchschnitt).

Betrachten Sie TL1, die durch Verbinden der Berührungspunkte 1, 2 und 3 erstellt wurde. Ein Schlusskurs unterhalb der Trendlinie ist das Ausstiegssignal, das bei Verkaufen 1 (Sell 1) auftritt. Verkaufen 2 ist der Punkt, an dem der Kurs den gleitenden 30-Wochen-Durchschnitt kreuzt. Verkaufen 1 würde Sie zum Eröffnungskurs des nächsten Tages von 70,25 aussteigen lassen, aber der gleitende Durchschnitt bei Verkaufen 2 würde die Position bei 64,00 schließen.

Ein rechtzeitiger Ausstieg ist nicht immer gegeben, und TL2 zeigt eine solche Situation. Die Trendlinie beginnt bei Punkt 1, berührt dann die Punkte 4 und 5 und endet schließlich irgendwo in der Masse der Kursbalken, während sich die Aktie abflacht. Der gleitende 30-Wochen-Durchschnitt befindet sich ebenfalls dort und kämpft sich durch die Kursbalken. Es sieht so aus, als würden sich der gleitende Durchschnitt und die Trendlinie kreuzen, was einen Ausstieg signalisiert, wenn der Kurs unterhalb beider Werte schließt.

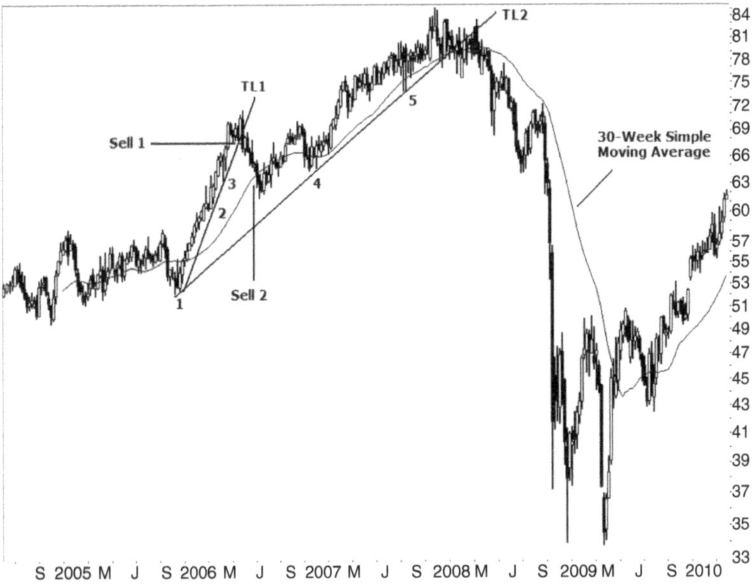

Abb. 16.9 Eine Trendlinie kann ein klareres Verkaufssignal liefern als ein gleitender Durchschnitt.

Vielleicht liegt die Antwort auf die Frage „Soll ich jetzt verkaufen?“ in einer Kombination aus einer Trendlinie und einem geeigneten gleitenden Durchschnitt, der den Kurs umgeht, anstatt ihn wie ein Bulldozer zu durchbrechen. Da ein gleitender Durchschnitt eine Verzögerung mit sich bringt (der Kurs dreht zuerst und später dreht der gleitende Durchschnitt), ist er weniger zeitnah als eine Trendlinie.

- Trendlinien können früher als andere Methoden ein Verkaufssignal geben.

Können gleitende Durchschnitte helfen?

Wenn Sie wissen möchten, wann Sie in den Markt einsteigen sollten und wann nicht, finden Sie hier eine einfache Technik für das Markt-Timing unter Verwendung eines einfachen gleitenden 10-Monats-Durchschnitts.

Abbildung 16.10 zeigt den Standard & Poor's 500 Index auf der monatlichen Skala, *wobei nur die Schlusskurse verwendet wurden.* Ein einfacher gleitender 10-Monats-Durchschnitt der Schlusskurse erscheint als die glattere der beiden Linien. Dieser gleitende Durchschnitt ist eine einfache Methode, um sicherzustellen, dass Sie auf der richtigen Seite des Marktes stehen. Damit meine ich, dass Sie long gehen sollten, wenn der Index über dem gleitenden Durchschnitt liegt, und in Cash gehen sollten, wenn dies nicht der Fall ist. Schauen wir uns einige Beispiele an.

Punkt C liegt nahe dem Beginn des Bärenmarktes im Jahr 2000. Einige Monate, nachdem der Index zu fallen begonnen hat, fällt er unter den gleitenden Durchschnitt, was Ihnen signalisiert, dass es Zeit ist, auszusteigen. Die gleiche Situation tritt 2007 bei Punkt D auf, kurz nachdem der Markt ins Minus gedreht hat. In beiden Fällen ist es klug, in Cash zu wechseln.

Die Punkte E und F zeigen an, wann der Index den gleitenden Durchschnitt nach oben durchbricht. Sie sind Signale für einen Wiedereinstieg in den Markt, nachdem dieser seinen Tiefpunkt erreicht hat und sich zu erholen beginnt.

Natürlich gibt es ein Problem mit dem gleitenden Durchschnitt. Punkt A gibt ein Kaufsignal, obwohl der Bärenmarkt erst zur Hälfte vorbei ist. Punkt B signalisiert vorzeitig einen Verkauf, wenn sich der Index in einem Bullenmarkt seitwärts bewegt.

Um falsche Signale zu vermeiden, können Sie einen längeren gleitenden Durchschnitt wählen. Ein gleitender 12-Monats-Durchschnitt beseitigt sowohl die Überkreuzungssignale A und B, verzögert aber auch den Wiedereinstieg in die Märkte, wenn sich der Bärenmarkt in einen Bullenmarkt verwandelt. Außerdem erhöht er den Drawdown, also den Rückgang vom Höchststand zum Tiefststand, oder die Gewinne, die Sie aufgeben, während Sie auf ein Verkaufssignal warten. Der Kurs muss etwas weiter fallen, um einen Verkauf auszulösen. Ich denke jedoch, dass dies besser funktioniert als der gleitende 10-Monats-Durchschnitt.

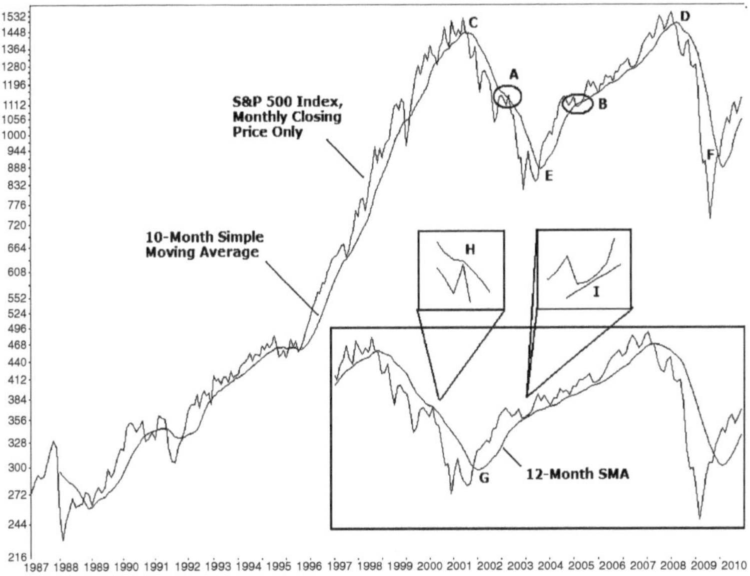

Abb. 16.10 Dies zeigt, wie ein einfacher gleitender 10-Monats-Durchschnitt die beiden letzten Bärenmärkte vermieden hätte.

Ich zeige den 12-Monats-Durchschnitt in der Einblendung. Die Punkte H und I sind die gleichen wie A und B, nur vergrößert. Beachten Sie, dass es zu keiner Überkreuzung kommt. Der Punkt G liegt jedoch höher als E, sodass mit einem späten Wiedereinstieg in einen steigenden Markt zu rechnen ist.

- Ein einfacher gleitender 12-Monats-Durchschnitt der Schlusskurse des S&P 500 Index kann Ihnen dabei helfen, zu bestimmen, wann Sie in den Markt einsteigen oder aus ihm aussteigen sollten.

Mitte 2010 schloss der S&P Index unter dem gleitenden Durchschnitt, sodass ich die Hälfte meines Portfolios verkaufte. Einige Monate später stieg der Markt wieder an. Das ist die Gefahr, der Sie bei der Verwendung von gleitenden Durchschnitten ausgesetzt sind.

Eine weitere Möglichkeit, die Anzahl falscher Signale zu reduzieren, ist das Hinzufügen eines Filters, zum Beispiel einer Regel, die besagt, dass der Kurs mindestens 1 Prozent über dem gleitenden Durchschnitt schließen muss. Sie können natürlich einen beliebigen Wert für den Filter wählen. Je größer der Wert, desto stärker kann der Kurs fallen, bevor Sie auf das Signal reagieren.

Der Schlüssel zur Verwendung des monatlichen gleitenden Durchschnitts liegt darin, dass er auf den Schlusskursen basiert und nicht auf den im Laufe des Monats erreichten Höchst- oder Tiefstständen. Wenn Sie den gleitenden Durchschnitt anhand eines Balkencharts mit Eröffnungs-, Höchst-, Tiefst- und Schlusskursen darstellen, würden Sie viele Überkreuzungen sehen, da die Höchst- und Tiefststände den Durchschnitt kreuzen. Ein auf den Schlusskursen basierender Linienchart macht die Überkreuzungen jedoch deutlicher und weniger zahlreich.

- Wenn Sie einen gleitenden monatlichen Durchschnitt verwenden, stellen Sie die Kurse in einem Linienchart und nicht in einem Balkenchart dar.

Insidergeschäfte verfolgen

Insiderkäufe und -verkäufe sind Instrumente, mit denen sich einschätzen lässt, wie das Smart Money eine Aktie bewertet. Wenn ein Insider kauft und dies bereits zuvor zu günstigen Zeitpunkten getan hat (das heißt, kurz bevor die Aktie gestiegen ist), kann diese Information einem Trader das nötige Vertrauen geben, um einen Trade einzugehen. Wenn zahlreiche Insider die Aktie kaufen und keiner von ihnen in den letzten sechs Monaten verkauft hat, dann halten sie die Aktie für einen guten Wert.

Die gleiche Logik gilt für Insiderverkäufe, obwohl diese nicht so zuverlässig sind. Wenn zahlreiche Insider verkaufen und keiner kauft, ist Vorsicht geboten. Sie könnten sich irren, daher sollten Sie die Vorjahre überprüfen, um zu sehen, wie gut ihr Timing funktioniert hat.

Zwei Artikel von Volker Knapp (*Active Trader*, Oktober und November 2008) untersuchen Systeme, mit denen versucht wird, von Insidergeschäften zu profitieren. Er kam zu dem Schluss, dass Insider-Verkaufssignale nicht sehr wertvoll sind, aber „die Kombination von Insiderkäufen mit anderen Instrumenten zur Identifizierung stark unterbewerteter Aktien sich als nützlich erwiesen hat“.

Tatsächlich kam Gary S. Glass in seiner Dissertation (Ohio State University, 1966) zu dem Schluss, dass „ein Anleger, der seine Bestände in der jüngeren Vergangenheit nach diesem Kriterium auf eine Reihe von Wertpapieren diversifiziert hat, wahrscheinlich eine durchschnittliche Kursperformance erzielt hätte, die deutlich über der des Dow Jones Industrial Average lag“. Er fährt fort: „Es scheint vernünftig zu sein, zu folgern, dass umfangreiche Kaufentscheidungen von Insidern einen nützlichen Indikator für die kurzfristige Kursentwicklung darstellen.“

Bevor ich eine Aktie kaufe, überprüfe ich immer die Insidergeschäfte. Wenn XYZ auf 50 steigt und jedes Mal, wenn dies geschieht, der CEO, der CFO und andere Insider die Aktie abstoßen, dann ist klar, dass 50 zu hoch ist. Wenn zahlreiche Insider bei 15 kaufen und keiner verkauft und der Kurs von dort aus steigt, dann stellt 15 einen guten Wert dar.

Ich möchte sehen, dass mehrere verschiedene Insider Tausende von Aktien kaufen, nicht nur Hunderte. Wenn es Verkäufe gibt, möchte ich sehen, dass im Vergleich zur Anzahl der gekauften Aktien nur wenige Aktien verkauft werden. Diese Geschäfte sollten keine Aktien umfassen, die dem Insider im Rahmen des Vergütungsplans des Unternehmens zugeteilt wurden.

Ich überprüfe Insidergeschäfte nicht, wenn ich den Verkauf einer Aktie in Betracht ziehe. Ein Insider kann aus verschiedenen Gründen verkaufen (ein neuer Jet, ein Haus, Studiengebühren und so weiter), kauft aber, weil die Aktie einen Wert darstellt.

- Wenn Insider die Aktie kaufen, könnte dies auf Wert hindeuten, aber sie können aus einer Vielzahl von Gründen verkaufen.

Verkauf: Zwei Tipps zu Kennzahlen

Einige Kennzahlen sind es wert, hier wiederholt zu werden. Die erste ist die Marktkapitalisierung im Verhältnis zum Jahresumsatz, die in Kapitel 9 behandelt wird (siehe Abschnitt „Marktkapitalisierung im Vergleich zum Umsatz"). Die Marktkapitalisierung ist das Produkt aus der Anzahl der im Umlauf befindlichen Aktien und dem aktuellen Kurs. Wenn die Marktkapitalisierung den Jahresumsatz übersteigt, ist die Aktie überbewertet. Erwägen Sie einen Verkauf. Tests haben gezeigt, dass Aktien mit einer Marktkapitalisierung, die über dem Umsatz liegt, im folgenden Jahr einen Gewinn von 9 Prozent erzielten, verglichen mit 14 Prozent bei Aktien mit einer Marktkapitalisierung unter dem Umsatz.

Wenn das Kurs-Gewinn-Verhältnis höher ist als das Maximum der letzten drei Jahre, sollten Sie einen Verkauf in Betracht ziehen. Aktien mit hohem KGV erzielten durchschnittlich 8 Prozent Gewinn, verglichen mit 12 Prozent Gewinn, wenn das KGV unter dem 3-Jahres-Maximum lag.

- Wenn die Marktkapitalisierung den Jahresumsatz übersteigt, sollten Sie einen Verkauf in Betracht ziehen.

- Wenn das KGV höher ist als das 3-Jahres-Maximum, sollten Sie einen Verkauf in Betracht ziehen.

Unterhalb eines Hochs verkaufen

Ich habe eine Finanzberaterin gefragt, wie sie entscheidet, eine langfristige Position zu verkaufen. „Wenn es sich um eine Blue-Chip-Aktie handelt, schlagen bei einem Rückgang von 5 Prozent die Alarmglocken", sagte sie. „Und dann verkaufe ich sie vielleicht oder auch nicht. Wenn die Aktie um 10 Prozent fällt, verkaufe ich sie." In ihren Augen sind Blue Chips alle Aktien des Dow Jones Industrial Average und bekannte Large-Cap-Aktien.

Was ist mit Nicht-Blue-Chips, den Außenseitern? Darauf konnte sie mir keine gute Antwort geben. Jede Situation sei anders. Wenn beispielsweise ein Biotech-Unternehmen ein vielversprechendes Medikament habe, das auf die Zulassung durch die FDA warte, würde sie die Aktie halten, vorausgesetzt, sie glaube an die Fähigkeit des Unternehmens, das Medikament herzustellen, und vorausgesetzt, das Medikament habe ein großes Potenzial.

Ist der Ansatz, unterhalb eines Hochs zu verkaufen, ratsam? Ich beschloss, das herauszufinden.

- Wenn eine Blue-Chip-Aktie um 10 Prozent von ihrem Höchststand fällt, sollten Sie einen Verkauf in Betracht ziehen.

Verkaufsmethodik

Ich programmierte meinen Computer so, dass er jede 20-prozentige Veränderung im Trend der Aktie fand. Wenn der Kurs einen Höchststand erreichte und um 20 Prozent fiel, wurde der Höchststand zu dem, was ich als „ultimatives Hoch" bezeichnete. Wenn der Kurs einen Tiefststand erreichte und dann um 20 Prozent stieg, wurde der Tiefststand zum „ultimativen Tief". Dieses 20-prozentige Trendveränderungsverhalten unterscheidet Bullen- und Bärenmärkte, weshalb ich es bei Tests einzelner Aktien verwende.

Nachdem ich alle ultimativen Hochs und Tiefs der Aktie gefunden hatte, betrachtete ich das Retracement vom Höchst- zum Tiefststand in einem Aufwärtstrend. Diese Methode ist vergleichbar mit der Messung der Höhe jeder Welle, jedoch nur bei Flut.

Um einen Gipfel oder ein Tal zu identifizieren, suchte ich nach dem höchsten Gipfel oder dem tiefsten Tal innerhalb von fünf Kursbalken (Tagen). Das bedeutet, dass ein Gipfel der höchste Höchststand innerhalb von 5 Tagen vor bis zu 5 Tagen nach dem Gipfel war, also insgesamt 11 Tage. Für Täler verwendete ich die gleiche Methode. Ich fand das tiefste Tal zwischen zwei Gipfeln (vorausgesetzt, der zweite Gipfel war höher als der erste). Ja, das klingt kompliziert.

Bei Aufwärtstrends habe ich vom ultimativen Tief bis zum ultimativen Hoch (die Flut) jeden Rückgang vom Höchst- zum Tiefstpunkt (die Wellen) als Prozentsatz des Höchstkurses bis zum Erreichen des ultimativen Hochs gemessen. Das Ergebnis ist die durchschnittliche Retracement-Größe bei steigenden Kursen.

Warum ist das wichtig? Wenn wir die durchschnittliche Retracement-Größe ermitteln können, kann jedes ungewöhnlich große Retracement der Beginn eines Bärenmarktes für die Aktie sein.

Verkaufsergebnisse

Tabelle 16.4 zeigt eine Häufigkeitsverteilung der Ergebnisse für 1.745 Aktien (unabhängig von der Marktkapitalisierung) von Januar 1990 oder dem Zeitpunkt, zu dem ihre Daten begannen, bis April 2012, vorausgesetzt, der Kurs blieb über 3 Dollar. Die Tabelle zeigt den durchschnittlichen Rückgang eines Retracements.

Rückgang	Häufigkeit	Kumulativ	Rückgang	Häufigkeit	Kumulativ
0%	0%	0%	8%	9%	60%
1%	0%	0%	9%	8%	68%
2%	2%	2%	10%	7%	75%
3%	6%	8%	11%	6%	80%
4%	9%	18%	12%	5%	85%
5%	11%	29%	13%	4%	89%
6%	12%	40%	14%	3%	92%
7%	10%	51%	15%	2%	94%

Tab. 16.4 Häufigkeitsverteilung des prozentualen Rückgangs von einem Höchststand.

Die Spalte „Rückgang" gibt den prozentualen Rückgang von einem Höchststand an. Die Spalte „Häufigkeit" gibt die Anzahl jedes Rückgangs als Prozentsatz aller Stichproben an. Die Spalte „Kumulativ" gibt die laufende Summe der Spalte „Häufigkeit" an.

Die 10-Prozent-Zeile zeigt beispielsweise, wie oft jede Welle in einem steigenden Kurstrend (der Flut) um 10 Prozent von einem Höchststand zurückging. In diesem Fall gab es 3.218 Treffer von 48.272 Stichproben, was 7 Prozent der Gesamtzahl der Retracements entspricht. 75 Prozent der Stichproben (die Spalte „Kumulativ") zeigten Rückgänge von 10 Prozent oder weniger auf dem Weg zu einer Trendwende. Die Finanzberaterin ist mit einem Verkauf bei einem Rückgang von 10 Prozent einverstanden.

Stellen Sie sich jeden Rückgang als die Höhe einer typischen Aktienwelle vor. Wie viel Gewinn sind Sie bereit aufzugeben (die Höhe der Welle), um an einem langfristigen Aufwärtstrend teilzuhaben?

Wenn Sie diese Methode anwenden, sagen Sie sich nicht: „Schau, wie viel Geld ich seit dem Höchststand verloren habe!", sondern erinnern Sie sich daran, wie gut es gewesen wäre, bei einem Rückgang von 10 Prozent zu verkaufen, wenn die Aktie weiter um 30, 50 Prozent oder sogar noch mehr gefallen wäre.

Konzentrieren Sie sich nicht auf das Geld, sondern auf die Technik. Diese Technik hilft Ihnen, den Ausstieg aus langfristigen Investitionen zeitlich zu planen. Sie funktioniert vielleicht nicht immer, aber wenn sie funktioniert, kann sie Ihnen viel Geld sparen.

Schauen Sie sich die Spalten mit 5 bis 7 Prozent an. Diese drei machen 33 Prozent der Stichproben aus. Das bedeutet, dass ein Drittel der Stichproben zwischen 5 und 7 Prozent gegenüber dem Höchststand zurückfällt. Dies sind die drei häufigsten Rückgänge in der Tabelle. Über die Hälfte der Stichproben verzeichnet Rückgänge im Bereich von 4 bis 8 Prozent. Wenn Sie einen Stopp setzen möchten, tun Sie dies außerhalb dieses Bereichs.

- Das häufigste Retracement liegt zwischen 5 und 7 Prozent. Über die Hälfte der Stichproben verzeichnete ein Retracement zwischen 4 und 8 Prozent.

Kapitel-Checkliste

Hier finden Sie eine Checkliste mit Methoden für das Trading von Investments.

☐ Der Kauf einer Aktie in Phase 1 und der Verkauf in Phase 2 führt oft zu profitablen Trades. Siehe Tabelle 16.1.

☐ Technische Faktoren sind zeitnaher als fundamentale Faktoren. Bewerten Sie das Risiko beider Faktoren und handeln Sie entsprechend. Siehe Abschnitt „Beispiel: Savient Pharmaceuticals“.

☐ Verwenden Sie die 1-2-3-Trendwende-Methode, um eine Trendänderung zu bestimmen. Siehe Abschnitt „1-2-3-Test“.

- ☐ Das Cloudbank-Muster ist eine einfache Methode, um den richtigen Zeitpunkt für den Verkauf zu bestimmen. Siehe Abschnitt „Das Cloudbank-Set-up".

- ☐ Ein Doppelboden tritt in 17 Prozent der Fälle nach einer Cloudbank auf. Siehe Abschnitt „Die Form von Böden".

- ☐ Ein hässlicher Doppelboden tritt in 12 Prozent der Fälle nach einer Cloudbank auf. Siehe Abschnitt „Die Form von Böden".

- ☐ Die V-förmige Wende tritt am häufigsten – in 63 Prozent der Fälle – nach einer Cloudbank auf. Siehe Abschnitt „Die Form von Böden".

- ☐ Der horizontale Boden ist die seltenste der vier Arten von Wenden. Er tritt in 8 Prozent der Fälle nach einer Cloudbank auf. Siehe Abschnitt „Die Form von Böden".

- ☐ Eine Cloudbank kann auch eine kurzfristige Goldgrube darstellen. Siehe Abschnitt „In Cloudbanks investieren".

- ☐ 82 Prozent der Aktien mit Cloudbanks kehrten innerhalb von 1,5 Jahren in die Cloud zurück. Siehe Tabelle 16.2.

- ☐ Nach einem starken Rückgang dauert es länger, bis der Kurs wieder zur Cloudbank zurückkehrt, als nach einem geringen Rückgang. Siehe Tabelle 16.2.

- ☐ Über die Hälfte der Aktien mit Cloudbanks (58 Prozent) fielen weniger als 15 Prozent unter den Kaufkurs, aber 18 Prozent stürzten um mehr als 35 Prozent ab. Siehe Tabelle 16.3.

☐ Verkaufen Sie eine Cloudbank-Aktie, wenn sie wieder zum Tiefststand der Cloud zurückkehrt. Siehe Abschnitt „Cloudbanks verkaufen".

☐ Platzieren Sie einen Trailing-Stop unterhalb des gleitenden 30-Wochen-Durchschnitts. Siehe Abschnitt „Verkauf mithilfe von Trailing-Stops".

☐ Wenn der Kurs linear steigt, verwenden Sie einen Volatilitätsstopp. Siehe Abschnitt „Verkauf mithilfe von Trailing-Stops".

☐ Wenn der Kurs ein neues Hoch erreicht, suchen Sie das letzte Minor Low. Erhöhen Sie den Stopp unter den gleitenden 30-Wochen-Durchschnitt zum Zeitpunkt des Minor Low. Siehe Abschnitt „Verkauf mithilfe von Trailing-Stops".

☐ Wenn Sie glauben, dass Sie ausgestoppt werden, verkaufen Sie die Aktie einfach. Siehe Abschnitt „Verkauf mithilfe von Trailing-Stops".

☐ Trendlinien können früher als andere Methoden ein Verkaufssignal geben. Siehe Abschnitt „Rechtzeitige Trendlinien-Ausstiege".

☐ Ein einfacher gleitender 12-Monats-Durchschnitt der Schlusskurse des S&P 500 Index kann Ihnen dabei helfen, zu bestimmen, wann Sie in den Markt einsteigen oder aus ihm aussteigen sollten. Siehe Abschnitt „Können gleitende Durchschnitte helfen?".

☐ Wenn Sie einen gleitenden monatlichen Durchschnitt verwenden, stellen Sie die Kurse in einem Linienchart und nicht in einem Balkenchart dar. Siehe Abschnitt „Können gleitende Durchschnitte helfen?".

- ☐ Wenn Insider die Aktie kaufen, könnte dies auf Wert hindeuten, aber sie können aus einer Vielzahl von Gründen verkaufen. Siehe Abschnitt „Insidergeschäfte verfolgen".

- ☐ Wenn die Marktkapitalisierung den Jahresumsatz übersteigt, sollten Sie einen Verkauf in Betracht ziehen. Siehe Abschnitt „Verkauf: Zwei Tipps zu Kennzahlen".

- ☐ Wenn das KGV höher ist als das 3-Jahres-Maximum, sollten Sie einen Verkauf in Betracht ziehen. Siehe Abschnitt „Verkauf: Zwei Tipps zu Kennzahlen".

- ☐ Wenn eine Blue-Chip-Aktie um 10 Prozent von ihrem Höchststand fällt, sollten Sie einen Verkauf in Betracht ziehen. Siehe Abschnitt „Unterhalb eines Hochs verkaufen".

- ☐ Das häufigste Retracement liegt zwischen 5 und 7 Prozent. Über die Hälfte der Stichproben verzeichnete ein Retracement zwischen 4 und 8 Prozent. Siehe Abschnitt „Verkaufsergebnisse".

17

FUNDAMENTALDATEN: WAS ICH VERWENDE

Als ich in Lowell, Massachusetts, lebte, saß ich eines Tages auf einer Parkbank am Merrimack-Fluss und versuchte, einen Zauberwürfel zu lösen. Ein Mann, der vorbeikam, blieb stehen und fragte mich nach Lösungstipps. Er sagte, er sei Buchhalter und wolle Hewlett-Packard-Aktien kaufen, indem er die Zahlen im Jahresbericht auswertete.

Ein paar Wochen später traf ich ihn wieder, und er war immer noch damit beschäftigt, den Jahresbericht zu analysieren.

Die Fundamentalanalyse kann so kompliziert sein, wie Sie es möchten. Sie können zum forensischen Buchhalter werden, indem Sie den Jahresbericht unter die Lupe nehmen und ihn mit anderen Unternehmen derselben Branche vergleichen. Ich bevorzuge einen einfacheren Ansatz. In diesem Kapitel beschreibe ich, wie ich den Jahresbericht auseinandernehme, um die Fundamentaldaten zu überprüfen, aber vielleicht möchten Sie tiefer graben.

Keine der unten diskutierten Fundamentaldaten zwingen mich dazu, eine Aktie zu verwerfen. Vielmehr dienen sie mir als Beweismaterial, das mir Aufschluss darüber gibt, ob das Unternehmen erfolgreich sein wird oder nicht. Wenn ich mehrere Forschungsberichte über das Unternehmen überprüfe und diese ebenso negativ sind wie die Fundamentaldaten vermuten lassen, dann suche ich mir eine vielversprechendere Gelegenheit.

Ein Fehler, den ich im Laufe der Jahre festgestellt habe, ist, dass ich zu viel Wert auf die Fundamentaldaten lege. Die Zahlen sind nur Momentaufnahmen der Unternehmensleistung am Ende eines Quartals oder Jahres. Ein Unternehmen kann einen neuen Auftrag gewinnen oder verlieren, wodurch sich sein Geschäft in eine neue Richtung entwickelt. Wenn ich ein Unternehmen trotz eines glänzenden technischen Bilds verworfen habe, habe ich das oft bereut. Aber ich gehe lieber auf Nummer sicher. Es braucht nicht viel, um an den Märkten Geld zu verlieren.

Zwei Tipps zum Buchwert

Einige behaupten, dass der Buchwert an Bedeutung verloren habe, da der Wert eines Vermögenswerts nur so hoch ist, wie jemand bereit ist, dafür zu zahlen. Daher kann es schwierig sein, den Buchwert genau zu bestimmen. Dennoch freue ich mich nach wie vor über einen im Laufe der Zeit steigenden Buchwert. Das sagt mir, dass das Unternehmen mehr wert ist als früher.

Ein starker Rückgang des Buchwerts kann auf eine Ausgliederung, den Verkauf einer Tochtergesellschaft oder einen Aktienrückkauf zurückzuführen sein. Ein starker Anstieg kann bedeuten, dass das Unternehmen ein anderes Unternehmen gekauft oder mit einem anderen fusioniert hat.

Teilen Sie den Kurs durch den Buchwert, um das Kurs-Buchwert-Verhältnis zu erhalten. Zahlen unter 2,0 sind ideal, daher achte ich darauf.

- Der Buchwert sollte im Laufe der Zeit steigen.
- Achten Sie auf ein Kurs-Buchwert-Verhältnis unter 2,0; je niedriger, desto besser.

Lassen Sie sich nicht von der Burn Rate verbrennen

Die Burn Rate gibt an, wie schnell Start-up-Unternehmen ihr Bargeld ausgeben (negativer Cashflow). Je schneller sie ihr Bargeld ausgeben, desto schneller müssen sie mehr Aktien verkaufen oder andere Wege finden, um ihren Betrieb zu finanzieren. Wenn sie mehr Aktien verkaufen, verwässern sie den Wert der im Umlauf befindlichen Aktien und der Kurs fällt in der Regel.

MannKind (MNKD) beispielsweise schloss am 10. August 2010 bei 7,15, nachdem es seit Ende Mai einen stetigen Aufwärtstrend verzeichnet hatte. Am nächsten Tag gab das Unternehmen bekannt, dass es 36,4 Millionen Aktien verkaufen würde, die Hälfte davon an die Mann Group und die andere Hälfte an Seaside 88, L.P. Die Aktie schloss mit 6,85 niedriger, was keine große Sache ist, aber die Nachricht löste einen zweiwöchigen Kursrückgang aus. Fünf Tage später kündigte das Unternehmen die geplante Emission von vorrangigen Wandelanleihen im Wert von 100 Millionen Dollar an. Die Aktie eröffnete mit einem Kursverlust von 6 Prozent. Als die Aktie am 24. August ihren Tiefpunkt erreichte, lag sie bei 5,50, also 23 Prozent unter dem Schlusskurs vom 10. August.

Sie können den Aktionärsservice fragen, wie hoch die Burn Rate ist und wie lange es dauern wird, bis das Unternehmen mehr Geld verlangt. Wenn Sie Glück haben, wird man es Ihnen sagen.

Ich erinnere mich, dass ich mit einem Finanzberater über die Burn Rate eines Pharma-Start-ups gesprochen habe. Meine groben Berechnungen ergaben, dass das Unternehmen über liquide Mittel für etwa ein Jahr verfügte, um den Betrieb zu finanzieren. Das bedeutete, dass es bald weitere Aktien ausgeben musste, was einen Kursrückgang zur Folge haben würde. Aufgrund dieser groben Analyse beschloss ich, mit dem Kauf der Aktie zu warten, da ich wusste, dass der Kurs fallen würde. Es dauerte mehrere Monate, aber dann kam die Ankündigung und der Aktienkurs fiel.

- Die Burn Rate gilt für Start-up-Unternehmen. Bestimmen Sie, wie schnell sie Bargeld ausgeben und wie bald sie Mittel für ihren Betrieb benötigen werden.

Investitionsausgaben senken!

Investitionsausgaben sind wunderbar, da das Unternehmen in sich selbst investiert. Es gibt Geld aus, um eine neue Fabrik zu bauen oder teure Ausrüstung zu kaufen. Wenn die Investitionsausgaben (CapEx) jedoch hoch sind, ist es nicht der richtige Zeitpunkt zum Kauf. Der beste Zeitpunkt zum Kauf ist, wenn das Unternehmen seine Lieblingsprojekte abgeschlossen hat und kurz davorsteht, die Früchte zu ernten. Achten Sie daher auf einen *Rückgang* der Investitionsausgaben, vorzugsweise zwei Jahre in Folge.

- Achten Sie auf einen Rückgang der Investitionsausgaben. Eine Kürzung der Investitionsausgaben in zwei aufeinanderfolgenden Jahren ist ein Pluspunkt.

Current Ratio 2,0

Die Current Ratio ist das Verhältnis von Umlaufvermögen zu kurzfristigen Schulden. Sie gibt Aufschluss über die Fähigkeit eines Unternehmens, seine kurzfristigen Verpflichtungen zu finanzieren. Ich verwende einen Wert von 2,0 als Minimum. Liegt die Kennzahl darunter, ist das ein Warnsignal, aber die Zahl variiert von Branche zu Branche.

Wenn Sie andere Aktien derselben Branche prüfen und alle anderen Faktoren gleich sind, entscheiden Sie sich für die Aktie mit der höheren Current Ratio.

- Das Verhältnis von Umlaufvermögen und kurzfristigen Schulden muss über 2,0 liegen.

Mit Dividenden Wachstumspotenziale erschließen

Ich mag Dividenden und ich mag Aktien, die Dividenden zahlen. Es ist wie geschenktes Geld, auch wenn es Kosten verursacht (der Kurs fällt um den entsprechenden Betrag, wenn das Unternehmen eine Dividende ausschüttet). Aktien, die Dividenden zahlen, schneiden in der Regel besser ab als solche, die keine Dividenden zahlen.

Außerdem halten dividendenzahlende Aktien ihren Kurs in einem rückläufigen Markt tendenziell besser. Stellen Sie sich vor, eine Aktie zahlt jährlich eine Dividende von 5 Prozent. Stellen Sie sich nun vor, der Aktienkurs fällt um die Hälfte. Die Dividende beträgt nun 10 Prozent. Wenn Anleger eine so hohe Dividendenrendite sehen und davon ausgehen, dass die Fundamentaldaten die Dividende stützen können, kaufen sie die Aktie. Diese Käufe stützen den Kurs tendenziell stärker als bei Aktien, die keine Dividende zahlen.

- Wählen Sie Aktien, die Dividenden zahlen.

In der Regel macht die Dividendenzahlung nur einen geringen Teil des Nettogewinns aus, es sei denn, es handelt sich um ein Versorgungsunternehmen. In diesem Fall sollten Sie sich die Ausschüttungsquote ansehen. Diese gibt an, wie viel das Unternehmen aus seinem Nettogewinn für Dividenden ausgibt.

Ein Versorgungsunternehmen, das 100 Prozent (oder mehr) für Dividenden ausgibt, hat nichts mehr für sich selbst übrig. Es besteht die Gefahr, dass die Dividendenrendite gesenkt wird, es sei denn, der hohe Prozentsatz ist nur eine vorübergehende Erscheinung. Eine kurze Überprüfung der Aktien im Stromversorgungssektor zeigt, dass die meisten etwa 60 bis 75 Prozent des Nettogewinns ausschütten. Wenn dieser Prozentsatz 90 Prozent oder mehr erreicht, sollten Sie vorsichtig sein. Unter 60 Prozent ist das Versorgungsunternehmen geizig.

- Überprüfen Sie bei Aktien von Versorgungsunternehmen die Ausschüttungsquote, um sicherzustellen, dass genügend Geld für die Finanzierung von zukünftigem Wachstum und Notfällen übrig bleibt.

Steigende Gewinne, steigender Nettogewinn

Wenn ich mir den Newsletter von Value Line ansehe, überfliege ich die Zeile mit dem Gewinn pro Aktie. Ich möchte sehen, dass die Gewinne stetig steigen, vorzugsweise fünf Jahre in Folge. Wenn ein Unternehmen ein NMF-Kurs-Gewinn-Verhältnis (not meaningful; nicht aussagekräftig) hat, wende ich mich der nächsten Aktie zu. Das gilt insbesondere, wenn ich nach Aktien suche, um eine neue Branche zu erschließen, die ich verfolgen möchte. Wenn ein Unternehmen seit Jahren kein Geld verdienen kann, warum sollte ich dann Aktien davon besitzen wollen?

Wenn Sie jedoch eine Small-Cap-Aktie finden, die in Schwierigkeiten geraten ist, sich aber aus dem Loch herausarbeitet, dann kaufen Sie sie. Mit anderen Worten: Wenn das Unternehmen im letzten Jahr Geld verloren hat, aber in diesem Jahr auf dem Weg zu einem Gewinn zu sein scheint, könnte das eine wunderbare Gelegenheit sein. In diesem Fall kann die Aktie stark ansteigen.

- Small-Cap-Aktien, die von Verlusten zu Gewinnen übergehen, erzielen in der Regel eine Outperformance.
- Aktien mit steigendem Nettogewinn von einem Jahr zum nächsten erzielen in der Regel eine Outperformance.

KGV im Vergleich zur Branche

Vergleichen Sie das Kurs-Gewinn-Verhältnis mit anderen Aktien derselben Branche. Ein niedrigeres KGV als andere Aktien kann einen Wert darstellen, aber Sie müssen herausfinden, warum das KGV niedrig ist. Wenn das Unternehmen ein schlechtes Quartal hinter sich hat, aber davon ausgeht, dass sich das Geschäft in der zweiten Jahreshälfte wieder erholen wird, dann träumt es entweder oder trifft eine realistische Einschätzung. Oft ist es ein bisschen von beidem, wobei der Schwerpunkt eher auf Träumen liegt. Das Management stellt die Dinge immer positiv dar, selbst wenn seine Welt untergeht.

Wenn etwas schiefläuft, habe ich die Erfahrung gemacht, dass die Aktie die Zukunft fast nie so sieht wie das Management. Das bedeutet einen Schlag für den Geldbeutel. Es dauert länger, ein Unternehmen umzukrempeln, als das Management erwartet.

- Wählen Sie Aktien mit einem niedrigeren KGV als die Branche.
- Hören Sie sich an, was das Management über schwierige Bedingungen sagt, und seien Sie vorsichtig bei optimistischen Aussagen, dass sich das Geschäft bald verbessern wird. Lassen Sie sich vom Kurs leiten.

Rechtsstreitigkeiten: Hört auf, die Leute zu verärgern!

Wenn ich einen Jahresbericht lese, schaue ich immer nach dem Abschnitt über Rechtsstreitigkeiten. Wenn das Unternehmen zu oft verklagt wird, sagt mir das, dass etwas nicht stimmt. Ich habe schon Aktien wegen sich häufender Rechtsstreitigkeiten verworfen. Ja, Unfälle passieren und gelegentliche Rechtsstreitigkeiten gehören zu den Kosten des Geschäftslebens, aber wenn eine Klage nach der anderen beschrieben wird, deutet dies darauf hin, dass das Management unkluge Entscheidungen trifft. Suchen Sie sich ein besser geführtes Unternehmen.

- Wenn das Unternehmen zu häufig verklagt wird, verwerfen Sie die Aktie.

Vermeiden Sie zu hohe langfristige Schulden

Ich bin ein Bargeldmensch. Wenn ich eine Kreditkarte benutze, zahle ich vollständig, wenn die Rechnung fällig wird. Das ist auch das, was ich bei Aktien, die ich kaufe, sehen möchte. Keine Schulden sind am besten, aber wie wir in diesem Buch gelernt haben, schneiden Unternehmen, die von einer Schuldenfreiheit zu einer überschaubaren langfristigen Verschuldung übergehen, tendenziell deutlich besser ab. Vermeiden Sie Unternehmen mit hoher Schuldenlast.

Was bedeutet *hoch*? Wenn Sie Value Line nutzen, wird die Kapitalstruktur in der Mitte links auf der Aktienseite angezeigt. Dort sehen Sie die prozentuale Aufteilung des Kapitals. Bei Owens & Minor beispielsweise waren im Mai 2008 25 Prozent des Kapitals in langfristigen Schulden und Vorzugsaktien gebunden. Wenn Sie die Seiten durchblättern, sehen Sie den typischen Wert für die Branche. Meistens liegt er bei etwa 33 Prozent. Wenn er 70 Prozent oder mehr erreicht, betrachte ich das als Risikofaktor.

Eine weitere Möglichkeit, die Verschuldung zu messen, ist die Berechnung des Verschuldungsgrads. Teilen Sie die langfristigen Schulden durch die Summe aus langfristigen Schulden und Eigenkapital. Value Line gibt beispielsweise an, dass Abbott Labs langfristige Schulden in Höhe von 9.487,8 Millionen Dollar und ein Eigenkapital von 17.779 Millionen Dollar hat, entsprechend einem Verhältnis von etwa 35 Prozent oder 9.487,8 ÷ (9.487,8 + 17.779), was angemessen ist.

- Am besten ist es, wenn keine langfristigen Schulden bestehen.
- Unternehmen, die von einer Schuldenfreiheit zu einer gewissen langfristigen Verschuldung übergehen, erzielen in der Regel eine Outperformance.
- Das Verhältnis von Schulden zu Eigenkapital sollte gering sein, etwa unter 50 Prozent.

Marktkapitalisierung: Hohe Renditen durch kleine Unternehmen

Die Marktkapitalisierung ist der aktuelle Schlusskurs multipliziert mit der Anzahl der im Umlauf befindlichen Aktien. Small-Cap-Aktien haben eine Marktkapitalisierung von weniger als 1 Milliarde Dollar. Large-Cap-Aktien liegen über 5 Milliarden Dollar und Mid-Cap-Aktien liegen zwischen diesen beiden Werten. Diese Grenzwerte variieren je nach Quelle, sodass eine Aktie, die als Small Cap bezeichnet wird, nach meiner Definition eine Mid Cap sein könnte.

In Tests schneiden Small-Cap-Aktien besser ab als Mid- und Large-Cap-Aktien. Es ist in Ordnung, ein paar Mid- oder Large-Cap-Aktien in Ihrem Portfolio zu haben, aber Sie sollten sich auf Small-Cap-Aktien konzentrieren.

- Kaufen Sie Small-Cap-Aktien.

Forschungsausgaben

Ich habe den größten Teil meines Berufslebens in der Forschungs- und Entwicklungsabteilung (F&E) großer Unternehmen verbracht. Daher lege ich Wert darauf, dass die Forschung für neue Produkte angemessen finanziert wird. Wenn die Forschungsausgaben von Jahr zu Jahr steigen, ist das für mich ein Zeichen dafür, dass das Unternehmen seine Zukunft ernst nimmt. Die im Labor entwickelten Ideen werden zu Produkten auf dem Markt. Daraus resultiert das Umsatzwachstum (zumindest teilweise, denn das Unternehmen kann auch andere Unternehmen oder Produktlinien kaufen).

Es ist in Ordnung, wenn ein Unternehmen für ein Jahr oder so zurückfällt und die Mittel kürzt. In Zeiten wirtschaftlicher Schwäche ist dies notwendig, und die F&E-Abteilung sollte ebenso wie der Rest des Unternehmens ihren Beitrag leisten. Die Mittel können auch sinken, sobald ein Produkt auf den Markt kommt. Das Unternehmen muss dann entscheiden, in welche neue Erfindung es als Nächstes investieren will.

Vergleichen Sie die Finanzierung von Forschung und Entwicklung mit anderen Unternehmen derselben Branche. Unternehmen mit hohen Forschungs- und Entwicklungsausgaben könnten die Kraftwerke von morgen sein.

- Steigen die Forschungsausgaben von Jahr zu Jahr?

- Sind die F&E-Ausgaben höher als bei anderen Unternehmen?

Umsatz? Denken Sie an Geld

Wenn der Umsatz explodiert, wachsen dann auch die Gewinne rapide? Oftmals kann ein Unternehmen seinen Umsatz steigern, was sich aber nicht in Gewinnen niederschlägt. Sie sollten ein Unternehmen suchen, das sich durch ein hervorragendes Wachstum sowohl beim Umsatz als auch beim Nettogewinn auszeichnet.

Ich erinnere mich, dass ich über Ennis Business Forms gelesen habe und wie Analysten immer wieder prognostizierten, dass das stagnierende Umsatzwachstum letztendlich zu einem Rückgang der Gewinne führen würde, und dennoch fand das Unternehmen immer wieder Wege, seine Gewinne schneller als den Umsatz zu steigern. Das gelang ihm über Jahre hinweg.

Der Schlüssel lag in der Kostensenkung. Wenn die Gemeinkosten schneller wachsen als der Umsatz, ist das ein Warnsignal. Sie finden dies in der Gewinn- und Verlustrechnung unter den sogenannten Vertriebs- und allgemeinen Verwaltungskosten. Überprüfen Sie die Wachstumsrate dieser Kosten im Vergleich zum Umsatz.

- Kann das Unternehmen seinen Umsatz in Gewinne umwandeln?
- Steigen die Gemeinkosten schneller als der Umsatz?

Kurs-Umsatz-Verhältnis: Was ist mit Schulden?

Als Benchmark bevorzuge ich das Kurs-Umsatz-Verhältnis (KUV), insbesondere wenn es unter 1,0 liegt. Ein niedriges KUV sagt mir, dass die Aktie im Verhältnis zum Umsatz günstig ist. Wie jedoch in Kapitel 9 erwähnt, ist ein niedriges KUV nicht das einzige Kriterium, das es zu prüfen gilt. Vergessen Sie nicht die Verschuldung. Wenn die Verschuldung zu hoch ist, kann ein niedriges KUV Sie in eine Verlustsituation bringen.

- Achten Sie auf ein Kurs-Umsatz-Verhältnis unter 1,0.

Aktienkurs: 5 bis 20

Analysten rechnen den Aktienkurs normalerweise nicht zu den Fundamentaldaten, ich jedoch schon. Ich meide Aktien, die unter einem Dollar gehandelt werden, wenn ich mit dem Unternehmen nicht vertraut bin. Das bedeutet, wenn ein Bärenmarkt die Aktien um 60 Prozent nach unten drückt und einige unter einen Dollar fallen, ist das in Ordnung. Sie haben den größten Teil ihrer produktiven Lebensdauer in einem höheren Bereich verbracht. Wenn eine Aktie jedoch seit einem Jahr unter einem Dollar gehandelt wird, ist sie in einem Bullenmarkt nicht investitionswürdig. Vermeiden Sie Pennystocks.

Aktien, die zu lange unter einem Dollar gehandelt werden, können vom Markt genommen werden. Wenn sie unter 2 Dollar fallen, verkaufe ich sie in der Überzeugung, dass sie auf dem Weg in die Pleite sind. Eine Anlageberaterin sagte mir, dass sie keine Aktien unter 2 Dollar kaufen könne, es sei denn, der Kunde verlangt dies. Einige Investmentfonds haben ein Minimum von 5 Dollar.

Am oberen Ende kaufe ich ungern Aktien, die zu teuer sind, aber andere Händler sind anderer Meinung (sie bevorzugen dreistellige Kurse und hohe Liquidität). Wenn der Kurs über 100 oder auch nur 70 steigt, halte ich mich davon fern. Mein bevorzugter Bereich liegt zwischen 5 und 20. Im Kapitel über den Buchwert hieß es, dass die beste Performance von Aktien mit einem Kurs unter 16 erzielt wurde, sodass meine Präferenz genau im optimalen Bereich liegt.

- Aktien mit einem Kurs unter 16 entwickeln sich in der Regel gut.

- Vermeiden Sie Pennystocks (Aktien unter 1 Dollar) und seien Sie vorsichtig bei Aktien unter 5 Dollar.

Volumen: Vorsicht, dünnes Eis!

Ich möchte auch das Volumen erwähnen. Ich habe einmal gelesen, dass eine Aktie als zu dünn gehandelt gilt (oder Sie ein Großinvestor sind, vielleicht sogar beides), wenn Sie den Kauf einer Aktie planen und Ihr Aktienkauf mehr als 1 Prozent des durchschnittlichen Tagesvolumens ausmacht. Diese Benchmark gefällt mir. Als beispielsweise der Markt nach dem Bärenmarkt von 2007 bis 2009 wieder zu steigen begann, habe ich mich auf die Suche nach Aktien gemacht. Ich stieß auf Bassett Furniture (BSET), weil sich der Kurs seit Monaten seitwärts bewegte. Solche flachen Basiswerte sind immer attraktiv. Dann fiel mir das Handelsvolumen auf: 5.400 Aktien zu 5 Dollar pro Aktie. Igitt. Wenn ich versucht hätte, mehrere Tausend Aktien zu kaufen, hätte ich den Kurs beeinflusst und hätte dann auch Probleme gehabt, sie wieder zu verkaufen.

- Vermeiden Sie Aktien, bei denen Ihr Handelsvolumen mehr als 1 Prozent des durchschnittlichen Tagesvolumens beträgt.

Kapitel-Checkliste

Hier ist eine Checkliste, die ich verwende, wenn ich den Jahresbericht auseinandernehme, um nach Kaufkandidaten zu suchen.

☐ Der Buchwert sollte im Laufe der Zeit steigen. Siehe Abschnitt „Zwei Tipps zum Buchwert".

☐ Achten Sie auf ein Kurs-Buchwert-Verhältnis unter 2,0, je niedriger; desto besser. Siehe Abschnitt „Zwei Tipps zum Buchwert".

☐ Bestimmen Sie bei Start-up-Unternehmen die Burn Rate, um zu sehen, wie bald sie Mittel für ihren Betrieb benötigen werden.

Siehe Abschnitt „Lassen Sie sich nicht von der Burn Rate verbrennen".

- ☐ Achten Sie auf einen Rückgang der Investitionsausgaben. Eine Kürzung der Investitionsausgaben in zwei aufeinanderfolgenden Jahren ist ein Pluspunkt. Siehe Abschnitt „Investitionsausgaben senken!".

- ☐ Das Verhältnis von Umlaufvermögen und kurzfristigen Schulden muss über 2,0 liegen. Siehe Abschnitt „Current Ratio 2,0".

- ☐ Wählen Sie Aktien, die Dividenden zahlen. Siehe Abschnitt „Mit Dividenden Wachstumspotenzial erschließen".

- ☐ Überprüfen Sie bei Aktien von Versorgungsunternehmen die Ausschüttungsquote, um sicherzustellen, dass genügend Geld für die Finanzierung von zukünftigem Wachstum übrig bleibt. Siehe Abschnitt „Mit Dividenden Wachstumspotenziale erschließen".

- ☐ Small-Cap-Aktien, die von Verlusten zu Gewinnen übergehen, erzielen in der Regel eine Outperformance. Siehe Abschnitt „Steigende Gewinne, steigender Nettogewinn".

- ☐ Aktien mit steigendem Nettogewinn von einem Jahr zum nächsten erzielen in der Regel eine Outperformance. Siehe Abschnitt „Steigende Gewinne, steigender Nettogewinn".

- ☐ Wählen Sie Aktien mit einem niedrigeren KGV als die Branche. Siehe Abschnitt „KGV im Vergleich zur Branche".

- ☐ Hören Sie sich an, was das Management über schwierige Bedingungen sagt, und seien Sie vorsichtig bei optimistischen Aussagen, dass sich das Geschäft bald verbessern wird. Lassen Sie sich vom Kurs leiten. Siehe Abschnitt „KGV im Vergleich zur Branche“.

- ☐ Wenn das Unternehmen zu häufig verklagt wird, verwerfen Sie die Aktie. Siehe Abschnitt „Rechtsstreitigkeiten: Hört auf, die Leute zu verärgern!“.

- ☐ Am besten ist es, wenn keine langfristigen Schulden bestehen. Siehe Abschnitt „Vermeiden Sie zu hohe langfristige Schulden“.

- ☐ Unternehmen, die von einer Schuldenfreiheit zu einer gewissen langfristigen Verschuldung übergehen, erzielen in der Regel eine Outperformance. Siehe Abschnitt „Vermeiden Sie zu hohe langfristige Schulden“.

- ☐ Das Verhältnis von Schulden zu Eigenkapital sollte gering sein, etwa unter 50 Prozent. Siehe Abschnitt „Vermeiden Sie zu hohe langfristige Schulden“.

- ☐ Kaufen Sie Small-Cap-Aktien. Siehe Abschnitt „Marktkapitalisierung: Hohe Renditen durch kleine Unternehmen“.

- ☐ Steigen die Forschungsausgaben von Jahr zu Jahr? Siehe Abschnitt „Forschungsausgaben“.

- ☐ Sind die F&E-Ausgaben höher als bei anderen Unternehmen? Siehe Abschnitt „Forschungsausgaben“.

- ☐ Kann das Unternehmen seinen Umsatz in Gewinne umwandeln? Siehe Abschnitt „Umsatz? Denken Sie an Geld“.

- ☐ Steigen die Gemeinkosten schneller als der Umsatz? Siehe Abschnitt „Umsatz? Denken Sie an Geld“.

- ☐ Achten Sie auf ein Kurs-Umsatz-Verhältnis unter 1,0. Siehe Abschnitt „Kurs-Umsatz-Verhältnis: Was ist mit Schulden?“

- ☐ Aktien mit einem Kurs unter 16 entwickeln sich in der Regel gut. Siehe Abschnitt „Aktienkurs: 5 bis 20“.

- ☐ Vermeiden Sie Pennystocks (Aktien unter 1 Dollar) und seien Sie vorsichtig bei Aktien unter 5 Dollar. Siehe Abschnitt „Aktienkurs: 5 bis 20“.

- ☐ Vermeiden Sie Aktien, bei denen Ihr Handelsvolumen mehr als 1 Prozent des durchschnittlichen Tagesvolumens beträgt. Siehe Abschnitt „Volumen: Vorsicht, dünnes Eis!“.

18

EINFÜHRUNG IN DAS POSITIONSTRADING

30 Meter unter meinem Büro als leitender Software-Ingenieur befand sich die Hauptfiliale der öffentlichen Bibliothek von Fort Worth. Etwa einmal im Monat ging ich in meiner Mittagspause von meinem Büro hinunter, um die Bibliothek zu besuchen.

Cosmopolitan war immer ein Hit, weil ich verstehen wollte, was Frauen über uns Männer denken, und die Tests machten auch viel Spaß. Aber auch das Magazin *Technical Analysis of Stocks & Commodities* hatte Priorität, obwohl die Bilder nicht so sexy waren. Durch das Lesen von *TASC* begann ich, etwas über Chartmuster zu lernen.

In meinen Buy-and-Hold-Jahren sah ich zu, wie sich der Kurs meiner Aktien verdoppelte und dann um die Hälfte oder mehr fiel. Oft hatte ich das Glück, dabei einen beträchtlichen Gewinn zu erzielen, manchmal einfach indem ich auf einen weiteren Aufschwung wartete. *Es muss einen besseren Weg geben,* dachte ich, und den gibt es auch: Positionstrading. In diesem Abschnitt geht es genau darum. Die Chartmuster, über die ich vor Jahrzehnten gelesen habe, spielen auch heute noch eine wichtige Rolle bei meinem Positionstrading.

Was ist Positionstrading?

Positionstrading bedeutet, eine Aktie zu kaufen, sie bis zum Ende des Trends zu halten und dann zu verkaufen. Buy-and-Hold bedeutet, eine Aktie über Jahre hinweg zu halten, aber beim Positionstrading beträgt die Haltedauer in der Regel Wochen oder Monate, nicht Jahre.

Positionstrading ist schwieriger als Buy-and-Hold, da es weniger Fehler verzeiht. Beim Positionstrading handeln Sie mit Wertpapieren und versuchen, den Markt zu timen. Wenn Ihnen das nicht gelingt, sollten Sie beim Buy-and-Hold bleiben.

- Positionstrader halten ihre Positionen, bis sich der primäre Trend umkehrt.

Wer sollte Positionstrading betreiben und warum?

Anleger, die Buy-and-Hold praktizieren, tendieren zum Positionstrading, weil sie es nicht ertragen können, zuzusehen, wie ihre Gewinne schwinden. Intel beispielsweise begann 1995 einen stufenweisen Anstieg, nachdem es fast zwei Jahre lang seitwärts tendiert hatte. Der splitbereinigte Kurs lag bei 4 Dollar. Als die Aktie im August 2000 ihren Höchststand erreichte, war sie auf fast 76 Dollar geklettert. Dann platzte die Tech-Blase und auch Intel verlor an Wert. Nach einem Jahrzehnt des Versuchs, ein neues Hoch zu erreichen, ist die Aktie nur bis zur Hälfte ihres alten Hochs gekommen.

Hätten Sie die Aktie vor 2000 gekauft und gehalten, hätten Sie zunächst die Euphorie genossen, einen Gewinner im Portfolio zu haben, gefolgt von der Qual, mit anzusehen, wie die Gewinne schwanden, als die Luft aus dem Aktienballon entwich.

Der Trend hatte sich geändert.

Auch Swing- und Day-Trader können vom Positionstrading profitieren. Wenn es Ihnen schwerfällt, innerhalb eines Tages Gewinne zu erzielen (Day-Trader), oder wenn Ihre Verluste aus dem Swing-Trading Ihre Gewinne übersteigen, dann ist Positionstrading vielleicht der richtige Stil für Sie. Vielleicht wünschen Sie sich einen entspannteren Trading-Stil, bei dem Sie viel Geld verdienen, während der Markt die ganze Arbeit macht. Dann könnte Positionstrading genau das Richtige für Sie sein.

- Buy-and-Hold-Anleger können vom Positionstrading profitieren, indem sie lernen, den Markt zu timen. Auch Swing- und Day-Trader können durch Positionstrading einen entspannteren Trading-Stil genießen.

Hier ist ein Vergleich des Positionstradings mit anderen Trading-Stilen.

- Richtig durchgeführt, birgt Positionstrading ein geringeres Verlustrisiko als Buy-and-Hold. Warum? Weil durch das richtige Timing des Ausstiegs Verluste minimiert werden können, was bedeutet, dass Drawdowns geringer ausfallen. Buy-and-Hold-Anleger werden die Achterbahnfahrt mitmachen, auf eine Erholung hoffen und beten, dass sie nicht verkaufen müssen, wenn ihre Aktien die Hälfte ihres Wertes verloren haben.

- Das Risiko eines erheblichen Tagesverlusts wird verringert, da ein Positionstrader länger aus dem Markt ist als ein Buy-and-Hold-Anleger. Ein Positionstrader könnte während Marktcrashs wie dem Einbruch um 23 Prozent am 19. Oktober 1987 oder dem Verlust von 11 Prozent während der Terroranschläge vom 11. September 2001 an der Seitenlinie stehen oder Rückgänge einzelner Aktien nach der Aufdeckung von Unregelmäßigkeiten in der Buchführung, dem Scheitern von Arzneimittelstudien oder aus anderen Gründen verpassen. Diese Einbrüche beginnen bei 15 Prozent, können aber innerhalb *eines* Tages 70 Prozent überschreiten.

Beispielsweise verkaufte ich Vivus (VVUS) Mitte Juni 2010, einen Monat bevor die Aktie innerhalb von zwei Tagen von einem Schlusskurs von 12,11 auf ein Tief von 4,69 fiel – ein Rückgang von 61 Prozent –, als die FDA die Zulassung seines Medikaments zur Gewichtsreduktion ablehnte.

- Wenn eine Aktie einen Tag nach der Bekanntgabe der Gewinne (oder anderer guter Nachrichten) deutlich steigt, kann ein Positionstrader die Aktie verkaufen und später, wenn der Kurs wieder auf ein normales Niveau zurückkehrt, zurückkaufen.

Ich kaufte CNO Financial Group (CNO) am 14. August 2009 zu 3,33 und verkaufte sie am 15. Oktober, einen Tag nachdem die Aktie um 29 Prozent gestiegen war, nachdem Moody's den Ausblick für das Unternehmen auf positiv geändert hatte und ein Broker seine Bewertung auf „Outperform" mit einem Kursziel von 9 Dollar angehoben hatte. Ich verkaufte zu 6,35 und erzielte damit einen Gewinn von 90 Prozent. Die Aktie erreichte einen Tag später mit 7,04 ihren Höchststand und fiel dann im Februar 2010 auf ein Tief von knapp über 4 Dollar. Solche guten Nachrichten sind ein Ereignismuster, mit dem man traden kann, aber ich werde die Diskussion darüber dem Abschnitt über Swing-Trading überlassen. Eine vollständige Übersicht über den Trade finden Sie in Kapitel 21 im Abschnitt „CNO Financial Group".

- Positionstrading bedeutet höhere jährliche Provisionsgebühren als bei Buy-and-Hold, aber niedrigere als bei Swing- und Day-Trading.

- Die Kapitalertragsteuern sind aufgrund der kürzeren Haltedauer im Vergleich zu Buy-and-Hold wahrscheinlich höher.

- Weniger Trades bedeuten weniger Papierkram als beim Swing- und Day-Trading.

- Positionstrading ist kostengünstiger als Day-Trading. Sie können kostenlose Tagesenddaten verwenden, anstatt zusätzliche Gebühren für Echtzeitkurse und andere Gebühren zu zahlen.

- Der Trading-Stress ist geringer als beim Swing- und Day-Trading, die mehr Aufmerksamkeit erfordern als Positionstrading.

Von dieser Liste halte ich zwei Punkte für besonders wichtig:

1. Ich hasse es, wenn eine von mir gekaufte Aktie an Wert verliert und sich ein großer Gewinn in einen kleineren Gewinn oder – schlimmer noch – in einen Verlust verwandelt. Das ist mir mit Michaels Stores passiert. Während ich die Aktie besaß, fiel ihr Kurs an 18 Tagen um jeweils mindestens 15 Prozent.

2. Wenn ein Trader beim Day- oder Swing-Trading Verluste erleidet, kann der tolerantere Stil des Positionstradings zu Gewinnen führen. Längere Haltedauern können eine Vielzahl von Fehlern ausgleichen. Es ist wie an einer roten Ampel anzuhalten, anstatt die Augen zu schließen und einfach weiterzufahren.

Was Positionstrading nicht leisten kann

Positionstrading kann keine Wunder bewirken. Wenn Sie beim Day- oder Swing-Trading ständig Geld verlieren, liegt das Problem möglicherweise darin, dass Sie sich weigern, Verluste zu begrenzen.

Hier ist ein Beispiel für das Gegenteil davon. Ein mir bekannter Trader setzt seine Stopps immer ein paar Cent unter dem aktuellen

Tiefststand, sodass er bei einem Kursrückgang ausgestoppt wird. Seine Verluste sind so zahlreich, dass er nicht einmal davon träumen kann, Gewinne zu erzielen. Schlimmer noch: Nachdem ich ihn auf sein Problem hingewiesen hatte, erkannte er es zwar an, machte aber wie bisher weiter. Die Angst vor Verlusten war so groß, dass sein Trading-Kapital am Tropf hängt.

Hier ist eine kurze Liste dessen, was Positionstrading nicht leisten kann:

- Positionstrading kann nicht alle Probleme lösen. Wenn Sie eine Aktie shorten, obwohl Sie long gehen sollten, kann das Halten dieser Position ein kostspieliger Fehler sein.

- Es ist unwahrscheinlich, dass Sie mit Positionstrading einen 10-Bagger finden. Oft dauert es mehrere Jahre, bis eine Aktie ihren Wert um das 10-Fache steigert, und nur 8 Prozent schaffen dies in einem einzigen Jahr.

- Sie müssen immer noch den Markt timen, und das ist meistens sehr schwierig. Wenn der Markt einen Trend aufweist, ist es leicht, Geld zu verdienen, aber wie oft kommt es zu einem solchen Trend?

- Der Kauf von Aktien (long) in einem fallenden (Bären-)Markt schadet Ihrem Geldbeutel, unabhängig vom gewählten Trading-Stil.

- Positionstrading kann Ihnen nicht die mentale Disziplin vermitteln, die Sie benötigen, um die richtigen Entscheidungen zu treffen.

Beispiel für einen Positionstrade

Wenn Ihnen der Ausdruck „den Markt timen“ Angst einflößt, können Sie beruhigt sein. **Abbildung 18.1** zeigt, dass es möglich ist.

Ende Juni 2009 interessierte ich mich für die Aktie von Ann Taylor. Der allgemeine Markt hatte sich im März aus einem schrecklichen Bärenmarkt befreit und bis Mai einen starken Aufwärtstrend verzeichnet, bevor er sich seitwärts bewegte. Der S&P 500 Index bildete vom 7. Mai bis zum 1. Juli ein Kopf-Schulter-Top, aber der Rückgang war gering. Mit anderen Worten, es war das, was ich ein „gescheitertes Kopf-Schulter-Top" nenne. Das ist der Fall, wenn das Muster vollständig ist, aber der Kurs plötzlich die Richtung umkehrt und eine deutliche Bewegung in die neue Richtung macht – in diesem Fall nach oben.

Abb. 18.1 Der Verkauf dieser Position erfolgte zwei Tage vor dem Höchststand der Aktie, was zu einem Nettogewinn von 78 Prozent in neun Monaten führte.

Eine Überprüfung der Fundamentaldaten Ende Juni ergab, dass das Unternehmen fast keine Schulden hatte und dass zwei Insider zwischen Januar und März fünf Mal zwischen 25.000 und 100.000 Aktien gekauft hatten. Die Ratingagenturen mochten die Aktie nicht, und ich hielt sie auch nicht für ein spannendes Value Play. Die Umsätze in den bestehenden Filialen waren um 31 Prozent zurückgegangen, was katastrophal ist.

Einen Monat später machte ich mir eine Notiz, die Bekanntgabe der August-Gewinne abzuwarten, bevor ich die Aktie erneut in Betracht ziehen würde.

Ein Blick auf den Chart zeigt, dass die Aktie parallel zum Markt von Punkt A nach B stark gestiegen ist und sich dann in Erwartung der Gewinne konsolidiert hat (eingekreister Bereich).

Das Tal vor A zeigt den Beginn eines Chartmusters, das als „hohe und enge Flagge" bezeichnet wird. Dabei steigt der Kurs innerhalb von zwei Monaten um mindestens 90 Prozent (idealerweise eine Verdopplung), was bei dieser Aktie der Fall war. Nach dem Anstieg erscheint häufig ein Flaggenmuster, das eigentlich gar keine Flagge ist, da es wie in diesem Fall eine unregelmäßige Form bildet (eingekreister Bereich).

Die Theorie hinter einem Hohe-und-enge-Flagge-Muster besagt, dass sich der Anstieg fortsetzen wird, sobald der Kurs den Flaggenbereich verlässt. Das funktioniert jedoch selten so gut. In diesem Fall stieg der Kurs vom Tag meines Kaufs bis zum Höchststand bei E nur um 36 Prozent, verglichen mit einem Anstieg von 100 Prozent gegenüber dem Tiefststand im Juli.

Das Unternehmen gab am 21. August seine Ergebnisse bekannt, und der Kurs verließ die Konsolidierungszone, sodass ich an diesem Tag kaufte und eine Ausführung bei 12,36 erhielt, was nahe dem Tagestief von 12,15 liegt.

- Ein Kaufsignal wurde ausgelöst, nachdem der Kurs eine Konsolidierungszone verlassen hatte, die durch ein Hohe-und-enge-Flagge-Chartmuster und gute Gewinnmeldungen gebildet worden war.

Die Aktie fiel zurück auf den Ausbruchskurs bei C, bevor sie erneut einen linearen Anstieg verzeichnete und bei E ihren Höchststand erreichte. Danach driftete die Aktie nach unten auf D. Da es sich um eine langfristige Anlage handelte (was auch meine Absicht war), schenkte ich der Aktie während des Rückgangs von E auf D keine große Beachtung. Während des größten Teils dieses Zeitraums verdiente ich Geld, und da ich beabsichtigte, die Aktie mehrere Jahre lang mit einem Ziel von 29 zu halten, kümmerten mich die täglichen Schwankungen nicht.

Je höher der Kurs stieg, desto nervöser wurde ich. Warum? Weil auch der allgemeine Markt sprunghaft anstieg und ich wusste, dass der Wettlauf nach oben bald enden würde.

Bei einem Chartmuster, das als „Gemessene Aufwärtsbewegung" bezeichnet wird (siehe Abschnitt in „Trading Basics", Kapitel 4, „Unterstützung und Widerstand bei gemessenen Bewegungen"), entspricht der zweite Abschnitt eines Anstiegs der Dauer und Kursbewegung des ersten Abschnitts. Der erste Abschnitt ist die Bewegung von A nach E, gefolgt von einer sogenannten Korrekturphase (E nach D), und der zweite Abschnitt ist von D nach F. Ich zeige F als das Ende des Abschnitts, weil ich die Aktie einige Tage später verkauft habe.

Die Bewegung von A nach E betrug etwa 10,5 Punkte. Der zweite Abschnitt betrug 13 Punkte, war also länger als der erste. Mit anderen Worten: Das Chartmuster signalisierte, dass es Zeit war, Gewinne mitzunehmen, wenn ich nicht zusehen wollte, wie sie sich in Luft auflösten.

Ende April begann ich, bedingte Orders zu verwenden, um meine Gewinne zu sichern. Dann fiel mir auf, dass die Aktie seit 2000 in 60 Prozent der Fälle im Mai ihren Höchststand erreichte. Das entspricht dem Sprichwort „Sell in May and go away" (Verkaufe im Mai und geh weg).

Da ich einen Einbruch des Marktes erwartete, beschloss ich, meine Gewinne mitzunehmen und verkaufte die Aktie am 3. Mai bei Eröffnung zu 22,06. Hätte ich einen Tag länger gewartet, hätte ich weitere 2 Dollar gewinnen können, als der Kurs aufgrund einer Hochstufung durch eine Brokerfirma sprunghaft anstieg. Ich habe den Verkauf zum Höchststand um einen Tag verpasst.

Beachten Sie, dass die Hochstufung zu einem besonders ungünstigen Zeitpunkt erfolgte. Danach fiel der Aktienkurs.

Dies ist ein Beispiel für Positionstrading. Ich habe die Aktie mit der Absicht gekauft, sie über Jahre hinweg zu halten, aber dann kam es anders. Ich habe gekauft, nachdem sich der Kurs verdoppelt hatte (tatsächlich war es sogar noch viel mehr, da ich bei 12,36 gekauft habe und die Aktie im März bei 2,41 ihren Tiefststand erreicht hatte), sodass man auch bei hohen Kursen kaufen und trotzdem Geld verdienen kann. Ich habe eine hohe und enge Flagge mit einem Ausbruch aus einer Konsolidierungszone genutzt, was ich als gutes Ergebnis interpretierte. Die Aktie stieg entsprechend. Als der allgemeine Markt nach einem Rückgang aussah und die Aktie in der Woche vor meinem Verkauf bereits stark nachgab, hielt ich es für an der Zeit zu verkaufen. Ich habe mit diesem Trade 78 Prozent Gewinn erzielt.

- Das Verkaufssignal wurde ausgelöst, als der Kurs die prognostizierte gemessene Aufwärtsbewegung erreicht hatte, saisonale Indikatoren einen Verkauf empfahlen („Sell in May and go away") und ein erwarteter Marktrückgang eingetreten ist.

Kapitel-Checkliste

Positionstrading ist schwieriger erfolgreich durchzuführen als Buy-and-Hold, aber es kann Sie davor bewahren, dass ein großer Gewinn durch zu langes Halten zu einem kleinen Gewinn schrumpft. Hier ist eine Checkliste der in diesem Kapitel behandelten Themen.

- ☐ Positionstrader halten ihre Positionen, bis sich der primäre Trend umkehrt. Siehe Abschnitt „Was ist Positionstrading?".

- ☐ Buy-and-Hold-Anleger können vom Positionstrading profitieren, indem sie lernen, den Markt zu timen. Auch Swing- und Day-Trader können durch Positionstrading einen entspannteren Trading-Stil genießen. Siehe Abschnitt „Wer sollte Positionstrading betreiben und warum?“.

- ☐ Einen Vergleich des Positionstradings mit anderen Trading-Stilen finden Sie im Abschnitt „Wer sollte Positionstrading betreiben und warum?“.

- ☐ Eine Liste der Nachteile finden Sie im Abschnitt „Was Positionstrading nicht leisten kann“.

- ☐ Ein Kaufsignal wird ausgelöst, nachdem der Kurs eine Konsolidierungszone verlassen hat, die durch ein Hohe-und-enge-Flagge-Chartmuster und gute Gewinnmeldungen gebildet worden ist. Siehe Abschnitt „Beispiel für einen Positionstrade“.

- ☐ Ein Verkaufssignal wird ausgelöst, wenn der Kurs die prognostizierte gemessene Aufwärtsbewegung erreicht, saisonale Indikatoren einen Verkauf empfehlen („Sell in May and go away“) und ein Marktrückgang zu erwarten ist. Siehe Abschnitt „Beispiel für einen Positionstrade“.

19

ERSTE SCHRITTE IM POSITIONSTRADING

Wie fängt man mit dem Positionstrading an? Die Methode hat viele Einstiegstechniken, die auch beim Buy-and-Hold-Investieren zur Anwendung kommen. Tatsächlich ist es eine gute Idee, Kapitel 2, „Aktienauswahl", noch einmal zu lesen.

Beginnen wir mit dieser Idee aus Kapitel 2: „Aktien, die um 50 Prozent oder mehr fallen, outperformen im folgenden Jahr in 68 Prozent der Fälle." Das ist ein wunderbarer Tipp, der die Chancen zu Ihren Gunsten erhöht. Ann Taylor aus dem vorigen Kapitel erreichte im September 2008 einen Höchststand von 27,55 (etwa ein Jahr, bevor ich kaufte). Die Aktie erreichte im März 2009 mit 2,41 ihren Tiefststand, was einem drastischen Einbruch von 91 Prozent entspricht. Natürlich hat der Bärenmarkt von 2007 bis 2009 viele Aktien in Mitleidenschaft gezogen, sodass Value-Investoren angesichts all der Chancen das Wasser im Mund zusammenlief.

Allerdings muss man vorsichtig sein. Ich kaufte Molecular Insight Pharmaceuticals (MIPI) im Juli 2009 zu einem Kurs von 4,81. Zu diesem Zeitpunkt befanden sich fünf Wirkstoffe des Unternehmens in verschiedenen Entwicklungsstadien, drei davon in Phase-II-Studien. Die Informationen auf der Website des Unternehmens ließen vermuten, dass die Zulassung durch die FDA ein Kinderspiel sein würde. Das ist es jedoch nie.

Am 17. September änderte ich meine Meinung zu dieser Aktie. Hier ist, was ich in meinem Notizbuch über den Trade schrieb: „Grund für den Verkauf: Boden des symmetrischen Dreiecks, und ich habe meine Meinung zu dieser Aktie geändert. Ich glaube nicht, dass eines der Präparate des Unternehmens das Zeug zu einem Blockbuster-Medikament hat, und daher ist die Aktie keine gute langfristige Anlage. Es befindet sich noch kein Präparat in Phase 3, daher ist das Risiko eines Scheiterns zu hoch."

Ich verkaufte zu 5,20 mit einem Nettogewinn von nur 8 Prozent. Einen Monat nach meinem Verkauf nahm ein Broker die Berichterstattung über die Aktie mit einer Kaufempfehlung auf. Am nächsten Tag erreichte die Aktie einen Höchststand von 6,50, bevor sie sich tot stellte. Im März 2010 stellte der Wirtschaftsprüfer die Frage, ob das Unternehmen überleben könne. Im Dezember meldete es Insolvenz an.

Der springende Punkt dieser Diskussion ist, dass man, wenn man einfach jede Aktie kauft, deren Kurs gegenüber dem Vorjahr stark gefallen ist, miterleben könnte, wie die Aktie einen Einbruch erleidet und das eigene hart verdiente Geld mit sich ins Verderben reißt.

- Nicht alle Value Plays stellen einen guten Wert dar.

Checken Sie die Nachrichten oder Sie verlieren!

Bevor Sie eine Aktie kaufen, sollten Sie immer nach wichtigen Nachrichten suchen. Dies gilt insbesondere für den Tag des Kaufs. Sie möchten sicher keine Marktorder zum Kauf der Aktie am Abend vor der Bekanntgabe des Unternehmens platzieren, dass der Präsident nicht nur mit seiner Sekretärin, sondern auch mit Millionen aus der Unternehmenskasse geflohen ist.

Patrick O'Hare (Mai 2004) nutzt Nachrichten auf andere Weise, um Aktien zu finden. Er berichtet über Nachrichten zu vier Aktien: Martha Stewart Living Omnimedia (MSO), Toys R Us (TOY), Tyco International (TYC) und Newell Rubbermaid (NWL).

Die vier Aktien waren um mehr als 50 Prozent gegenüber ihren Höchstständen gefallen, und die negative Stimmung hinsichtlich der Zukunft der einzelnen Unternehmen war so verbreitet wie Mücken bei einem Baseballspiel. Er sagt, dass nicht die Nachrichten selbst so wichtig waren, sondern vielmehr die positive Reaktion der Aktien auf die schlechten Nachrichten.

O'Hare nennt Toys R Us als Beispiel. Ende 2003 veröffentlichte das Unternehmen enttäuschende Ergebnisse für das dritte Quartal, und auch die Aussichten für das vierte Quartal waren düster. Wie vorhergesagt, waren die Ergebnisse für Januar 2004 miserabel, und das Unternehmen senkte seine Gewinnprognose für das Geschäftsjahr. Die Aktie fiel am Tag der Bekanntgabe um nur zwei Cent. Offensichtlich hatte der Markt die schlechten Nachrichten bereits eingepreist. Innerhalb eines Monats stieg die Aktie um 20 Prozent.

- Suchen Sie nach Aktien, die positiv auf schlechte Nachrichten reagieren, aber auch deutlich (50 Prozent oder mehr) unter ihrem Jahreshoch liegen.

Ich halte die Art und Weise, wie die Märkte Nachrichten interpretieren, für entscheidend, um vorherzusagen, wann die Indizes von bullish zu bearish übergehen oder umgekehrt. Wenn die Märkte einen Boden erreichen (nach einem Rückgang auf und ab schwanken) und schlechte Nachrichten den Index nicht weiter nach unten drücken, sondern gute Nachrichten den Index anheben, dann ist das ein gutes Zeichen dafür, dass die Märkte bereit sind, wieder zu steigen.

Umgekehrt gilt: Wenn die Märkte aufgrund schlechter Nachrichten stark fallen (um mehr als 100 Punkte) und gute Nachrichten den Index nicht wie früher anheben (vielleicht um 30 Punkte), dann will der Markt nach unten tendieren. Achten Sie auf diesen Trend, wenn der Markt kurz davorsteht, neue Jahreshöchststände zu erreichen. Er signalisiert, dass Vorsicht geboten ist und mit einem bevorstehenden Bärenmarkt oder einer größeren Trendwende zu rechnen ist.

- Wenn an Markttiefs schlechte Nachrichten den Index nicht mehr wie früher beeinträchtigen, ist dies ein Kaufsignal. Wenn an Markthöhepunkten gute Nachrichten den Index nicht mehr wie früher anheben, könnte sich der Aufwärtstrend umkehren.

Am Ende jedes Handelstages gehe ich zu *Yahoo! Finance* und suche nach Nachrichten zu Aktien, die ich besitze. Wenn ich etwas Interessantes finde, trage ich die Informationen in mein selbst entwickeltes Börsenprogramm ein, damit ich sehen kann, wie sich die Aktie im Zusammenhang mit Ereignissen verhält.

Für alle Wertpapiere auf meiner Watchlist (über 600) überprüfe ich Quartalszahlen und Ratingänderungen und protokolliere alle, die ich finde. Ich behandle Quartalszahlen anders als normale Nachrichten. Sie erscheinen oben in meinem Chart als „Qtr" in Rot für aktuelle Meldungen und in Blau für ältere Meldungen. Alle Nachrichten sind mit einem kleinen roten Kreis direkt unter dem Kurs gekennzeichnet, sodass ich den Zeitpunkt dieser Meldungen visuell erkennen kann. Ein Listenfeld unten links beschreibt die im Chart angezeigten Nachrichten, sodass ich bei Interesse mehr darüber in diesem Feld lesen kann.

All dies hilft mir, das Verhalten der Aktie zu *erkennen* und die Gründe dafür zu entdecken. Es ist ein Tool, das ich verwende, und vielleicht verfügt auch Ihre Software über diese Funktion. Eine einfache Möglichkeit, dies umzusetzen, ist die Verwendung von Google-Finanzcharts.

Zum Zeitpunkt der Erstellung dieses Buches können Sie die Charts so einrichten, dass Ereignisse angezeigt werden, und ein Listenfeld beschreibt die Nachrichten mit Links zu den vollständigen Artikeln. Ich nutze diese Charts oft, um historische Informationen zu Aktien zu erhalten.

Trend? Welcher Trend?

Verschiedene Trading-Stile verwenden unterschiedliche Zeitrahmen. Ein Day-Trader stützt sich bei der Analyse und dem Handel auf Intraday-Charts. Swing-Trader finden Tagescharts am hilfreichsten, während Positionstrader Wochencharts verwenden. Die Parallele in der Natur wären jeweils Kräuselwellen, Wellen und Gezeiten. Schauen wir uns das genauer an.

Kräuselwellen

Kräuselwellen stehen für die Intraday-Bewegungen der Aktienkurse, die wie ein von Wellen umspülter Zweig auf und ab tanzen. Diese schwankenden Kursbewegungen begeistern Day-Trader. Je höher die Wellen, desto profitabler die Gelegenheit. Wenn sie den Beginn einer Welle erwischen, hoffen sie, lange genug durchzuhalten, um den größten Teil der Welle mitzunehmen.

Swing- und Positionstrader wagen sich intraday ins Wasser, um ihre Trades zu platzieren. Das gilt natürlich eher für Swinger als für Positionstrader. Warum? Weil Positionstrader auf Homeruns aus sind, ist das Einsparen von ein paar Cent pro Aktie für sie mühsamer als der Rundungsfehler, den dies darstellt. Swing-Trader wollen ihre Gewinne durch das Timing des Ein- und Ausstiegs maximieren, daher ist die Platzierung der Trades für sie wichtig.

Day-Trader beobachten die Kurse über mehrere Tage hinweg, vielleicht sogar bis zu zehn Tage lang, um Trends und Bereiche mit

Unterstützung und Widerstand zu erkennen. Wenn ich Day-Trading betreibe, habe ich den Intraday-Chart als größten Chart auf dem Bildschirm, aber auch kleinere Wochen- und Tagescharts werden angezeigt. Ich gehe vom Wochenchart zum Tageschart und dann zum Intraday-Chart über, um den kommenden Kursverlauf zu bestimmen.

Wenn die Wochen- oder Tagescharts darauf hindeuten, dass sich ein Sturm zusammenbraut, möchte ich wissen, wie sich das auf die Intraday-Charts auswirken wird. Diese Stürme können Wirtschaftsberichte, Gewinnankündigungen und Ratingänderungen durch Broker sein. Wie hat die Aktie in der Vergangenheit ähnliche Stürme bewältigt? Ich werde die Charts nutzen, um das herauszufinden.

- Intraday-Charts sind die Domäne der Day-Trader. Sie nutzen die Kräuselwellen, die die Kurse jeden Tag nach oben und unten treiben.

Wellen

Wenn Day-Trader die Kräuselwellen reiten, surfen Swing-Trader auf den Wellen. Wellen stehen für die Schwankungen von Minor Lows zu Minor Highs und wieder zurück. Swing-Trader sind nicht daran interessiert, sich von den Wellen schaukeln zu lassen, während sie sich bei Flut festhalten oder mit den Kräuselwellen spielen. Stattdessen wollen sie jede Welle erwischen und sie bis zum Ende reiten, um dann zur nächsten zu paddeln.

Ihr Trading-Stil nutzt eine Reihe von Charts, wie auch die anderen Trading-Stile. Swinger konzentrieren sich auf die Tagescharts, nutzen jedoch Intraday-Daten, um ihre Trades zu platzieren, und verlassen sich auf die Wochencharts, um den primären Trend (die Gezeiten) zu beobachten. Sie wissen, dass eine Flut alle Boote anhebt, daher wollen sie ihre Trading-Schwankungen von Minor Lows zu Minor Highs ausrichten. In einem Bärenmarkt kehrt sich ihr Fokus um: Sie verkaufen, wenn der Kurs hoch ist, und kaufen, wenn er fällt.

Das Ignorieren des primären Trends ist ein Fehler, den Swing-Trader vermeiden können, indem sie die Wochencharts beobachten. Stellen Sie sich vor, Sie würden eine Aktie in einem Bullenmarkt shorten, wenn der Kurs steigt! Es ist viel profitabler, in einem Bullenmarkt long zu gehen und in einem Bärenmarkt short, und deshalb ist es so wichtig, die Gezeiten zu beobachten.

- Swing-Trader sollten Tagescharts verwenden, um Kurswellen zu identifizieren, die höher und tiefer schwanken.

Gezeiten

Anfänger im Positionstrading haben manchmal Schwierigkeiten, den primären Trend zu bestimmen. Was bedeutet ein primärer Trend und was ist überhaupt ein Bullenmarkt?

In unserer Wasseranalogie sind der primäre Trend die Gezeiten. Laut Victor Sperandeo (Wiley, 1991) beträgt die mediane Dauer eines Bärenmarktes 1,1 Jahre, wobei 75 Prozent davon zwischen 0,8 und 2,8 Jahre andauern. Im Vergleich dazu dauert ein Bullenmarkt im Median 2,3 Jahre, wobei 67 Prozent davon zwischen 1,8 und 4,1 Jahre andauern. Meine profitabelsten Trades dauerten etwa drei Jahre. Das passt gut in den Bereich des Bullenmarktes.

Ein Bullenmarkt tritt ein, wenn der Kurs von einem Tiefpunkt um mindestens 20 Prozent steigt. Ein Bärenmarkt liegt vor, wenn der Kurs von einem Höchststand um mindestens 20 Prozent fällt. Die meisten verwenden einen Close-to-Close-Maßstab im Dow Jones Industrials als Benchmark. Allerdings sollte eine gewisse Dauer in die Analyse einbezogen werden.

Beispielsweise gilt der Crash von 1987, bei dem der Dow am 19. Oktober um fast 23 Prozent fiel, nicht als Bärenmarkt, da er an einem einzigen Tag stattfand. Der Rückgang vom Gipfel im August 1987 bis zum Tief im Oktober betrug jedoch 32 Prozent (vom Höchst- zum Tiefststand). Wenn Sie zu dieser Zeit am Markt waren, waren diese drei Monate wie eine Achterbahnfahrt nach dem Erreichen des ersten Gipfels. Der Absturz raubte Ihnen nicht nur den Atem, sondern ließ auch Ihre Fingerknöchel weiß werden, während Sie sich verkrampft festhielten.

Viele Positionstrader, die versuchen, den längerfristigen Trend zu erwischen, tun gut daran, die Wochencharts zu verwenden. So lässt sich der primäre Trend leicht erkennen und das durch die Kräuselwellen und Wellen verursachte Rauschen leicht ignorieren.

Wenn ich überlege, eine Position zu verkaufen, schaue ich mir den Wochenchart an, um mein Kursziel zu sehen (das ich als horizontale Linie über dem Chart zum entsprechenden Kurs darstelle). Diese Perspektive hilft mir, ruhig zu bleiben und die langfristige Sichtweise im Auge zu behalten.

- Positionstrader konzentrieren sich auf den primären Trend, die Auf- und Abwärtsbewegungen des Marktes, die in den Wochencharts dargestellt sind.

Mit dem primären Trend traden

Wenn Sie lernen, Positionstrades zu tätigen oder einen anderen Trading-Stil anzuwenden, haben Sie mehr Erfolg, wenn Sie mit dem primären Kurstrend handeln. Vielleicht haben Sie schon einmal die Redewendungen *„mit dem Strom schwimmen“* und *„eine Flut hebt alle Boote“* gehört.

Während der Recherche und des Schreibens meines Buches „Encyclopedia of Chart Patterns“ (John Wiley & Sons, 2005) habe ich festgestellt, dass Chartmuster mit Ausbrüchen im Einklang mit dem Bullenmarkt eine bessere Performance erzielten als diejenigen, die gegen den Trend verliefen. Das mag offensichtlich klingen, aber es hilft, es zu beweisen.

Symmetrische Dreiecke sind beispielsweise Chartmuster, die in 54 Prozent der Fälle nach oben ausbrechen. Das ist fast zufällig. Diejenigen, die in einem Bullenmarkt nach oben ausbrechen (das heißt, dem primären Trend folgen), legten vor der Trendwende durchschnittlich 31 Prozent zu. In einem Bärenmarkt erzielten Aufwärtsausbrüche nur 26 Prozent (eine Bewegung gegen den Trend).

Abwärtsausbrüche waren nicht so dramatisch. Die Dreiecke mit Abwärtsausbrüchen in einem Bullenmarkt verloren durchschnittlich 17 Prozent (eine Bewegung gegen den Trend), aber diejenigen, die mit dem Bärenmarkt im Einklang waren (das heißt ein Abwärtsausbruch), verloren durchschnittlich 19 Prozent.

- Traden Sie mit dem primären Kurstrend.

Wählen Sie: Bottom-Fishing oder Momentum-Trading?

Abbildung 19.1 zeigt den Trade mit dem Trend in visueller Form, und ich halte sie für eine der wichtigsten Abbildungen in der Reihe „Evolution of a Trader“. An Punkt A fällt der Kurs, aber die Trader glauben, dass sich eine Wende abzeichnet und der Boden erreicht ist. Sie kaufen. Seien Sie nicht einer von ihnen. Warten Sie ab.

Wenn der Kurs nach unten tendiert und Sie kaufen möchten, dann wissen Sie, dass Sie auf der falschen Seite des Trends stehen. Sie handeln gegen den Trend anstatt mit ihm. Schauen Sie sich nun B an. Der Kurs steigt. Ja, er hat die Talsohle längst durchschritten, aber zumindest haben Sie den primären Trend auf Ihrer Seite, der dazu beiträgt, den Kurs nach oben zu treiben.

Meine Frage an Sie lautet: Wo würden Sie lieber kaufen, bei A oder bei B? Beide haben den gleichen Kurs. Bei Punkt A ist der Kurs im Abwärtstrend, bei B im Aufwärtstrend. A ist Bottom-Fishing, B ist Momentum-Trading. Der Trend deutet darauf hin, dass Trade B besser abschneiden wird als Trade A.

Trading kann so einfach sein. Wechseln Sie von Ihrem Balkenchart zu einem Linienchart und vergleichen Sie Ihre bisherigen Trades mit Abbildung 19.1. Wenn Sie feststellen, dass Sie bei A kaufen, dann wissen Sie, dass Sie nicht mit dem Trend handeln. Sie betreiben Bottom-Fishing und versinken in roten Zahlen.

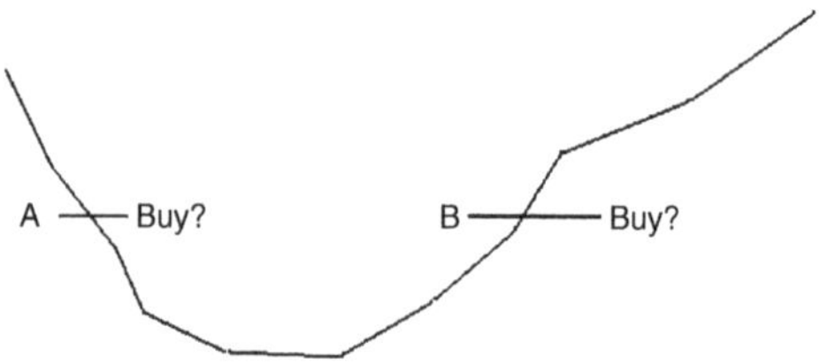

Abb. 19.1 Die Punkte A und B haben denselben Kurs. An welchem Punkt würden Sie lieber kaufen?

- Wechseln Sie zu einem Linienchart und prüfen Sie, ob Sie kaufen, wenn der primäre Trend nach unten zeigt (Bottom-Fishing) oder wenn er nach oben zeigt (Momentum-Trading).

Stellen Sie sich Abbildung 19.1 auf den Kopf gestellt vor. Wo würden Sie lieber verkaufen, bei A oder B? Wenn der Kurs bei A steigt, warum dann verkaufen, es sei denn, Sie brauchen das Geld, um den Kredithai zu bezahlen, bevor er Ihnen die Beine bricht?

Ich habe eine E-Mail von einer Person gelesen, die sich in einer solchen Situation befand. Sie bat mich, ihren Trade zu überprüfen. Meine Vermutung war, dass sie zu früh verkauft hatte, dass der Kurs noch im Steigen begriffen war und dass andere technische Faktoren meine Einschätzung stützten. Zwei Wochen später war die Aktie weiter gestiegen, aber die Person war nicht mehr im Trade. Sie hatte zu früh verkauft.

Es gibt Zeiten, in denen Vorsicht geboten ist und es klug ist, zu verkaufen, und es gibt andere Zeiten, in denen es profitabler ist, zu halten. Leider entscheidet oft Glück oder Erfahrung darüber, was richtig ist, und ich kann Ihnen beides nicht *geben*. Möchten Sie sie stattdessen mieten?

Welchen Einfluss hat der Markt auf Aktien?

Betrachten wir Trend-Trading aus der Perspektive des Marktes. Wie oft beflügelt der Gesamtmarkt eine einzelne Aktie? Ich habe mich entschlossen, dies zu untersuchen, indem ich die Performance des Dow Jones Industrial Average mit den 555 Aktien verglichen habe, die ich verfolge und die nicht im Dow enthalten sind. **Tabelle 19.1** zeigt meine Ergebnisse.

Für den Test habe ich die Bewegung einer Aktie mit der Bewegung des Index verglichen. Wenn beispielsweise der Dow mit einem Plus schloss und die GumChewers-Aktie ebenfalls, habe ich dies als korrekte Aufwärtsbewegung gewertet. Wenn beide gefallen sind, war dies ebenfalls korrekt für die Abwärtsrichtung. Wenn der Dow höher schloss, die Aktie aber fiel, war dies inkorrekt. Ich habe die Ergebnisse der korrekten Aufwärtsbewegungen zur Summe der korrekten und inkorrekten Bewegungen addiert. Die Tabelle zeigt die Prozentsätze.

Markt	Tag mit Anstieg	Tag mit Rückgang	Woche mit Anstieg	Woche mit Rückgang	Monat mit Anstieg	Monat mit Rückgang	Durchschnitt
Dow Industrials	63 %	64 %	64 %	64 %	66 %	62 %	64 %
*S&P 500 Index	64 %	65 %	65 %	65 %	66 %	63 %	65 %
*Nasdaq Composite	63 %	65 %	65 %	64 %	66 %	61 %	64 %

* Viele der getesteten Aktien sind auch in den Indizes enthalten.

Tab. 19.1 Prozentsatz der Zeit, in der Aktien im Vergleich zu den wichtigsten Indizes höher oder niedriger schließen.

Beispielsweise schlossen die von mir getesteten Aktien, die nicht im Dow Industrials enthalten waren (Stand: April 2010), in 63 Prozent der

Fälle höher und folgten damit dem Aufwärtstrend des Dow. Die 573 von mir getesteten Aktien, von denen einige möglicherweise im S&P 500 oder Nasdaq Composite enthalten sind, folgten in 63 bis 65 Prozent der Fälle dem entsprechenden Index nach oben oder unten.

Für wöchentliche und monatliche Tests habe ich überlappende Intervalle verwendet. Mit anderen Worten: Am ersten Tag habe ich eine Woche zurückgeschaut und festgestellt, ob der Index für diese Woche höher oder niedriger geschlossen hat, und habe dies mit jeder Aktie unter Verwendung derselben beiden Daten verglichen. Dann bin ich zum nächsten Tag übergegangen, habe eine Woche zurückgeschaut und einen weiteren Vergleich durchgeführt, und so weiter, bis zum Ende der Daten. Ich habe diese Methode der täglichen Überlappung sowohl für wöchentliche als auch für monatliche Daten verwendet.

Die Daten zeigen mir, dass Aktien an jedem beliebigen Tag in 64 Prozent der Fälle (das ist der Durchschnitt aller Zahlen in der Tabelle) den Durchschnittswerten nach oben oder unten folgen. Ich bin überrascht über die wöchentlichen und monatlichen Ergebnisse. Ich hatte einen höheren Prozentsatz als den in der Tabelle angegebenen erwartet.

- Eine Aktie folgt dem Markt in 64 Prozent der Fälle nach oben oder unten.

Welche Chartmuster sind für Positionstrades am besten geeignet?

Ich mag Chartmuster, weil sie die Spuren des Smart Money sind. Ich möchte diesen Spuren folgen, um mich durch das Minenfeld des Investierens oder Tradens zu navigieren. Allerdings sind nicht alle Chartmuster gleich angelegt. Damit meine ich, dass einige besser für Positionstrades geeignet sind und andere besser für Swing-Trades. Wenn wir unseren Werkzeugkasten mit Chartmustern füllen, die sich am besten für Positionstrades eignen, können wir unsere Schritte an die Spuren des Smart Money anpassen.

Um die besten Chartmuster für Positionstrades zu finden, habe ich mit Statistiken aus meinem Buch „Encyclopedia of Chart Patterns, Second Edition" begonnen, insbesondere mit dem durchschnittlichen Anstieg oder Rückgang und der Haltedauer. Lassen Sie uns zunächst die Aufwärtsausbrüche aus Chartmustern in einem Bullenmarkt diskutieren.

Ich habe den durchschnittlichen Anstieg bis zum ultimativen Hoch (das ist der höchste Höchststand, bevor der Kurs um mindestens 20 Prozent gefallen ist) und die Zeit, die dafür benötigt wurde (die Haltedauer), in eine Rangliste eingeordnet. Dann habe ich die Rangzahlen summiert und die Liste sortiert. **Tabelle 19.2** zeigt eine unvollständige Auflistung der Ergebnisse mit dem Chartmuster mit der besten Performance für Aufwärtsausbrüche in einem Bullenmarkt an der Spitze.

Chartmuster	Durchschnittlicher Anstieg (%)	Haltedauer (Tage)	Durchschnittlicher Anstieg Rang	Haltedauer Rang	Summe	Swing- oder Positionstrade
Flaggen, hoch und eng	69	39	1	3	4	Swing
Drei steigende Täler	41	125	7	13	20	Position
Muscheln, steigend und umgekehrt	43	137	5	20	25	Position
Diamanten-Bodenbildungen	36	119	17	11	28	Position
Inseln, lang	31	67	26	4	30	Position
Keile, fallend	32	116	25	9	34	Position
Dreiecke, fallend	47	178	2	34	36	Position
Rechteck-Böden	46	177	3	33	36	Position
Sich verbreiternde Keile, steigend	38	161	11	25	36	Position
Doppelböden, Adam & Eva	37	160	14	23	37	Position

Tab. 19.2 Die besten Chartmuster mit Aufwärtsausbrüchen für Swing- und Positionstrading in Bullenmärkten.

Ich habe die „Swing"-Kennzeichnung in der rechten Spalte den Chartmustern mit einer Haltedauer von weniger als 62 Kalendertagen (etwa zwei Monate) zugewiesen. Die „Position"-Kennzeichnung gehört zu den Chartmustern mit längeren Haltedauern. Nur drei Chartmuster fallen in die Swing-Kategorie: hohe und enge Flaggen (erster Platz bei der Performance), Wimpel (17.) und reguläre Flaggen (19.).

Es ist nicht überraschend, dass hohe und enge Flaggen an der Spitze stehen. Da die durchschnittliche Haltedauer etwas mehr als einen Monat (39 Tage) beträgt, glaube ich, dass dieses Muster für Swing-Trader besser geeignet ist. Dass drei steigende Täler das beste Positionstrading-Tool sind, überrascht mich. Ich hatte erwartet, dass eines der drei Dreiecke (steigend, fallend oder symmetrisch) auf dem zweiten Platz liegen würde. Tatsächlich gibt es beim Durchsehen der Liste viele Überraschungen, wie Muscheln, Diamanten und lange Inseln. Diese Chartmuster sind keine gängigen Tools, die Trader verwenden. Vielleicht stehen sie deshalb so weit oben auf der Liste: Je unbekannter die Tools sind, desto besser funktionieren sie in der Regel.

Tabelle 19.3 zeigt die 10 leistungsstärksten Muster für Abwärtsausbrüche in einem Bärenmarkt. Warum habe ich Muster in einem Bärenmarkt ausgewählt? Weil die Richtung eines Abwärtsausbruchs mit der Richtung des primären Trends (der ebenfalls abwärtsgerichtet ist) übereinstimmt und Positionstrader sich auf den primären Trend konzentrieren sollten. Ich empfehle unerfahrenen Positionstradern *nicht,* Aktien zu shorten.

Da die Haltedauer so kurz ist, eignen sich alle in der Tabelle aufgeführten Muster am besten für Swing-Trades. Der einzige Positionstrade ist dort aufgeführt, weil ich den Trades unterhalb beziehungsweise oberhalb der medianen Haltedauer von 34 Tagen die Kennzeichnungen „Swing" beziehungsweise „Position" zugewiesen habe.

Obwohl die beiden Tabellen Ihnen eine Vorstellung von den besten Chartmustern entsprechend dem durchschnittlichen Anstieg/Rückgang und der durchschnittlichen Haltedauer vermitteln, sollten die Kennzeichnungen keine Rolle spielen. Die Statistiken enthalten keine gescheiterten Chartmuster, und genau darauf sollten Sie sich konzentrieren. Warum? Weil gescheiterte Chartmuster außergewöhnliche Gewinnchancen bei reduziertem Risiko bieten.

Chartmuster	Durchschnittlicher Rückgang (%)	Haltedauer (Tage)	Durchschnittlicher Rückgang Rang	Haltedauer Rang	Summe	Swing- oder Positionstrade
Sich verbreiternde Bodenbildungen	-12	24	1	4	5	Swing
Dreiecke, symmetrisch	-11	30	2	11	13	Swing
Sich verbreiternde Tops	-10	29	5	10	15	Swing
Doppel-Tops, Adam & Adam	-11	32	2	13	15	Swing
Runde Wenden	-7	25	12	5	17	Swing
Muscheln, umgekehrt und fallend	-7	28	12	8	20	Swing
Muscheln, steigend	-11	35	2	19	21	Position
Muscheln, fallend	-7	30	12	11	23	Swing
Wimpel	-5	16	23	1	24	Swing
Flaggen	-5	17	23	2	25	Swing

Tab. 19.3 Die besten Chartmuster mit Abwärtsausbrüchen für Swing- und Positionstrading in Bärenmärkten.

Gescheiterte Chartmuster

Ich habe gescheiterte Chartmuster in „Trading Basics“, Kapitel 5, „Gescheiterte Formationen gewinnbringend handeln“ erwähnt und ihnen in meinem Buch „Visual Guide to Chart Patterns“ (John Wiley & Sons, 2013) zwei Kapitel gewidmet, sodass es kaum notwendig ist, die Informationen hier zu wiederholen. Eine kurze Zusammenfassung ist jedoch für diejenigen hilfreich, die mit gescheiterten Chartmustern nicht vertraut sind.

Abbildung 18.1 zeigt ein gescheitertes fallendes Dreieck bei Ann Taylor. Der Kurs brach nach unten aus, kehrte sich bei D um und schoss dann aus dem oberen Bereich des Chartmusters heraus. Es folgte eine starke Aufwärtsbewegung, was typisch für gescheiterte Formationen ist (aber natürlich keine Garantie).

Eine gescheiterte Formation tritt auf, wenn der Kurs in eine Richtung ausbricht und sich nicht weit (weniger als 10 Prozent) bewegt, bevor er die Richtung umkehrt, in die entgegengesetzte Richtung ausbricht und über der Höhe der Formation (oberhalb des Tops oder unterhalb des Bodens) schließt. In den meisten Fällen sorgt die neue Ausbruchsrichtung für eine starke Bewegung. Symmetrische Dreiecke scheitern jedoch doppelt (mehr als jedes andere untersuchte Muster). Sie können nach oben, dann nach unten und dann wieder nach oben ausbrechen. Obwohl symmetrische Dreiecke häufig vorkommen, sollten Sie sie vermeiden, es sei denn, Sie sind ein erfahrener Trader.

- Symmetrische Dreiecke neigen dazu, doppelt oder dreifach zu scheitern.

Abbildung 19.2 zeigt ein weiteres Beispiel für ein gescheitertes fallendes Dreieck. Der Kurs berührt jede Trendlinie mehrmals und schafft so Unterstützungs- und Widerstandszonen, die den Kurs zumindest für eine gewisse Zeit begrenzen. Die obere Trendlinie verläuft abwärts, was dem Chartmuster seinen Namen gibt, und die untere Trendlinie ist horizontal.

Fallende Dreiecke brechen meist nach unten aus, wie dieses Beispiel zeigt. Nachdem der Kurs jedoch einige Wochen unterhalb der horizontalen unteren Trendlinie verbracht hat, schießt er nach oben, durchbricht die untere Trendlinie und steigt steil an. Wenn der Kurs über der oberen Trendlinie schließt, durchbricht er das Dreieck und deutet auf eine starke Bewegung nach oben hin. Genau das passiert auch, wenn der Kurs um 50 Prozent von 18,77 (Ausbruchskurs) auf 28,17 (April-Hoch) in einer fast linearen Linie nach oben steigt. Selbst wenn Sie nur die Hälfte dieser Bewegung mitgenommen haben, ist das immer noch eine schöne Rendite.

Abb. 19.2 Das fallende Dreieck scheitert nach einem Ausbruch nach unten und der Kurs steigt stattdessen an.

Eine unterhalb der Täler auf dem Weg nach oben gezogene Trendlinie gibt an, wann die Aktie verkauft werden sollte. Als der Kurs Ende April unterhalb der Trendlinie schloss, war dies das Verkaufssignal.

- Handeln Sie mit gescheiterten Chartmustern, da diese oft starke Bewegungen mit sich bringen.

Trading-Beispiel: Von Krisenzeiten profitieren

Wir haben viel behandelt und eine Reihe von Ideen in den Raum gestellt, also lassen Sie uns diese nun anhand eines konkreten Trading-Beispiels zusammenführen. **Abbildung 19.3** zeigt einen Chart von Hawaiian Electric (HE) auf Tagesbasis.

Der allgemeine Markt war seit Oktober 2007, als der S&P seinen Höchststand erreichte, rückläufig. Der Kurs fiel und verwandelte einen Bullenmarkt in einen Bärenmarkt, der sich durch das Jahr 2008 und bis ins Jahr 2009 hinein zog. Die letzten beiden Wochen im Februar 2009 waren besonders brutal. Der Kurs fiel geradlinig nach unten. Am 6. März endete der Rückgang und ein Bullenmarkt begann, aber das wusste zu diesem Zeitpunkt noch niemand.

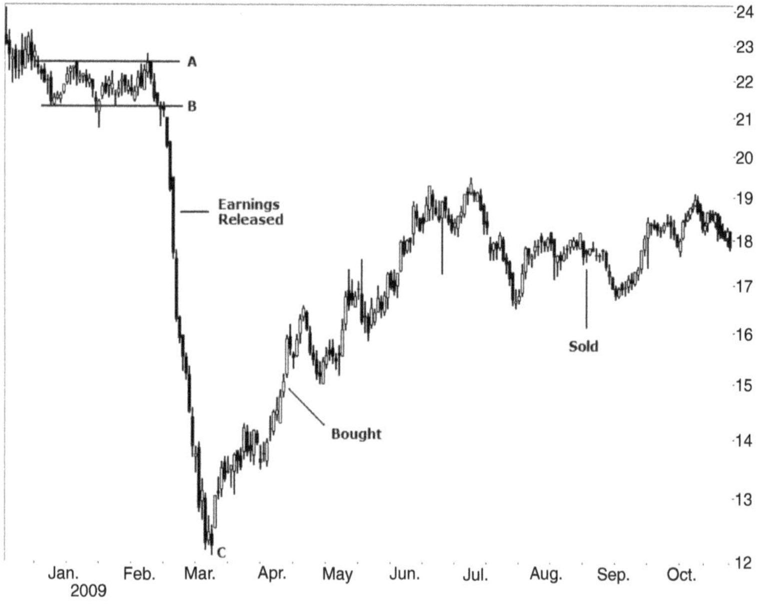

Abb. 19.3 Ein rascher Rückgang in einem Bärenmarkt deutete auf eine Erholung zurück in einen Bullenmarkt hin.

Der Chart zeigt, was in diesen Märzwochen mit dem Stromversorger geschah. Hawaiian Electric war nicht das einzige Unternehmen, dessen Aktienkurs sich in weniger als einem Monat fast halbierte. Sechs von neun (67 Prozent) Stromversorgeraktien im Westen der USA mussten in diesem Monat erhebliche Kursverluste hinnehmen.

Der steile Kursverfall der Aktie weckte mein Interesse. Mit einem Kurssturz auf 12 und einer anschließenden Erholung war die Rendite verlockend, aber war die Dividende sicher? Ich beschloss, mir das genauer anzusehen.

Die Aktie bewegte sich horizontal zwischen einem Rechteck-Boden-Muster, das bei A und B dargestellt ist. Es handelt sich um ein Boden-Chartmuster, da der Kurs von oben in das Rechteck eintritt. Wenn man weiter in der Zeit zurückgehen könnte, würde man sehen, dass der Rückgang von einem Höchststand von fast 30 aus begann.

Meine Vermutung war, dass die Aktie in den Bereich AB zurückkehren und dort stagnieren würde, sodass 21 bis 22 das Ziel waren. Wenn die Marktgötter mir wohlgesonnen wären, würde der Anstieg zurück zu B die Steilheit des Rückgangs im Februar widerspiegeln, aber das ist selten. Ein sanfterer Anstieg ist realistischer, und genau das zeigt der Chart nach dem Tiefpunkt bei C.

Finanzdaten

Ich habe mir den vierteljährliche Analysten-Call angehört. Die Fragen der Analysten finde ich immer sehr interessant. Ich erinnere mich, dass das Management darüber sprach, dass es für seine Bankentochtergesellschaft ein Worst-Case-Szenario einkalkuliert und darauf basierend Notfallpläne erstellt hatte.

Halten wir hier einmal inne. Fällt Ihnen etwas Ungewöhnliches auf? Was macht ein Energieversorger mit einer Bank? Ich kenne die Antwort nicht, außer dass es eine seltsame Art ist, sich vom regulierten Teil des Geschäfts zu diversifizieren. Meine Vermutung damals war, dass die Besorgnis über die Gesundheit der Banktochter dazu beitrug, dass die Aktie innerhalb von etwa drei Wochen um 43 Prozent fiel.

Nachdem ich mir den Analysten-Call angehört hatte, vertiefte ich mich in die Finanzdaten. Die Ausschüttungsquote lag seit mehreren Jahren bei über 80 Prozent, sodass nur wenig für den Geschäftsbetrieb übrig blieb. Das ist für Versorgungsunternehmen nicht ungewöhnlich, aber angesichts der wirtschaftlichen Sorgen wollte ich eine sichere Dividende. Drei andere Versorgungsunternehmen hatten ihre Dividenden gekürzt, und ich wollte nicht, dass dieses Unternehmen das vierte wurde.

Ich habe den 10-K-Bericht auf Rechtsstreitigkeiten überprüft, und das Unternehmen schien sauber zu sein. Versicherungen würden zum Schutz des Unternehmens beitragen, und es schien ohnehin niemanden zu verärgern. Das ist ein gutes Zeichen.

Ich machte mir keine Gedanken über das Gewinn- und Umsatzwachstum, da es sich in erster Linie um eine Aktien-Rebound-Strategie mit Dividendenbonus handelte. Value Line berichtete jedoch, dass die Aktie für den Zeitraum bis Mai 2008 alles hatte: steigenden Umsatz, sinkende Gewinne und eine stagnierende Dividende. Der Buchwert lag laut einer von mir überprüften Quelle bei über 15 Dollar pro Aktie. Der Cashflow pro Aktie war seit seinem Höchststand im Jahr 2005 rückläufig – ein besorgniserregender Trend –, aber der Rückgang war nicht gravierend. In meinen Notizen steht, dass die Pensionsbeiträge des Unternehmens die Ergebnisse im nächsten Quartal beeinträchtigen würden. Der Rest der Finanzdaten entsprach in etwa dem, was man von einem Elektrizitätsunternehmen mit einer Banktochter erwarten würde.

Insider schienen die Aktie zu lieben, als sie im März ihren Tiefpunkt erreichte. Fünf kauften jeweils zwischen 2.000 und 8.000 Aktien, nur einer verkaufte 3.000 Aktien. Ich mag es, wenn Insider meinen Schmerz teilen.

Der Kauf

Am 24. Februar, als die Aktie bei 15,50 stand, beschloss ich, viermal so viele Aktien wie üblich zu kaufen ... und tat es dann doch nicht. Da der Kurs linear fiel, hielt ich mich zurück.

Meinen Notizen zufolge steuerte der Kurs auf eine Unterstützungszone bei 15 und eine weitere bei 13,85 zu, basierend auf dem Monatschart seit 1988. Der Relative-Stärke-Index und der Commodity Channel Index signalisierten beide einen Kauf. Die Dividende betrug 8,2 Prozent.

Ich beobachtete, wie der Kurs seinen Tiefpunkt erreichte und sich V-förmig erholte.

Am 7. April schaute ich mir die Aktie erneut an und entschied mich zum Kauf, wobei ich mich weitgehend auf die vorangegangenen Diskussionen über Finanzdaten stützte. Ich reduzierte die Aktienanzahl auf das Niveau der Bullenmarkt-Tage, da ich befürchtete, dass der Bärenmarkt den Kurs weiter nach unten drücken könnte. Ich erhielt eine Ausführung bei 14,84.

Der Verkauf

Die Aktie stieg fast so, wie ich es mir erhofft hatte (nicht ganz so steil, wie ich es mir gewünscht hätte, aber fast). Anfang Juli geriet die Aktie ins Straucheln, aber das könnte eine verzögerte Reaktion auf einen Ausverkauf im S&P gewesen sein, der im Juni begonnen hatte. Der Dow Utility Index zeigte ebenfalls, dass der Kurs im Juli einbrach, sich aber innerhalb von etwa einer Woche wieder erholte, während diese Aktie doppelt so lange brauchte, um die Wende zu schaffen.

Da die Märkte fast täglich stiegen (mit Ausnahme dieser Aktie), wollte ich meine Bestände diversifizieren und mich von den langsam wachsenden Versorgeraktien trennen. Am 21. August verkaufte ich meine Aktien und erhielt einen Kurs von 17,67. Einschließlich Dividenden erzielte ich 23 Prozent.

Da es sich um eine langfristige Position handelte, habe ich später verkauft, als ich hätte sollen, aber ich habe dies zu diesem Zeitpunkt nicht als Positionstrade betrachtet. Dennoch zeigt ein Blick auf den Chart, dass ich den Verkaufskurs nicht wesentlich erhöht hätte, wenn ich einen Monat früher verkauft hätte. Durch das Halten der Position konnte ich eine weitere Dividendenzahlung in Höhe von 8,4 Prozent (angepasst an meinen Kaufkurs) erhalten. Ich *mag* es, diese Art von Geld zu verdienen, während ich zusehe, wie meine Aktien steigen!

Hier sind die wesentlichen Elemente dieses Trades:

- Starke Abwärtsbewegung: Die Aktie fiel innerhalb von etwa drei Wochen um 43 Prozent, sodass ich mit einer Erholung rechnete.
- Der allgemeine Markt entwickelte sich bullish.
- Der Kurs begann bereits, sich vom Tiefpunkt aus nach oben zu bewegen.
- Die Dividende schien sicher zu sein.
- Die Finanzkennzahlen waren akzeptabel.
- Der RSI (Relative-Stärke-Index) und der CCI (Commodity Channel Index) signalisierten einen Kauf.
- Der Overhead-Widerstand lag deutlich über dem aktuellen Kurs.
- Insider kauften.
- Zwei überdurchschnittliche Dividendenzahlungen trugen zur Steigerung der Gesamtrendite bei.
- Verkauf aus Diversifizierungsgründen und weil sich die Aktie seitwärts bis abwärts bewegte.

Im nächsten Kapitel wird ein Bewertungssystem vorgestellt, damit Sie ein besseres Gefühl dafür bekommen, wie ich Positionstrading betreibe.

Kapitel-Checkliste

Basierend auf den Erkenntnissen dieses Kapitels finden Sie hier einige Tipps, die Sie beim Einstieg in das Positionstrading beachten sollten.

- ☐ Nicht alle Value Plays stellen einen guten Wert dar. Siehe die Einleitung zu diesem Kapitel.

- ☐ Suchen Sie nach Aktien, die positiv auf schlechte Nachrichten reagieren, aber auch deutlich (50 Prozent oder mehr) unter ihrem Jahreshoch liegen. Siehe Abschnitt „Checken Sie die Nachrichten oder Sie verlieren!“.

- ☐ Wenn an Markttiefs schlechte Nachrichten den Index nicht mehr wie früher beeinträchtigen, ist dies ein Kaufsignal. Wenn an Markthöhepunkten gute Nachrichten den Index nicht mehr wie früher anheben, könnte sich der Aufwärtstrend umkehren. Siehe Abschnitt „Checken Sie die Nachrichten oder Sie verlieren!“.

- ☐ Intraday-Charts sind die Domäne der Day-Trader. Siehe Abschnitt „Kräuselwellen“.

- ☐ Swing-Trader sollten Tagescharts verwenden, um Kurswellen zu identifizieren, die höher und tiefer schwanken. Siehe Abschnitt „Wellen“.

- ☐ Positionstrader konzentrieren sich auf den primären Trend, die Auf- und Abwärtsbewegungen des Marktes, die in den Wochencharts dargestellt sind. Siehe Abschnitt „Gezeiten“.

- ☐ Traden Sie mit dem primären Kurstrend. Siehe Abschnitt „Mit dem primären Trend traden".

- ☐ Wechseln Sie zu einem Linienchart und prüfen Sie, ob Sie kaufen, wenn der primäre Trend nach unten zeigt (Bottom-Fishing) oder wenn er nach oben zeigt (Momentum-Trading). Siehe Abschnitt „Wählen Sie: Bottom-Fishing oder Momentum-Trading?".

- ☐ Eine Aktie folgt dem Markt in 64 Prozent der Fälle nach oben oder unten. Siehe Abschnitt „Welchen Einfluss hat der Markt auf Aktien?".

- ☐ Tabelle 19.2 zeigt die Chartmuster mit der besten Performance bei Aufwärtsausbrüchen in einem Bullenmarkt für Swing- und Positionstrader. Siehe Abschnitt „Welche Chartmuster sind für Positionstrades am besten geeignet?".

- ☐ Tabelle 19.3 zeigt die Chartmuster mit der besten Performance bei Abwärtsausbrüchen in einem Bärenmarkt für Swing- und Positionstrader. Siehe Abschnitt „Welche Chartmuster sind für Positionstrades am besten geeignet?".

- ☐ Symmetrische Dreiecke neigen dazu, doppelt oder dreifach zu scheitern. Siehe Abschnitt „Gescheiterte Chartmuster".

- ☐ Handeln Sie mit gescheiterten Chartmustern, da diese oft starke Bewegungen mit sich bringen. Siehe Abschnitt „Gescheiterte Chartmuster".

20

10 FAKTOREN, DIE CHARTMUSTER FUNKTIONIEREN LASSEN

Es gibt zwei grundlegende Arten des Tradings: diskretionäres Trading und Systemtrading. Beim diskretionären Trading werden Kauf- und Verkaufsentscheidungen auf der Grundlage von Intuition und Erfahrung getroffen. Beim Systemtrading werden Trading-Signale nach einem mechanischen System generiert. Ich bin ein diskretionärer Trader, aber manchmal sind verfügbare Systeme, die den Weg weisen, für Trader das Äquivalent zu einem GPS (Global Positioning System). Auf den folgenden Seiten beschreibe ich ein Bewertungssystem, das dabei hilft, erfolgreiche Chartmuster auszuwählen oder, was noch wichtiger ist, schwache Muster zu vermeiden.

Anfänger im Systemtrading erstellen oft eine Liste mit Regeln, die eine ganze Seite füllen könnten: „Wenn das MACD-Histogramm eine bullishe Divergenz zeigt und der RSI überverkauft war, aber über 30 gestiegen ist, wobei der Kurs über der 200-Tage-Linie liegt, der ADX einen starken Trend anzeigt und es am Montag regnet ..."

Ein Anfänger zeigte mir seine Liste mit Regeln, die 21 Punkte umfasste. Ich schätze, dass er alle zehn Jahre ein Signal erhalten würde, das wahrscheinlich ohnehin fehlschlagen würde. Profis wissen es besser. Sie haben ihre Set-ups auf so wenige Regeln wie möglich reduziert. Einfach ist am besten. Probieren Sie dieses Experiment aus. Tragen Sie alle Ihre Indikatoren in denselben Chart ein. Wenn die Indikatoren bei Kurshochs ihren Höchststand erreichen und bei Kurstiefs ihren Tiefststand, warum sollten Sie sie dann nicht einfach eliminieren und nur den Kurs verwenden? Der Kurs sagt alles. Alles andere ist nur eine Ableitung (Ablenkung?). Verhalten sie sich wie eine Busladung Kinder, die alle schreien, dass man an der nächsten Kreuzung rechts abbiegen soll, und damit bestätigen, was das GPS sagt?

- Um die Erfolgschancen zu erhöhen, vereinfachen Sie Ihre Trading-Regeln.

Ein unerfahrener Trader berichtete, dass er zwei Jahre lang jeden Indikator getestet habe, den er finden konnte, nur um festzustellen, dass keiner gut genug war, um ihn zu verwenden. „Ich wünschte, ich hätte diese zwei Jahre zurück", sagte er. „Was für eine Zeitverschwendung!" In diesem Kapitel beschreibe ich, was ich zur Positionierung von Chartmustern verwende. Ich habe 10 Faktoren gefunden, die darüber entscheiden, ob ein Chartmuster eine Outperformance erzielen wird. Über diese Entdeckung habe ich in meinem Buch „Trading Classic Chart Patterns" (Wiley, 2002) geschrieben, aber im Folgenden finden Sie aktualisierte Forschungsergebnisse, die seit Erscheinen des Buches gesammelte Daten verwenden (mit anderen Worten: Daten außerhalb der Stichprobe). Beginnen wir mit einem beliebten Chartmuster, dem sogenannten Doppelboden.

Was ist ein Doppelboden?

Ein Doppelboden ist genau das, wonach es klingt – zwei Täler, die nahe dem gleichen Kurs ihren Tiefpunkt erreichen. Wenn der Kurs in den

Doppelboden hinein abfällt, dann fungiert das Chartmuster als Umkehrung des Abwärtstrends.

Es kommt zwar selten vor, aber manchmal treten Doppelböden auch in einem steigenden Kurstrend auf. **Abbildung 20.1** zeigt diesen Konsolidierungs-Doppelboden in der Einblendung. Der Kurs steigt bis zum Höchststand A und bildet dann zwei Tiefpunkte in etwa derselben Höhe, wobei der Höchststand B über den beiden Tiefpunkten liegt. Tatsächlich ist eine der Anforderungen für ein Doppelbodenmuster, dass B mindestens 10 Prozent über dem niedrigeren der beiden Tiefpunkte liegen muss. Der Aufwärtstrend, der der Bildung des Doppelbodenmusters vorausging, setzt sich nach Ende des Musters fort, und der Kurs hebt ab wie ein Düsenjet, der den Flughafen verlässt.

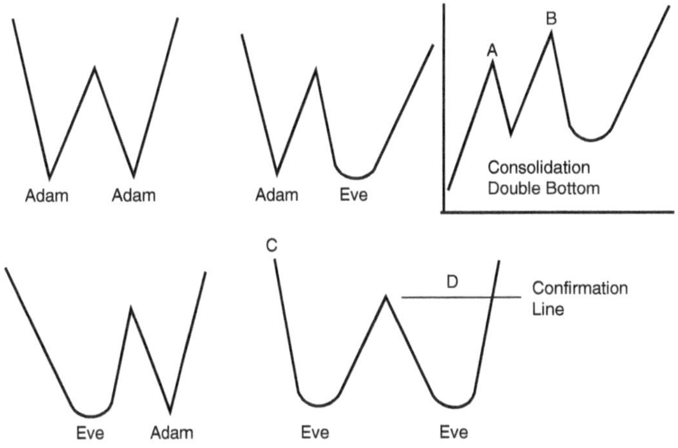

Abb. 20.1 Dargestellt sind vier Varianten von Doppelböden.

- Ein Konsolidierungs-Doppelboden fungiert als Fortsetzung des Aufwärtstrends und nicht als Umkehrung. Die linke Seite des Doppelbodens hat einen niedrigeren Höchststand als der Höchststand zwischen den beiden Böden (Höchststand A liegt unter B in Abbildung 20.1).

Wenn Technische Analysten über Doppelböden sprechen, meinen sie damit *nicht* Konsolidierungs-Doppelböden. Sie sprechen von solchen, die als Umkehrsignale fungieren, insbesondere von einem Eva-&-Eva-Doppelboden.

Doppelboden-Umkehrungen

Wenn der Kurs seinen Abstieg (Punkt C in Abbildung 20.1) über dem Doppelboden (Punkt D) beginnt, fungiert das Chartmuster als Umkehrung des Kurstrends. Wenn der Kurs über der Bestätigungslinie schließt, steigt der Kurs oft (aber nicht immer) weiter an.

Es gibt vier verschiedene Arten von Doppelboden-Chartmustern: Adam & Adam, Adam & Eva, Eva & Adam sowie Eva & Eva. Die Begriffe Adam und Eva beschreiben die Form der Böden, wobei jede Kombination eine andere Wirkung hat. Ich habe die Bezeichnungen Adam und Eva zum ersten Mal in Alan Farleys Buch (McGraw-Hill, 2001) gelesen.

Abbildung 20.1 zeigt die idealen Konfigurationen. Adam-Tiefpunkte sind schmal und bestehen oft aus langen, eintägigen, abwärtsgerichteten Kursspitzen.

Eva-Böden sind breiter und sehen rund aus. Wenn sie Kursspitzen aufweisen, sind diese in der Regel kürzer und zahlreicher. Wenn Adam eine lange Kursspitze hat, hat Eva drei oder vier kurze (aber Abweichungen sind möglich). Eva-Böden werden im Vergleich zu Adam-Böden, die eher schmal bleiben, in der Regel viel breiter.

Die Breite ist ein guter Anhaltspunkt, um zu entscheiden, ob es sich um eine Adam- oder eine Eva-Form handelt. Es erfordert jedoch Übung, um die Art des Doppelbodens richtig zu identifizieren. Ein Tipp ist, sich zu fragen, ob der erste Boden dem zweiten ähnelt. Wenn ja, dann handelt es sich entweder um Adam & Adam oder Eva & Eva. Wenn die beiden Böden unterschiedlich aussehen, dann handelt es sich entweder um Adam & Eva oder Eva & Adam.

Ein weiterer Tipp ist, sich die Kurstiefs der letzten ein bis zwei Jahre anzusehen. Vergleichen Sie die Form der historischen Böden mit denen des Doppelbodens. Die Form von Adam-&-Eva-Böden wiederholt sich im Laufe der Zeit tendenziell (viele abwärtsgerichtete Kursspitzen sind beispielsweise Adam-Böden). Das kann bei der Identifizierung helfen.

- Die Art des Bodens bestimmt die Performance.

- Adam-Böden sind entlang ihrer Höhe schmal, spitz und weisen oft eine lange abwärtsgerichtete Kursspitze auf.

- Eva-Böden sehen rund und breit aus, mit zahlreichen kürzeren Kursspitzen (oder gar keinen).

- Vergleichen Sie die beiden Böden. Sehen sie ähnlich aus (Adam & Adam oder Eva & Eva) oder unterschiedlich (Adam & Eva oder Eva & Adam)?

- Vergleichen Sie die Doppelböden mit anderen Böden in der historischen Kursreihe, um die Art des Bodens zu bestimmen.

Nachdem Sie den Doppelboden-Typ bestimmt haben, warten Sie, bis der Kurs über dem Bestätigungskurs schließt (Punkt D in Abbildung 20.1). Warum ist das wichtig? In einer aktualisierten Studie, die ich durchgeführt habe, habe ich festgestellt, dass der Kurs in 44 Prozent der Fälle in einem Bullenmarkt nicht über Punkt D schließt. Mit anderen Worten: Der Kurs fällt weiter, daher ist es wichtig, auf die Bestätigung zu warten.

- Warten Sie auf eine Bestätigung – der Kurs muss über dem Höchststand zwischen den beiden Böden schließen –, bevor Sie kaufen.

10 Faktoren enthüllt

Warum so viele Worte über Doppelböden verlieren? Weil ich sie als Maßstab verwendet habe, um zu beweisen, dass die 10 Faktoren für die Bewertung eines Chartmusters auch ein Jahrzehnt nach meiner Entdeckung dieser Technik noch funktionieren. Die Anzahl der Faktoren variiert etwas von Muster zu Muster und unterscheidet sich ein wenig von dem, was ich in meinem Buch „Trading Classic Chart Patterns“ vorgeschlagen habe.

In dem Buch habe ich einen Bullenfallen-Faktor aufgenommen. Bullenfallen treten auf, wenn der Kurs nach oben ausbricht, weniger als 10 Prozent steigt, bevor er sich wieder abflacht und unter den Tiefpunkt des Chartmusters fällt. Wenn man erkennen könnte, wann eine Bullenfalle auftritt, würde man den Kauf von vornherein vermeiden. Ich habe sie in das Buch aufgenommen, da es mir damals eine gute Idee erschien.

Indem ich jeden Faktor mit plus oder minus 1 (manchmal auch 0) bewertete und die Punkte addierte, stellte ich fest, dass Chartmuster mit einer Gesamtpunktzahl über 0 deutlich besser abschnitten als solche mit einer Gesamtpunktzahl unter 0.

Leider bedeutet ein Chartmuster mit einer hohen Punktzahl nicht, dass es eine Outperformance erzielen wird. Es bedeutet, dass es die Eigenschaften aufweist, die den Chartmustern mit der besten Performance gemeinsam sind, aber das ist keine Garantie für den Erfolg. Außerdem kann man einen gewinnbringenden Trade vermasseln und einen potenziellen 10-Bagger in einen Verlust verwandeln. Ich nutze diese Informationen, um den Kauf eines Chartmusters mit geringer Erfolgswahrscheinlichkeit zu vermeiden.

Die folgenden 10 Faktoren werden für jedes Chartmuster *mit einem Aufwärtsausbruch* verwendet. Für Abwärtsausbrüche oder musterbezogene Faktoren konsultieren Sie bitte mein Buch „Trading Classic Chart Patterns“.

Trendbeginn

Abbildung 20.2 zeigt ein Beispiel für einen Adam-&-Adam-Doppelboden. Man könnte über die Bezeichnung „Adam“ für den zweiten Boden streiten und argumentieren, dass es eigentlich „Eva“ heißen müsste. Vergleichen Sie den zweiten Adam-Boden mit E. E ist eine runde Wende, die besser darstellt, wie eine Eva-Wende aussehen sollte. Wenn Sie die linke Adam-Spitze ausradieren würden (den Kursbalken entfernen), bliebe tatsächlich auch eine schöne Eva-Wende übrig.

Beide Adam-Täler fallen von einer horizontalen Kursbewegung nach unten ab, wie Tischbeine, die das Fundament für einen starken Anstieg bilden. Beide Täler erreichen ihren Tiefpunkt in der Nähe desselben Kurses (die beiden Kurse müssen nicht identisch sein, sollten aber nahe beieinanderliegen).

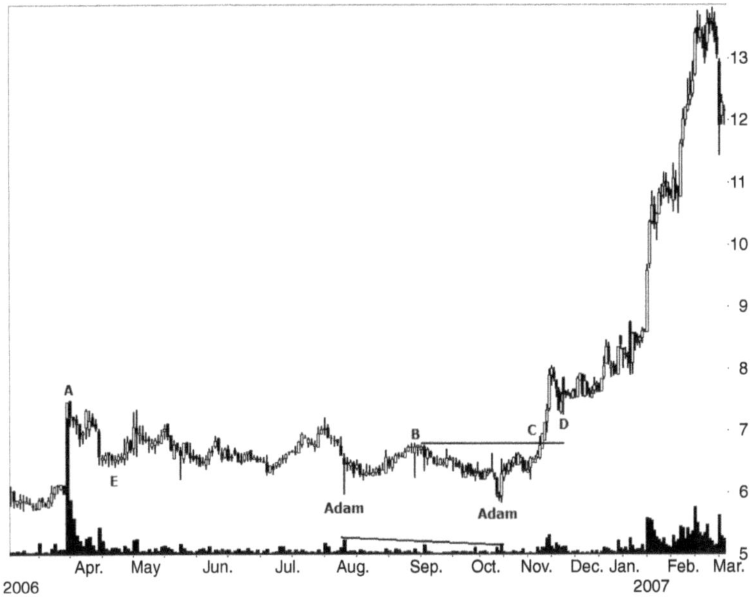

Abb. 20.2 Ein Adam-&-Adam-Chartmuster zeigt einen Kursanstieg von 220 Prozent nach dem Ausbruch. Beachten Sie die lineare Skala.

Wo beginnt der Kurstrend, der zum Beginn des Chartmusters führt, tatsächlich? Die Antwort lautet: Man muss herausfinden, wo der Kurs um mehr als 20 Prozent steigt oder fällt. Die 20-Prozent-Benchmark ist das, was einen Bullenmarkt von einem Bärenmarkt unterscheidet, also habe ich diese Messgröße einfach auf den Trendbeginn angewendet. In diesem Beispiel beginnt der Trend bei A, da der Kurs vor diesem Höchststand um mindestens 20 Prozent fällt.

Ich habe festgestellt, dass Muster mit kurzfristigen Trends, die zum Beginn von Chartmustern führen, tendenziell eine Outperformance erzielen. Kurzfristig bedeutet weniger als drei Monate. In diesem Beispiel beginnt der Trend mehr als drei Monate vor dem ersten Boden, sodass es sich nicht um einen kurzfristigen Trend handelt. Für kurzfristige Trends gibt es +1 Punkt, ansonsten 0 Punkte. Für CALM (die Aktie in Abbildung 20.2) beträgt die laufende Summe 0.

- Der Trendbeginn ist entweder das höchste Hoch, *vor* dem der Kurs um mindestens 20 Prozent fällt, oder das niedrigste Tief, *vor* dem der Kurs um mindestens 20 Prozent steigt.

Flache Basis

Ich habe eine flache Basis (flat base) in „Trading Basics“, Kapitel 5, „Einstiegsmuster: Flat Base“ behandelt. Hier eine Zusammenfassung. Das ideale Muster einer flachen Basis hat einen flachen Höchststand und einen flachen Tiefststand mit geringen Kursschwankungen nach oben und unten, die Monate andauern können. Diese flache Bewegung wird als flache Basis bezeichnet, ein Sprungbrett, von dem aus große Kursbewegungen stattfinden können.

Um eine flache Basis zu finden, suchen Sie nach einer horizontalen Kursbewegung, die mehrere Wochen bis mehrere Monate (je länger, desto besser) andauert. Ich bevorzuge eine horizontale Kursbewegung von drei oder vier Monaten, bei der die Spitzen und Tiefpunkte zwischen zwei parallelen Linien bleiben.

Abbildung 20.2 zeigt ein flaches Basismuster, das nach A beginnt. Ein Doppelboden, wie der abgebildete, ragt oft unter den Boden einer flachen Basis hinaus. Wichtig ist, dass sich der Kurs monatelang horizontal bewegt, was zum Beginn eines Chartmusters führt. Es fungiert als Sprungbrett für einen zukünftigen Anstieg.

Wenn Sie nach flachen Basen suchen, wechseln Sie zur linearen Kursskala. Die logarithmische Skala neigt dazu, aus flachen Basen Gebirgszüge zu machen. Abbildung 20.2 verwendet die lineare Skala.

- Flache Basen erscheinen als horizontale Kursbewegungen, die oft mehrere Monate andauern.

- Verwenden Sie die lineare Kursskala, wenn Sie nach flachen Basen suchen.

Wenn Ihr Chartmuster eine flache Basis hat, vergeben Sie +1 Punkt, andernfalls ziehen Sie 1 Punkt vom Gesamtpunktestand ab.

Für CALM beträgt die laufende Summe +1.

Horizontale Konsolidierungszonen

Horizontale Konsolidierungszonen, oder HCRs (horizontal consolidation regions), wie ich sie nenne, sind wie flache Basen, nur dass sie *zwischen dem Beginn des Trends und dem Höchststand des Chartmusters* (bei Aufwärtsausbrüchen) auftreten. Es handelt sich um Bereiche mit Overhead-Widerstand in der prognostizierten Flugbahn der Aktie.

- Horizontale Konsolidierungszonen sind Overhead-Widerstände, die sich zwischen dem oberen Ende des Chartmusters und dem Trendbeginn befinden.

Die HCR muss wie eine undurchdringliche Wolke über der zukünftigen Kursbewegung schweben, daher die Betonung der Lage.

Wenn ich nach einer HCR suche, achte ich auf mindestens drei Spitzen oder drei Täler, die denselben Kurs haben und nahe beieinanderliegen. Es kommt selten vor, dass ich eine finde. Bei 1.289 Doppelböden habe ich 420 HCRs gefunden, also 32 Prozent der Gesamtzahl.

Wenn der Kurs nach oben tendiert und zum Beginn eines Chartmusters mit einem Aufwärtsausbruch führt, dann haben Sie Glück. Per Definition steht der zukünftigen Kursentwicklung keine HCR im Weg.

Wenn eine HCR über dem prognostizierten Kursverlauf liegt, gibt es einen Punktabzug von 1, andernfalls gibt es einen Punktgewinn von 1. Bei CALM gibt es keine HCR (+1), sodass sich die laufende Summe auf +2 erhöht.

- Auf dem Weg zum ultimativen Hoch steigt der Kurs entweder nie in eine horizontale Konsolidierungszone (was in 9 Prozent der Fälle geschieht) oder er stoppt in 50 Prozent der Fälle innerhalb von 5 Prozent davon.

Position in der jährlichen Spanne

Wo innerhalb der jährlichen Kursspanne liegt der Ausbruch aus dem Chartmuster? Verwenden Sie die Kursspanne: Teilen Sie sie in Drittel der 12 Monate vor Beginn des Chartmusters auf. Der Ausbruch findet oft dort statt, wo der Kurs die Trendliniengrenze eines Chartmusters durchbricht oder über dem Höchststand eines Chartmusters schließt.

Bei Doppelböden verwenden wir das höchste Hoch im Chartmuster (Punkt B) als Ausbruchskurs. Abbildung 20.2 zeigt den Ausbruch in der Mitte der jährlichen Kursspanne.

Bewerten Sie Ihr Chartmuster mit +1, wenn der Ausbruchskurs innerhalb eines Drittels des Jahrestiefs liegt, mit –1, wenn er in der Mitte liegt, und mit 0, wenn er innerhalb eines Drittels des Jahreshochs liegt. Für CALM beträgt die laufende Summe +1.

- Chartmuster innerhalb eines Drittels des Jahrestiefs tendieren dazu, eine Outperformance zu erzielen.

Höhe

Die Höhe eines Chartmusters ist vielleicht der stärkste Indikator dafür, dass sich das Chartmuster nach dem Ausbruch gut entwickeln wird. Hohe Muster schlagen niedrige Muster um Längen (allerdings nicht immer).

Berechnen Sie die Höhe des Chartmusters vom höchsten Höchstkurs bis zum niedrigsten Tiefstkurs und dividieren Sie diese durch den Ausbruchskurs. Vergleichen Sie das Ergebnis mit 15,36 Prozent, der medianen Höhe aller 1.289 Doppelböden in der Studie. Hohe Chartmuster haben Prozentsätze von mehr als 15,36.

Der in Abbildung 20.2 dargestellte Doppelboden ist niedrig (–1) und ergibt eine laufende Summe von 0. Hohe Muster erzielen +1.

- Hohe Chartmuster schneiden besser ab als niedrige.

Volumentrend

Ich verwende das Volumen nicht besonders gern als Indikator. Tatsächlich zeige ich es nicht in den Charts, die ich täglich betrachte. Tests haben jedoch gezeigt, dass es nützlich ist. Der *lineare Regressions-*Volumentrend verläuft bei vielen Chartmustern oft abwärts. Tatsächlich kann das Volumen einen Tag vor dem tatsächlichen Ausbruch auf ein sehr niedriges Niveau fallen.

Was ist lineare Regression? Es handelt sich um einen komplizierten Begriff für die mathematische Anpassung einer Linie zwischen Punkten, sodass der Abstand der Linie zu allen Punkten minimal ist. Die Steigung dieser Linie zeigt den Trend an. Oft kann man die Steigung der linearen Regressionslinie allein durch Betrachten des Volumencharts erraten.

Abbildung 20.2 zeigt beispielsweise einen Abwärtstrend des Volumens (siehe diagonale Linie), aber ich habe die lineare Regression verwendet, um dies zu belegen. Wenn die lineare Regression des Volumens vom Beginn des Chartmusters bis zum Ende (Tief zu Tief) einen Abwärtstrend zeigt, wird dies mit +1 bewertet, andernfalls mit −1. Die laufende Summe für CALM beträgt +1.

- Das Volumen tendiert während des gesamten Chartmusters oft nach unten und kann am Tag vor einem Ausbruch sehr niedrig sein.

Volumen am Ausbruchstag

Das Volumen an dem Tag, an dem der Kurs aus dem Chartmuster ausbricht, ist der nächste Faktor, der dabei hilft, die Performance eines Chartmusters zu bestimmen.

Als ich „Trading Classic Chart Patterns“ schrieb, verglich ich das Volumen am Ausbruchstag manuell mit dem der vorangegangenen drei Monate und teilte das Volumen am Ausbruchstag in fünf Kategorien ein. Das ist zu subjektiv.

In dieser Studie ermitteln wir das durchschnittliche Volumen über drei Monate. Liegt das Volumen am Tag des Ausbruchs ≥ 25 Prozent über dem Durchschnitt, wird es als hoch bewertet. Liegt es 25 Prozent unter dem Durchschnitt, wird es als niedriges Volumen klassifiziert. Zwischen diesen beiden Werten liegt das Volumen am Tag des Ausbruchs im Durchschnitt.

Für ein hohes Volumen gibt es +1 Punkt, für alles andere −1 Punkt. Das Volumen ist auf dem Chart schwer zu erkennen, aber es liegt über dem 3-Monats-Durchschnitt. Für CALM beträgt die laufende Summe +2.

Wenn ich am Ausbruchstag kaufen möchte (oder bereits einen Kauf-Stopp gesetzt habe), gehe ich einfach davon aus, dass das Volumen am Ausbruchstag durchschnittlich sein wird.

- Ein hohes Volumen am Tag des Ausbruchs ist wie ein Raketentriebwerk, das die Aktie nach oben treibt.

Throwbacks

Throwbacks sind lästige Erscheinungen, die in etwa der Hälfte aller Fälle bei Chartmustern auftreten. Der Kurs bricht aus einem Chartmuster nach oben aus und kehrt dann nach durchschnittlich sechs Tagen und einem Anstieg von 8 Prozent wieder um. Dann dauert es weitere vier Tage, bis die Aktie wieder auf den Ausbruchskurs zurückkehrt. Danach ist alles möglich, aber in 65 Prozent der Fälle setzt der Kurs seinen Aufwärtstrend fort.

Wenn ein Throwback auftritt, zerstört dies die Aufwärtsdynamik, was zu einer schlechteren Performance führt als bei Chartmustern ohne Throwback (das habe ich bewiesen). Wenn innerhalb eines Monats ein Throwback auftritt, gibt es einen Punktabzug von 1, wenn nicht, gibt es einen Punktgewinn von 1.

Wenn Sie nicht abwarten möchten, ob ein Throwback auftritt, suchen Sie nach einem nahe gelegenen Widerstand. Der Kurs kann in der Regel einen Widerstand durchbrechen, der innerhalb von 5 Prozent des Ausbruchskurses liegt, kehrt jedoch zurück, wenn der Widerstand knapp darüber liegt (wie die von mir erwähnten 8 Prozent).

Meistens gehe ich einfach davon aus, dass ein Throwback auftritt.

Bei der in Abbildung 20.2 dargestellten Aktie ist Punkt D der Throwback-Versuch, aber der Kurs kehrte nicht zum Ausbruchskurs zurück, sodass tatsächlich kein Throwback auftrat. Dies ergibt +1 Punkt, sodass die laufende Gesamtpunktzahl nun bei +3 liegt.

- Throwbacks beeinträchtigen die Performance, indem sie die Aufwärtsdynamik bremsen.

Ausbruchstag-Gaps

Ausbruchstag-Gaps treten auf, wenn Trader vor der Eröffnungsglocke in eine Aktie investieren und der Kaufdruck den Kurs dazu zwingt, über dem vorherigen Hoch zu eröffnen. Wenn der Kurs den ganzen Tag über dem vorherigen Hoch bleiben kann, hinterlässt dies eine

Kurslücke (Gap) im Chart. In Abbildung 20.2 tritt bei C (dem Tag, an dem der Kurs über dem Höchststand zwischen den beiden Tiefstständen schloss) kein Ausbruchstag-Gap auf.

Wenn ein Gap auftritt, bedeutet dies oft eine bessere Performance der Aktie. Bewerten Sie sie daher mit +1, wenn am Ausbruchstag ein Gap auftritt, und mit −1, wenn dies nicht der Fall ist. Für CALM beträgt die laufende Summe +2.

Wenn der Ausbruch noch nicht stattgefunden hat, gehe ich einfach davon aus, dass es auch kein Ausbruchstag-Gap geben wird.

- Ausbruchstag-Gaps bedeuten, dass Trader von der Aktie begeistert sind, was dazu beiträgt, den Kurs nach oben zu treiben.

Marktkapitalisierung

Der letzte Faktor, der bestimmt, welche Chartmuster tendenziell eine Outperformance erzielen, ist die Marktkapitalisierung. Die Marktkapitalisierung ist die Anzahl der im Umlauf befindlichen Aktien multipliziert mit dem aktuellen Kurs. Ich betrachte Small-Cap-Aktien als Aktien mit einer Marktkapitalisierung von weniger als 1 Milliarde Dollar, Large-Cap-Aktien als Aktien mit einer Marktkapitalisierung von mehr als 5 Milliarden Dollar und Mid-Cap-Aktien als alles zwischen diesen beiden Werten.

Wenn Sie nicht eingeschlafen sind, als ich die Fundamentaldaten erläutert habe, wissen Sie, dass Small Caps tendenziell eine Outperformance erzielen. Bewerten Sie Large Caps mit −1 und alle anderen mit +1. CALM ist eine Small-Cap-Aktie, sodass die endgültige Gesamtpunktzahl +3 beträgt.

- Small Caps schneiden am besten ab, Large Caps am schlechtesten.

Im Durchschnitt schneiden Werte über 0 besser ab als Werte unter 0, sodass ein Wert von +3 darauf hindeutet, dass sich die Aktie gut entwickeln wird. Und tatsächlich ist dies auch der Fall. Das ultimative Hoch, also der höchste Stand vor einer Trendwende um 20 Prozent, ist in dem Chart nicht zu sehen. Die Aktie erreichte im Juli einen Stand von 21,70, was einem Gewinn von 220 Prozent über B entspricht.

Ich habe diese Aktie aufgrund des starken Anstiegs, der positiven Punktzahl und um zu zeigen, wie eine flache Basis aussieht, ausgewählt. Nur weil eine Aktie eine positive Punktzahl aufweist, ist dies keine Garantie dafür, dass der Kurs über den medianen Anstieg steigen wird. Im Durchschnitt jedoch fügt das Bewertungssystem den aufgrund von Chartmustern ausgewählten Aktien einen Mehrwert hinzu.

Ich werde gleich auf die Performance eingehen und dann weitere Fallstudien zur Funktionsweise des Systems vorstellen.

Checkliste für das Bewertungssystem

Tabelle 20.1 zeigt das generische System zur Bewertung von Chartmustern. Obwohl es auf Doppelböden basiert, ist jeder Faktor allen Chartmustern gemeinsam, sodass die Technik auch für andere Arten von Chartmustern funktionieren sollte.

Bewertung der Performance

Wie gut funktioniert das Bewertungssystem? **Tabelle 20.2** zeigt die Ergebnisse.

Ich habe 566 Aktien verwendet und 1.289 Doppelböden gefunden. Diese habe ich in Bullen- und Bärenmärkte sowie die verschiedenen Kombinationen von Adam und Eva unterteilt. Die Bärenmärkte waren vom 24. März 2000 bis zum 10. Oktober 2002 und vom 12. Oktober 2007 bis zum 6. März 2009, wie der S&P 500 Index zeigt. Der Bullenmarkt liegt außerhalb dieser beiden Zeiträume. In dieser

Studie habe ich Doppelböden außerhalb der Stichprobe vom 14. August 2001 (am Ende des Bärenmarktes) bis zum 20. August 2010 verwendet.

Faktor	Punktzahl
Trendbeginn: Kursentwicklung von weniger als drei Monaten, die zum Beginn eines Chartmusters führt.	+1, ansonsten 0.
Flache Basis: Eine flache Basis erscheint nahe dem Beginn eines Chartmusters.	+1, ansonsten -1.
Horizontale Konsolidierungszone: Eine HCR erscheint *nicht* im Weg der Kursbewegung (das heißt, sie befindet sich zwischen dem Trendbeginn und dem oberen Ende des Chartmusters). Eine HCR, die sich über den Trendbeginn erstreckt, ist gültig.	+1, ansonsten -1.
Position in der jährlichen Spanne: Der Ausbruchskurs liegt innerhalb eines Drittels des Jahrestiefs.	+1, ansonsten -1 für das mittlere Drittel und 0 für das höchste Drittel.
Höhe: Muster, die höher als 15,36 % sind (Höhe geteilt durch Ausbruchskurs).	+1, ansonsten -1.
Volumentrend: Der Volumentrend ist vom Beginn bis zum Ende des Chartmusters rückläufig. Verwenden Sie bei Unsicherheit eine lineare Regression.	+1, ansonsten -1.
Volumen am Ausbruchstag: Es kommt zu einem Ausbruch mit hohem Volumen (mindestens 25 % über dem 3-Monats-Durchschnitt).	+1, ansonsten -1.
Throwbacks: Der Kurs fällt innerhalb eines Monats *nicht* auf den Ausbruchskurs zurück (oder kommt ihm nicht annähernd nahe).	+1, ansonsten -1.
Ausbruchstag-Gaps: Am Ausbruchstag tritt eine Kurslücke auf (unabhängig von ihrer Größe, sofern sie auf einem Kurschart zu sehen ist).	+1, ansonsten -1.
Marktkapitalisierung: Die Aktie hat eine Marktkapitalisierung von weniger als 5 Milliarden Dollar (es handelt sich nicht um eine Large-Cap-Aktie).	+1, ansonsten -1.

Tab. 20.1 Checkliste für das Bewertungssystem

Ich habe die Doppelboden-Chartmuster mit derselben Methode bewertet, die ich auch bei der Erstellung meines Buches „Trading Classic Chart Patterns“ verwendet habe, mit Ausnahme von Bullenfallen und der Behandlung des Volumens am Tag des Ausbruchs, wie ich bereits erwähnt habe. Das Bewertungssystem in dem Buch unterscheidet sich für einige der Doppelböden geringfügig von dem zuvor im Abschnitt „10 Faktoren enthüllt“ vorgestellten. Beispielsweise habe ich in dem Buch einen Markttrend verwendet, aber festgestellt, dass dieser in Tests außerhalb der Stichprobe keinen Mehrwert bringt, sodass ich ihn aus dem generischen Modell entfernt habe (letzte Zeile in Tabelle 20.2).

Bodentyp	Bullenmarkt Punktzahlen	Bullenmarkt Punktzahlen	Bärenmarkt Punktzahlen	Bärenmarkt Punktzahlen	1991-2001 Punktzahlen	1991-2001
Punktzahlen	>0	<0	>0	<0	>0	<0
Adam & Adam	70%	39%	28%	17%	45%	18%
Adam & Eva	45%	33%	21%	18%	44%	19%
Eva & Adam	57%	44%	31%	27%	45%	24%
Eva & Eva	49%	40%	26%	19%	47%	25%
Generisch	53%	38%	28%	16%	keine	keine

Tab. 20.2 Ergebnisse des Bewertungssystems für Doppelböden

Wie Tabelle 20.2 zeigt, erzielten Adam-&-Adam-Doppelböden mit doppelten Tiefstständen mit Punktzahlen über 0 in einem Bullenmarkt durchschnittliche Gewinne von 70 Prozent. Diejenigen mit Punktzahlen unter 0 erzielten durchschnittlich 39 Prozent. Diese Zahlen stehen im Vergleich zu den 45 Prozent beziehungsweise 18 Prozent des Bullen-/Bärenmarktes von 1991 bis 2001. Da das Buch Bullen- und Bärenmärkte zusammenfasst, sind die beiden Zeiträume nicht direkt vergleichbar, aber sie zeigen, wie sich die Performance im Laufe der Zeit verändert hat.

Erwarten Sie nicht, dass Ihr Doppelboden in einem Bullenmarkt 70 Prozent zulegt. Das gilt für Hunderte von perfekten Trades, bei denen zum Ausbruchskurs gekauft und zum höchsten Hoch verkauft wird, kurz bevor der Kurs um mindestens 20 Prozent fällt. Niemand kann solche Ergebnisse wiederholt erzielen. Sie könnten besser oder schlechter abschneiden.

Die letzte Zeile in der Tabelle (Generisch) verwendet die 10 Faktoren, um Doppelboden-Chartmuster zu bewerten (unabhängig von ihrer Adam-und-Eva-Bezeichnung). In einem Bullenmarkt erzielten Doppelböden mit Bewertungen über 0 einen Gewinn von 53 Prozent, verglichen mit 38 Prozent für diejenigen mit Bewertungen unter 0. In einem Bärenmarkt (Aufwärtsausbrüche) liegen die Gewinne näher beieinander, nämlich bei 28 zu 16 Prozent. Das Buch enthielt kein generisches Bewertungssystem, daher gibt es keine vergleichbaren Zahlen, die diskutiert werden könnten.

- Bei jedem in Tabelle 20.2 aufgeführten Bodentyp schneiden Chartmuster mit Punktzahlen über 0 besser ab als solche mit Punktzahlen unter 0.

Wenn ich ein Chartmuster bewerte und es unter 0 liegt, bedeutet dies, dass ein erhöhtes Risiko für einen fehlgeschlagenen Trade oder einen Trade besteht, der unter dem Median liegen könnte. Ich kann den Trade zwar ausführen, aber ich überprüfe meine Arbeit noch einmal. Wenn die Punktzahl 0 oder höher ist, bin ich zuversichtlicher, dass der Trade gut laufen wird.

Höhere Punktzahlen funktionieren am besten

Je höher die Punktzahl, desto besser ist in der Regel die Performance des Chartmusters. Um dies zu ermitteln, habe ich den hohen und niedrigen Punktbereich (von –8 bis +10) verwendet und den durchschnittlichen Anstieg für jede Punktzahl in Bullen- und Bärenmärkten unter Verwendung des generischen Bewertungssystems (die oben beschriebenen 10 Faktoren) protokolliert. **Tabelle 20.3** zeigt die Ergebnisse.

Punktzahl	Bullenmarkt	Stichproben	Bärenmarkt	Stichproben
-8	23%	2		0
-7	50%	8	20%	4
-6	75%	6		0
-5	21%	27	26%	8
-4	41%	33	12%	8
-3	36%	73	16%	28
-2	50%	93	15%	20
-1	47%	101	20%	30
0	48%	117	21%	30
1	34%	94	24%	35
2	56%	102	23%	43
3	54%	45	24%	14
4	54%	68	24%	29
5	62%	27	81%	1
6	98%	25	50%	7
7	46%	3	40%	2
8	52%	4	76%	1
9	375%	1		0
10	285%	1		0

Tab. 20.3 Höhere positive Punktzahlen bedeuten eine bessere Performance.

Beispielsweise erzielten Doppelböden mit einer Punktzahl von –5 in einem Bullenmarkt einen durchschnittlichen Gewinn von 21 Prozent (unter Verwendung von 27 Stichproben, was wenig ist). Diejenigen mit einer Punktzahl von +5 erzielten einen Gewinn von 62 Prozent (ebenfalls 27 Stichproben). Die grafische Darstellung der Ergebnisse für alle Einzelwerte zeigt zwei ansteigende Linien, eine für Bullenmärkte und eine für Bärenmärkte. Die Linien sind gezackt, da die Stichprobenanzahl gering sein kann, aber der Aufwärtstrend ist in beiden Fällen deutlich zu erkennen.

Es ist zwar möglich, dass ein einzelnes Chartmuster mit einer hohen Punktzahl eine schlechtere Performance erzielt und eines mit einer sehr niedrigen Punktzahl eine bessere Performance, aber die Tabelle zeigt, dass Chartmuster mit höheren Punktzahlen im Durchschnitt tendenziell besser abschneiden.

- Je höher die Gesamtpunktzahl, desto besser ist in der Regel die Performance.

Fallstudie: Stillwater Mining

Abbildung 20.3 zeigt die erste Fallstudie, in der Stillwater Mining als Versuchskaninchen dient. Der allgemeine Markt beendete Ende 2002 einen Bärenmarkt und testete im März 2003 das Tief, genau zu dem Zeitpunkt, als der bei AB gezeigte Doppelboden erschien.

Dieser Doppelboden ist ein gutes Beispiel für ein Big-*W*-Chartmuster. Das *W* beginnt bei E, erreicht seine Tiefpunkte bei A und B und erholt sich dann langsamer wieder auf das Kursniveau von E und darüber hinaus.

Angesichts der sich bildenden Doppelbodenformation bei AB wäre ein Anstieg auf E ein gutes Ziel. Selbst ohne Bewertungssystem war dies also ein überzeugender Positions- oder Swing-Trade.

Lassen Sie uns das generische Bewertungssystem verwenden, um dieses Chartmuster zu bewerten. Die Bewertungsrichtlinien finden Sie in Tabelle 20.1.

Der Trend beginnt bei G, da der Kurs *vor* diesem Höchststand um mindestens 20 Prozent fällt. Die Zeit zwischen G und A beträgt mehr als drei Monate, sodass dies mit 0 bewertet wird.

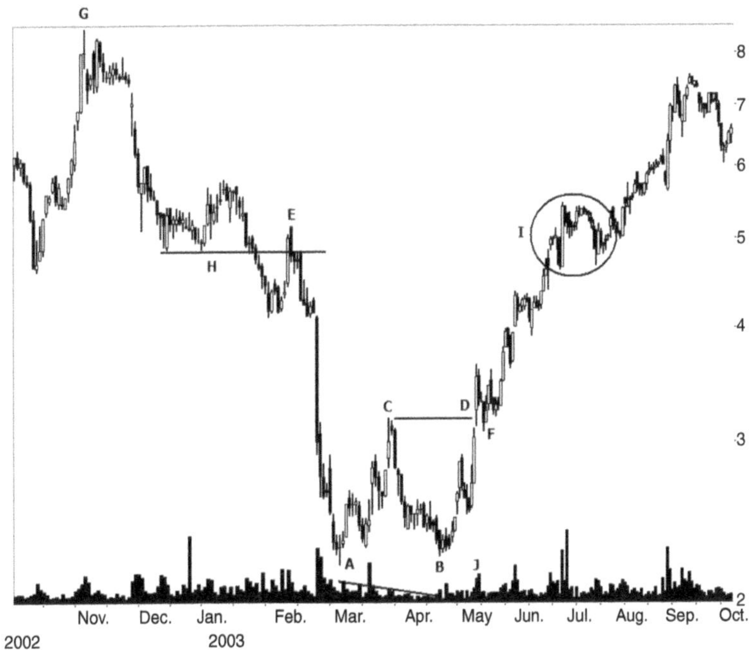

Abb. 20.3 Ein Big-*W*-Chartmuster mit einer guten Punktzahl deutet auf eine starke Bewegung hin, die durch einen steigenden Gesamtmarkt noch verstärkt wird.

Geht dieser Aktie eine flache Basis voraus? Nein. Bewertung –1. Gesamt: –1.

Bei H erscheint eine horizontale Konsolidierungszone. H liegt zwischen G und C, dem Trendbeginn und dem höchsten Punkt des

Chartmusters. Wenn der Kurs steigt, würde ich erwarten, dass die Aktie bei H, der flachen Bodenregion, stagniert oder sich umkehrt. Wie der Chart zeigt, blieb die Aktie bei I (eingekreist) hängen, genau auf dem Kursniveau der HCR. Bewerten Sie eine HCR mit –1, was insgesamt –2 ergibt.

Wie Sie vielleicht vermuten, liegt der Ausbruch (D) innerhalb eines Drittels des Jahrestiefs. Bewerten Sie dies mit +1, was insgesamt –1 ergibt.

Die Höhe des Chartmusters wird von C, 3,18, bis zum niedrigsten Tiefpunkt A, 2,20, gemessen, was eine Höhe bis zum Ausbruch von (3,18 – 2,20) ÷ 3,18 oder 31 Prozent ergibt. Das Muster ist hoch und erhält eine Bewertung von +1. Gesamt: 0.

Das Volumen tendiert nach unten, was einen Wert von +1 ergibt. Gesamt: +1.

Das Volumen am Ausbruchstag (J) ist ebenfalls hoch, was zu einer Bewertung von +1 führt. Gesamt: +2.

Die Aktie hat einen Throwback bei F. Das ergibt einen Wert von -1, was insgesamt +1 ergibt.

Die Aktie verzeichnet am Ausbruchstag auch eine Kurslücke nach oben, die jedoch auf dem Chart möglicherweise schwer zu erkennen ist (es handelt sich um eine kleine Lücke). Das ergibt +1. Gesamt: +2.

Die Aktie ist ein Small Cap, was einen Wert von +1 ergibt. Endgültige Punktzahl: +3.

Die Aktie erreichte im April 2004 ihren Höchststand (das ultimative Hoch) bei 18,18, was einem Gewinn von 472 Prozent über C entspricht.

Ja, das ist ein großer Gewinn, aber denken Sie daran, dass der allgemeine Markt gerade einen Bärenmarkt hinter sich hatte, das Tief getestet hatte und auf dem Weg der Erholung war, als dieses Chartmuster nach oben ausbrach. Das Chartmuster profitierte von einer Flut (Handel mit dem Trend), aber es übertraf auch viele andere Aktien. Das Bewertungssystem hat diese Aktie korrekt als Gewinner identifiziert.

Fallstudie: LSB Industries

Diese Fallstudie befasst sich mit LSB Industries, allerdings in einem Bärenmarkt. Der S&P 500 Index erreichte im Oktober 2007 seinen Höchststand, sodass der Index etwa sechs Monate lang gefallen war, bevor sich bei LSB ein Doppelboden abzeichnete. Als die Aktie ihren Tiefpunkt erreichte, vollendete der Index gerade eine Aufwärtsbewegung innerhalb des Abwärtstrends. Mit anderen Worten: Nach Mitte Mai setzte der Index seinen langen Abwärtstrend fort, obwohl die Aktie stieg.

Abbildung 20.4 zeigt den Chart, der der letzten Abbildung ähnelt. Es handelt sich um einen weiteren Doppelboden, aber auch um ein Big-*W*-Muster mit einer hohen linken Seite und einer schwächeren rechten Seite. Dieses Big *W* schaffte es jedoch nicht zurück zum Anfang des *W* bei E (der Kurs stieg nur bis K).

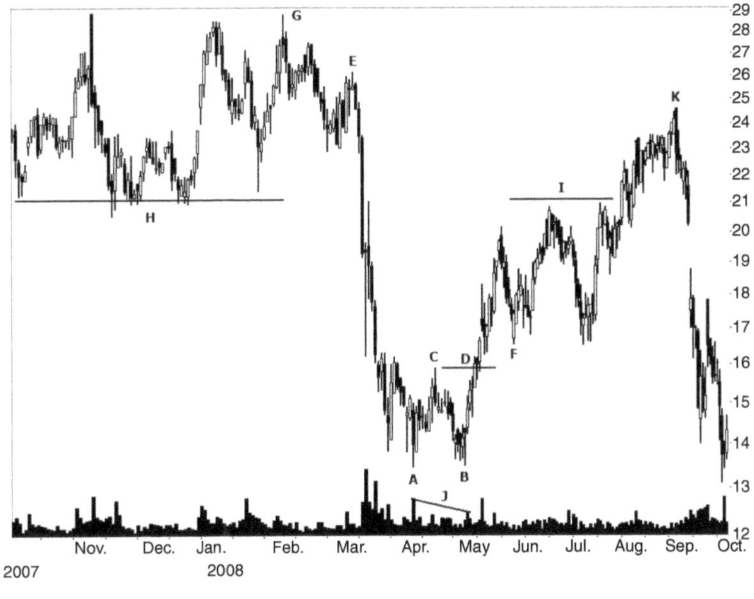

Abb. 20.4 Ein Doppelboden während eines Bärenmarkts verhilft der Aktie dennoch zu einem guten Gewinn, genau wie es das Bewertungssystem vorhergesagt hat.

Lassen Sie uns dieses Muster beginnend mit dem Trendbeginn bewerten. Ich zeige, dass an Punkt G, der weniger als drei Monate vom Beginn des Chartmusters (A) entfernt ist, eine Bewertung von +1 erfolgt.

Geht dem Doppelboden eine flache Basis voraus? Nein. Bewertung –1, was insgesamt 0 ergibt.

Gibt es eine horizontale Konsolidierungszone, die den Kurs behindert? Ja, bei H, aber diese zählt nicht, da sie *vor* dem Trendbeginn auftritt. Die HCR muss nach G und vor A (zeitlich) und zwischen G und C (kursmäßig) auftreten. H zählt nicht, was eine Bewertung von +1 ergibt, also insgesamt +1.

Wo liegt der Ausbruch in der jährlichen Kursspanne? Er liegt nahe dem Jahrestief, was einen Punktgewinn von +1 ergibt. Gesamt: +2.

Das Chartmuster ist hoch (knapp) und ergibt eine Bewertung von +1. Gesamt: +3.

Das Volumen tendiert nach unten (J) und ergibt eine Bewertung von +1. Gesamt: +4.

Das Volumen am Ausbruchstag ist durchschnittlich und ergibt eine Bewertung von –1. Gesamt: +3.

Der Kurs versucht einen Throwback bei F, erreicht jedoch nie ganz die horizontale Ausbruchslinie bei D und ergibt eine Bewertung von +1. Gesamt: +4.

Die Aktie verzeichnet am Ausbruchstag keine Kurslücke nach oben, was zu einer Bewertung von –1 führt. Gesamt: +3.

Schließlich ist die Aktie ein Small Cap, was zu einer Bewertung von +1 führt. Endgültige Gesamtpunktzahl: +4.

Die Aktie stieg auf K, das ultimative Hoch, bevor die allgemeinen Markt- oder Branchenbedingungen die Aktie nach unten zogen. Dennoch legte die Aktie in einem Bärenmarkt um 55 Prozent zu. Das übertrifft bei Weitem die Bärenmarktaktien, die weniger als 0 Punkte erzielten und nur um 16 Prozent stiegen (aus Tabelle 20.2). Das Bewertungssystem sagte voraus, dass die Aktie gut abschneiden würde, und das tat sie auch, selbst in einem Bärenmarkt.

Fallstudie: Lumber Liquidators

Die letzte Fallstudie schließt unseren Überblick über das Jahrzehnt ab. **Abbildung 20.5** zeigt die Konstellation. Der allgemeine Markt befand sich nach der Erholung vom Bärenmarkt 2007 bis 2009 in einer Phase starken Aufschwungs. Der Anstieg von den Tiefstständen 2009 verlief nahezu geradlinig (mit einer Pause im Juni 2009). Der Markt erreichte im Januar 2010 seinen Höchststand, fiel bis Anfang Februar zurück und schoss dann wieder in die Höhe. Mit anderen Worten: Der Rückgang von K auf F in der Abbildung war eine Bewegung gegen den Markt.

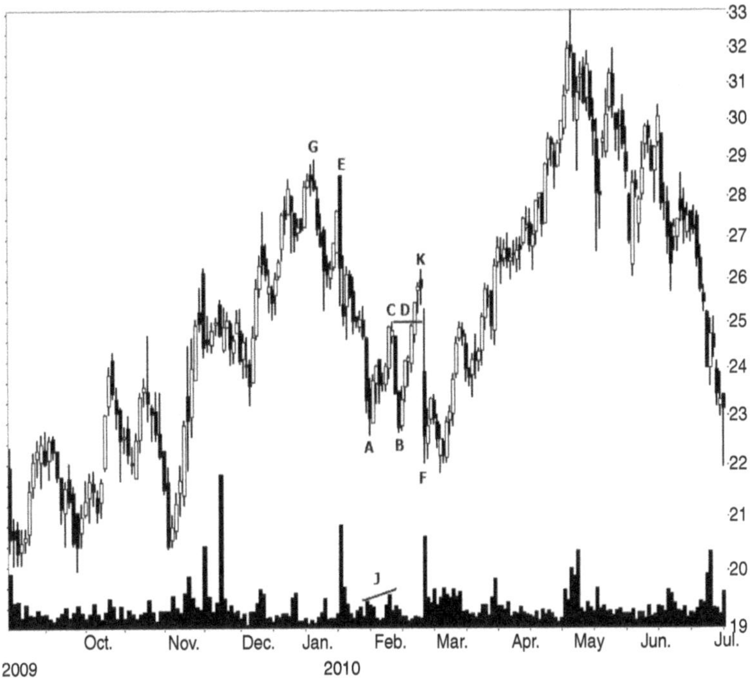

Abb. 20.5 Das Bewertungssystem sagte voraus, dass diese Aktie nicht gut abschneiden würde, und sie erfüllte die Erwartungen.

Lassen Sie uns diesen Doppelboden bewerten, um zu sehen, was das System über den Handel damit sagt. Ich habe übrigens die Buchstaben aus den beiden vorherigen Charts beibehalten. Beachten Sie, dass es sich auch hier um ein Big *W* handelt, nur dass die rechte Seite nicht weit genug gestiegen ist, um E, den Gipfel des *W*, zu erreichen.

Der Trend beginnt bei G für einen kurzfristigen Trend. Punktzahl: +1.

Es gibt keine flache Basis. Punktzahl: –1. Gesamt: 0.

Es gibt keine horizontale Konsolidierungszone, die den Kursanstieg behindert. Das ist eine gute Nachricht. Punktzahl: +1. Gesamt: +1.

Der Ausbruchskurs (C) liegt innerhalb eines Drittels des Jahreshochs. Punktzahl: 0. Gesamt: +1.

Der Doppelboden ist kurz. Punktzahl: –1. Gesamt: 0.

Das Volumen tendiert nach oben (J). Punktzahl: –1. Gesamt: –1.

Das Volumen am Ausbruchstag (D) ist gering. Punktzahl: –1. Gesamt: –2.

Der Kurs bricht bei D aus und fällt zurück auf F. Punktzahl: –1. Gesamt: –3.

Es gibt keine Kurslücke am Ausbruchstag. Punktzahl: –1. Gesamt: –4.

Die Aktie ist ein Small Cap. Punktzahl: +1. Endgültige Punktzahl: –3.

Die Aktie stieg auf das ultimative Hoch bei K, bevor sie unterhalb des Bodens des Chartmusters schloss. Der Anstieg von D auf K betrug nur 5 Prozent, was mit dem Bewertungssystem übereinstimmt, das eine Underperformance dieses Musters prognostiziert.

Kapitel-Checkliste

Nicht alle Ihre Chartmuster-Trades, bei denen Sie das Bewertungssystem anwenden, werden so gut funktionieren wie die Fallstudien. Wenn Sie dieses System jedoch in Ihren technischen Werkzeugkasten aufnehmen, werden Sie feststellen, dass es Ihnen hilft, vorherzusagen, wann eine Aktie eine Outperformance (im Vergleich zur medianen Performance) erzielen wird und wann nicht.

Hier ist eine Checkliste mit den Dingen, die wir in diesem Kapitel gelernt haben.

☐ Um die Erfolgschancen zu erhöhen, vereinfachen Sie Ihre Trading-Regeln. Siehe die Einleitung zu diesem Kapitel.

☐ Ein Konsolidierungs-Doppelboden fungiert als Fortsetzung des Aufwärtstrends und nicht als Umkehrung. Siehe Abschnitt „Was ist ein Doppelboden?".

☐ Warten Sie auf eine Bestätigung – der Kurs muss über dem Höchststand zwischen den beiden Böden schließen –, bevor Sie kaufen. Siehe Abschnitt „Doppelboden-Umkehrungen".

☐ Der Trendbeginn ist entweder das höchste Hoch, *vor* dem der Kurs um mindestens 20 Prozent fällt, oder das niedrigste Tief, *vor* dem der Kurs um mindestens 20 Prozent steigt. Siehe Abschnitt „Trendbeginn".

☐ Flache Basen erscheinen als horizontale Kursbewegungen, die oft mehrere Monate andauern. Siehe Abschnitt „Flache Basis".

☐ Verwenden Sie die lineare Kursskala, wenn Sie nach flachen Basen suchen. Siehe Abschnitt „Flache Basis".

☐ Horizontale Konsolidierungszonen sind Overhead-Widerstände, die sich zwischen dem oberen Ende des Chartmusters und dem Trendbeginn befinden. Siehe Abschnitt „Horizontale Konsolidierungszonen".

☐ Auf dem Weg zum ultimativen Hoch steigt der Kurs entweder nie in eine horizontale Konsolidierungszone (was in 9 Prozent der Fälle geschieht) oder er stoppt in 50 Prozent der Fälle innerhalb von 5 Prozent davon. Siehe Abschnitt „Horizontale Konsolidierungszonen“.

- ☐ Chartmuster innerhalb eines Drittels des Jahrestiefs tendieren dazu, eine Outperformance zu erzielen. Siehe Abschnitt „Position in der jährlichen Spanne“.

- ☐ Hohe Chartmuster schneiden besser ab als niedrige. Siehe Abschnitt „Höhe“.

- ☐ Das Volumen tendiert während des gesamten Chartmusters oft nach unten und kann am Tag vor einem Ausbruch sehr niedrig sein. Siehe Abschnitt „Volumentrend“.

- ☐ Ein hohes Volumen am Tag des Ausbruchs treibt Aktien nach oben. Siehe Abschnitt „Volumen am Ausbruchstag“.

- ☐ Throwbacks beeinträchtigen die Performance. Siehe Abschnitt „Throwbacks“.

- ☐ Ausbruchstag-Gaps bedeuten, dass Trader von der Aktie begeistert sind, was dazu beiträgt, den Kurs nach oben zu treiben. Siehe Abschnitt „Ausbruchstag-Gaps“.

- ☐ Small Caps schneiden am besten ab, Large Caps am schlechtesten. Siehe Abschnitt „Marktkapitalisierung“.

- ☐ Eine Checkliste für das Bewertungssystem finden Sie in Tabelle 20.1.

- ☐ Tabelle 20.2 zeigt die statistischen Ergebnisse des Bewertungssystems für Chartmuster.

- ☐ Chartmuster mit Punktzahlen über 0 schneiden besser ab als solche mit Punktzahlen unter 0. Siehe Tabelle 20.2.

- ☐ Je höher die Gesamtpunktzahl, desto besser ist in der Regel die Performance. Siehe Tabelle 20.3.

21

3 ERFOLGREICHE TRADES UND 1 NIETE

Mein ideales diskretionäres Positionstrading beginnt mit einer Art Bodenumkehr, wie beispielsweise einem Doppelboden oder einem Kopf-Schulter-Boden. Der Kurs schießt wie eine Rakete in die Höhe. Er steigt und steigt, bis er nicht mehr weiter steigen kann. Dann bildet sich ein weiteres Umkehrmuster in Form eines Doppel-Tops oder eines Kopf-Schulter-Tops, was das Ende der Aufwärtsbewegung signalisiert.

Ist das diskretionäre Positionstrading so? Nein.

Ein tatsächlicher Positionstrade beginnt, wenn die Lage ruhig ist und Sie nach dem perfekten Einstieg suchen und darauf warten, dass alle Signale übereinstimmen und zum Kauf auffordern. Nach dem Kauf wird es spannend, besonders am Anfang. Farben, die gestern noch lebhaft und klar waren, wirken heute gedämpft, wie Sturmwolken, die die Sonne verdecken. Die Sorgen beginnen.

„Wird die Aktie weiter steigen?“ oder „Werde ich das Ausstiegssignal verpassen?“ sind Fragen, die gestellt werden, in der Hoffnung, zum richtigen Zeitpunkt die richtigen Antworten zu finden.

Monate später, nachdem die Sorge um den Start abgeklungen ist, erwacht etwas in Ihrem Kopf und eine Stimme spricht zu Ihnen. „Es ist Zeit zu verkaufen“, sagt sie. Wenn Sie klug sind, hören Sie auf diese Stimme, denn es ist die Stimme der Erfahrung. Sie hat meistens recht. Also verkaufen Sie, und der Zyklus beginnt von vorn.

Ich kann Ihnen beibringen, wann Sie kaufen sollten, denn die Einstiegssignale sind einfach, aber eine Millisekunde, nachdem Sie Ihr Geld investiert haben, wird es brenzlig. Nach 30 Jahren an den Märkten habe ich immer noch nicht herausgefunden, welche Trades funktionieren und welche nicht.

In diesem Kapitel werden drei erfolgreiche Trades analysiert, um daraus Lehren zu ziehen, aber zuerst spreche ich über meine innere Stimme. Das nächste Kapitel konzentriert sich auf verlustreiche Trades.

Das Intel-Fiasko

Wenn ich von der inneren Stimme spreche, erinnere ich mich an einen Day-Trade, den ich am 16. Januar 2008 mit Intel getätigt habe. Nach Börsenschluss am 15. gab das Unternehmen Ergebnisse bekannt, die schlechter als erwartet ausfielen, sodass ich beschloss, 2.000 Aktien zu shorten, als der Markt am nächsten Tag öffnete.

Bevor ich zu Bett ging, gab ich den Auftrag bei meinem Broker auf, konnte dann aber nicht einschlafen. Etwas beschäftigte mich. Ich wälzte mich hin und her, aber war es vielleicht das Spielzeug meines Hundes, das unter der Bettdecke vergraben war und mich wach hielt?

Nein. Die Stimme in meinem Kopf sagte mir etwas. Ich stand auf und reduzierte die Position auf 1.000 Aktien, da ich in den letzten Tagen nicht viel Glück mit dem Trading großer Positionen hatte.

Am nächsten Morgen suchte ich nach Nachrichten, die einen Fehler in meiner Analyse aufdecken würden. Alles schien in Ordnung zu sein.

Ich erwartete, dass die Aktie mit einer Kurslücke nach unten eröffnen und noch weiter fallen würde.

Als der Markt öffnete, brach die Aktie wie erwartet ein, aber statt weiter zu fallen, bewegte sie sich in der ersten Minute kaum. Genau da hatte ich geplant, auszusteigen – in der ersten Minute. Die Analyse hatte ergeben, dass ein längeres Halten das Risiko einer Kurserholung erhöhen würde.

Es passierte nichts. Manchmal dauert es zwei bis vier Minuten, bis der Kursrückgang eintritt, also beschloss ich, abzuwarten.

Innerhalb von Sekunden stieg der Kurs von 20,05 auf 20,18. Die plötzliche Bewegung und das Ausmaß überraschten mich. So schnell ich konnte, schloss ich die Short-Position mit einem kleinen Verlust. Dann machte ich etwas Dummes.

Ich kaufte die Aktie (long). Ich erhielt eine Ausführung bei 20,37, nur 2 Cent unter dem Tageshoch. Oh, oh.

Die von mir ursprünglich vorhergesagte Abwärtsbewegung setzte schließlich ein. Es war kein Sturzflug, sondern eher wie Wasser, das Stromschnellen hinunterfließt. Der Kurs durchbrach die 20er-Marke und lief dann auf 19,98 zurück, wo ich verkaufte, bevor er weiter auf ein Tief von 19,70 fiel. Schließlich erholte sich die Aktie und schloss mit einem Minus von 12 Prozent gegenüber dem Vortag. Ich verlor 550 Dollar bei den beiden Trades innerhalb von 30 Minuten. Wenn ich während eines Trading-Jahres weiterhin alle 30 Minuten so viel Geld verlieren würde, hätte ich einen Verlust von 929.500 Dollar. Mit anderen Worten: Trotz des bescheidenen Verlusts geht es hier um echtes Geld.

Das Positive an diesem Trade war der zweite Ausstieg. Ich verkaufte die Aktie beim Pullback, nahe meinem mentalen Stoppkurs von 20 Dollar. Ich lag auch mit der Richtung richtig – nach unten –, aber der Aufwärtssprung überraschte mich.

Glücklicherweise hörte ich auf die Stimme, die mir sagte, ich solle die Positionsgröße auf 1.000 Aktien halbieren. Wie kann ich das vermitteln? Wie kann ich Ihnen die Stimme der Erfahrung weitergeben?

- Diskretionäres Trading bedeutet, eine innere Stimme zu entwickeln und ihr zu folgen.

- Es hilft auch, wenn man Glück hat.

Der Hudson-Highland-Schluckauf

Abbildung 21.1 zeigt einen Trade, den ich mit der Hudson Highland Group (HHGP) auf dem Tageschart getätigt habe. Die meisten Trades beginne ich damit, dass ich eine Aktie beobachte, deren Entwicklung mich interessiert. In diesem Fall war es ein Kopf-Schulter-Boden-Chartmuster. LS markiert die linke Schulter und RS die rechte. Zwischen den beiden Schultern befindet sich der Kopf, der unter die beiden anderen fällt. Die beiden Schultern bilden ihren Tiefpunkt in etwa auf dem gleichen Kursniveau und befinden sich in etwa im gleichen Abstand zum Kopf. Der Tiefpunkt des Kopfes ist nicht allzu weit von den Tiefpunkten der beiden Schultern entfernt. Mit anderen Worten: Das Chartmuster sieht aus wie ein auf dem Kopf stehender menschlicher Torso, nicht wie ein Mutant.

Das traditionelle Kaufsignal tritt auf, wenn der Kurs über der Nackenlinie schließt. Die Nackenlinie ist eine Linie, die die beiden Achselhöhlen verbindet (siehe Abbildung 21.1). Wenn die Nackenlinie nach oben verläuft, verwende ich einen Schlusskurs über dem Hoch der rechten Achselhöhle als Kaufsignal, da der Kurs möglicherweise nicht die steil nach oben verlaufende Nackenlinie erreicht. Diese Nackenlinie verläuft nach unten. Ich zeige das traditionelle Kaufsignal in der Nähe von Punkt B auf dem Chart.

Die Anmerkungen zum Trade besagen, dass die Punktzahl –1 betrug (siehe Kapitel 20, „10 Faktoren, die Chartmuster funktionieren lassen"), was auf eine leichte Underperformance mit einem Ziel von 9,11 hindeutet, basierend auf dem medianen Anstieg von 29 Prozent für alle Kopf-Schulter-Böden.

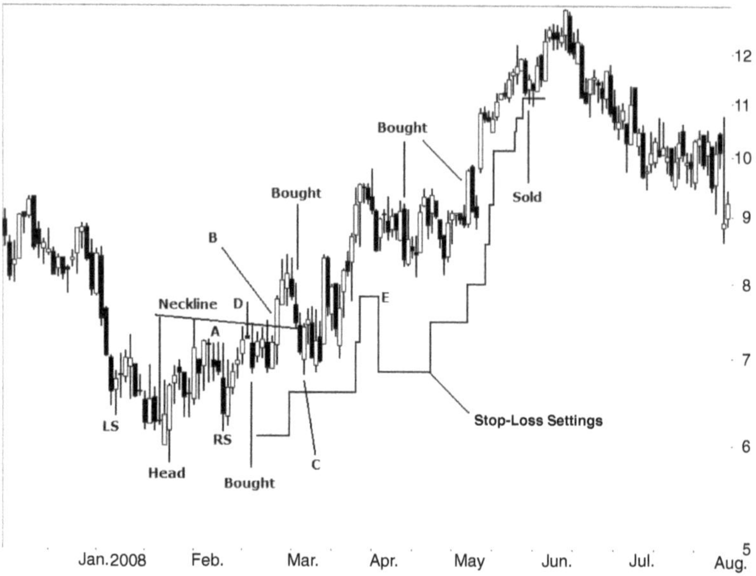

Abb. 21.1 Trades in der Hudson Highland Group beginnen mit einem Kopf-Schulter-Boden und enden, wenn der Kurs eine Stop-Loss-Order erreicht.

Der Overhead-Widerstand begann bei 8 (ein Teil davon ist ganz links im Chart zu sehen, im Dezember 2007) mit einem weiteren bei 12 bis 13, sodass dies Bereiche wären, in denen eine Umkehr des Kurses zu befürchten wäre.

Das Unternehmen gab seine Gewinne etwa eine Woche zuvor bekannt, was bedeutet, dass die Gewinne für weitere drei Monate kein Thema sein würden (ich kaufe nicht innerhalb von drei Wochen vor einer Gewinnbekanntgabe – zu riskant).

Ich wechselte zur wöchentlichen Skala, überprüfte andere Aktien derselben Branche und stellte fest, dass acht ihren Tiefpunkt erreicht hatten und zu steigen begannen (gut), während vier weiterhin fielen. Fast alle befanden sich in Phase 4 des Rückgangs (nicht gut). Wenn Ihnen das nichts sagt, lesen Sie noch einmal den Abschnitt „Das Weinstein-Set-up" in Kapitel 16.

Auf der monatlichen Skala lagen mehrere Aktien auf langfristigen Trendlinien (Unterstützung). All dies deutete darauf hin, dass der Markt seinen Tiefpunkt erreicht hatte, aber ich ging kein Risiko ein. Ich reduzierte meine Position auf ein Viertel des Normalwerts.

Ich notierte mir einen „soliden Konsolidierungsblock“, was nach einer Art Nasenleiden klingt, sich aber auf die horizontale Kursbewegung an Punkt A bezieht. Ich war der Meinung, dass der Bereich, der durch einen flachen Höchststand bei 7,25 gekennzeichnet war, den Kurs stützen würde, aber er erstreckte sich hinunter bis auf 6,50. Wie der Chart zeigt, stützte dieser Bereich den Kurs tatsächlich, da er nur bis auf C fiel.

Der allgemeine Markt war schwach, da am 11. Oktober 2007 ein Bärenmarkt begonnen hatte, aber das würde niemand wissen, bis der S&P 500 Index um 20 Prozent gefallen war. Dies geschah im Juli 2008, also lange nachdem ich die Aktie verkauft hatte. Ich hatte das Gefühl, dass die Aktie, unterstützt durch die Ebbe eines fallenden Marktes, zum Ausbruchskurs zurückkehren würde. Der Throwback trat ein und endete bei C.

Um den Einstiegskurs zu ermitteln, berechnete ich das 38-prozentige Retracement der Bewegung vom Tiefpunkt an der rechten Schulter bis zum Hochpunkt bei D und gab eine Limit-Order für den Tag zum Kauf bei 7,06 auf. Am 15. Februar kaufte ich die Aktie.

Wenn man sich einen Chart ansieht, der mehr von der Kursentwicklung zeigt (nicht in Abbildung 21.1 dargestellt), sieht man, dass ich ein Umkehrmuster gekauft habe, gerade als die Aktie ihren Tiefpunkt erreichte, nachdem sie von einem Hoch bei 22,55 Mitte Juli 2007 abwärts tendiert hatte. Ein solches Schnäppchen zu finden, ist wie bei einem Ausverkauf einzukaufen, bei dem die Waren um 69 Prozent reduziert sind. Mit anderen Worten: ein großartiges Timing.

Hier ist eine Zusammenfassung dessen, wonach ich gesucht habe:

- Eine Kopf-Schulter-Umkehr markierte den Wechsel vom Abwärtstrend zum Aufwärtstrend.

- Eine Punktzahl von –1 signalisierte, dass Vorsicht geboten war, aber auch einen Anstieg auf 9,11, wenn sich die Aktie so gut entwickelte wie das mediane Kopf-Schulter-Muster.

- Der Overhead-Widerstand begann bei 8 und weiter bei 12 bis 13 – beides potenzielle Umkehrziele.

- Die Gewinne wurden eine Woche vor dem Trade bekannt gegeben, sodass sie kein Grund zur Sorge waren.

- 8 von 12 Aktien der Branche tendierten nach oben.

- Die Positionsgröße wurde aufgrund eines schwachen Gesamtmarktes auf ein Viertel des Normalwerts reduziert.

- Am Tag vor dem Kauf (Punkt D) stieg der Kurs über einen Unterstützungsbereich (A).

- Ein Fibonacci-Retracement von 38 Prozent der Aufwärtsbewegung von der rechten Schulter bis D ergab einen Kaufkurs von 7,06.

Mehr kaufen

Der Chart zeigt, wo ich die Aktie Mitte Februar (am Tag nach D, nicht an den späteren Kaufpunkten) vor dem traditionellen Durchbrechen der Nackenlinie gekauft habe, da ich mich mit den oben diskutierten technischen Indikatoren wohlfühlte.

Ich setzte einen ersten Stopp bei 6,05, dargestellt durch die gezackte Linie, die wie eine Treppe aus einem Horrorfilm aussieht.

Am 27. Februar habe ich notiert, dass Insider die Aktie kauften: „... eine Menge davon im letzten Monat“, schrieb ich. Einen Tag später habe ich den Stopp auf 6,60 angehoben, da der Kurs sich von der Konsolidierungszone wegbewegte.

Am nächsten Tag verdoppelte ich meine Position, als sich der Kurs der Konsolidierungszone rechts von D näherte. Ich war der Meinung, dass diese Zone den Kurs stützen würde, sodass das Risiko eines Scheiterns gering war.

Die Aktie bewegte sich seitwärts, bevor sie wieder nach oben stieg. Ich erhöhte den Stopp zweimal in schneller Folge.

Am 1. April tat ich etwas Ungewöhnliches. Ich gab eine Limit-Order zum Kauf der Aktie bei 8,40 auf und *senkte* den Stopp. Das ist im Chart bei E zu sehen. In meinem Trading-Notizbuch schrieb ich: „Ich finde, der Stopp ist zu nah, und ich möchte diese Position langfristig halten. Der neue Stopp liegt unterhalb einer Unterstützungslinie bei 6,80." Diese Unterstützungslinie entspricht dem Tiefpunkt bei C, reicht aber bis zu dem Tag zurück, an dem ich gekauft habe.

Eine Woche später machte ich einen Fehler. Ich stieg per Day-Trade in eine weitere Viertel-Position ein, hatte aber vergessen, dass ich eine ausstehende Limit-Order zum Kauf der Aktie hatte, die ebenfalls ausgelöst wurde. Durch die beiden Käufe verdoppelte sich meine Position fast, die bei einem Viertel des Normalwerts begonnen hatte, nun aber vollständig ausgebaut war.

Ich hatte das Gefühl, dass die Aktie ihre runde Wende vollenden und weiter steigen würde. Die runde Wende bezieht sich auf eine schalenförmige Bewegung, die im November 2007 links vom Chart begann. Sie ist unregelmäßig in ihrer Form, aber der Kurs neigt dazu, an oder nahe dem Rand der Schale zu pausieren, der sich zwischen 9 und 10 auf dem Chart befindet.

Ich habe den Stopp am 19. April erneut angehoben, als sich der Kurs aus der Konsolidierungszone herauszubewegen schien.

Zehn Tage später platzierte ich einen Buy-Stop für eine weitere Viertel-Position, der am 1. Mai ausgelöst wurde. Ich erhöhte den Stopp auf knapp unter die runde Zahl 8. Dieser Kauf markierte das Ende der Kaufwelle.

Als der Kurs stieg, erhöhte ich den Stopp, wie die gezackte Linie zeigt. Manchmal verwendete ich einen Volatilitätsstopp, um den Kurs zu bestimmen, zu anderen Zeiten setzte ich ihn unterhalb eines Minor Low.

Beachten Sie den vertikalen Abstand zwischen dem Stopp und dem Tagestief. Im April war der Stopp weit entfernt, aber als der Kurs stieg, verringerte ich den Abstand. Am 21. Mai, als die Aktie bei fast 12 stand, verringerte ich den Abstand noch weiter, um den Rückgang zu begrenzen. Warum? Weil der Kurs an einem Tag um 5 Prozent fiel, parallel zu einem starken Rückgang des Gesamtmarktes. Dieser schnelle Rückgang machte mich nervös, sodass ich den Stopp enger setzte, in der Erwartung, dass er ausgelöst werden würde, aber in der Hoffnung, dass dies nicht der Fall sein würde.

Die Aktie wurde einen Tag später verkauft.

Ich erzielte zwischen 15 und 55 Prozent bei den verschiedenen Trades, mit einem Gesamtgewinn von durchschnittlich 33 Prozent in zwei Monaten. Ich verkaufte etwa zwei Wochen, bevor die Aktie ihren Höchststand erreichte. Zehn Monate später, als der Bärenmarkt in vollem Gange war, wurde die Aktie unter 1 Dollar gehandelt.

- Eine Stop-Loss-Order schloss den Trade automatisch.

CNO Financial Group

Der nächste Trade (**Abbildung 21.2**, tägliche Skala) ist einfacher als der letzte und bringt mehr Gewinn. Der Trade beginnt mit der Beobachtung eines symmetrischen Dreiecks, das sich am 17. Juli (Punkt E), etwa eine Woche vor dem Ausbruch, bildet. Was habe ich unternommen? Ich habe das Chartmuster in meinen Computer eingegeben und bin zum nächsten Chart übergegangen!

An Punkt D veröffentlichte das Unternehmen eine Mitteilung gemäß Formular 8-K, in der es die vorläufigen Finanzergebnisse für das am 30. Juni endende Quartal bekannt gab. Die Aktie sprang aufgrund dieser Nachrichten nach oben und stieg schnell auf A, was einem Anstieg von 111 Prozent entspricht. Ein derart schneller Anstieg (eine Verdopplung in weniger als zwei Monaten) qualifiziert sie als hohe und enge Flagge, aber ich habe dieses Chartmuster übersehen und hätte mich wahrscheinlich ohnehin nicht darum gekümmert. Hohe und enge Flaggen können einen weiteren Anstieg von durchschnittlich 27 Prozent bedeuten, haben jedoch eine hohe Ausfallrate (14 Prozent brechen nach unten aus und 19 Prozent steigen nach dem Ausbruch nicht um mindestens 5 Prozent, was einer kombinierten Ausfallrate von 33 Prozent entspricht).

Abb. 21.2 Ein Retracement der Bewegung von D nach A signalisierte einen Kauf mit einem Ausstieg nach dem Kursanstieg der Aktie.

Als das Unternehmen nach Börsenschluss am 4. August, Punkt A, seine endgültigen Finanzergebnisse veröffentlichte, hatten die Händler die Nachrichten bereits eingepreist. Die Aktie gab nach und bildete einen Wimpel oder den Flaggenabschnitt der hohen und engen Flagge (der Flaggenabschnitt nimmt oft eine beliebige Form an).

Ich begann mich für die Aktie zu interessieren, als sie 38 Prozent der Bewegung von D nach A korrigierte. Ich zeige die Retracement-Optionen (38 Prozent, 50 Prozent und 62 Prozent) als drei horizontale Linien in Abbildung 21.2. Der Kurs neigt dazu, an diesen drei Stellen umzukehren, glauben zumindest die Trader. Solche Überzeugungen können sich zu sich selbst erfüllenden Prophezeiungen entwickeln, wenn genug Trader darauf setzen.

Da das Unternehmen gerade seine Gewinne veröffentlicht hatte, musste ich mir darüber für weitere drei Monate keine Gedanken machen.

Die auf dem Langzeit-Chart angezeigten Overhead-Widerstände lagen bei 10, 17 und 20. Die kurzfristigen Widerstände lagen bei 4, 5 und 8, festgelegt durch die jüngsten Höchststände.

Eine Volatilitätsstopp-Berechnung ergab eine Platzierung bei 2,57, also 23 Prozent unter dem Schlusskurs vom 13. August. Ein Volatilitätsstopp warnt davor, dass eine engere Platzierung des Stopps das Risiko birgt, bei normalen Kursbewegungen ausgestoppt zu werden. Der große potenzielle Rückgang (23 Prozent) bis zum Stopp sagte mir, dass das Risiko eines großen Verlusts drohte, wenn ich diese Aktie handeln wollte. Ich würde keinen Stopp verwenden, da dies bei einer so volatilen Aktie das Risiko eines vorzeitigen Ausstoppens erhöht.

Die Bewertung des Chartmusters (des symmetrischen Dreiecks) mit dem generischen System ergab eine Punktzahl von +6 mit einem Ziel von 2,44, basierend auf einem mittleren Anstieg für symmetrische Dreiecke von 28 Prozent. Bei einem Aktienkurs von 3,33 hatte das Bewertungssystem seine Prognose für das Dreieck bereits erfüllt.

Ich kaufte die Aktie am 14. August zu 3,33, nur 4 Cent unter dem Tageshoch.

Am nächsten Tag stürzte die Aktie auf den Tiefststand C ab, ein nervenaufreibender Rückgang von 16 Prozent unter meinem Kaufkurs. Mit einem vernünftig gesetzten Stopp (zum Beispiel 8 Prozent) hätte ich den Trade vorzeitig beendet, bevor er eine Chance hatte, sich auszuzahlen.

Die Aktie begann sich sofort zu erholen, aber ich schenkte dem keine große Beachtung. Ich hoffte, dass sie auf 20 steigen würde, würde mich aber auch mit 8 zufriedengeben, was mehr als eine Verdopplung meines Kaufkurses bedeutet hätte. Das hätte ein Jahr oder länger dauern können (aber Anfang Mai hatte ich innerhalb einer Woche 111 Prozent mit derselben Aktie verdient, man kann also nie wissen).

- Kaufen Sie, wenn die Aktie 38 Prozent der vorherigen Aufwärtsbewegung korrigiert.

Das war's

Am 14. Oktober, Punkt F in der Abbildung, änderte Moody's den Ausblick für das Unternehmen von negativ auf positiv, und ein Broker stufte die Aktie herauf und hob das Kursziel von 4 auf 9 an.

Wenn mir jemand 29 Prozent mehr Geld gibt, schnappe ich mir den Batzen und renne zur Bank. Aus technischer Sicht hat die Aktie ein Ereignismuster gebildet, das ich als „umgekehrter Dead Cat Bounce" bezeichne. Bei diesem Ereignismuster steigt die Aktie in der Regel sprunghaft an und fällt dann wieder zurück.

Das war es, was ich trotz der Kurszielanhebung des Brokers auf 9 erwartete. Ich stellte auch ein potenzielles Doppel-Top-Muster (Punkte F und G) oder 2B-Muster fest. Victor Sperandeo (Wiley, 1991) hat die 2B-Regel geprägt. Der Name 2B leitet sich von einer Ausnahme in Schritt 2 seiner drei Schritte zur Erkennung einer Veränderung des Kurstrends ab (weitere Informationen finden Sie in „Trading Basics", Kapitel 5, „Den richtigen Zeitpunkt für den Ausstieg finden: Die 2B-Regel" und [in diesem Buch] Kapitel 16, „1-2-3-Trendwende bei Aufwärtsbewegungen/Abwärtsentwicklungen").

Die 2B-Regel beschreibt, wie der Kurs etwas höher steigen oder knapp unter einen früheren Höchststand fallen kann, aber wenn er stagniert, deutet dies auf eine kurzfristige Umkehr hin. Die Aktie kann stark fallen oder auch nicht, aber sie zeigt Schwäche an, und es ist eine gute Gelegenheit, Gewinne mitzunehmen.

Der letzte Auslöser für den Verkauf kam vom Unternehmen selbst. Es gab Gerüchte, dass weitere Aktien ausgegeben werden sollten. Wenn ein Unternehmen Aktien ausgibt, erleidet die Aktie einen Kursverlust, da dies den Wert der bestehenden Aktien verwässert. Davon wollte ich nichts wissen.

Ich verkaufte die Aktie am nächsten Tag bei Börseneröffnung und erhielt einen Kurs von 6,35, was einem Gewinn von 90 Prozent in zwei Monaten entspricht. Ich verpasste den Verkauf zum Jahreshoch um einen Tag. Am 5. Februar 2010 erreichte die Aktie mit 4,18 ihren Tiefststand, 35 Prozent unter dem Kaufkurs und deutlich unter dem Kursziel des Brokers von 9 Dollar.

- Verkaufen Sie, wenn die Aktie um 29 Prozent steigt und damit das Kursniveau eines früheren Höchststandes erreicht, und das Unternehmen andeutet, dass es neue Aktien ausgeben wird.

Complete Production Services

Das Erkennen von Chartmustern ist trotz automatisierter Tools eine Kunst. **Abbildung 21.3** (tägliche Skala) ist ein Beispiel dafür. Die Punkte A und B zeigen zwei Spitzen nahe dem gleichen Kursniveau mit einem Rückgang auf C dazwischen. Punkt C liegt 28 Prozent unter dem höheren der beiden Spitzenwerte (B), wodurch er außerhalb des typischen Bereichs von 10 bis 20 Prozent liegt, der erforderlich ist, um als Doppel-Top-Chartmuster zu gelten. Das bedeutet, dass der Rückgang erheblich ist, aber bei diesen niedrigen Kursen kann jeder Rückgang zu einer enormen prozentualen Bewegung führen.

Bei D wird das Doppelspitzenmuster zu einem echten Doppel-Top, wenn der Kurs unterhalb der Bestätigungslinie schließt. Die Bestätigungslinie erstreckt sich vom tiefsten Tal zwischen den beiden Spitzen. Der Kurs muss unterhalb dieses Kursniveaus schließen, um ein gültiges Doppel-Top zu werden, was auch der Fall ist.

Was passiert als Nächstes? Nach einem Fallschirmsprung von 36 Prozent von B nach D trifft der Körper auf die Erde und prallt ab. Angesichts der Stärke des Rückgangs haben einige Trader vielleicht mit einer Erholung gerechnet, aber diejenigen, die die Aktie bei D geshortet und einen weiteren Rückgang erwartet haben, waren überrascht, als sich die Aktie erholte. In den folgenden Wochen stieg sie leicht an und schloss über dem Höchststand des Chartmusters bei E.

Da wurde ich neugierig.

Abb. 21.3 Die Aktie durchbricht ein Doppel-Top und gibt ein Kaufsignal.

Ich zeige eine horizontale Linie von A bis E entlang der Kursspitzen, und wenn Sie eine weitere von C bis D ziehen, würde dies ein Chartmuster umreißen, das als sich verbreiternde Formation bezeichnet wird, rechtwinklig und absteigend. Ein teilweiser Rückgang bei G deutet auf einen sofortigen Aufwärtsausbruch hin, wenn er die obere Trendlinie berührt, was auch geschehen ist. Punkt F ist ein Throwback auf den Ausbruchskurs. Throwbacks treten bei 52 Prozent dieser Art von sich verbreiternden Formationen auf.

Die Punkte A, B und E sind drei aufeinanderfolgende Spitzen. Handelt es sich um ein Dreifach-Top? Nein. Warum? Weil der Kurs das Chartmuster nie bestätigt, indem er unterhalb des tiefsten Tals zwischen den drei Spitzen schließt.

Das Doppel-Top hat sich bestätigt, daher stellt es ein gültiges Chartmuster dar, ebenso wie die sich verbreiternde Formation. Anstelle dieser beiden Muster habe ich die Kursbewegung als gescheitertes Doppel-Top interpretiert. Das bedeutet, dass der Kurs nach der Bestätigung nicht sehr weit gefallen ist, bevor er sich umkehrte und über dem Gipfel des Chartmusters schloss. Wenn ein gescheitertes Muster auftritt, bedeutet dies oft – aber nicht immer – eine starke Bewegung.

Die Fundamentalanalyse ergab, dass die Aktie ein mittelmäßiges Value Play war. Die wichtigen Kennzahlen waren völlig durcheinander, wie Kugeln nach dem Anstoß auf einem Billardtisch. Insider kauften die Aktie ein Jahr lang, aber nur einer schnappte sich große Mengen davon.

Ich kaufte die Aktie drei Tage nach dem Zusammenbruch des Musters und erhielt eine Ausführung bei 9 Dollar. Beachten Sie, dass ich die Aktie nicht gekauft habe, als sie günstig war. Die Aktie erreichte ihren Tiefpunkt bei J (ganz links), was auch dem Tiefpunkt des Bärenmarktes entspricht. Ich habe damals nicht gekauft, weil es keinen Grund dafür gab (es bildete sich kein Chartmuster außer einer V-förmigen Wende, die schwer zu traden und nur im Nachhinein leicht zu erkennen ist).

Der Rückgang von H auf I betrug 31 Prozent, und dennoch hielt ich die Aktie. Mein Ziel lag bei 21 bis 25, was bedeutete, dass es sich um eine langfristige Position handelte. Bei Buy-and-Hold-Positionen verwende ich selten einen Stopp, es sei denn, ich befürchte, dass sich der Markt von einem Bullen- zu einem Bärenmarkt wandelt.

- Einstieg bei einem gescheiterten Doppel-Top-Chartmuster.

- Insider kaufen, niemand verkauft.

Der Ausstieg

Abbildung 21.4 (tägliche Skala) zeigt, wie sich der Trade entwickelte. Beachten Sie das potenzielle Doppel-Top bei D und E mit dem Tal dazwischen, das bei F seinen Tiefpunkt erreicht. Es handelt sich nicht um ein Doppel-Top, da der Kurs bei G nicht unter dem Tiefpunkt bei F sowie über dem Höchstpunkt des Chartmusters in der Nähe von H schließt. Wie der Chart zeigt, macht die Aktie eine rasante Abwärtsbewegung.

Als der Kurs bei I seinen Tiefpunkt erreichte, schrieb ich in mein Notizbuch: „Ich denke, dass hier eine Unterstützung bei einer aufsteigenden Trendlinie (nicht abgebildet) zu finden ist, die den Tiefpunkt vom 5.8.2009 verbindet. Das Unternehmen sieht eine gewisse Stabilisierung der Nachfrage, geht jedoch davon aus, dass diese schwach bleiben wird. Der Kurs ist bereits um 30 Prozent gefallen, und ich habe den richtigen Zeitpunkt [für den Verkauf] verpasst. Seufz. Ich kann mir vorstellen, dass der Kurs wieder auf 9 fällt, wodurch ich meine gesamten Gewinne einbüßen und zum Ausgabekurs vom November 2009 zurückkehren würde. Trotzdem wird die Aktie Unterstützung finden, und ich denke, dass sie sich im kommenden Jahr erholen wird. Außerdem gehe ich davon aus, dass sich eine rechte Schulter bilden wird, die den Höchststand vom Oktober 2009 widerspiegelt. Das würde eine Erholung auf etwa 12,50 bedeuten."

Abb. 21.4 Nach einer positiven Gewinnüberraschung war es an der Zeit, die Aktie zu verkaufen.

Mit anderen Worten: Ich war besorgt über die Volatilität der Aktie, die starken Schwünge und die Möglichkeit, dass sie weiter fallen könnte.

Einen Monat später setzte ich einen Stopp bei 10,78, also 5 Cent unter dem Tiefststand bei I. Die horizontale Stopplinie, die ich im Chart aufführe, und ihre Länge zeigen, wie lange ich sie aktiv gelassen habe. Ich erinnerte mich daran, dass es sich um eine langfristige Position handelte und dass die Verwendung eines Stopps zwar Verluste begrenzen kann, aber auch dazu führt, dass man potenzielle Gewinner verpasst.

Anfang Juli änderte sich die Lage, als ich feststellte, dass die fünf Indizes, die ich verfolge, unter dem einfachen gleitenden 12-Monats-Durchschnitt zu handeln begannen. Am 6. Juli setzte ich einen Stopp bei 13,33, unterhalb des Minor Low bei J.

Auf dem Chart ist es schwer zu erkennen, aber ich habe den Stopp einen Tag später angehoben und dann unter die Trendlinie des symmetrischen Dreiecks gesenkt, um „diesem Spielraum zu geben“, wie ich in mein Notizbuch schrieb, und den Stopp dann nach Börsenschluss jeden Tag höher gesetzt, wobei ich ihn ein paar Cent unter dem Tagestief platzierte.

Die Aktie schloss über der Spitze des Dreiecks, was einen Ausbruch nach oben signalisierte, sodass ich den Stopp am 13. Juli aufhob, um den Kurs laufen zu lassen.

Dann gab das Unternehmen Ergebnisse bekannt, die besser als erwartet ausfielen. Bei der Eröffnung am nächsten Tag stieg die Aktie sprunghaft an (Punkt A) und setzte ihren Aufwärtstrend fort, bis sie bei C ihren Höchststand erreichte. Einen Tag später eröffnete die Aktie hoch, schloss jedoch fast einen Dollar tiefer. Zeit zu verkaufen. Dies ist ein weiteres Beispiel für die Gewinnmitnahme nach einem umgekehrten Dead Cat Bounce. In mein Notizbuch schrieb ich: „Die Aktie ist gestiegen und wird nun ihre Gewinne wieder abgeben. Ich nehme das Geld und ziehe mich zurück. Ich kann wieder einsteigen, wenn sie 16 erreicht, sofern ich das will.“

Ich erhielt eine Ausführung bei 18,98, was einem Gewinn von 110 Prozent in etwas weniger als einem Jahr entspricht.

- Verkauf, nachdem überraschend gute Gewinne einen umgekehrten Dead Cat Bounce bildeten.

Sehen Sie sich die beiden Abbildungen an. Der Rückgang von H nach I betrug in beiden Abbildungen jeweils über 30 Prozent. Die Schlaglöcher auf dem Weg zur Verdopplung meines Geldes wurden mit Glück, einem steigenden Markt und überraschend guten Gewinnen gefüllt.

Die Aktie fiel, wie von mir vorhergesagt, wieder auf 16 zurück.

Ich füge diesen Trade nicht als Vorlage für die Positionierung von Trades hinzu, sondern als Lehre, dass man manchmal allein mit Glück sehr gut abschneiden kann. Ich habe mein Geld verdoppelt, obwohl ich während des Trades zweimal Rückgänge von über 30 Prozent hinnehmen musste. Ein Jahr später erreichte die Aktie einen Höchststand von 42,62. Wenn Sie denken, dass Hämorrhoiden eine Qual sind, denken Sie daran, wie es wäre, einen solchen Kursanstieg zu verpassen.

Kapitel-Checkliste

Hier sind einige der Lektionen und Trading-Signale, die in diesem Kapitel behandelt wurden.

- ☐ Diskretionäres Trading bedeutet, eine innere Stimme zu entwickeln und ihr zu folgen. Siehe Abschnitt „Das Intel-Fiasko".

- ☐ Ein Kopf-Schulter-Boden markierte den Einstieg in den Hudson-Highland-Trade mit einem Stop-Loss, der ihn schloss. Siehe Abschnitt „Der Hudson-Highland-Schluckauf".

- ☐ Ein Kauf von CNO Financial begann, als der Kurs 38 Prozent der vorherigen Aufwärtsbewegung korrigierte, und endete mit einem umgekehrten Dead-Cat-Bounce-Chartmuster. Siehe Abschnitt „CNO Financial Group".

- ☐ Ein Trade mit Complete Production Services begann mit einem gescheiterten Doppel-Top und Insiderkäufen und endete mit einem weiteren umgekehrten Dead Cat Bounce. Siehe Abschnitt „Complete Production Services".

22

WAS MAN NICHT TUN SOLLTE: 3 VERPFUSCHTE TRADES

Ich habe oft genug gelesen, dass man aus seinen Fehlern mehr lernen kann als aus seinen Erfolgen. Danke für diesen Tipp, aber ich lerne lieber aus meinen Erfolgen, weil das profitabler ist! Ich mache bei beiden Arten von Trades Fehler, daher gibt es viele Gelegenheiten zum Lernen.

Wenn Sie das letzte Kapitel gelesen haben, könnte es den Anschein haben, dass es einfach ist, mit Positionstrading Geld zu verdienen. Man kauft einfach ein beliebiges Chartmuster und hält die Aktie, bis es Zeit ist, sie zu verkaufen. Die nächsten drei Trades zeigen, wie gefährlich diese Annahme sein kann. Ein Trade verdeutlicht, dass man zu spät verkauft, ein anderer, dass man zu früh verkauft, und der letzte ist ein echter Reinfall. Ja, ich versuche, alle Bereiche abzudecken.

Medivation: Zu spät verkaufen

Wenn Sie Aktien lange genug halten, können Sie vom Dead Cat Bounce (DCB) hart getroffen werden. Ich werde das Ereignismuster im Abschnitt über Swing-Trading („Swing- & Day-Trading", Kapitel 5, „Set-ups von Ereignismustern") besprechen, aber eine Position in Medivation (MDVN), dargestellt in **Abbildung 22.1** (tägliche Skala), ist ein Beispiel dafür. Ich habe in meiner Karriere 12 Trades aufgrund von DCBs beendet und bin auf den Achterbahnen vieler weiterer Trades mitgefahren.

DCBs sind kein erfreuliches Chartmuster, da jedes einzelne einen Verlust zwischen 15 und 70 Prozent in einer Sitzung mit sich bringt, und das ist nur der Anfang. Sobald der Aufschwung endet, beginnt der Rückgang. Wenn Gewinne im Spiel sind, folgt manchmal innerhalb von drei Monaten ein DCB auf den anderen.

Abb. 22.1 Das Scheitern eines Medikaments in klinischen Studien führt zu einem Kursverlust von 67 Prozent in einer einzigen Sitzung.

Der Medivation-Trade war ein riskantes Biotech-Play, daher war ich mir der Gefahren bewusst, bevor ich eine Position einging. Mit dem Kauf der Aktie setzte ich darauf, dass das Unternehmen 2011 die

Zulassung seines Medikaments Dimebon durch die FDA erhalten würde. Hier sind einige wichtige Meilensteine im Zusammenhang mit dem Kauf der Aktie laut der Website des Unternehmens.

- April 2008: Alzheimer-Patienten zeigten nach einjähriger Einnahme von Dimebon eine Verbesserung ihres Denkvermögens und Gedächtnisses. Die Ergebnisse der ersten Phase-3-Studie mit 183 Patienten waren erfolgreich.
- Juni 2008: Beginn der zweiten Phase-3-Studie mit Dimebon mit 525 Patienten.
- Juli 2008: Bekanntgabe positiver Ergebnisse der Phase-2-Studie mit Dimebon zur Behandlung der Huntington-Krankheit.
- September 2008: Das Unternehmen gibt bekannt, dass es eine Partnerschaft mit Pfizer eingeht, um Dimebon gemeinsam für Alzheimer und Huntington zu entwickeln.
- April 2009: Beginn einer 12-monatigen Phase-3-Studie mit Dimebon und Donepezil zur Behandlung der Alzheimer-Krankheit.
- Juli 2009: Beginn der Phase-3-Studie mit Dimebon zur Behandlung der Huntington-Krankheit.

Aufgrund der dargestellten Ereignisse und anderer Forschungsergebnisse schien es, als hätte das Unternehmen ein erfolgreiches Alzheimer-Medikament entwickelt. Es hatte eine Phase-3-Studie bestanden und war so vielversprechend, dass Pfizer beschloss, das Medikament in sein Portfolio aufzunehmen.

In meinem Notizbuch steht folgender Eintrag: „11.7.09. Der Kurs dieser Aktie scheint perfekt zu sein. Das Unternehmen verfügt über 200

Millionen Dollar in der Kasse (Barmittel, letztes Quartal) bei einem Quartalsumsatz von 28,92 Millionen Dollar, einer Current Ratio von 2,595, 11.000 Dollar Schulden und 6,66 Dollar Cash pro Aktie. Der Umsatz ist möglicherweise auf den Vertrag mit Pfizer zurückzuführen, da in den Vorjahren keine Umsätze erzielt wurden. Im letzten Jahr beliefen sich die Kosten auf 62 Millionen Dollar, sodass das Unternehmen bei den aktuellen Ausgaben über Barmittel für mehr als drei Jahre verfügt."

Die verfügbaren liquiden Mittel sind für Start-ups am wichtigsten. Wie lange kann ein Unternehmen weiterbestehen, wenn es Geld verbrennt? Das nennt man die Burn Rate, und es lohnt sich, dies herauszufinden. Wenn das Unternehmen Geld so verschleudert wie mein Nachbar jeden Sommer Wasser für die Bewässerung seines Rasens, dann benötigt es zusätzliche Finanzmittel. Das bedeutet den Verkauf von Aktien (oft Privatplatzierungen) und einen Kursrückgang der Aktie.

Ich habe am 21. August 2009 eine kleine Position in der Aktie gekauft und eine Ausführung bei 25,54 erhalten, wie Abbildung 22.1 zeigt. In meinen Notizen zum Kauf schrieb ich: „Kaufgrund: Langfristige Spekulation auf die Aussichten des Medikaments. Muss bis zur Zulassung im Jahr 2011 gehalten werden. Kurzfristig: Ausbruch aus der Konsolidierungszone im August 2009. Dimebon befindet sich in Phase 3 der klinischen Studien bei Patienten mit leichter bis mittelschwerer Alzheimer-Krankheit und in Phase 3 der klinischen Studien bei Patienten mit der Huntington-Krankheit (Stand: Juli 2009). Es handelt sich um eine sechsmonatige Studie zu einem Orphan-Medikament für Huntington. Die Alzheimer-Studie soll ein Jahr dauern."

Die Aktie stieg weiter an, abgesehen vom Oktober, als der allgemeine Markt ins Straucheln geriet. Danach setzte sie jedoch ihren mühsamen Aufstieg fort, wie Ameisen, die nach einem Regenguss ihren Bau wieder aufbauen.

Auf dem Aktienchart, den ich mir jeden Tag ansehe, habe ich eine Notiz mit dem Vermerk „FDA-Zulassung für 2011 erwartet" angebracht.

Ich hatte vergessen, dass das Unternehmen zuerst die Arzneimittelstudien abschließen musste, bevor es einen Antrag bei der FDA stellen konnte. Das bedeutete eine weitere Hürde, die das Unternehmen nehmen musste. Angesichts der bisher positiven Ergebnisse waren jedoch sowohl die Wall Street als auch ich der Meinung, dass das Unternehmen ein erfolgreiches Medikament hatte. Am 2. März 2010 (dem Tag vor dem großen Einbruch) betrug mein Gewinn fast 60 Prozent.

- Biotech-Aktien sind Wetten darauf, dass der Aktienkurs um ein Vielfaches steigen oder massiv fallen wird. Investieren Sie nur einen kleinen Teil Ihres Portfolios oder lassen Sie sie ganz weg.

Notaufnahme

Am nächsten Tag gab das Unternehmen bekannt, dass Dimebon die zweite Reihe von Phase-3-Studien nicht bestanden hatte. Die Aktie eröffnete mit einem Kursverlust von 68 Prozent, was mich an den Rand eines Herzstillstands brachte! 300 Joule. Bereit!

Nachdem ich mein Herz mit dem Defibrillator wieder zum Schlagen gebracht hatte, zog ich noch am selben Tag den Stecker bei dem Patienten und verkaufte die Aktie zu einem Kurs von 13,33. Statt eines Gewinns von 60 Prozent verlor ich 48 Prozent. Glücklicherweise hatte ich nur eine kleine Position gehalten, sodass der prozentuale Verlust zwar enorm war, aber nur einen geringen finanziellen Schaden bedeutete.

Die rosarote Brille, die der Käufer meiner Aktie trug, verdeckte das Blut, das überall auf dem Patienten verschmiert war. Die Aktie fiel weiter, bis sie einen Tiefststand von 8,43 erreichte, was einem zusätzlichen Rückgang von 37 Prozent entspricht.

- Wenn eine Aktie einen massiven Kursverlust verzeichnet (ein sogenannter Dead Cat Bounce), verkaufen Sie so schnell wie möglich.

Coldwater Creek: Zu früh verkaufen

Abbildung 22.2 zeigt einen Trade mit Coldwater Creek (CWTR) auf der täglichen Skala. Folgendes schrieb ich am 17.04.2009 über die Aktie in mein Notizbuch: „Small-Cap-Wachstum, von S&P mit ‚Halten' bewertet, hohes Risiko. Marktkapitalisierung 276 Millionen Dollar, Beta 2,5. Insider mögen die Aktie. Vier Käufe seit Dezember, davon drei im März zwischen 11.000 und 100.000 Aktien. Ford empfiehlt Verkauf. Seit Januar 2008, als der Buchwert bei 3,38 lag, wurde kein Gewinn mehr erzielt. Die Eigenkapitalrendite ist negativ. Die Kennzahlen liegen am unteren Ende der Skala, mit Ausnahme des Kurs-Gewinn-Verhältnisses, das nicht aussagekräftig ist. Kein überzeugendes Value Play, aber mir gefällt der Kauf durch Insider. Hier zeigt sich ein hässlicher Doppelboden mit Potenzial für einen Anstieg."

Wenn Sie sich einen beliebigen Aktienchart ansehen und alle wichtigen Wendepunkte von unten nach oben betrachten, werden die meisten höhere Tiefs und höhere Hochs aufweisen. Dieses Wendemuster wird als hässlicher Doppelboden bezeichnet, wenn der Kurs die beiden Tiefs um mindestens 5 Prozent trennt.

Ich zeige den linken Tiefpunkt in Abbildung 22.2 nicht, aber er tritt im November 2008 bei 91 Cent auf. Der zweite Tiefpunkt liegt bei B, 1,42. Ein Schlusskurs über dem Höchststand zwischen diesen beiden Tiefpunkten bestätigt den hässlichen Doppelboden als gültiges Chartmuster.

Etwa eine Woche nach Abschluss der Analyse der Aktie brach der Kurs aus einer kleinen, flachen Konsolidierungszone (eingekreist) aus. Ich kaufte am nächsten Tag und erhielt eine Ausführung bei 3,14. Der Kaufpunkt ist im Chart zu sehen.

Am 30. April verdoppelte ich meine Position (insgesamt war es immer noch ein Viertel der normalen Position, da nicht klar war, ob der Bärenmarkt beendet war, was im März 2009 der Fall war), da die Aktie den Overhead-Widerstand von Dezember bis Februar durchbrochen hatte (dargestellt durch die horizontale Linie).

Hier eine kurze Übersicht über die Kaufgründe:

- Hässlicher Doppelboden beim Einstieg mit Ausbruch aus einer kleinen Konsolidierungszone.
- Der allgemeine Markt beendete den Bärenmarkt und drehte ins Bullishe.
- Die Fundamentaldaten waren schwach.
- Insider kauften.

Abb. 22.2 Ein zu früher Ausstieg aus dem Trade lässt Gewinne liegen.

Pst. Zeit zum Ausstieg

Ich habe den Kursanstieg mitgemacht, aber im Juni näherte sich der Kurs dem Overhead-Widerstand, der durch die früheren Höchststände seit Februar 2008 und die Tiefststände von Juni bis August 2008 gebildet wurde. Beide lagen bei etwa 6 Dollar.

Hier ist, was ich zum Ausstieg geschrieben habe: „11.6.09. Ich gebe eine Tagesorder auf, eine Stop-Order bei 5,73, zwei Cent unter dem Tiefststand der vorherigen Kerze, da wir uns in Phase 5 (Elliott-Welle) befinden und ich eine ABC-Korrektur erwarte. Der Overhead-Widerstand nähert sich. Wenn sich der starke Aufwärtstrend fortsetzt, werde ich den Stopp nach oben verschieben, andernfalls werde ich mit einem schönen Gewinn aussteigen.

„Dieser wurde bei 5,76 ausgestoppt. Ups. Ich hatte erwartet, dass der starke Aufwärtstrend anhalten würde, aber es kam zu einer Umkehr. Ich schätze, dafür war der Stopp da. Wenn dieser Abwärtstrend anhält, wäre das ein brillanter Schachzug, aber ich vermute, dass es ein Fehler war. Außerdem habe ich etwas Gewinn eingebüßt, weil ich nicht näher am Höchststand verkauft habe. Ich habe das Gefühl, dass der Verkauf ein Fehler war."

Da jede Elliott-Welle eine Verlängerung haben kann, bin ich kein Fan der Elliott-Wellen. Sie sind zu subjektiv. Dennoch zeige ich auf dem Chart, was meiner Meinung nach die fünf Wellen waren. Die voranschreitenden Wellen 1, 3 und 5 trieben die Aktie nach oben, während die gegenläufigen Wellen 2 und 4 sie nach unten zogen.

Die Idee hinter der Wellenzählung ist, dass fünf Wellen die Aktie in Richtung des primären Trends treiben und drei Wellen eine Korrektur gegen diesen Trend bilden. Der 5-Wellen-Schub kann nach unten gehen, gefolgt von einer Aufwärtskorrektur, das dürfen Sie nicht vergessen. Diese Kombination sieht man oft in einem Bärenmarkt.

Die von mir erwartete ABC-Korrektur (eine Abwärtswelle, gefolgt von einer teilweisen Aufwärtskorrektur und einer weiteren Abwärtswelle) trat nicht ein.

Der Kurs erreichte am Tag vor meinem Verkauf einen Höchststand von 6,27, daher sollte ich mich wirklich nicht darüber beschweren, dass ich den Höchststand verpasst habe. Die Aktie gab etwa zwei Wochen lang nach und erreichte einen Tiefststand von 5,11, was einem Rückgang von 11 Prozent gegenüber meinem Verkaufskurs entspricht.

Mein Notizbucheintrag spricht von Unentschlossenheit, dass die innere Stimme vielleicht „verkaufen" geflüstert hat, aber kurz nach meinem Verkauf ihre Meinung geändert hat. Ich hasse es, wenn so etwas passiert! Wie der Chart zeigt, bewegte sich die Aktie seitwärts, bevor sie bei 9,20 ihren Höchststand erreichte.

Hätte ich das perfekte Timing gehabt, hätte ich mein Geld fast verdreifachen können. Stattdessen habe ich beim ersten Trade 83 Prozent und beim zweiten 61 Prozent erzielt. Das ist eine gute Rendite für einen verpatzten Trade. Ich habe zu früh verkauft.

- Ein enger Stopp zwang mich zu einem zu frühen Ausstieg.

Hovnanian: Am Tiefpunkt verkaufen

Dieser Trade ist repräsentativ für viele, die ich getätigt habe, und wenn Sie oft genug gehandelt haben, werden Sie auch auf solche Trades stoßen. Wenn Sie sich in einem Verlusttrade befinden und der richtige Verkaufspunkt längst überschritten ist, werden Sie Folgendes vermuten:

1. Wenn Sie nicht verkaufen, wird die Aktie weiter fallen.

2. Wenn Sie verkaufen, werden Sie innerhalb von ein oder zwei Wochen um den Tiefpunkt herum verkaufen.

Mit anderen Worten: Egal, was Sie tun, Sie sind aufgeschmissen. Selbst wenn Sie früher verkaufen, gilt die Kombination aus 1 und 2, also können Sie genauso gut früher verkaufen und mehr Geld sparen. Lassen Sie mich Ihnen anhand von Hovnanian (HOV) ein Beispiel geben, das in **Abbildung 22.3** auf Tagesbasis dargestellt ist.

Abb. 22.3 Dieser Trade war durch ein schlechtes Timing gekennzeichnet.

Der Bärenmarkt endete offiziell im März 2009, aber das wusste ich damals noch nicht. Die Immobilienaktien schienen sich jedoch zu erholen. Ich schrieb in mein Notizbuch: „25.4.09. Die Verschuldung ist mit 88 Prozent der Marktkapitalisierung hoch. S&P empfiehlt zu halten, aber das Risiko ist hoch. Insider kaufen. Ford empfiehlt zu verkaufen. Das Kurs-Buchwert-Verhältnis ist mit 5,74 hoch. Das Kurs-Umsatz-Verhältnis liegt bei 0,05, fast auf dem niedrigsten Stand. Kurs/Value liegt genau im Mittelfeld. Andere Finanzkennzahlen sind nicht aussagekräftig. Laut einem Bericht der Associated Press vom 24.4. scheinen die Verkäufe von Neubauten die Talsohle erreicht zu haben. Die Ratingagentur S&P stuft diese Aktie als hochriskant ein und ‚erkennt das Potenzial für weitere Zahlungsausfälle in naher Zukunft' unter den Wohnungsbauunternehmen an."

Unter Berücksichtigung von Unterstützung und Widerstand legte ich ein kurzfristiges Aufwärtsziel von 6 und ein Buy-and-Hold-Ziel von 25 fest. Der Overhead-Widerstand lag bei etwa 4,50. Ich stütze diese Ziele auf frühere Minor Highs, Minor Lows oder horizontale Konsolidierungszonen. Auf Wochenbasis sah ich einen zusätzlichen Widerstand bei 13 und dann bei 33.

Die Quartalsergebnisse sollten am 10. Juni veröffentlicht werden, also in etwa sechs Wochen, was zu weit entfernt war, um Anlass zur Sorge zu geben.

Unter Verwendung der Stan-Weinstein-Methode zur Bestimmung eines Kaufzeitpunkts trat der Kurs in Phase 2 ein (Einzelheiten finden Sie in Kapitel 16 im Abschnitt „Das Weinstein-Set-up"). Phase 2 ist der Zeitpunkt, um in die Aktie zu investieren. Das bedeutet, dass der Kurs bei hohem Volumen über den einfachen gleitenden 30-Wochen-Durchschnitt gestiegen ist und nach oben keine Grenzen gesetzt sind.

Hier ist jedoch Vorsicht geboten. Ich habe drei Indikatoren überprüft: RSI, CCI und BB. Der Relative-Stärke-Index (RSI) war am 27. April überkauft, der Commodity Channel Index (CCI) empfahl den Kauf vor drei Tagen, und die Aktie ragte aus dem oberen Bereich der Bollinger-Bänder (BB) heraus. Ich schrieb in mein Trading-Notizbuch: „Dies deutet auf einen Kursrückgang hin."

Da der Kurstrend eine Bullenmarktrally in einem Bärenmarkt hätte sein können und in Verbindung mit meiner erstaunlichen Fähigkeit, mit fast jeder Immobilienaktie, die ich jemals gekauft habe, Geld zu verlieren, reduzierte ich meine Position noch weiter, auf ein Achtel des Normalwerts.

Ich kaufte am 28. April, erhielt eine Ausführung bei 2,74 und setzte einen Stopp bei 1,39. Ein Volatilitätsstopp lag bei 1,68 oder 37,6 Prozent unter dem vorherigen Schlusskurs, was auf eine hochvolatile Aktie hindeutet. Mit einem Kaufkurs von 2,74 und einem Stopp bei etwa der

Hälfte davon ist es fast so, als hätte man gar keinen Stopp. Warum habe ich mir die Mühe gemacht?

Notizen zum Kauf: „Kaufgrund: Ausbruch aus einer Konsolidierungszone, runde Wende. Auf dem Intraday-Chart hat sich in den letzten Minuten ein steigender Keil gebildet, was auf einen Kursrückgang hindeutet, allerdings nur von 2,69 auf 2,63. Ich werde einfach bei Eröffnung kaufen und beten. Mit 25 Prozent Float Short (Stand März) könnte dies ein schöner Short-Squeeze-Trade werden, falls dies nicht bereits geschehen ist. Aber das ist ein hohes Risiko. Es könnte zu einer Liquiditätskrise kommen, und wenn nächsten Monat (in der ersten Maiwoche) die Ergebnisse anderer Hausbauer veröffentlicht werden, könnte es zu einem Einbruch kommen."

Ich zeige die runde Wende bei A, obwohl sie nicht ganz glatt verläuft. Die von mir erwähnte Konsolidierungszone ist ein lockerer Bereich, der bei B eingekreist ist.

- Die Aktie lag bei hohem Volumen über dem gleitenden 30-Wochen-Durchschnitt.

- Der Ausbruch aus einer Konsolidierungszone nach einer runden Wende deutete auf höhere Kurse in der Zukunft hin.

- Der RSI und die Bollinger-Bänder warnten vor einem überkauften Zustand. Der CCI sagte: „Los geht's, Mann!"

- Die Berichtssaison würde in einem Monat beginnen, und wenn die Berichte schwach ausfallen würden, würde die Aktie wahrscheinlich fallen.

Check-out-Zeit

Die Aktie spielte nicht mit, da sie nach meinem Kauf drei Tage lang fiel, bevor sie ein neues Hoch erreichte. Ein Blick auf die Kursentwicklung im Mai und Juni zeigt, dass die Aktie seitwärts tendierte und leicht nachgab. Das ist in Ordnung. Das passiert, wenn eine Aktie Kraft sammelt, um einen weiteren Anlauf auf den Gipfel zu nehmen. Wenn man sich den Chart des S&P für 2009 ansieht, stellt man fest, dass sich der allgemeine Markt im gleichen Zeitraum (und bis in den Juli hinein) seitwärts bis leicht abwärts bewegte. Ich war nicht beunruhigt.

Die Lage begann sich zu verschlechtern, als das Unternehmen am 2. Juni seine Ergebnisse bekannt gab. Ja, die Aktie legte an diesem Tag einen schönen Anstieg hin (Punkt E im Chart), brach aus einem symmetrischen Dreieck nach oben aus, fiel dann aber wieder zurück.

Zwei Tage später erhöhte eine Brokerfirma ihre Gewinnprognosen, warnte jedoch, dass ein höherer Aktienkurs vom gesamten Immobilienmarkt abhängen würde. Die Aktie schien die guten Nachrichten zu ignorieren. Zwei Handelstage später stufte ein anderer Broker die Aktie herab. Der Kurs eröffnete niedriger und erholte sich an diesem Tag nicht mehr.

Am Tag der Herabstufung durchbrach der Kurs das Dreieck (ein Aufwärtsausbruch, gefolgt von einem Abwärtsausbruch), was oft auf eine bevorstehende starke Bewegung hindeutet ... außer bei symmetrischen Dreiecken. Diese haben die unangenehme Eigenschaft, doppelt zu scheitern. Das bedeutet, dass der Kurs nach oben und dann nach unten ausbricht, um dann wieder nach oben zu steigen, was die endgültige Richtung ist.

Wie der Chart zeigt, kam es bei dieser Aktie nicht zu einem doppelten Scheitern. Sie fiel einfach weiter.

Welchem Broker glauben Sie eher, dem, der die Schätzungen angehoben hat, oder dem anderen, der seine Bewertung der Aktie gesenkt hat? Der Kurs zeigt, wie die Trader diese Frage beantwortet haben: durch eine Abwärtsbewegung von E nach C.

Ich wurde besorgt, als der Kurs unterhalb des bei C gezeigten Unterstützungsbereichs schloss. Diese sogenannten Tails (untere Schatten der Kerzen), die in der Nähe des gleichen Kurses ihren Tiefpunkt erreichten, sahen aus wie ein Kamm. Ich kam zu dem Schluss, dass die Aktie, da sie diesen Unterstützungsbereich durchbrochen hatte, wieder auf den Ausgabekurs A fallen könnte (oftmals fällt der Kurs nicht so weit, sodass man einen höheren Boden sieht). Wenn eine billige Aktie das Potenzial hat, unter 1 Dollar zu fallen, werde ich nervös. Ich denke an Insolvenz.

Allerdings wurden viele hochwertige Aktien nach dem Ende des Bärenmarktes von 2007 bis 2009 zu unglaublich günstigen Kursen gehandelt.

Anstatt darauf zu warten, dass die Aktie meine 50-Prozent-Stop-Loss-Order erreichte, verkaufte ich sie am 8. Juli und erhielt eine Ausführung bei 2,03, was einem Verlust von 27 Prozent in etwa 2,5 Monaten entsprach.

So schlecht der Ausstieg auch war, er hätte brillant ausgesehen, wenn die Aktie weiter gefallen wäre, sagen wir auf 81 Cent, aber das ist nicht geschehen.

Bei D zeige ich einen kleinen Unterstützungsbereich, der sich tatsächlich bis Dezember 2008 zurückverfolgen lässt. Es handelt sich um eine horizontale Konsolidierungszone, in der der Kurs in etwa auf dem gleichen Niveau seinen Tiefpunkt erreicht und die sich ebenfalls im Bereich von 1,50 bis 1,60 befindet. Bei einem Aktienkurs von 2 Dollar hätte das Abwarten, ob die Aktie bei 1,50 wieder ansteigt, natürlich einen weiteren Verlust von 25 Prozent bedeutet, was ich nicht riskieren wollte.

Wie der Chart zeigt, überraschte mich die Aktie, und zwei Tage nach meinem Verkauf schoss sie in einer geraden Linie in die Höhe, während ich mit einem 27-prozentigen Loch in meiner Brieftasche zurückblieb und ihr beim Steigen zusah.

- Traden Sie nicht in einer Branche (wie Immobilien), wenn Sie zuvor Schwierigkeiten hatten, damit Geld zu verdienen.

- Manchmal hat ein Broker recht.

Kapitel-Checkliste

Hier sind einige Lektionen, die ich aus diesen Trades gelernt habe.

- ☐ Investieren Sie nur einen kleinen Teil Ihres Portfolios in risikoreiche Trades mit hoher Rendite. Siehe Abschnitt „Medivation: Zu spät verkaufen".

- ☐ Wenn eine Aktie einen massiven Kursverlust verzeichnet (ein sogenannter Dead Cat Bounce), verkaufen Sie so schnell wie möglich. Siehe Abschnitt „Medivation: Zu spät verkaufen".

- ☐ Insiderkäufe und ein hässlicher Doppelboden führten zum Kauf von Coldwater Creek, aber ein enger Stopp zwang zu einem zu frühen Ausstieg. Siehe Abschnitt „Coldwater Creek: Zu früh verkaufen".

- ☐ Hovnanian schien ein Kauf zu sein, da die Aktie nach dem Ausbruch aus einer Konsolidierungszone mit hohem Volumen über dem einfachen gleitenden 30-Wochen-Durchschnitt gehandelt wurde. Zwei Indikatoren warnten jedoch vor bevorstehenden Problemen. Siehe Abschnitt „Hovnanian: Am Tiefpunkt verkaufen".

- ☐ Traden Sie nicht in einer Branche (wie Immobilien), wenn Sie zuvor Schwierigkeiten hatten, damit Geld zu verdienen. Siehe Abschnitt „Hovnanian: Am Tiefpunkt verkaufen".

23

WAS WIR GELERNT HABEN

Dieses Buch konzentrierte sich auf Buy-and-Hold (Value-Investing) und Positionstrading. Diese beiden Stile ergänzen sich, da das Wissen, wann man eine langfristige Position auflösen sollte, oft der Schlüssel zum Geldverdienen und -behalten bei Investitionen an der Börse ist.

In diesem Kapitel sind alle Erkenntnisse, die ich Ihnen auf diesen Seiten vermittelt habe, nach Kapiteln geordnet aufgelistet.

Kapitel 2: Aktienauswahl

- ☐ In der Einleitung zu diesem Kapitel finden Sie die Kriterien, nach denen ich Aktien auswähle.

- ☐ Aktien, deren Kurs sich verdoppelt, outperformen im folgenden Jahr in 53 Prozent der Fälle. Siehe Abschnitt „Was kommt nach großen Kursbewegungen?".

- ☐ Aktien, die um 50 Prozent oder mehr fallen, outperformen im folgenden Jahr in 68 Prozent der Fälle. Siehe Abschnitt „Was kommt nach großen Kursbewegungen?".

- ☐ Aktien, die in einem Bärenmarkt am stärksten fallen, erholen sich ein Jahr nach Ende des Bärenmarktes stärker. Aktien, die am wenigsten fallen, schneiden schlechter ab. Siehe Tabelle 2.1.

- ☐ Wählen Sie Aktien von Unternehmen, die Sie kennen und mögen. Siehe Abschnitt „Aktienauswahl auf einfache Weise".

- ☐ Achten Sie auf niedrige Gewinne oder Gewinnwarnungen bei anderen Aktien derselben Branche. Siehe Abschnitt „Zwei Tipps für die Aktienauswahl".

- ☐ Achten Sie auf Rating-Upgrades oder -Downgrades anderer Aktien der Branche. Siehe Abschnitt „Zwei Tipps für die Aktienauswahl".

- ☐ Wählen Sie Qualitätsaktien aus, deren Kurs gefallen ist, die aber solide Aussichten haben. Siehe Abschnitt „Kaufen Sie gefallene Engel".

- ☐ Ausgliederungen können eine gute Gelegenheit sein, ein etabliertes Unternehmen mit einem erfolgsorientierten Management zu kaufen. Siehe Abschnitt „Kaufen Sie gefallene Engel".

- ☐ Das vor einer Fusionsankündigung am häufigsten anzutreffende Chartmuster ist ein Doppelboden. Siehe Tabelle 2.2.

- ☐ In 63 Prozent der Fälle steigen die Aktienkurse vor der Ankündigung einer Fusion oder Übernahme. Siehe Abschnitt „Überbezahlt?".

☐ Achten Sie darauf, dass viele verschiedene Insider bei niedrigen Kursen große Mengen an Aktien kaufen und nur wenige verkaufen – kleine Verkaufsmengen sind jedoch in Ordnung. Finden die Käufe regelmäßig statt, als ob sie nach einem Zeitplan erfolgen würden? Wenn ja, ist das nicht so gut, als wenn Insider Wertpapiere zu einem niedrigen Kurs kaufen. Siehe Abschnitt „Was machen Insider?".

Kapitel 3: Buchwert

☐ Der Buchwert ist das Nettovermögen abzüglich Vorzugsaktien, geteilt durch die Anzahl der im Umlauf befindlichen Stammaktien. Siehe Abschnitt „Definition des Buchwerts".

☐ Der Buchwert kann unzuverlässig sein, wenn der Wert immaterieller Vermögenswerte überhöht ist. Siehe Abschnitt „Vermögenswerte richtig bewerten".

☐ Der Buchwert ist nicht mit dem Marktwert identisch. Siehe Abschnitt „Investieren anhand des Buchwerts".

☐ Der Buchwert ist wichtig, wenn das Unternehmen insolvent wird, mit einem anderen fusioniert oder wegen seiner verborgenen Vermögenswerte aufgekauft wird. Siehe Abschnitt „Wann ist der Buchwert wichtig?".

☐ Ein Unternehmen, das über dem Buchwert gehandelt wird, hat ein begrenztes Aufwärtspotenzial, wenn alles gut läuft, aber ein enormes Abwärtspotenzial, wenn etwas schiefgeht. Ein Unternehmen, das unter dem Buchwert gehandelt wird, hat ein großes Potenzial, wenn sich das Blatt wendet. Siehe Abschnitt „Der Wert verborgener Vermögenswerte".

- ☐ Eine Liste der Probleme, die mit der Verwendung des Buchwerts verbunden sind, finden Sie im Abschnitt „Grenzen des Buchwerts".

- ☐ Aktienrückkäufe können den Buchwert verändern. Siehe Abschnitt „Rückkäufe senken den Buchwert".

- ☐ Unternehmen mit niedrigem Buchwert erzielten höhere Renditen. Siehe Abschnitt „Historische Forschung".

- ☐ Aktien mit niedrigem Kurs-Buchwert-Verhältnis gewannen 73 Prozent der Wettbewerbe, wenn sie drei Jahre lang gehalten wurden, und alle Wettbewerbe, wenn sie fünf Jahre lang gehalten wurden. Siehe Abschnitt „Historische Forschung".

- ☐ Aktien mit niedrigem Kurs-Buchwert-Verhältnis outperformen in guten wie in schlechten Zeiten. Siehe Abschnitt „Historische Forschung".

- ☐ Die Verwendung eines Ansatzes mit niedrigem Kurs-Buchwert-Verhältnis führt nicht zu einem höheren Abwärtsrisiko. Siehe Abschnitt „Historische Forschung".

- ☐ Suchen Sie nach Aktien, die unter dem medianen Kurs-Buchwert-Verhältnis von 2,11 gehandelt werden. Siehe Tabelle 3.1.

- ☐ Small-Cap-Aktien mit niedrigem Kurs-Buchwert-Verhältnis outperformen. Erwägen Sie daher den Kauf von Aktien mit einer Marktkapitalisierung von unter einer Milliarde Dollar. Siehe Tabelle 3.2.

- ☐ Wählen Sie Aktien mit einem Kurs unter etwa 16,00 Dollar, um die besten Ergebnisse zu erzielen. Siehe Tabelle 3.3.

- ☐ Aktien mit einem fallenden Kurs-Buchwert-Verhältnis und einer steigenden Eigenkapitalrendite (ROE) erzielen ein Jahr später die beste Performance. Vermeiden Sie Aktien, bei denen sowohl das Kurs-Buchwert-Verhältnis als auch die Eigenkapitalrendite fallen. Siehe Tabelle 3.4.

- ☐ Aktien mit einem Kurs-Buchwert-Verhältnis unter 1,0 entwickeln sich in der Regel gut. Siehe Tabelle 3.5.

- ☐ Tabelle 3.6 listet Kombinationen von Fundamentaldaten auf, um die Anzahl der infrage kommenden Aktien zu begrenzen und die Performance zu steigern.

- ☐ Der jährliche Kauf der 10 Dow-Aktien mit dem niedrigsten Kurs-Buchwert-Verhältnis bleibt eine erfolgreiche Strategie. Siehe Abschnitt „Trading-Strategie: Den Dow schlagen".

- ☐ Um die Performance der Dow-Industrial-Aktien zu übertreffen, kaufen Sie jedes Jahr 8 Dow-Aktien mit dem niedrigsten Kurs-Buchwert-Verhältnis. Siehe Abschnitt „Die 8-Aktien-Strategie".

- ☐ Halten Sie Aktien mit niedrigem Kurs-Buchwert-Verhältnis ein bis drei Jahre lang. Siehe Tabelle 3.8.

Kapitel 4: Investitionsausgaben

- ☐ Investitionsausgaben sind der Betrag, den ein Unternehmen jährlich für den Kauf von Vermögenswerten ausgibt, geteilt durch die Anzahl der im Umlauf befindlichen Aktien. Siehe Einleitung zu diesem Kapitel.

- ☐ Wenn Unternehmen ihre Investitionsausgaben kürzen, erzielen ihre Aktien im nächsten Jahr tendenziell eine Outperformance, aber die Verbesserung gilt nur für die Hälfte der Aktien. Siehe Tabelle 4.1.

- ☐ Unternehmen mit rückläufigen Investitionsausgaben in zwei aufeinanderfolgenden Jahren weisen die beste Aktienperformance für das kommende Jahr auf. Diese Methode funktioniert in 58 Prozent der Fälle. Siehe Tabelle 4.2.

- ☐ Mit steigenden Investitionsausgaben verschlechtert sich die Aktienperformance. Wenn die Investitionsausgaben sinken, steigt die Aktienperformance. Siehe Tabelle 4.3.

- ☐ Investieren Sie in Small-Cap-Aktien, da diese im Laufe der Zeit die beste Performance zeigen, insbesondere wenn die Investitionsausgaben reduziert werden. Siehe Tabelle 4.4.

Kapitel 5: Cashflow

- ☐ Der freie Cashflow ist der operative Cashflow abzüglich der Investitionsausgaben. Siehe Einleitung zu diesem Kapitel.

- ☐ Historische Untersuchungen bestätigen, dass Aktien mit einem niedrigen Kurs-Cashflow-Verhältnis eine Outperformance erzielen und nicht riskanter sind. Siehe Abschnitt „Überblick über die historische Forschung“.

- ☐ Lesen Sie den Abschnitt „Bilanzmanipulation“, um zu verstehen, wie Unternehmen ihre Finanzergebnisse manipulieren können.

- ☐ Achten Sie auf ein sinkendes Kurs-Cashflow-Verhältnis. Siehe Tabelle 5.1.

- ☐ Unternehmen mit einem Kurs-Cashflow-Verhältnis pro Aktie unter dem Median von 9,17 erzielten in der Regel bis zu fünf Jahre später eine deutlich bessere Aktienperformance. Siehe Tabelle 5.2.

- ☐ Die Performance von Small-Cap-Aktien übertrifft die Performance von Mid- und Large-Cap-Aktien. Siehe Tabelle 5.3.

- ☐ Aktien mit einem Kurs-Cashflow-Verhältnis unter ihrem jeweiligen Median weisen in 73 Prozent der Fälle (11 von 15 Wettbewerben) bis zu fünf Jahre später eine bessere Performance auf. Siehe Tabelle 5.3.

- ☐ Das beste Kurs-Cashflow-Verhältnis liegt zwischen 1 und 2, aber nur wenige Unternehmen erfüllen diese Voraussetzung. Im Allgemeinen gilt: Je höher das Verhältnis, desto schlechter die Performance der Aktie ein Jahr später. Siehe Tabelle 5.4.

Kapitel 6: Dividenden

- ☐ Dividenden sind ein Teil des Nettogewinns eines Unternehmens, der an die Aktionäre ausgeschüttet wird. Sie können in verschiedenen Formen ausgezahlt werden. Siehe Einleitung zu diesem Kapitel.

- ☐ Aktien mit hoher Rendite und niedriger Ausschüttungsquote schneiden gut ab. Siehe Abschnitt „Überblick über die historische Forschung“.

- ☐ Die Dividendenrendite allein reicht nicht aus, um eine Aktie mit Outperformance auszuwählen. Siehe Abschnitt „Überblick über die historische Forschung“.

- ☐ Aktien mit hoher Rendite erzielen in der Regel eine Outperformance. Siehe Tabelle 6.1.

- ☐ Die beste Performance erzielen Aktien mit hoher Rendite und niedriger Ausschüttungsquote. Siehe Tabelle 6.2.

- ☐ Der Besitz von dividendenzahlenden Aktien ist besser als der Besitz von Aktien, die keine Dividenden zahlen. Siehe Tabelle 6.3

- ☐ Aktien, deren Dividendenrate gesenkt wurde, outperformen ein Jahr später, aber der Umfang der Stichproben ist gering. Siehe Tabelle 6.4.

- ☐ In dem Jahr, in dem ein Unternehmen seine Dividende kürzt, ist mit einem erheblichen Kursrückgang zu rechnen. Siehe Tabelle 6.4.

- ☐ Kaufen Sie Aktien, nachdem ihre Dividende gekürzt wurde und der Kurs seinen Tiefpunkt erreicht hat. Siehe Abschnitt „Wenn die Katastrophe zuschlägt".

- ☐ Aktien, die Dividenden zahlen, outperformen bis zu fünf Jahre lang, wobei Small Caps am besten abschneiden. Siehe Tabelle 6.5.

Kapitel 7: Langfristige Schulden

- ☐ Langfristige Schulden sind geliehenes Geld, das nicht innerhalb von 12 Monaten fällig ist. Siehe Einleitung zu diesem Kapitel.

- ☐ Unternehmen ohne langfristige Schulden outperformen drei Jahre lang. Siehe Tabelle 7.1.

- ☐ Unternehmen, die ihre langfristigen Schulden reduzierten, erzielten im Laufe der Zeit eine Outperformance. Auch Unternehmen, die ihre langfristigen Schulden vollständig abgebaut haben, schnitten gut ab. Siehe Tabelle 7.2.

- ☐ Unternehmen, die von einer schuldenfreien Position zu langfristigen Schulden übergingen, erzielten im ersten Jahr eine drastische Outperformance, mussten jedoch in den folgenden Jahren Einbußen hinnehmen. Siehe Tabelle 7.2.

- ☐ Small Caps schneiden bei sinkenden langfristigen Schulden am besten ab und übertreffen Mid- und Large-Cap-Aktien. Siehe Tabelle 7.3.

- ☐ Small-Cap-Aktien mit Schulden erzielen im Laufe der Zeit eine Outperformance. Siehe Tabelle 7.4.

Kapitel 8: Kurs-Gewinn-Verhältnis

- ☐ Das Kurs-Gewinn-Verhältnis ist der aktuelle Aktienkurs geteilt durch den Gewinn eines Jahres. Siehe Einleitung zu diesem Kapitel.

- ☐ Um die beste Performance zu erzielen, wählen Sie Aktien mit einem KGV unter dem Median von 17,1. Siehe Tabelle 8.1.

- ☐ Wählen Sie Aktien mit einem von Jahr zu Jahr fallenden KGV. Siehe Tabelle 8.2.

- ☐ Aktien von Unternehmen mit fallendem Kurs und steigendem Gewinn (im Jahresvergleich) erzielen die beste Performance im kommenden Jahr. Siehe Tabelle 8.3.

- ☐ Small-Cap-Aktien mit einem KGV unter dem Median von 16,0 schneiden bis zu fünf Jahre lang besser ab als Mid- und Large-Cap-Aktien. Siehe Tabelle 8.4.

- ☐ Wenn das KGV einer Aktie über den durchschnittlichen Höchstständen der letzten drei Jahre liegt, sollten Sie einen Verkauf in Betracht ziehen. Siehe Abschnitt „Hohes KGV: Zeit zum Verkaufen?“.

- ☐ Eine Aktie mit einem historisch hohen KGV, das auf ein ungewöhnlich niedriges Niveau fällt, könnte ein Value-Investment darstellen. Siehe Abschnitt „Drei Tipps zum KGV“.

- ☐ Vermeiden Sie den Kauf von Aktien mit historisch niedrigen KGVs. Siehe Abschnitt „Drei Tipps zum KGV“.

- ☐ Vermeiden Sie zyklische Unternehmen, die sich im Abwärtstrend befinden (fallende KGVs). Wählen Sie sie, wenn sie sich erholen (steigende KGVs). Siehe Abschnitt „Drei Tipps zum KGV“.

Kapitel 9: Kurs-Umsatz-Verhältnis

- ☐ Das Kurs-Umsatz-Verhältnis einer Aktie vergleicht ihren aktuellen Kurs pro Aktie mit ihrem Jahresumsatz pro Aktie. Siehe Einleitung zum Kapitel.

- ☐ Die Marktkapitalisierung einer Aktie geteilt durch ihren Jahresumsatz beschreibt, wie viel Wert der Markt jedem Umsatzdollar beimisst. Siehe Einleitung zu diesem Kapitel.

- ☐ Meiden Sie Unternehmen mit einem niedrigen Kurs-Umsatz-Verhältnis und schlechten Fundamentaldaten, wie zum Beispiel einer zu hohen Verschuldung. Siehe Einleitung zu diesem Kapitel.

- ☐ Das durchschnittliche Kurs-Umsatz-Verhältnis variiert je nach Branche. Siehe Einleitung zu diesem Kapitel.

- ☐ Unternehmen mit einem Kurs-Umsatz-Verhältnis unter 1,0 erzielen in der Regel mindestens fünf Jahre lang eine bessere Aktienperformance. Siehe Tabelle 9.1.

- ☐ Unternehmen mit einem von Jahr zu Jahr fallenden Kurs-Umsatz-Verhältnis haben Aktien, die im Laufe der Zeit eine bessere Performance erzielen. Siehe Tabelle 9.2.

- ☐ Small-Cap-Aktien schlagen die anderen Marktkapitalisierungen, und diejenigen mit einem Kurs-Umsatz-Verhältnis unter 0,76 schneiden noch besser ab. Siehe Tabelle 9.3.

- ☐ Wählen Sie Aktien mit einem Jahresumsatz, der höher ist als ihre Marktkapitalisierung. Siehe Abschnitt „Marktkapitalisierung im Vergleich zum Umsatz".

- ☐ Da das Kurs-Umsatz-Verhältnis je nach Branche variieren kann, überprüfen Sie das KUV anderer Unternehmen derselben Branche, um festzustellen, ob Ihre Aktie teuer ist oder nicht. Siehe Tabelle 9.4.

Kapitel 10: Eigenkapitalrendite

- ☐ Die Eigenkapitalrendite ist der jährliche Nettogewinn geteilt durch das Eigenkapital. Siehe Einleitung zu diesem Kapitel.

- ☐ Aktien mit einer Eigenkapitalrendite unter dem Median von 13,4 Prozent erzielen eine Outperformance. Siehe Tabelle 10.1.

- ☐ Aktien mit einer hohen Eigenkapitalrendite (über 26,8 Prozent) schneiden schlechter ab als solche mit einer Eigenkapitalrendite unter 6,7 Prozent. Siehe Erläuterungen zu Tabelle 10.1.

- ☐ Ob die Eigenkapitalrendite in einem Jahr steigt oder fällt, hat kaum Einfluss auf die langfristige Performance einer Aktie. Siehe Tabelle 10.2.

- ☐ Nach Eigenkapitalrendite sortiert schneiden Small Caps besser ab als Mid- und Large-Cap-Aktien. Siehe Tabelle 10.3.

Kapitel 11: Im Umlauf befindliche Aktien

- ☐ Im Umlauf befindliche Aktien sind die von einem Unternehmen ausgegebenen Aktien, die an die Öffentlichkeit verkauft wurden und noch öffentlich verfügbar sind (nicht zurückgekauft wurden). Siehe Einleitung zu diesem Kapitel.

- ☐ Je größer der Aktienrückkauf, desto besser die Performance. Siehe Tabelle 11.1.

- ☐ Eine niederländische Auktion ist eine Auktion, bei der der Angebotskurs innerhalb einer bestimmten Spanne erhöht wird, bis eine festgelegte Anzahl von Aktien erworben wird. Siehe Abschnitt „Ereignismuster: Niederländische Auktionen".

- ☐ Eine Liste der Ergebnisse im Zusammenhang mit niederländischen Auktionen finden Sie im Abschnitt „Sollten Sie verkaufen?".

- ☐ Bei einer niederländischen Auktion sind Angebote, die in der Mitte der Kursspanne liegen, im Durchschnitt in 75 Prozent der Fälle erfolgreich. Siehe Tabelle 11.2.

- ☐ Wenn ein Unternehmen weitere Aktien im Rahmen eines Angebots von Stammaktien verkauft, fällt der Kurs mit einer Kurslücke nach unten und es kommt häufig zu einer U- oder J-förmigen Bewegung. Siehe Abschnitt „Ereignismuster: Angebote von Stammaktien".

- ☐ Eine Liste mit Erkenntnissen, die Ihnen helfen können, das Verhalten von Angeboten von Stammaktien zu verstehen, finden Sie im Abschnitt „Ereignismuster: Angebote von Stammaktien".

- ☐ Small-Cap-Aktien schneiden tendenziell besser ab und entwickeln sich besonders gut, wenn die Anzahl der im Umlauf befindlichen Aktien sinkt. Siehe Tabelle 11.3.

Kapitel 12: Zusammenfassung der Fundamentalanalyse

- ☐ Eine Liste der fundamentalen Faktoren, sortiert nach der Wertentwicklung der Aktien über einen Zeitraum von einem, drei und fünf Jahren, finden Sie in diesem Kapitel.

Kapitel 13: Wie Sie Ihr Geld verdoppeln

- ☐ Von den Aktien, die sich innerhalb von fünf Jahren verdoppelt haben, benötigten 63 Prozent weniger als drei Jahre. Siehe Tabelle 13.1.

- ☐ Die meisten Verdopplungen (63 Prozent) beginnen mit einem Kurs zwischen 5 und 20 Dollar. Siehe Tabelle 13.2.

- ☐ Small-Cap-Aktien, also Aktien mit einem Wert von weniger als 1 Milliarde Dollar, verdoppeln sich am häufigsten. Siehe Tabelle 13.3.

- ☐ Aktien, die sich verdoppelt haben, begannen mit niedrigen Kurs-Buchwert-Verhältnissen (in der Hälfte der Fälle unter 1,5). Siehe Tabelle 13.4.

- ☐ Bei Aktien, die sich verdoppelt haben, sanken die Investitionsausgaben gegenüber dem Vorjahr. Siehe Tabelle 13.5.

- ☐ Aktien, die sich verdoppeln, weisen niedrige Kurs-Cashflow-Verhältnisse auf (63 Prozent unter 8). Siehe Tabelle 13.6.

- ☐ Um Ihr Geld zu verdoppeln, sollten Sie Aktien meiden, die Dividenden zahlen. Siehe Abschnitt „Dividenden".

- ☐ Langfristige Schulden spielen bei einer Verdopplung des Aktienkurses keine Rolle. Siehe Tabelle 13.7.

- ☐ Überprüfen Sie andere Aktien derselben Branche, um festzustellen, wie hoch ihre langfristigen Schulden sind, und vergleichen Sie diese mit der Aktie, die Sie kaufen möchten. Siehe Abschnitt „Langfristige Schulden".

- ☐ Das beliebteste Kurs-Gewinn-Verhältnis für Aktien, die sich verdoppeln, liegt zwischen 10 und 15, gefolgt von 20. Siehe Tabelle 13.8.

- ☐ Aktien, die sich verdoppeln, weisen im Jahr 0 tendenziell ein niedrigeres Kurs-Gewinn-Verhältnis auf als Aktien, die sich nicht verdoppeln. Siehe Tabelle 13.8.

- ☐ Aktien, die sich verdoppeln, haben niedrige Kurs-Umsatz-Verhältnisse, meist unter 0,75. Siehe Tabelle 13.9.

- ☐ Die Eigenkapitalrendite liegt bei Aktien, die sich verdoppeln, häufig zwischen 6 und 14 Prozent. Die Eigenkapitalrendite ist niedriger als bei Aktien, die sich nicht verdoppeln. Siehe Tabelle 13.10.

- ☐ Die Anzahl der im Umlauf befindlichen Aktien trägt nicht wesentlich dazu bei, dass sich der Kurs einer Aktie verdoppelt. Siehe Tabelle 13.11.

- ☐ Aktien, die sich verdoppeln, weisen im ersten Jahr eine starke Performance auf. Siehe Tabelle 13.12.

- ☐ Aktien, deren Kurs sich verdoppelt, haben bis zum Jahr 4 eine geringere als die normale Wahrscheinlichkeit, dass ihr Kurs um die Hälfte fällt. Siehe Tabelle 13.12.

- ☐ Durch die Verwendung der neun Auswahlkriterien steigt die Chance, Aktien zu finden, die sich verdoppeln, von 26 auf 67 Prozent. Siehe Abschnitt „Das Set-up testen".

Kapitel 14: 10-Bagger finden

- ☐ Ganze 41 Prozent der 10-Bagger benötigen fünf Jahre, um die Entwicklung abzuschließen. Siehe Tabelle 14.1.

- ☐ Die meisten 10-Bagger (55 Prozent) beginnen ihre Entwicklung bei Kursen unter 5 Dollar. Siehe Tabelle 14.2.

- ☐ Die meisten 10-Bagger (59 Prozent) verdoppeln ihren Kurs im Jahr 0 mit einem medianen Anstieg von 116 Prozent. Siehe Tabelle 14.3.

- ☐ Im ersten Jahr steigt der Kurs oft am stärksten. Siehe Tabelle 14.4.
- ☐ 77 Prozent der 10-Bagger sind Small Caps. Siehe Abschnitt „10-Bagger nach Marktkapitalisierung“.
- ☐ Im Jahr vor Beginn eines 10-Baggers zeigt sich, dass die Hälfte der Stichproben ein Kurs-Buchwert-Verhältnis von unter 1,5 aufweist. Siehe Tabelle 14.5.
- ☐ 10-Bagger weisen in 59 Prozent der Fälle im Jahr 0 gegenüber dem Vorjahr sinkende Investitionsausgaben auf. Siehe Tabelle 14.6.
- ☐ Viele 10-Bagger (40 Prozent) hatten ein Kurs-Cashflow-Verhältnis von unter 1,0. Siehe Tabelle 14.7.
- ☐ 10-Bagger zahlen bei ihrer Entstehung keine Dividenden; nur 13 Prozent taten dies. Siehe Abschnitt „Dividenden“.
- ☐ Die meisten 10-Bagger (72 Prozent) haben langfristige Schulden. Siehe Tabelle 14.8.
- ☐ Die meisten 10-Bagger (64 Prozent) verlieren im Jahr vor Erreichen des 10-Bagger-Status Geld. Siehe Tabelle 14.9.
- ☐ Mit steigenden Gewinnen sinkt das Kurs-Gewinn-Verhältnis für 10-Bagger bis zum Jahr 0. Siehe Tabelle 14.10.
- ☐ Im Jahr vor einem 10-Bagger sind die Umsätze deutlich schwächer als bei Nicht-10-Baggern. Allerdings verzeichnen 10-Bagger im Jahr 0 eine dramatische Umsatzsteigerung, bleiben aber etwa bei der Hälfte der Rate von Nicht-10-Baggern. Siehe Tabelle 14.11.

- ☐ Im Jahr vor dem Jahr 0 hatten mehr als die Hälfte (56 Prozent) der 10-Bagger ein Kurs-Umsatz-Verhältnis von 1,0 oder weniger. Siehe Tabelle 14.12.

- ☐ Eine hohe Eigenkapitalrendite ist kein gutes Kriterium für die Auswahl von 10-Baggern, da 51 Prozent von ihnen eine Eigenkapitalrendite von unter 8 Prozent hatten. Siehe Tabelle 14.13.

- ☐ In den meisten Fällen (84 Prozent) hatten 10-Bagger am Ende des Jahres 0 mehr Aktien im Umlauf als im Vorjahr, verglichen mit 68 Prozent bei Nicht-10-Baggern. Siehe Tabelle 14.14.

- ☐ Von den 60 in der Studie berücksichtigten Branchen hatten die Halbleiterindustrie und die Wohnungsbauunternehmen von 1992 bis 2007 die meisten 10-Bagger. Siehe Tabelle 14.15.

- ☐ Die meisten 10-Bagger beginnen ihre Aufwärtsbewegung unmittelbar nach dem Ende eines Bärenmarktes. Siehe Tabelle 14.16.

- ☐ 10-Bagger sind nicht immun gegen Kursrückgänge. Siehe Tabelle 14.17.

- ☐ Ideen zur Auswahl der Parameter finden Sie im Abschnitt „Backtesting".

Kapitel 15: 10-Bagger handeln

- ☐ Viele 10-Bagger (46 Prozent) beginnen mit einer flachen Basis. Siehe Abschnitt „10-Bagger beginnen mit einer flachen Basis".

- ☐ Wechseln Sie zur linearen Skala und suchen Sie nach einem flachen Basismuster. Siehe Abschnitt „10-Bagger beginnen mit einer flachen Basis".

- ☐ Kaufen Sie, wenn der Kurs über dem Höchststand der flachen Basis schließt. Siehe Abschnitt „10-Bagger beginnen mit einer flachen Basis“.

- ☐ Die meisten 10-Bagger beginnen mit einem V-förmigen Start. Siehe Abschnitt „Einige 10-Bagger bevorzugen einen V-förmigen Start“.

- ☐ Suchen Sie nach einem bestätigten hässlichen Doppelboden, der eine Trendwende signalisiert. Siehe Abschnitt „Aufwärtsbewegung: Eine höhere Talwende“.

- ☐ Verwenden Sie das Chartmuster der wöchentlich gemessenen Aufwärtsbewegung, um den Endkurs und den Endzeitpunkt vorherzusagen. Siehe Abschnitt „Wöchentlich gemessene Aufwärtsbewegung“.

- ☐ Das häufigste Retracement bei einer wöchentlich gemessenen Aufwärtsbewegung liegt zwischen 25 und 45 Prozent mit einem Median von 35 Prozent. Siehe Tabelle 15.1.

- ☐ Wöchentlich gemessene Bewegungen treten am häufigsten zwischen einer Kursverdopplung und einer Kursverdreifachung auf, aber die Häufigkeitsverteilung ist recht breit. Siehe Tabelle 15.2.

- ☐ Die Korrekturphase beginnt dort, wo die gemessene Bewegung auf der Zeitskala erscheint, und verteilt sich fast gleichmäßig zwischen 0 Prozent und 80 Prozent vom Beginn bis zum Ende des 10-Baggers. Siehe Tabelle 15.3.

- ☐ Der erste Abschnitt einer wöchentlich gemessenen Aufwärtsbewegung ist in 79 Prozent der Fälle kürzer als der zweite Abschnitt. Siehe Abschnitt „MMU-Messregel“.

- ☐ Die Messregel auf der Kalenderskala für wöchentlich gemessene Bewegungen funktioniert nur in 48 Prozent der Fälle. Siehe Abschnitt „MMU-Messregel“.

- ☐ Der buckelförmige 10-Bagger ist ein Doppel-Top-Muster, bei dem der zweite Gipfel höher ist als der erste. Siehe Abschnitt „2-Buckel-Form“.

- ☐ Buckelförmige 10-Bagger sind selten, treten in 16 Prozent der Fälle auf und dauern durchschnittlich 3,3 Jahre. Siehe Abschnitt „2-Buckel-Form“.

- ☐ Trendlinien können beim Trading mit buckelförmigen 10-Baggern von unschätzbarem Wert sein. Siehe Abschnitt „Mit Buckeln handeln“.

- ☐ Der linienförmige 10-Bagger hat eine durchschnittliche Dauer von 2,3 Jahren, tritt in 42 Prozent der Fälle auf und weist von den vier Formen die geringste Anzahl an gemessenen Bewegungen (0,9) auf. Siehe Abschnitt „Linienform“.

- ☐ Der 10-Bagger mit runder Wende ist genau das, wonach er klingt: eine lange, langsame Wende. Er tritt nur in 19 Prozent der Fälle auf und benötigt durchschnittlich 3,5 Jahre, um den 10-Bagger-Status zu erreichen. Siehe Abschnitt „Runde Wende“.

- ☐ Der 10-Bagger in Treppenstufenform tritt in 23 Prozent der Fälle auf, benötigt jedoch durchschnittlich 3,5 Jahre, um sich zu vollenden. Siehe Abschnitt „Treppenstufenform“.

- ☐ Verwenden Sie frühere Kursbewegungen, die Formen bilden, um zu bestimmen, wie das Ende eines 10-Baggers aussehen wird. Siehe Abschnitt „Der Tod eines 10-Baggers“.

- ☐ 10-Bagger haben am Ende zwei Formen: eine runde Wende oder ein umgekehrtes V. Siehe Abschnitt „Der Tod eines 10-Baggers“.

- ☐ Im Jahr nach dem Ende eines 10-Baggers beträgt der durchschnittliche Rückgang 66 Prozent. Siehe Abschnitt „Die Zahlen“ und Tabelle 15.4.

- ☐ In 16 Prozent der Fälle endet ein 10-Bagger mit einem Kopf-Schulter-Top. Siehe Abschnitt „Kopf-Schulter-Top“.

- ☐ In 22 Prozent der Fälle bildet sich am Ende eines 10-Baggers ein Doppel-Top. Siehe Abschnitt „Doppel-Top und die 2B-Regel“.

- ☐ In seltenen Fällen (9 Prozent der Fälle) beendet ein Dreifach-Top einen 10-Bagger. Siehe Abschnitt „Dreifach-Top“.

- ☐ Umgekehrte V-Formen beenden 10-Bagger am häufigsten: in 29 Prozent der Fälle. Siehe Abschnitt „Umgekehrtes V“.

- ☐ Suchen Sie nach ähnlich geformten Spitzen, um die Endform eines 10-Baggers vorherzusagen. Siehe Abschnitt „Runde Wende“.

- ☐ Hässliche Doppel-Tops beenden 10-Bagger nur in 6 Prozent der Fälle. Siehe Abschnitt „Hässliches Doppel-Top“.

Kapitel 16: Verkaufen bei Buy-and-Hold

- ☐ Der Kauf einer Aktie in Phase 1 und der Verkauf in Phase 2 führt oft zu profitablen Trades. Siehe Tabelle 16.1.

- ☐ Technische Faktoren sind zeitnaher als fundamentale Faktoren. Bewerten Sie das Risiko beider Faktoren und handeln Sie entsprechend. Siehe Abschnitt „Beispiel: Savient Pharmaceuticals“.

- ☐ Verwenden Sie die 1-2-3-Trendwende-Methode, um eine Trendänderung zu bestimmen. Siehe Abschnitt „1-2-3-Test“.

- ☐ Das Cloudbank-Muster ist eine einfache Methode, um den richtigen Zeitpunkt für den Verkauf zu bestimmen. Siehe Abschnitt „Das Cloudbank-Set-up“.

- ☐ Ein Doppelboden tritt in 17 Prozent der Fälle nach einer Cloudbank auf. Siehe Abschnitt „Die Form von Böden“.

- ☐ Ein hässlicher Doppelboden tritt in 12 Prozent der Fälle nach einer Cloudbank auf. Siehe Abschnitt „Die Form von Böden“.

- ☐ Die V-förmige Wende tritt am häufigsten – in 63 Prozent der Fälle – nach einer Cloudbank auf. Siehe Abschnitt „Die Form von Böden“.

- ☐ Der horizontale Boden ist die seltenste der vier Arten von Wenden. Er tritt in 8 Prozent der Fälle nach einer Cloudbank auf. Siehe Abschnitt „Die Form von Böden“.

- ☐ Eine Cloudbank kann auch eine kurzfristige Goldgrube darstellen. Siehe Abschnitt „In Cloudbanks investieren“.

- ☐ 82 Prozent der Aktien mit Cloudbanks kehrten innerhalb von 1,5 Jahren in die Cloud zurück. Siehe Tabelle 16.2.

☐ Nach einem starken Rückgang dauert es länger, bis der Kurs wieder zur Cloudbank zurückkehrt, als nach einem geringen Rückgang. Siehe Tabelle 16.2.

☐ Über die Hälfte der Aktien mit Cloudbanks (58 Prozent) fielen weniger als 15 Prozent unter den Kaufkurs, aber 18 Prozent stürzten um mehr als 35 Prozent ab. Siehe Tabelle 16.3.

☐ Verkaufen Sie eine Cloudbank-Aktie, wenn sie wieder zum Tiefststand der Cloud zurückkehrt. Siehe Abschnitt „Cloudbanks verkaufen".

☐ Platzieren Sie einen Trailing-Stop unterhalb des gleitenden 30-Wochen-Durchschnitts. Siehe Abschnitt „Verkauf mithilfe von Trailing-Stops".

☐ Wenn der Kurs linear steigt, verwenden Sie einen Volatilitätsstopp. Siehe Abschnitt „Verkauf mithilfe von Trailing-Stops".

☐ Wenn der Kurs ein neues Hoch erreicht, suchen Sie das letzte Minor Low. Erhöhen Sie den Stopp unter den gleitenden 30-Wochen-Durchschnitt zum Zeitpunkt des Minor Low. Siehe Abschnitt „Verkauf mithilfe von Trailing-Stops".

☐ Wenn Sie glauben, dass Sie ausgestoppt werden, verkaufen Sie die Aktie einfach. Siehe Abschnitt „Verkauf mithilfe von Trailing-Stops".

☐ Trendlinien können früher als andere Methoden ein Verkaufssignal geben. Siehe Abschnitt „Rechtzeitige Trendlinien-Ausstiege".

☐ Ein einfacher gleitender 12-Monats-Durchschnitt der Schlusskurse des S&P 500 Index kann Ihnen dabei helfen, zu bestimmen, wann

Sie in den Markt einsteigen oder aus ihm aussteigen sollten. Siehe Abschnitt „Können gleitende Durchschnitte helfen?“.

- ☐ Wenn Sie einen gleitenden monatlichen Durchschnitt verwenden, stellen Sie die Kurse in einem Linienchart und nicht in einem Balkenchart dar. Siehe Abschnitt „Können gleitende Durchschnitte helfen?“.

- ☐ Wenn Insider die Aktie kaufen, könnte dies auf Wert hindeuten, aber sie können aus einer Vielzahl von Gründen verkaufen. Siehe Abschnitt „Insidergeschäfte verfolgen“.

- ☐ Wenn die Marktkapitalisierung den Jahresumsatz übersteigt, sollten Sie einen Verkauf in Betracht ziehen. Siehe Abschnitt „Verkauf: Zwei Tipps zu Kennzahlen“.

- ☐ Wenn das KGV höher ist als das 3-Jahres-Maximum, sollten Sie einen Verkauf in Betracht ziehen. Siehe Abschnitt „Verkauf: Zwei Tipps zu Kennzahlen“.

- ☐ Wenn eine Blue-Chip-Aktie um 10 Prozent von ihrem Höchststand fällt, sollten Sie einen Verkauf in Betracht ziehen. Siehe Abschnitt „Unterhalb eines Hochs verkaufen“.

- ☐ Das häufigste Retracement liegt zwischen 5 und 7 Prozent. Über die Hälfte der Stichproben verzeichnete ein Retracement zwischen 4 und 8 Prozent. Siehe Abschnitt „Verkaufsergebnisse“.

Kapitel 17: Fundamentaldaten: Was ich verwende

- ☐ Der Buchwert sollte im Laufe der Zeit steigen. Siehe Abschnitt „Zwei Tipps zum Buchwert“.

- ☐ Achten Sie auf ein Kurs-Buchwert-Verhältnis unter 2,0, je niedriger; desto besser. Siehe Abschnitt „Zwei Tipps zum Buchwert“.

- ☐ Bestimmen Sie bei Start-up-Unternehmen die Burn Rate, um zu sehen, wie bald sie Mittel für ihren Betrieb benötigen werden. Siehe Abschnitt „Lassen Sie sich nicht von der Burn Rate verbrennen“.

- ☐ Achten Sie auf einen Rückgang der Investitionsausgaben. Eine Kürzung der Investitionsausgaben in zwei aufeinanderfolgenden Jahren ist ein Pluspunkt. Siehe Abschnitt „Investitionsausgaben senken!“.

- ☐ Das Verhältnis von Umlaufvermögen und kurzfristigen Schulden muss über 2,0 liegen. Siehe Abschnitt „Current Ratio 2,0“.

- ☐ Wählen Sie Aktien, die Dividenden zahlen. Siehe Abschnitt „Mit Dividenden Wachstumspotenzial erschließen“.

- ☐ Überprüfen Sie bei Aktien von Versorgungsunternehmen die Ausschüttungsquote, um sicherzustellen, dass genügend Geld für die Finanzierung von zukünftigem Wachstum übrig bleibt. Siehe Abschnitt „Mit Dividenden Wachstumspotenzial erschließen“.

- ☐ Small-Cap-Aktien, die von Verlusten zu Gewinnen übergehen, erzielen in der Regel eine Outperformance. Siehe Abschnitt „Steigende Gewinne, steigender Nettogewinn“.

- ☐ Aktien mit steigendem Nettogewinn von einem Jahr zum nächsten erzielen in der Regel eine Outperformance. Siehe Abschnitt „Steigende Gewinne, steigender Nettogewinn“.

☐ Wählen Sie Aktien mit einem niedrigeren KGV als die Branche. Siehe Abschnitt „KGV im Vergleich zur Branche".

☐ Hören Sie sich an, was das Management über schwierige Bedingungen sagt, und seien Sie vorsichtig bei optimistischen Aussagen, dass sich das Geschäft bald verbessern wird. Lassen Sie sich vom Kurs leiten. Siehe Abschnitt „KGV im Vergleich zur Branche".

☐ Wenn das Unternehmen zu häufig verklagt wird, verwerfen Sie die Aktie. Siehe Abschnitt „Rechtsstreitigkeiten: Hört auf, die Leute zu verärgern!".

☐ Am besten ist es, wenn keine langfristigen Schulden bestehen. Siehe Abschnitt „Vermeiden Sie zu hohe langfristige Schulden".

☐ Unternehmen, die von einer Schuldenfreiheit zu einer gewissen langfristigen Verschuldung übergehen, erzielen in der Regel eine Outperformance. Siehe Abschnitt „Vermeiden Sie zu hohe langfristige Schulden".

☐ Das Verhältnis von Schulden zu Eigenkapital sollte gering sein, etwa unter 50 Prozent. Siehe Abschnitt „Vermeiden Sie zu hohe langfristige Schulden".

☐ Kaufen Sie Small-Cap-Aktien. Siehe Abschnitt „Marktkapitalisierung: Hohe Renditen durch kleine Unternehmen".

☐ Steigen die Forschungsausgaben von Jahr zu Jahr? Siehe Abschnitt „Forschungsausgaben".

☐ Sind die F&E-Ausgaben höher als bei anderen Unternehmen? Siehe Abschnitt „Forschungsausgaben".

- ☐ Kann das Unternehmen seinen Umsatz in Gewinne umwandeln? Siehe Abschnitt „Umsatz? Denken Sie an Geld“.
- ☐ Steigen die Gemeinkosten schneller als der Umsatz? Siehe Abschnitt „Umsatz? Denken Sie an Geld“.
- ☐ Achten Sie auf ein Kurs-Umsatz-Verhältnis unter 1,0. Siehe Abschnitt „Kurs-Umsatz-Verhältnis: Was ist mit Schulden?“.
- ☐ Aktien mit einem Kurs unter 16 entwickeln sich in der Regel gut. Siehe Abschnitt „Aktienkurs: 5 bis 20“.
- ☐ Vermeiden Sie Pennystocks (Aktien unter 1 Dollar) und seien Sie vorsichtig bei Aktien unter 5 Dollar. Siehe Abschnitt „Aktienkurs: 5 bis 20“.
- ☐ Vermeiden Sie Aktien, bei denen Ihr Handelsvolumen mehr als 1 Prozent des durchschnittlichen Tagesvolumens beträgt. Siehe Abschnitt „Volumen: Vorsicht, dünnes Eis!“.

Kapitel 18: Einführung in das Positionstrading

- ☐ Positionstrader halten ihre Positionen, bis sich der primäre Trend umkehrt. Siehe Abschnitt „Was ist Positionstrading?“.
- ☐ Buy-and-Hold-Anleger können vom Positionstrading profitieren, indem sie lernen, den Markt zu timen. Auch Swing- und Day-Trader können durch Positionstrading einen entspannteren Trading-Stil genießen. Siehe Abschnitt „Wer sollte Positionstrading betreiben und warum?“.

- ☐ Einen Vergleich des Positionstradings mit anderen Trading-Stilen finden Sie im Abschnitt „Wer sollte Positionstrading betreiben und warum?“.

- ☐ Eine Liste der Nachteile finden Sie im Abschnitt „Was Positionstrading nicht leisten kann“.

- ☐ Ein Kaufsignal wird ausgelöst, nachdem der Kurs eine Konsolidierungszone verlassen hat, die durch ein Hohe-und-enge-Flagge-Chartmuster und gute Gewinnmeldungen gebildet worden ist. Siehe Abschnitt „Beispiel für einen Positionstrade“.

- ☐ Ein Verkaufssignal wird ausgelöst, wenn der Kurs die prognostizierte gemessene Aufwärtsbewegung erreicht, saisonale Indikatoren einen Verkauf empfehlen („Sell in May and go away“) und ein Marktrückgang zu erwarten ist. Siehe Abschnitt „Beispiel für einen Positionstrade“.

Kapitel 19: Erste Schritte im Positionstrading

- ☐ Nicht alle Value Plays stellen einen guten Wert dar. Siehe die Einleitung zu diesem Kapitel.

- ☐ Suchen Sie nach Aktien, die positiv auf schlechte Nachrichten reagieren, aber auch deutlich (50 Prozent oder mehr) unter ihrem Jahreshoch liegen. Siehe Abschnitt „Checken Sie die Nachrichten oder Sie verlieren!“.

- ☐ Wenn an Markttiefs schlechte Nachrichten den Index nicht mehr wie früher beeinträchtigen, ist dies ein Kaufsignal. Wenn an Markthöhepunkten gute Nachrichten den Index nicht mehr wie früher anheben, könnte sich der Aufwärtstrend umkehren. Siehe Abschnitt „Checken Sie die Nachrichten oder Sie verlieren!“.

- ☐ Intraday-Charts sind die Domäne der Day-Trader. Siehe Abschnitt „Kräuselwellen“.

- ☐ Swing-Trader sollten Tagescharts verwenden, um Kurswellen zu identifizieren, die höher und tiefer schwanken. Siehe Abschnitt „Wellen“.

- ☐ Positionstrader konzentrieren sich auf den primären Trend, die Auf- und Abwärtsbewegungen des Marktes, die in den Wochencharts dargestellt sind. Siehe Abschnitt „Gezeiten“.

- ☐ Traden Sie mit dem primären Kurstrend. Siehe Abschnitt „Mit dem primären Trend traden“.

- ☐ Wechseln Sie zu einem Linienchart und prüfen Sie, ob Sie kaufen, wenn der primäre Trend nach unten zeigt (Bottom-Fishing) oder wenn er nach oben zeigt (Momentum-Trading). Siehe Abschnitt „Wählen Sie: Bottom-Fishing oder Momentum-Trading?“.

- ☐ Eine Aktie folgt dem Markt in 64 Prozent der Fälle nach oben oder unten. Siehe Abschnitt „Welchen Einfluss hat der Markt auf Aktien?“.

- ☐ Tabelle 19.2 zeigt die Chartmuster mit der besten Performance bei Aufwärtsausbrüchen in einem Bullenmarkt für Swing- und Positionstrader. Siehe Abschnitt „Welche Chartmuster sind für Positionstrades am besten geeignet?“.

- ☐ Tabelle 19.3 zeigt die Chartmuster mit der besten Performance bei Abwärtsausbrüchen in einem Bärenmarkt für Swing- und Positionstrader. Siehe Abschnitt „Welche Chartmuster sind für Positionstrades am besten geeignet?“.

- ☐ Symmetrische Dreiecke neigen dazu, doppelt oder dreifach zu scheitern. Siehe Abschnitt „Gescheiterte Chartmuster“.

- ☐ Handeln Sie mit gescheiterten Chartmustern, da diese oft starke Bewegungen mit sich bringen. Siehe Abschnitt „Gescheiterte Chartmuster“.

Kapitel 20: 10 Faktoren, die Chartmuster funktionieren lassen

- ☐ Um die Erfolgschancen zu erhöhen, vereinfachen Sie Ihre Trading-Regeln. Siehe die Einleitung zu diesem Kapitel.

- ☐ Ein Konsolidierungs-Doppelboden fungiert als Fortsetzung des Aufwärtstrends und nicht als Umkehrung. Siehe Abschnitt „Was ist ein Doppelboden?“.

- ☐ Warten Sie auf eine Bestätigung – der Kurs muss über dem Höchststand zwischen den beiden Böden schließen –, bevor Sie kaufen. Siehe Abschnitt „Doppelboden-Umkehrungen“.

- ☐ Der Trendbeginn ist entweder das höchste Hoch, *vor* dem der Kurs um mindestens 20 Prozent fällt, oder das niedrigste Tief, *vor* dem der Kurs um mindestens 20 Prozent steigt. Siehe Abschnitt „Trendbeginn“.

- ☐ Flache Basen erscheinen als horizontale Kursbewegungen, die oft mehrere Monate andauern. Siehe Abschnitt „Flache Basis“.

- ☐ Verwenden Sie die lineare Kursskala, wenn Sie nach flachen Basen suchen. Siehe Abschnitt „Flache Basis“.

- ☐ Horizontale Konsolidierungszonen sind Overhead-Widerstände, die sich zwischen dem oberen Ende des Chartmusters und dem Trendbeginn befinden. Siehe Abschnitt „Horizontale Konsolidierungszonen“.

- ☐ Auf dem Weg zum ultimativen Hoch steigt der Kurs entweder nie in eine horizontale Konsolidierungszone (was in 9 Prozent der Fälle geschieht) oder er stoppt in 50 Prozent der Fälle innerhalb von 5 Prozent davon. Siehe Abschnitt „Horizontale Konsolidierungszonen“.

- ☐ Chartmuster innerhalb eines Drittels des Jahrestiefs tendieren dazu, eine Outperformance zu erzielen. Siehe Abschnitt „Position in der jährlichen Spanne“.

- ☐ Hohe Chartmuster schneiden besser ab als niedrige. Siehe Abschnitt „Höhe“.

- ☐ Das Volumen tendiert während des gesamten Chartmusters oft nach unten und kann am Tag vor einem Ausbruch sehr niedrig sein. Siehe Abschnitt „Volumentrend“.

- ☐ Ein hohes Volumen am Tag des Ausbruchs treibt Aktien nach oben. Siehe Abschnitt „Volumen am Ausbruchstag“.

- ☐ Throwbacks beeinträchtigen die Performance. Siehe Abschnitt „Throwbacks“.

- ☐ Ausbruchstag-Gaps bedeuten, dass Trader von der Aktie begeistert sind, was dazu beiträgt, den Kurs nach oben zu treiben. Siehe Abschnitt „Ausbruchstag-Gaps“.

- ☐ Small Caps schneiden am besten ab, Large Caps am schlechtesten. Siehe Abschnitt „Marktkapitalisierung“.
- ☐ Eine Checkliste für das Bewertungssystem finden Sie in Tabelle 20.1.
- ☐ Tabelle 20.2 zeigt die statistischen Ergebnisse des Bewertungssystems für Chartmuster.
- ☐ Chartmuster mit Punktzahlen über 0 schneiden besser ab als solche mit Punktzahlen unter 0. Siehe Tabelle 20.2.
- ☐ Je höher die Gesamtpunktzahl, desto besser ist in der Regel die Performance. Siehe Tabelle 20.3.

Kapitel 21: 3 erfolgreiche Trades und 1 Niete

- ☐ Diskretionäres Trading bedeutet, eine innere Stimme zu entwickeln und ihr zu folgen. Siehe Abschnitt „Das Intel-Fiasko“.
- ☐ Ein Kopf-Schulter-Boden markierte den Einstieg in den Hudson-Highland-Trade mit einem Stop-Loss, der ihn schloss. Siehe Abschnitt „Der Hudson-Highland-Schluckauf“.
- ☐ Ein Kauf von CNO Financial begann, als der Kurs 38 Prozent der vorherigen Aufwärtsbewegung korrigierte, und endete mit einem umgekehrten Dead-Cat-Bounce-Chartmuster. Siehe Abschnitt „CNO Financial Group“.
- ☐ Ein Trade mit Complete Production Services begann mit einem gescheiterten Doppel-Top und Insiderkäufen und endete mit einem

weiteren umgekehrten Dead Cat Bounce. Siehe Abschnitt „Complete Production Services".

Kapitel 22: Was man nicht tun sollte: 3 verpfuschte Trades

- ☐ Investieren Sie nur einen kleinen Teil Ihres Portfolios in risikoreiche Trades mit hoher Rendite. Siehe Abschnitt „Medivation: Zu spät verkaufen".

- ☐ Wenn eine Aktie einen massiven Kursverlust verzeichnet (ein sogenannter Dead Cat Bounce), verkaufen Sie so schnell wie möglich. Siehe Abschnitt „Medivation: Zu spät verkaufen".

- ☐ Insiderkäufe und ein hässlicher Doppelboden führten zum Kauf von Coldwater Creek, aber ein enger Stopp zwang zu einem zu frühen Ausstieg. Siehe Abschnitt „Coldwater Creek: Zu früh verkaufen".

- ☐ Hovnanian schien ein Kauf zu sein, da die Aktie nach dem Ausbruch aus einer Konsolidierungszone mit hohem Volumen über dem einfachen gleitenden 30-Wochen-Durchschnitt gehandelt wurde. Zwei Indikatoren warnten jedoch vor bevorstehenden Problemen. Siehe Abschnitt „Hovnanian: Am Tiefpunkt verkaufen".

- ☐ Traden Sie nicht in einer Branche (wie Immobilien), wenn Sie zuvor Schwierigkeiten hatten, damit Geld zu verdienen. Siehe Abschnitt „Hovnanian: Am Tiefpunkt verkaufen".

VISUELLER ANHANG ZU CHARTMUSTERN

Sich verbreiternde Bodenbildungen
(Broadening Bottoms)

Rechtwinklige, steigende,
sich verbreiternde Formationen

Rechtwinklige, steigende,
sich verbreiternde Formationen

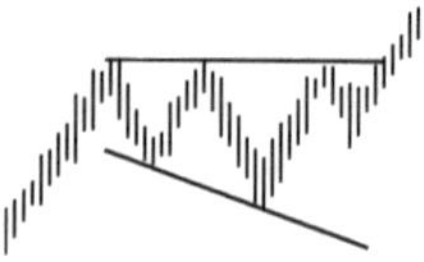

Ansteigende, umgekehrte
Keilformationen

Fallende, umgekehrte
Keilformationen

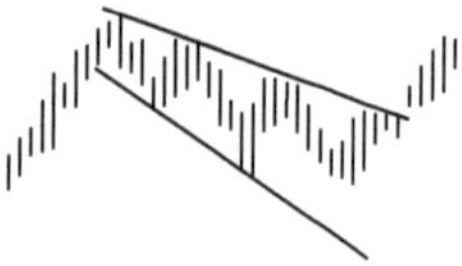

Bump-and-Run Reversal
Bottoms

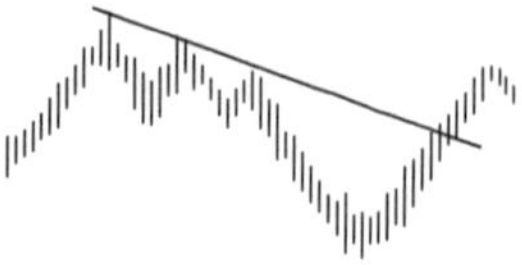

Sich verbreiternde Tops
(Broadening Tops)

Bump-and-Run Reversal
Tops

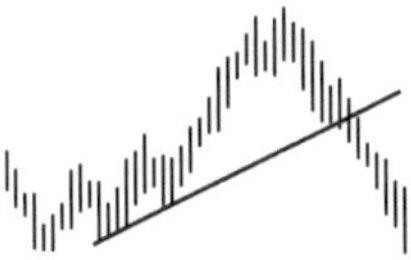

Tassen mit Henkel

Doppelböden, Adam & Adam

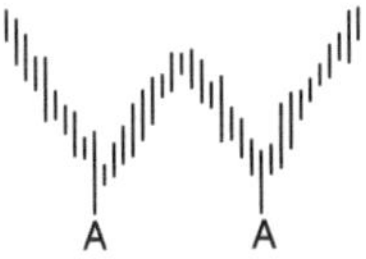

Umgekehrte Tassen mit Henkel

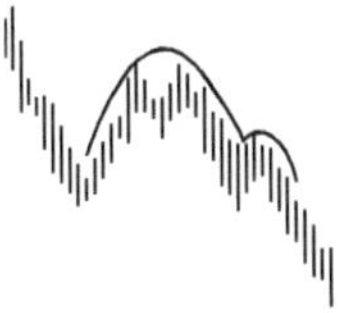

Doppelböden, Adam & Eva

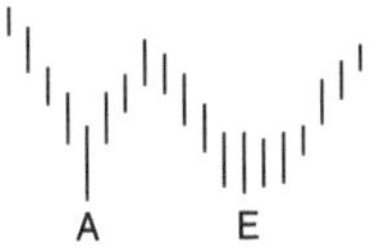

Dead Cat Bounces

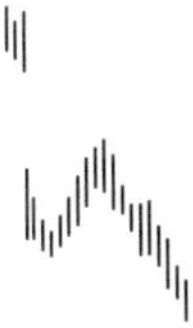

Doppelböden, Eva & Adam

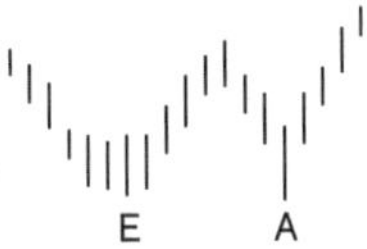

Umgekehrte Dead Cat Bounces

Doppelböden, Eva & Eva

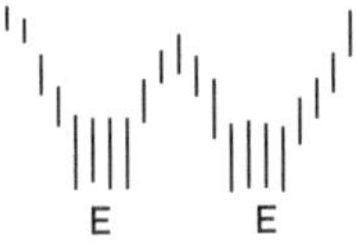

Diamanten-Bodenbildungen

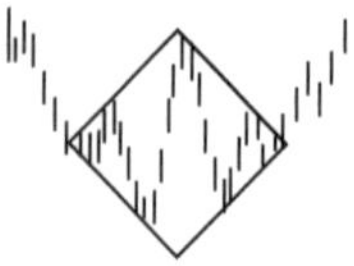

Doppel-Tops, Adam & Adam

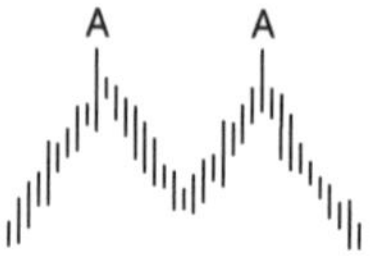

Diamanten-Tops

Doppel-Tops, Adam & Eva

Doppel-Tops, Eva & Eva

Doppel-Tops, Eva & Adam

Flaggen

Schulter-Kopf-Schulter-Tops

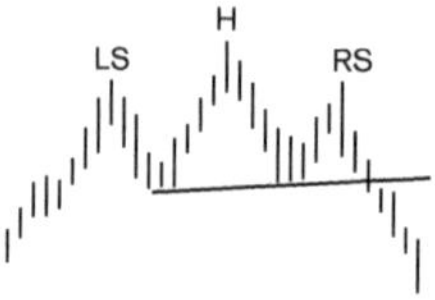

Hohe und enge Flaggen

Komplexe
Schulter-Kopf-Schulter-Tops

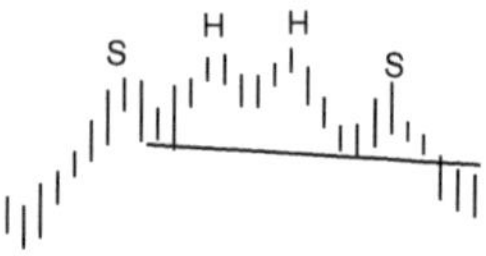

Kurslücken (Gaps)

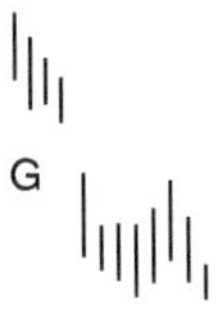

Schulter-Kopf-Schulter-Böden

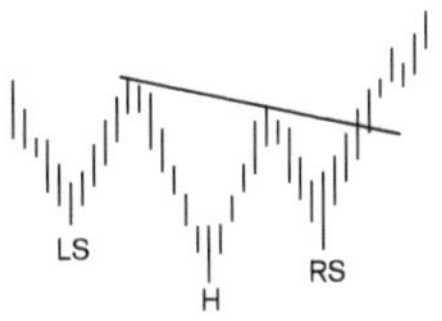

Komplexe Schulter-Kopf-Schulter-Böden

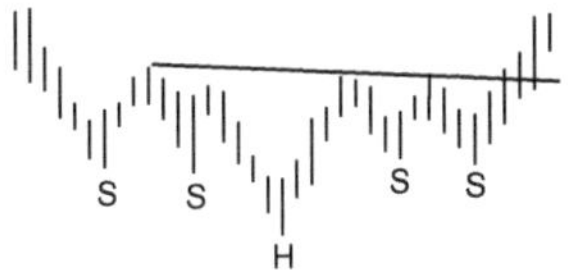

Inseln, Long

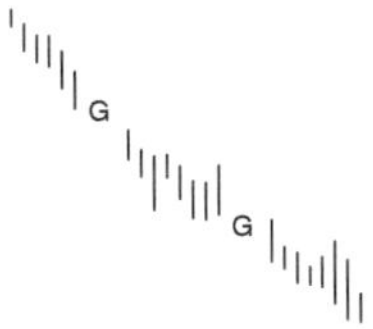

Gemessene Abwärtsbewegungen (Measured Moves Down)

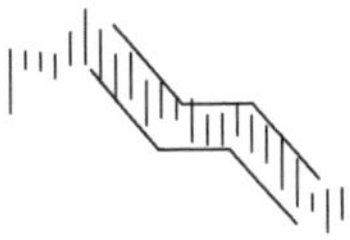

Horn-Böden (Horn Bottoms)

Horn-Tops (Horn Tops)

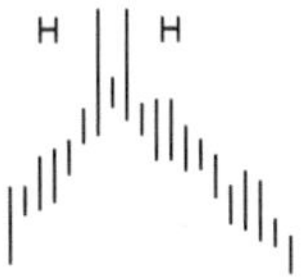

Insel-Umkehrungen, Böden

Insel-Umkehrungen, Tops

Rechteck-Böden

Gemessene Aufwärtsbewegungen (Measured Moves Up)

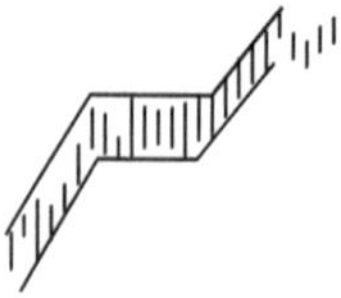

Wimpel

Rohr-Böden (Pipe Bottoms)

Rohr-Tops (Pipe Tops)

Drei fallende Gipfel

Rechteck-Tops

Runde Böden (Untertassen-Böden, Rounding Bottoms)

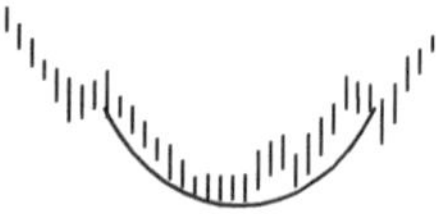

Runde Tops (Rounding Tops)

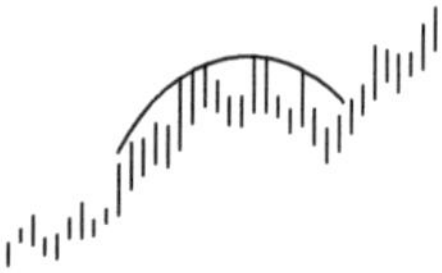

Steigende Muschelformationen

Steigende und umgekehrte Muschelformationen

Drei ansteigende Täler

Steigende Dreiecke

Fallende Dreiecke

Symmetrische Dreiecke

Fallende Keilformationen

Fallende Muschelformationen

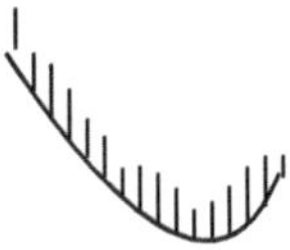

Fallende und umgekehrte Muschelformationen

Dreifach-Böden

Dreifach-Tops

Steigende Keilformationen

LITERATURVERZEICHNIS

Active Trader Staff, „Intraday Swing Extremes“, *Active Trader* 12, Nr. 5 (Mai 2011).

Bandy, Howard, „Scaling Out as an Exit Technique“, *Active Trader* 10, Nr. 9 (September 2009).

Bandy, Howard, „Scaling In as an Entry Technique“, *Active Trader* 10, Nr. 10 (Oktober 2009).

Bulkowski, Thomas, „A Trend Channel Trade“, *Technical Analysis of Stocks & Commodities* 14, Nr. 4 (April 1996).

Bulkowski, Thomas, *Encyclopedia of Candlestick Charts*. Hoboken, NJ: John Wiley & Sons, 2008.

Bulkowski, Thomas, *Encyclopedia of Chart Patterns*, 2nd ed. Hoboken, NJ: John Wiley & Sons, 2005.

Bulkowski, Thomas, *Getting Started in Chart Patterns*. Hoboken, NJ: John Wiley & Sons, 2006.

Bulkowski, Thomas, *Trading Classic Chart Patterns*. Hoboken, NJ: John Wiley & Sons, 2002.

Bulkowski, Thomas, *Visual Guide to Chart Patterns*. Hoboken, NJ: John Wiley & Sons, 2013.

De Bondt, Werner F. M. und Richard H. Thaler, „Further Evidence on Investor Overreaction and Stock Market Seasonality“, *Journal of Finance 42*, Nr. 3 (Juli 1987).

Desai, H. und P. Jain, „Long-Run Common Stock Returns Following Stock Splits and Reverse Splits“, *Journal of Business* (1997).

Fama, Eugene F. und Kenneth R. French, „The Cross-Section of Expected Stock Returns“, *Journal of Finance* 47, Nr. 2 (Juni 1992).

Fama, Eugene F., Lawrence Fisher, Michael C. Jensen und Richard Roll, „The Adjustment of Stock Prices to New Information“, *International Economic Review* 10 (Februar 1969).

Farley, Alan S., *The Master Swing Trader*, New York: McGraw-Hill, 2001.

Fischer, Robert und Jens Fischer, *Candlesticks, Fibonacci, and Chart Pattern Trading Tools*, Hoboken, NJ: John Wiley & Sons, 2003.

Fosback, Norman G, *Stock Market Logic: A Sophisticated Approach to Profits on Wall Street*, Fort Lauderdale, FL: The Institute for Econometric Research, 1976.

Frost, A. J. und Robert R. Prechter Jr., *Elliott Wave Principle: Key to Market Behavior*, Chichester, England: John Wiley & Sons, 1999.

Garcia de Andoain, Carlos und Frank W. Bacon, „The Impact of Stock Split Announcements on Stock Price: A Test of Market Efficiency“, *Proceedings of ASBBS* 16, Nr. 1 (2009).

Glass, Gary S., „Extensive Insider Accumulation as an Indicator of Near Term Stock Price Performance“, PhD diss., Ohio State University, 1966.

Grinblatt, Mark S., Ronald W. Masulis und Sheridan Titman, „The Valuation Effects of Stock Splits and Stock Dividends“, *Journal of Financial Economics* (1984).

Guppy, Daryl, „Matching Money Management with Trade Risk“, *Technical Analysis of Stocks & Commodities* 16, Nr. 5 (Mai 1998).

Guppy, Daryl, „Exploiting Positions with Money Management“, *Technical Analysis of Stocks & Commodities* 17, Nr. 9 (September 1999).

Hall, Alvin D, *Getting Started in Stocks*, 3. Auflage, New York: John Wiley & Sons, 1997.

How to Invest in Common Stocks. The Complete Guide to Using The Value Line Investment Survey, New York: Value Line Publishing, Inc., 2007.

Ikenberry, David, G. Rankine und E. K. Stice, „What Do Stock Splits Really Signal?“, *Journal of Financial and Qualitative Analysis* (1996).

Investopedia.com, „Keep Your Eyes on the ROE“, www.investopedia.com/articles/fundamental/03/100103.asp.

Jaenisch, Ron, „The Andrews Line“, *Technical Analysis of Stocks & Commodities* 14, Nr. 10 (Oktober 1996).

Kaplan, Peter, „Finding the Value in Losses“, *Stocks, Futures and Options*, September 2006.

Kaufman, Perry J., *A Short Course in Technical Trading*. Hoboken, NJ: John Wiley & Sons, 2003.

Knapp, Volker, „Top Stop Exit“, *Active Trader* 9, Nr. 9 (September 2008).

Knapp, Volker, „Insider Buying“, *Active Trader* 9, Nr. 10 (Oktober 2008).

Knapp, Volker, „Insider Selling“, *Active Trader* 9, Nr. 11 (November 2008).

Lakonishok, Josef, Andrei Shleifer und Robert W. Vishny, „Contrarian Investment, Extrapolation, and Risk“, *Journal of Finance* 49, Nr. 5 (Dezember 1994).

Landry, Dave, „Trading Trend Transitions“, *Active Trader* 11, Nr. 12 (Dezember 2010).

Lynch, Peter und John Rothchild. *One Up on Wall Street: How to Use What You Already Know to Make Money in the Market.* New York: Penguin Books, 1990.

Mamis, Justin und Robert Mamis. *When to Sell: Inside Strategies for Stock-Market Profits.* New York: Cornerstone Library, 1977.

Martell, Terrence F. und Gwendolyn P. Webb, „The Performance of Stocks that Are Reverse Split“, New York: Baruch College/The City University of New York, 2005.

McClure, Ben, „Keep Your Eyes on the ROE“, www.Investopedia.com/articles/fundamental/03/100103.asp.

Nicholson, S. Francis, „Price-Earnings Ratios“, *Financial Analysts Journal 16*, Nr. 4 (Juli–August 1960).

Nilsson, Peter, „Money Management Matrix“, *Technical Analysis of Stocks & Commodities* 24, Nr. 13 (Dezember 2006).

O'Hare, Patrick, „Looking for Bottoms in Individual Stocks“, *Stocks, Futures & Options* 3, Nr. 5 (Mai 2004).

O'Higgins, Michael und John Downes. *Beating the Dow.* New York: HarperCollins, 1992.

O'Shaughnessy, James. *What Works on Wall Street.* New York: McGraw-Hill, 1997.

Patel, Pankaj N., Souheang Yao und Heath Barefoot, „High Yield, Low Payout“, *Credit Suisse*, August 2006.

Pugliese, Fausto, „Daytrading Rule 1: No Overnights“, *Technical Analysis of Stocks & Commodities* 30, Nr. 7 (Juni 2012).

Rogoff, Donald T., „The Forecasting Properties of Insider Transactions“, PhD diss., Michigan State University, 1964.

Sperandeo, Victor mit Sullivan Brown, *Trader Vic – Methods of a Wall Street Master.* New York: John Wiley & Sons, 1991, 1993.

Stowell, Joseph, „Teacher, Trader Still Teaching: Joseph Stowell“, *Technical Analysis of Stocks & Commodities* 13, Nr. 7 (Juli 1995).

Subach, Daniel, „Stock Analysis and Investing for the Small Investor“, *Technical Analysis of Stocks & Commodities* 24, Nr. 13 (Dezember 2006).

Tweedy, Browne Company LLC, „What Has Worked in Investing: Studies of Investment Approaches and Characteristics Associated with Exceptional Returns“, Revised 2009.

Vakkur, Mark, „The Basics of Managing Money“, *Technical Analysis of Stocks & Commodities* 15, Nr. 9 (September 1997).

Vakkur, Mark, „New Tricks with the Dogs of the Dow“, *Technical Analysis of Stocks & Commodities* 15, Nr. 12 (Dezember 1997).

Vince, Ralph, *The Handbook of Portfolio Mathematics: Formulas for Optimal Allocation & Leverage*, Hoboken, NJ: John Wiley & Sons, 2007.

Weinstein, Sam, *Stan Weinstein's Secrets for Profiting in Bull and Bear Markets*, New York: McGraw-Hill, 1988.

Wisdom, Gabriel, *Wisdom on Value Investing*, Hoboken, NJ: John Wiley & Sons, 2009.

Weitere interessante Websites

www.Activetradermag.com — Website des Magazins *Active Trader*.

www.ThePatternSite.com — Website von Mr. Bulkowski.

www.traders.com — Website des Magazins *Technical Analysis of Stocks & Commodities*.

www.Yahoo.finance.com — eine allgemeine Finanz-Website.

ÜBER DEN AUTOR

Thomas Bulkowski ist ein erfolgreicher Investor mit mehr als 30 Jahren Erfahrung im Aktienhandel. Er ist außerdem Autor der folgenden Titel von John Wiley & Sons:

- *Visual Guide to Chart Patterns*
- *Getting Started in Chart Patterns*
- *Trading Classic Chart Patterns*
- *Encyclopedia of Candlestick Charts*
- *Encyclopedia of Chart Patterns, Second Edition*
- *Evolution of a Trader: Fundamental Analysis and Position Trading*
- *Evolution of a Trader: Swing and Day Trading.*

Bulkowski schreibt regelmäßig Beiträge für die Zeitschriften *Active Trader* und *Technical Analysis of Stocks & Commodities*. Bevor er mit seinen Investitionen genug verdiente, um sich im Alter von 36 Jahren aus seinem Hauptberuf zurückzuziehen, war Bulkowski Hardware-

Entwicklungsingenieur bei Raytheon und leitender Software-Ingenieur bei der Tandy Corporation.

Seine Website und seinen Blog finden Sie unter www.thepattern-site.com. Dort können Sie über 500 Artikel und die neuesten Forschungsergebnisse zu Chartmustern, Candlesticks, Ereignismustern und anderen Investmentthemen kostenlos und ohne Registrierung lesen.